양진이 공중보건

SPEED PERFECT

INTRO 들어가며

안녕하세요. 양진이입니다.

강단에 서서 시험 준비로 고군분투하시는 수험생 분들을 지켜보면서 강사로서 어떻게 도와드릴 수 있을지 수없이 고민했지만 답은 결국 하나였습니다. '강사는 좋은 교재와 강의로 응원해야만 한다.'는 결론입니다. 그렇게 오랜 시간, 실력으로 응원해야겠다는 마음가짐으로 달려왔습니다.

감사하게도 많은 분들이 저와 메가공무원을 선택해 주신 덕분에 올해도 함께하게 되었습니다. 교재부터 강의까지, 어떻게 구성해야 메가공무원을 선택해 주신 분들이 후회없이 합격할 수 있을까 고민하며, 양진이라는 강사를 발판삼아 학생분들이 미련없이 더 높은 곳으로 올라가실 수 있도록 노력했습니다.

① '최소 퀀티티(quantity), 최대 퀄리티(quality)'

제가 생각하는 이상적인 교재는 '최소 퀀티티(quantity), 최대 퀄리티(quality)'입니다. 이상을 실현시키기 위해 먼저, 책의 두께를 최대한 줄였습니다. 방대한 페이지 수를 자랑하는 소위 '벽돌책'으로 수험생분들의 기운을 빼앗고 싶지 않았습니다. 지엽적인 부분은 최소화하여 핵심 내용을 위주로 구성하였습니다.

② 빠르고(speed) 완벽한(perfect) 고득점 맞춤 교재

수험생분들이 어려움을 느끼는 역학과 보건통계 파트는 알기 쉬운 용어를 사용하여 이해의 벽을 낮추었습니다. 이해를 돕는 '예시'를 충분히 제시하고, '참고'를 통해 기초부터 단단하게 다질 수 있도록 하였습니다. 또한 기초와 기본 위에 '플러스 심화'를 올려, 지엽적인 공부를 하지 않아도 어려운 문제를 풀 수 있도록 대비하였습니다. 세상에 나와 있는 모든 설명과 모든 유형의 문제를 공부하는 대신 빠르고(speed) 완벽한(perfect) 고득점 맞춤 교재로 만들기 위해 노력했습니다.

③ 감각으로 공부하는 pop-up 학습

시각정보가 중요한 시대입니다. 글보다는 사진이, 사진보다는 영상이 뜨는 요즘, 줄글만으로는 높아진 이미지 처리 속도 수준을 만족시키기 어렵다고 판단했습니다. 따라서 그림, 도표, O/X퀴즈를 다수 삽입하여 시각적 자극을 주기 위해 노력했습니다. 그림과 도표는 빠른 이해를, O/X퀴즈는 빠른 내용 정리를 도울 것입니다. 특히, '닫힌 질문'인 O/X퀴즈는 아는 것과 모르는 것을 분간할 수 있게 해주어, 고득점으로 향하는 발판을 빠르게 다져줄 것입니다.

공무원 준비를 하시는 수험생 분들과 발을 맞출 기회를 만들어주신 메가공무원 편집부와 팀장님께 감사드립니다. 책이 출간되기까지 밤낮없는 조언과 충고와 격려로 든든한 힘이 되어주신 최현주 교수님, 한은경 교수님께 가슴 깊이 감사드립니다.

마지막으로, 이 교재를 수험생활의 동반자로 선택해 주신 분들께도 감사드리며, 그 누구도 지치지 않게, 빠르게, 완벽하게, 모두가 미련없이 수험생활을 졸업하도록 좋은 교재와 강의로 응원하겠습니다.

2023년 9월

양진이 드림

CONTENTS 차례

PART 1 공중보건의 이해

CHAPTER 01 공중보건학의 이해
1 공중보건학의 개념 — 10
2 보건프로그램 기획 모형 — 14
3 보건사업 우선순위 결정 기준 — 19
4 보건사업 평가 — 22
5 공중보건학의 역사 — 24

CHAPTER 02 건강과 건강증진
1 건강의 이해 — 30
2 건강증진 — 38
3 건강증진 관련 이론 — 39
4 건강증진의 발전 과정 — 48
5 일차보건의료 — 51
6 우리나라 건강증진사업 — 54
7 국민건강증진종합계획 — 55

✚ 기출문제로 요점정리 — 59

PART 2 역학

CHAPTER 01 역학의 이해
1 역학의 정의와 역할 — 72
2 역학의 역사와 주요 역학 연구자 — 73

CHAPTER 02 타당도와 신뢰도
1 연구집단 — 74
2 연구의 타당도 (validity) — 75
3 측정 방법의 타당도 — 76
4 측정 방법의 신뢰도 — 78
5 질병발생의 위험도 — 80
6 바이어스 — 82

CHAPTER 03 역학 연구 방법론
1 역학의 조사 단계 — 87
2 연관성과 인과관계 — 90
3 역학연구방법 개요 — 91
4 관찰적 연구 – 기술역학 — 94
5 관찰적 연구 – 분석역학 — 96
6 기타연구방법 — 99

✚ 기출문제로 요점정리 — 100

PART 3 보건통계

CHAPTER 01 보건통계의 이해
1 보건통계의 개념 — 112
2 보건통계 조사방법과 자료의 형태 — 113
3 표본추출 방법 — 114
4 보건통계 자료 — 116
5 통계분석방법과 상관계수 — 122

CHAPTER 02 보건지표
1 보건지표 — 124
2 지표산출방법 — 125

✚ 기출문제로 요점정리 — 136

PART 4 질병관리

CHAPTER 01 감염성 질환
1 감염병의 개요 — 146
2 질병발생의 요인과 모형 — 148
3 질병의 자연사와 예방 — 152
4 감염병의 자연사 — 154
5 감염병 발생과정 — 157
6 감염병 관리 원칙 — 164
7 법정 감염병 — 168
8 감염병의 분류 — 174

CHAPTER 02 만성질환
1 만성질환의 개념과 발생 현황 — 192
2 주요 만성질환 — 196
3 만성질환 관리 — 201

CHAPTER 03 기생충 질환
1 기생충의 유형 — 202
2 기생충 질환의 종류 — 204

✚ 기출문제로 요점정리 — 208

PART 5 환경위생

CHAPTER 01 환경과 건강
1 환경고·환경오염 — 224
2 국제 환경 협약 — 228
3 환경영향평가와 건강위해성평가 — 231

CHAPTER 02 기후와 건강
1 기후 — 233
2 온열요소 — 234
3 온열지수 — 238
4 태양광선 — 240

CHAPTER 03 공기와 건강
1 공기의 구성과 자정작용 — 241
2 실내 공기오염 — 243
3 대기오염 — 245
4 대기오염으로 인한 영향 — 251
5 대기오염 관리대책 — 253

CHAPTER 04 물과 건강
1 물의 자정작용 — 254
2 수질오염 — 255
3 물의 인공정화 — 260
4 먹는 물 수질기준 — 264
5 하수처리 — 271

CHAPTER 05 폐기물 처리
1 폐기물의 정의와 분류 — 274
2 폐기물 관리 — 275
3 폐기물 관리 정책 — 276
4 폐기물 처리방법 — 277

CONTENTS 차례

CHAPTER 06 주거환경 및 의복위생
1 주거와 위생 279
2 의복위생 282

CHAPTER 07 위생해충의 관리와 소독
1 위생해충 이해 283
2 농약 285
3 소독 286

✚ 기출문제로 요점정리 291

PART 6 보건행정과 사회보장

CHAPTER 01 보건행정
1 보건의료의 이해 304
2 보건행정 307
3 보건의료체계의 이해 309
4 우리나라 보건의료체계 311
5 우리나라 보건행정 조직 313

CHAPTER 02 사회보장
1 사회보장의 개요 318
2 사회보장제도 319
3 의료보장 320
4 우리나라 의료보장 325

✚ 기출문제로 요점정리 329

PART 7 노인보건과 정신보건

CHAPTER 01 노인보건
1 노인보건의 이해 340
2 노인장기요양보험제도 343

CHAPTER 02 정신보건
1 정신보건의 이해 346
2 정신보건의 이념과 역사 348
3 정신보건 관련 질환 350
4 정신건강증진시설 350

✚ 기출문제로 요점정리 352

PART 8 인구보건 및 모자보건

CHAPTER 01 인구보건
1 인구의 개념 362
2 인구통계 364
3 인구구조와 인구문제 365

CHAPTER 02 모자보건
1 모자보건의 개념 368
2 모자보건사업의 이해 369

✚ 기출문제로 요점정리 373

PART 9 학교보건 및 보건교육

CHAPTER 01 학교보건
1. 학교보건의 이해 ········· 382
2. 학생건강관리 ············· 385
3. 학교환경관리 ············· 388

CHAPTER 02 보건교육
1. 보건교육의 이해 ········· 392
2. 보건교육과정 ············· 393
3. 보건교육 평가 ············ 397

✚ 기출문제로 요점정리 ········· 400

PART 11 식품위생과 보건영양

CHAPTER 01 식품위생
1. 식품위생의 개념 ········· 442
2. 식품의 변질 ··············· 445
3. 식품의 보존 ··············· 446
4. 식중독 ······················· 447
5. 식품첨가물 ················· 452

CHAPTER 02 보건영양
1. 보건영양의 개념 ········· 454
2. 영양소의 종류와 기능 ·· 454
3. 에너지 대사와 영양상태 판정 ·· 458

✚ 기출문제로 요점정리 ········· 461

PART 10 산업보건

CHAPTER 01 산업보건의 이해
1. 산업보건의 개념 ········· 408
2. 근로자 건강관리 ········· 410
3. 작업환경관리 ············· 416

CHAPTER 02 산업재해와 직업병
1. 산업재해 ···················· 418
2. 직업병 ······················· 423

✚ 기출문제로 요점정리 ········· 431

PART 1

학습 포인트

- 공중보건학의 정의
- 보건사업 우선순위 결정방법
- 공중보건학의 역사
- 일차보건의료의 개념
- 질병의 자연사
- 질병의 예방 단계
- 건강증진 국제회의
- 5차 국민건강증진 종합계획

공중보건의 이해

CHAPTER 01	공중보건학의 이해
CHAPTER 02	건강과 건강증진

CHAPTER 01 공중보건학의 이해

1 공중보건학의 개념

1 공중보건학의 정의

(1) 윈슬로(C. E. A. Winslow, 1877~1957) : 조직화된 지역사회의 노력을 통하여 질병을 예방, 수명연장, 신체적·정신적 효율을 증진시키는 기술이며 과학"

(2) 공중보건학의 특징
① 공중보건학의 대상 : 개인이 아닌 지역주민 전체
② 사업수행의 최소단위 : 지역사회
③ 공중보건학의 목적 : 질병예방, 수명연장, 신체적·정신적 건강 및 효율의 증진
④ 목표달성을 위한 접근방법 : 조직화된 지역사회의 노력

(3) 조직적인 지역사회의 노력
① 환경위생
② 지역사회의 감염관리
③ 개인위생에 관한 보건교육
④ 의료 및 간호서비스의 조직화
⑤ 사회제도 개발

2 공중보건사업의 영역

(1) 환경보건분야 : 환경위생, 곤충위생, 환경학, 주택보건, 산업보건, 환경오염관리, 식품위생 등
(2) 보건관리분야 : 보건행정, 보건교육, 보건영양, 학교보건, 정신보건, 보건통계 등
(3) 질병관리분야 : 역학, 감염병 관리, 비감염성 질환 관리, 기생충 질환 관리 등

3 신공중보건사업

(1) 공중보건의 역할 변화
① 19세기 중반~20세기 전반까지 공중보건의 역할 : 전염성 질환 유행의 극복을 위한 물리적 환경 개선과 건강 문제에 대한 관리에 한정
② 만성퇴행성 질환으로 질병발생의 양상이 바뀌면서 공중보건(public health)에서 신공중보건(new public health) 시대로 변화

O X 로 확인

01 O | X
공중보건의 대상은 질병을 앓고 있는 저소득층을 대상으로 한다.

O X 로 확인 해설&정답

해설
01 질병을 앓고 있는 저소득층 → 지역주민 전체

정답
01 ×

공중보건	신공중보건
물리적 환경개선에 초점 : 적절한 주택 공급 깨끗한 식수, 위생 등	물리적 환경 개선 외에 사회적 지원, 행태, 라이프 스타일 개선에도 관심
의료분야의 전문가 중심	여러 분야 활동의 중요성 인식 : 의료분야는 여러 전문분야 중 하나
생활조건개선을 위한 사회운동의 하나로서 전문가가 주도	지역사회의 참여 강조
역학적 조사방법	다양한 방법론 도입
질병예방에 중점 : 건강은 질병이 없는 상태라는 인식	질병예방 외에 건강증진에도 중점을 둠
주된 관심사 : 전염병의 예방	건강에 대한 모든 위협에 관심(만성질환과 정신건강 포함), 그 밖에 물리적 환경의 지속성과 생활력(viability)에도 관심

(2) 신공중보건 사업의 2가지
  ① 건강도시사업
    a. "모든 인류에게 건강을(Health For All)"이라는 알마아타 선언(1977년)과 1980년대 등장한 신공중보건운동(new public health)의 시작을 기점으로 건강도시 개념이 대두됨
    b. WHO 건강도시의 정의 : 도시의 물리적, 사회적, 환경적 여건을 창의적이고 지속적으로 개발해 나아가는 가운데, 개인의 잠재능력을 최대한 발휘하며 지역사회의 참여 주체들이 상호협력하며 시민의 건강과 삶의 질을 향상하기 위하여 지속적으로 노력해 나가는 도시
  ② 건강증진사업
    a. 캐나다 오타와에서 개최된 제1차 건강증진국제회의(1986년)에서 건강증진(Health promotion)에 관한 개념이 제창 → 건강증진을 신공중보건 사업의 하나로 모든 국가가 받아들일 것을 권고
    b. 신공중보건사업으로서의 건강증진의 주 사업

생활습관 개선에 속하는 사항	영양개선(영양과잉, 실조), 운동, 휴식 및 정신안정, 금연, 절주사업
건강지원 환경 조성	식품안전, 산업장안전, 학교안전, 주거안전, 지역사회안전, 지역사회 건강생활환경조성
질병 예방	만성질병 예방, 장애 예방, 구강질환 예방, 감염병 예방과 관리, 여행관련 질병 통제와 예방, 조기검진

4 공중보건학과 관련 학문

(1) **의학** : 생명에 관한 연구, 질병의 진단과 치료를 통한 질병예방, 건강회복, 건강 유지·증진하는 학문
(2) **위생학** : 환경위생에 중점, 질병예방과 건강증진 및 유지관리
(3) **예방의학** : 개인 또는 특정 집단의 건강과 안녕을 보호·유지·증진하고 질병·장애·조기사망을 예방하는 것을 전문으로 하는 의학의 한 분야
(4) **지역사회보건학** : 지역주민 전체를 대상으로 지역사회의 자발적인 노력과 이용가능한 자원을 활용하여 포괄적 의료를 제공하는 것
(5) **사회의학** : 사회환경, 경제적·심리적·문화적 요인을 포함한 질병과 관련된 광범위한 요인을 규명하여 건강을 증진시키는 학문
(6) **건설의학** : 현재의 건강상태에서 최고수준의 건강증진을 추구하는 예방적, 적극적 건강관리 방법을 연구하는 학문

5 공중보건과 의학의 차이

	공중보건	의학
대상	지역사회 전체 주민(인구집단)	개인(환자 개인)
책임소재	국가와 지역사회	개인
연구방향	사회, 환경적 요인 추구	병인의 생물학적 요인 추구
목표	질병예방, 수명연장, 신체적·정신적 효율 증진	질병 치료
질병진단방법	보건통계적 방법	임상적 진단 방법
내용	불건강의 원인이 되는 사회적 요인 제거, 집단 건강 향상	질병치료
질병관리방법	보건교육, 환경관리, 서비스를 통해 실시	투약·처치·수술을 통해 실시

	예방의학	공중보건학
목적	질병 예방, 수명연장, 육체적·정신적 건강과 능률의 향상	
대상 및 단위	개인, 가족	지역사회, 국가, 인류
장소	의료기관, 가정, 직장	지역사회
내용	질병의 예방, 건강증진	불건강의 요인이 되는 사회적 요인을 제거, 집단의 건강 향상 도모
책임소재	개인, 가족	공공조직
진단방법	임상적 진단	보건통계자료
문제해결	진료와 투약	보건관리와 봉사

O X 로 확인

02 O | X
공중보건은 질병의 치료보다는 예방을 목적으로 한다.

O X 로 확인 해설&정답

정답
02 O

6 공중보건 수준의 평가

(1) WHO 3대 보건 지표

① 평균수명 : 0세의 평균여명

② 비례사망지수(Proportional Mortality Indicator) : 해당 연도의 총 사망자 수에 대한 50세 이상의 연간 총사망자 수의 비를 백분율로 나타낸 것

$$비례사망지수 = \frac{50세 \text{ 이상의 연간 총 사망자 수}}{\text{해당 연도의 총 사망자 수}} \times 100$$

③ 조사망률(Crude Death Rate) : 인구 1,000명당 1년간 발생한 총 사망자 수로 표시하는 비율

$$조사망률 = \frac{\text{연간 총 사망자 수}}{\text{연앙인구}} \times 1,000$$

(2) 건강지표

① 개인 또는 지역사회의 건강 수준을 가장 직접적으로 나타내는 지표

② 영아사망지표, 모성사망지표, 질병이환율, 비례사망지수, 평균수명 등

7 공중보건의 3대 핵심원칙과 요소

(1) 공중보건의 3대 핵심원칙(WHO)

① 참여 : 사업의 기획과 실시에 다양한 집단의 사람들을 참여시켜야 함

② 평등 : 불평등을 줄이고 형평성을 제고시키는 정책을 수립·시행해야 함

③ 협동 : 사업의 목표인 건강증진을 위해 다양한 단체의 사람들과 협력해야 함

(2) 공중보건의 3대 핵심요소(미국한림의학원)

① 사정(Assessment) : 기존의 보건상태를 사정

② 정책개발(Policy development) : 적절한 보건 정책의 개발

③ 질 보장(Assurance) : 전체 집단에게 혜택이 골고루 나누어지도록 질을 보장

(3) 공중보건사업의 3대 요소(앤더슨, Anderson)

① 보건행정활동에 의한 봉사행정 : 시대적 변화에 따른 다양한 제도와 장치를 개발하고 보건관련법규를 집행하는 보건행정활동

② 보건법규에 의한 통제행정 : 다양한 보건문제를 해결하기 위해 보건에 관한 국민적 약속이라 할 수 있는 보건관련법규를 지정하고 이를 통한 규제와 관리활동이 필요함 (후진국에서는 강력한 법을 적용한 통제행정이 효과적)

③ 보건교육에 의한 조장행정 : 보건교육을 통해 스스로 문제를 해결할 수 있는 힘을 향상시킴(가장 능률적이자 중요한 구성요소)

OX로 확인

03 O | X

비례사망지수, 영아사망률, 평균수명은 WHO의 3대 보건 지표이다.

OX로 확인

04 O | X

공중보건의 3대 핵심원칙은 참여, 평등, 질 보장이다.

OX로 확인 해설&정답

해설
03 영아사망률 → 조사망률
04 질 보장 → 협동

정답
03 ×   04 ×

(4) 10가지 필수적 공중보건 활동(WHO, 2012)
① 대중의 건강과 행복(well-being)에 대한 감시(surveillance)
② 건강상의 위해나 응급 시 대응과 감독
③ 환경, 작업장, 식품 기타에서 오는 문제로부터 건강을 보호
④ 건강의 사회적 결정요인과 건강불평등에의 대처를 포함한 건강증진
⑤ 질병의 조기 발견을 포함한 질병예방
⑥ 건강과 행복을 위한 거버넌스
⑦ 유능한 공중보건 인력과 의료인력을 보증
⑧ 지속가능한 조직구조와 재정을 보증
⑨ 건강을 위한 주창(옹호, advocacy), 소통(communication), 사회적 동원(mobilization)
⑩ 공중보건에 대한 정책을 수행하고 실행하기 위한 연구 수행

8 공중보건사업

(1) 중앙정부 주도 보건사업
① 중앙정부 정책수립과 밀접히 연계되어 있고 대내외 환경변화에 국가적으로 대처해야 하는 사업
② 지역 단위로는 목적의 달성이 어려운 사업(예 감염병 관리 사업)
③ 정부 각 부처간의 협력이 반드시 필요한 사업(예 보건복지부, 환경부, 행정안전부의 협력)
④ 법적 규제만으로는 사업의 수행이 어렵고 강력한 집행이 필요한 사업

(2) 지방정부 주도 보건사업
① 지역사회의 특성과 요구를 반영해야 하는 사업
② 지역사회 개발사업과 연계된 사업
③ 장기적이고 지속적인 사업

2 보건프로그램 기획 모형

1 보건사업 기획

(1) 기획의 정의 : 요구파악, 우선순위 결정, 보건문제를 일으키는 원인 진단, 적절한 자원 수집 및 배치, 목표달성의 장애요인을 극복할 수 있는 방안을 강구하는 모든 과정

(2) 기획의 특성
① 목표지향적(미래 지향적) : 미래의 불확실성을 최소화해 목표에 맞게 변화시키고자 하는 수단
② 행동지향적 : 단순한 계획을 수립하는 것이 아닌 권한을 가진 기획가가 성공적인 수행을 할 수 있도록 하는 것

O×로 확인
05 O|X
보건사업의 기획은 목표지향적이며, 행동지향적이고, 연속적인 과정이다.

O×로 확인 해설&정답
정답
05 O

③ 목표 달성을 위한 최적의 수단을 제시 : 구체적인 수단을 제시
④ 체계적인 일련의 의사결정 과정 : 연속적인 과정(일회적 ×, 단편적 ×), 각 단계는 상호 영향을 미침

(3) 기획의 필요성
① 지휘의 수단 : 필수적인 전략적 요소에 주의를 집중할 수 있게 유도하는 수단
② 효과적 통제의 수단 : 수행해야 할 과제를 확인하고 무엇을 해야 하는지를 알게 해줌
③ 가용 자원의 효율적 사용 : 한정된 자원으로 요구를 충족시키기 위해서는 우선순위를 정하고 조절하는 과정이 필요함
④ 업무 수행 능력의 강화 : 성과를 측정하고 이에 따른 보상을 통한 업무 능력의 강화
⑤ 미래 대비 : 변화에 대처할 수 있는 기준을 제공하며 최선의 방향을 제시해 줌

(4) 기획의 단계
① 기획 팀의 조직 : 먼저, 다양하고 넓은 지역사회 이해 관계자의 참여로 기획팀을 조직
② 지역사회 현황분석
③ 주요한 건강문제 결정
④ 목표와 목적 설정
⑤ 전략, 세부 사업계획 작성
⑥ 실행
⑦ 평가

2 현황분석

(1) 현황분석의 정의 : 현재의 상황과 바람직한 상황인 목표와의 차이를 규명하고, 목표의 달성을 위해 해결해야 할 요인, 문제 해결을 위한 능력과 한계를 분석하는 과정

(2) 현황분석의 내용
① 지역의 건강 수준 평가 : 지역의 인구와 사회학적 특성, 건강의 수준과 질병 부담, 건강 결정 요인, 건강 불평등
② 지역의 관심사와 장점
③ 지역보건체계의 평가 : 지역보건사업의 현황과 평가, 보건의료기관의 건강문제 해결 능력
④ 건강문제 해결 능력에 영향을 미치는 환경의 변화

O×로 확인

06 O|X
보건사업 기획의 첫 번째 단계는 지역사회 현황을 분석하는 것이다.

O×로 확인 해설&정답

해설
06 지역사회 현황을 분석 → 기획 팀의 조직

정답
06 ×

3 SWOT 분석 방법

외부요인 \ 내부요인	강점 strength · 보건의료인의 높은 역량 · 보건소 내부 인력 간 높은 협력도 · 외부 전문인력의 높은 활용도	약점 weakness · 전문인력 부족 · 보조 프로그램 미비 · 보건기관의 시설, 장비 열악 · 지방자치단체의 예산 부족
기회 opportunity · 건강증진에 대한 높은 관심 · 보건복지부 건강증진정책 예산 확대 · 국민소득, 평균수명 증가	SO 전략 · 조직의 어떤 강점이 기회를 극대화하기 위해 사용될 수 있는가? · 공격적 전략 : 사업구조, 영역, 시장의 확대	WO 전략 · 조직의 약점을 최소화하기 위해 확인된 기회를 활용하여 어떤 행동을 취할 수 있는가? · 상황전환 전략 : 구조조정, 혁신운동, 강점보완
위협 threat · 신종 감염병 유행 · 지역간 보건의료 불균형 심화 · 보건기관에 대한 주민의 신뢰도 미흡	ST 전략 · 확인되는 위협을 최소화하기 위해 조직의 강점을 어떻게 사용할 것인가? · 다각화 전략 : 새로운 사업 진출, 새로운 시장 개척	WT 전략 · 위협을 회피하기 위해 조직의 약점을 어떻게 최소화할 것인가? · 방어적 전략 : 사업 축소 또는 폐기

[SWOT 분석을 통한 전략]

(1) SWOT 분석의 정의
조직의 환경분석을 통해 외부에 있는 기회(opportunities)와 위협(threats), 조직 내의 강점(strengths)과 약점(weaknesses)을 파악하여 이를 통해 마케팅 전략을 수립하는 기법

(2) SWOT 분석의 특징
① 외부로부터의 기회는 최대한 살리고 위협은 회피, 강점은 최대한 활용, 약점을 보완한다는 논리에 기초를 둠
② SWOT 분석의 가장 큰 장점 : 조직의 내·외부환경 변화를 동시에 파악할 수 있음

4 PRECEDE - PROCEED 모형

(1) 교육적, 생태학적 접근으로서 행위변화를 위한 보건 및 건강증진 사업요구를 사정, 계획하는 과정을 체계적·조직적으로 나타낸 모형
(2) 보건교육을 적용할 때 유용
(3) 문제점을 찾고 원인을 해결하는 8단계
크게 두 영역으로 구성됨 : PRECEDE + PROCEED

OX로 확인

07 OIX
SWOT 분석에서 내부의 강점, 외부의 위협이 있는 경우 ST전략을 수립한다.

해설&정답
정답
07 O

		PRECEDE(진단, 프로그램 계획에 초점)	
1단계	사회적 진단	주민의 삶의 질에 영향을 미치는 사회적 요인을 규명하는 단계 예 주택 밀도, 환경 지표, 생정기록 자료, 면담, 고령화 지수, 실업률, 결근율, 삶의 만족도 지표 등을 통해 확인하기	
2단계	역학적 진단	・건강문제를 발견하여 부족한 자원을 사용할 가치가 있는 우선적 건강문제를 찾는 단계 ・역학적 자료 조사 : 인구집단의 건강문제 분포와 크기를 알 수 있어 건강문제의 상대적 중요성을 제시해 줌	
3단계	교육 및 생태학적 진단	건강행위에 변화를 주는 요인을 사정	
		성향요인(소인요인) Predisposing factors	・동기를 제공하는 요인 ・행위를 하기에 앞선 내재된 요인 예 지식, 태도, 신념가치, 자기효능
		촉진 요인(가능요인) Enabling factors	건강행위 수행을 가능하게 도와주는 요인 예 자원의 이용 가능성, 접근성, 시간적 여유, 개인의 기술
		강화요인 Reinforcing factors	행위가 지속되거나 없어지게 하는 요인 예 보상, 칭찬, 처벌 등
4단계	행정・정책적 사정 및 중재계획	건강증진 프로그램에 이용 가능한 예산, 자원, 시간, 프로그램 수행시 극복해야 할 장어, 프로그램 지원 정책 등이 있는지를 사정하는 단계	
		PROCEED(수행, 사업평가에 초점)	
5단계	수행	기획단계에서 계획된 프로그램을 수행	
6단계	과정평가 (Process evaluation)	계획에 따라 잘 수행되어지는지 평가	
7단계	영향평가 (Impact evaluation)	즉각적인 효과에 대한 평가(지식, 태도, 실천양상에 일어난 변화)	
8단계	결과평가 (Outcome evaluation)	장기적인 변화 평가, 삶의 질 변화 평가(유병률, 사망률)	

5 MAPP(Mobilizing for Action through Planning and Partnership) 모형

(1) 미국의 NACCHO(전국지방건강공무원협회)와 CDC(질병관리센터)가 함께 개발한 보건사업기획모형 중 하나
(2) 파트너십과 기획을 통한 건강증진전략을 의미
(3) MAPP 특징
　① 지역사회중심의 접근법 사용 : 공공과 민간이 협력, 지역사회의 보건현황을 파악해 보건문제에 대응하는 역량개발에 초점을 맞춘 모형

O×로 확인

08 O|X
PRECEDE - PROCEED 모형의 교육 및 생태학적 진단 단계에서 건강행위 수행을 가능하게 도와주는 요인을 강화요인이라 한다.

O×로 확인 해설&정답

해설
08 강화요인 → 촉진요인

정답
08 ×

② 전략적 기획 개념 활용 : 자원확보, 요구와 자원의 매칭, 장기적 접근법 수립 등에 효과적

(4) MAPP 과정 6단계
① 1단계 : 조직화와 파트너십(협력체계) 개발
② 2단계 : 비전 제시
③ 3단계 : 지역현황 분석(사정)
    a. 지역사회 관심 및 강점 사정 : 지역사회에서 가장 중요한 것은 무엇인지, 건강을 증진시킬 수 있는 어떠한 자원을 가지고 있는지를 확인
    b. 보건의료체계 사정
    c. 건강수준 사정 : 지역사회의 건강한 삶의 수준과 관련된 주요 쟁점 확인
       • 기본특성 : 인구학적 특성, 사회경제적 특성, 보건자원 이용가능성
       • 기여요인 : 삶의 질, 건강행태적 위험요인, 환경보건지표
       • 건강상태 : 사회적 · 정신적 건강, 모자보건, 사망 · 질병 · 손상, 전염병, 보건의료 사건사고
    d. 변화가능성 사정
④ 4단계 : 전략적 이슈 확인 – 진단 결과에 따라 지역사회보건의 우선순위 과제 선정
⑤ 5단계 : 목표와 전략 수립 – 우선순위 과제에 대한 구체적인 목적과 전략을 설정
⑥ 6단계 : 순환적 수행 – 보건사업 · 프로그램의 계획, 실시, 평가

6 MATCH 지역사회 보건 다단계 접근(Multilevel Approach To Community Health)

(1) 생태학적인 여러 차원에서 단계적인 접근을 하는 지역사회 기획 모형 프로그램 중 하나

(2) MATCH 특징
① 중재 전략을 생태학적인 여러 수준(개인, 조직, 지역사회, 정부, 공공 정책 등)으로 나누어 다양한 접근법으로 프로그램을 기획
② 질병과 사고예방을 위한 행동과 환경적인 요인이 알려져 있고, 우선순위가 정해졌을 때 적용
   → 지역사회 요구도에 대한 자료가 충분하기 때문에 처음부터 목적을 설정해서 기술하는 것부터 시작(사정 단계가 필요 없음)
③ 포괄적인 건강증진 프로그램 기획시 사용하며 보건프로그램의 실행을 강조

(3) MATCH 5단계
① 목적 설정(Goal Selection)
② 중재 계획(Intervention Planning)
③ 프로그램 개발(Program Development)
④ 실행 준비(Implementation Preparation)
⑤ 평가(Evaluation)

OX로 확인

09 O|X
보건프로그램 기획 모형 중 MAPP 모형의 1단계는 조직화와 파트너십 개발이다.

10 O|X
보건프로그램 기획 모형 중 MATCH 모형은 지역사회 요구도에 대한 자료가 충분하지 않은 경우에는 사용할 수 없다.

11 O|X
MATCH 모형의 첫 단계는 지역사회 현황분석을 우선으로 한다.

OX로 확인 해설&정답

[해설]
11 지역사회 현황분석 → 목적 설정

[정답]
09 O 10 O 11 ✕

3 보건사업 우선순위 결정 기준

1 PATCH(Planned Approach To Community Health)

(1) 보건 프로그램 기획 시 '건강문제의 중요성'과 '변화가능성'을 건강문제의 우선순위를 결정하는 기준으로 사용

(2) 내용
   ① 건강문제의 중요성
      a. 얼마나 자주 건강문제가 발생하는가(유병률, 발병률 등을 통해 평가)
      b. 건강수준에 얼마나 심각한 영향을 미치는가(사망률, 장애발생률, 치명률 등을 통해 평가)
   ② 변화가능성
      a. 건강문제가 얼마나 유연하게 변호될 수 있는가
      b. 예 · 노인대상 사업보다 청소년 대상 사업이 변화 가능성이 높다고 볼 수 있다.
          · 유전성 질환은 지역사회 보건사업이 개입을 해도 변화 가능성이 적다.

(3) PATCH 모형의 수행 5단계
   ① 지역사회 자원의 가동(Mobilizing the Community) : 지역사회가 가진 전체 자원을 조직화하고, 사업의 참여자 모집 및 인구학적 특성 분석
   ② 자료의 수집 및 분석(Collecting and Organizing data) : 지역사회의 주요한 건강 문제를 파악
   ③ 우선순위 결정과 대상 집단 선정(Choosing Health Priorities)
      a. 1순위 사업 : 긴급히 해결하지 않으면 많은 사람에게 영향을 주는 문제
      b. 2순위 사업 : 투자시 효과 높은 사업, 정부가 강조하는 사업
   ④ 포괄적 실행계획 개발(Developing a Comprehensive Intervention Plan)
   ⑤ 평가(Evaluating)

2 브라이언트(John Bryant)의 우선순위 결정 기준

(1) Bryant의 기준은 PATCH의 방법에 '주민의 관심도'를 추가함
(2) 주로 감염성 질환 관리 사업에 적용
(3) 우선순위 결정기준
   ① 보건문제의 크기 : 유병률
   ② 보건문제의 심각도 : 긴급성, 심각성, 경제적 손실, 잠재적 영향 등
   ③ 보건문제의 기술적 해결가능성(관리가능성)
   ④ 보건문제에 대한 지역사회 주민의 관심도
(4) 우선순위 결정 기준에 대한 측정 방법이나 상대적 우선순위에 관한 언급은 없음

OX로 확인

12 O | X
브라이언트의 우선순위 결정은 '건강문제의 중요성'과 '변화가능성'으로 판단한다.

OX로 확인 해설&정답

해설
12 브라이언트의 우선순위결정 → PATCH기준

정답
12 ×

3 BPRS(Basic Priority Rating System)

(1) 보건사업의 우선순위 결정기준으로 보건소 등에서 가장 널리 사용되는 방법

(2) 우선순위 결정기준
  ① 건강문제의 크기
     a. 건강문제를 가진 인구의 비율에 따라 결정
     b. 만성질환은 유병률, 급성질환은 발생률의 크기를 점수화
  ② 건강문제의 심각도
     긴급성, 중증도, 경제적 손실, 타인에 의한 영향 정도(경제적 손실 이외의 사회적 영향)를 고려하여 평가
  ③ 사업의 효과성
     a. 전문가의 조언과 평가, 선행연구를 통한 문헌고찰 등을 통해 사업의 최대 효과와 최소 효과를 추정하여 점수를 부여
     b. 전문가의 조언이라는 부분에서 주관적일 수 있는 단점

(3) 우선순위 결정 방법

> **공식**
>
> $$BPRS = (A + 2B) \times C$$
>
> - A : 건강문제의 크기(10점 만점)
> - B : 건강문제의 심각도(10점 만점)
> - C : 보건사업의 효과성(10점 만점)
>
> ① 건강문제의 크기보다는 심각도, 심각도보다는 보건사업의 효과가 우선 순위에 결정적인 영향을 미친다.
> ② 효과없는 사업의 시행은 예산 낭비이므로 사업의 효과가 중시된다.
> ③ 한계 : 사업의 효과를 추정하기 위해 객관성이 부족한 주관적 자료를 이용하므로 해당 점수의 타당성과 신뢰성이 낮다.

참고
PATCH, Bryant, BPRS 비교

PATCH 모형	Bryant 기준	BPRS 기준
건강문제의 중요성	보건문제의 크기	건강문제의 크기
	보건문제의 심각도	건강문제의 심각도
–	주민의 관심도	
변화가능성	기술적 해결가능성	보건사업의 효과성

---

13 ○|✕

우선순위 결정 방법 중 BPRS 결과에 가장 큰 영향을 주는 것은 건강문제의 심각도이다.

해설
13 건강문제의 심각도 → 보건사업의 효과성

정답
13 ✕

4 PEARL

(1) 선정된 건강문제가 반드시 해결가능한 문제는 아닐 수 있으므로 우선순위를 결정하는 방법과는 별개로 사업의 실행가능성을 평가한 것

(2) BPRS 계산 후 사업의 실행 가능성 여부를 판단하는 보조지표로 사용

(3) 평가항목
① 업무범위의 적절성(Propriety) : 해당 기관의 업무 범위에 해당하는가?
② 경제적 타당성(Economic Feasibility) : 경제적인 의미가 있는가?
③ 지역사회나 대상자들의 사업에 대한 수용성(Acceptability)
④ 자원의 이용가능성(Resources) : 사업에 투자할 재원, 자원이 있는가?
⑤ 적법성(Legality) : 법적으로 문제는 없는가?

(4) 각 항목에 0 또는 1을 부여, 어느 항목 하나라도 '0'이 나오면 사업은 시작할 수 없음

5 황금다이아몬드(Golden diamond) 모델

(1) 보건지표의 상대적 크기와 변화의 경향을 이용해 사업의 우선순위를 결정하는 방식

(2) 주요 건강 문제를 선정
→ 이들 건강문제의 이환률, 사망률, 변화의 경향을 미국 전체와 비교
→ '주가 좋음', '같음', '주가 나쁨'으로 구분
→ 이를 황금 다이아몬드 상자에 표시

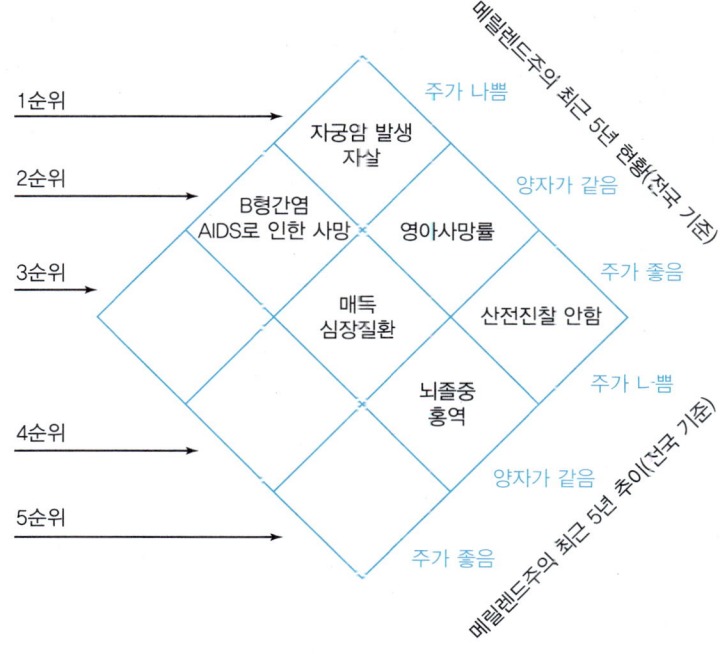

[황금 다이아몬드 모델의 적용]

(3) 미국 전체와 비교하여 주의 지표가 좋지 않고, 지난 5년간의 변화의 추세도 안좋은 경우를 1순위 사업으로 결정

(4) 다른 지역과 해당 지역을 비교하여 우선순위를 결정하는 방식이므로 형평성을 추구하는 데 적합한 방식

4 보건사업 평가

1 보건사업 평가 정의
사전에 설정된 목표를 어느 정도 달성하였는지를 결정하는 과정

2 보건사업의 일반적 평가 내용
(1) 서비스 노력
(2) 서비스 성취도 : 보건사업을 통해 이루어진 것
(3) 서비스 노력과 성취도의 비율 : '효율성' 평가, 사업의 성취도를 서비스 노력의 단위(예산, 인력, 시간의 비율)로 측정
(4) 사업의 성공 및 실패 요인의 분석

3 보건사업의 평가 방법
(1) 보건사업 진행 단계별 평가의 구분
　① 계획평가(시초평가) : 사업 시행 이전, 사업계획이 잘 수립되었는지 확인
　② 중간평가 : 계획대로 사업이 잘 추진되어지고 있는지 또는 조정이 필요한지 점검
　③ 종합평가 : 목표의 달성 정도를 평가, 달성하지 못한 경우 그 원인 분석

(2) 투입 산출 모형에 따른 평가의 구분
　① 구조평가(Input evaluation, Structural evaluation) : 사업의 시작 단계에서 투입되어지는 자원에 대한 적정성 평가(충분하고 적절한지)
　　예 투입된 인력, 시설과 장비, 예산 등
　② 과정평가(Process evaluation) : 사업의 진행 단계에서 투입 자원이 계획대로 실행되어지고 있는지 평가(계획과 집행이 일치하는지 판단)
　　예 대상자의 프로그램 참여율과 출석률의 확인, 목표 대비 사업의 진행 정도, 프로그램의 만족도·흥미도, 교재 적절성, 대상자 적절성, 안내책자와 팜플릿의 질
　③ 결과평가(Outcome evaluation, Impact evaluation) : 보건사업에 의한 변화 또는 차이를 측정
　　예 금연 프로그램 종료 후 흡연율의 변화 평가, 금연 프로그램의 비용 효과성 분석

O×로 확인

14 O|X
투입 산출 모형에 따른 평가의 구분 중, 사업의 진행 단계에서 투입 자원이 계획대로 실행되어지고 있는지를 평가하는 것을 과정평가라 한다.

O×로 확인 해설&정답

정답
14 O

> **+PLUS 심화**

◎ 보건의료분야의 경제학적 평가 방법

① 비용-효과 분석(CEA, Cost-effectiveness analysis)
 a. 동일한 목표를 가지는 하나의 사업에 있어 서로 다른 어느 대안이 가장 효과가 큰 지를 결정할 때 사용
 b. 경제적 편익 측정이 어려운 사회 정책사업에 주로 적용
 c. 장점: 결과를 자연 단위 지표로 표시하기 때문에 이해가 쉽고, 금액이나 다른 단위로 환산하는 번거로움이 없음
 d. 단점: 서로 다른 결과를 가진 전략을 비교하지 못함
  예) 새로운 중재를 기존의 중재와 비교했을 경우 혈압 1mmHg를 낮추는 데 드는 비용의 비교, 암 환자의 생존기간을 1년 연장시키는 데 드는 비용의 비교를 하고자 할 때

A사업(고혈압 조절 사업) 시행에 투입되는 비용 (방법: 보건교육사업, 비용 a₩)	→	사업 수행 후 결과 (효과: 혈압 $d$mmHg 낮아짐)
A사업(고혈압 조절 사업) 시행에 투입되는 비용 (방법: 나트륨 제한 식이, 비용 b₩)	→	사업 수행 후 결과 (효과: 혈압 $e$mmHg 낮아짐)
A사업(고혈압 조절 사업) 시행에 투입되는 비용 (방법: 운동, 비용 c₩)	→	사업 수행 후 결과 (효과: 혈압 $f$mmHg 낮아짐)

② 비용-편익 분석(CBA, Cost-benefit analysis)
 a. 정부의 어떤 특정 사업이 채택되었을 때 그 사회의 모든 구성원들에게 발생되는 유형·무형의 모든 편익과 비용을 일정한 판단기준에 따라 그 사업의 타당성을 평가하는 분석기법
 b. 다양한 목적의 여러 가지 사업을 비교해 우선순위의 사업을 결정할 때
 c. 각각의 사업계획에 대한 각각의 비용과 편익을 측정(모두 화폐단위)하여 사회·경제적 관점에서 가장 많은 순편익이 되는 사업을 결정하는 경우 사용

A사업(고혈압)에 투입되는 비용(비용 a₩)	→	사업 수행 후 결과(편익 d₩)
B사업(당뇨)에 투입되는 비용(비용 b₩)	→	사업 수행 후 결과(편익 e₩)
C사업(성매개 질환)에 투입되는 비용(비용 c₩)	→	사업 수행 후 결과(편익 f₩)

③ 비용-효용 분석(CUA, Cost-Utility analysis)
 a. 건강관련 삶의 질이 중요한 결과물인 경우, 해당 중재가 삶의 양(수명연장)과 삶의 질 모두에 영향을 미치고 양 측면의 효과를 모두 통합하는 공통 결과 단위를 필요로 할 때 사용
 b. 질보정수명(QALY, Quality-adjusted life-year gained)으로 효용을 측정
 c. 질보정수명(QALYs): 질병치료로 연장된 생존기간에 생존기간 동안 경험하는 건강상태의 질을 보정하여 계산

경제성 평가 유형	투입 비용	결과
비용-효과 분석	화폐의 단위로 표시	사업의 효과로 표시 (자연단위: 낮춰진 혈압 mmHg, 연장된 수명 등)
비용-편익 분석	화폐의 단위로 표시	화폐의 단위로 표시
비용-효용 분석	화폐의 단위로 표시	질보정수명(QALY)

5 공중보건학의 역사

1 서양의 공중보건학의 역사

(1) 고대기(기원 전~서기 500년)
    ① 메소포타미아
        a. 함무라비 법전(기원 전 18세기 전후) : 의사의 지위, 제도, 진료, 보수, 과오에 대한 규정
        b. 종교적 예배시 청결 강조에 따른 목욕, 수도오염 금지법
        c. 나환자 : 도시 출입 금지, 성병환자 : 율법 모독 행위로 간주하여 추방
    ② 이집트
        a. 파피루스(papyrus) : 고대 이집트의 질병과 치료에 관한 기록이 적힌 두루말이
        b. 규칙적인 생활, 매장법, 엄격한 식육검사, 토제와 하제를 사용한 신체정화를 권장
        c. 급·배수 시설흔적
    ③ 그리스 : 히포크라테스(Hippocrates, B.C. 460~370)
        a. '질병의 원인은 환경, 병을 낫게 하는 것은 자연'이라 함(의미없는 투약은 줄이고 생활습관 개선을 강조)
        b. 장기설(miasma theory)
            • 당시에는 나쁜(mal) 공기(aria)가 질병을 전파한다고 간주
            • 질병관리 방법으로 오염된 공기를 정화시키기 위해 대포 발사, 불을 지르는 방법 및 연기소독법(fumigation)을 사용
        c. 체액설(혈액, 점액, 황담, 흑담) : 4가지 체액의 조화로운 혼합은 건강상태, 체액의 부족은 질병상태
    ④ 로마
        a. 고대 그리스의 의학과 위생학을 계승
        b. 상수시설과 하수 시설의 발전
        c. 갈레누스(Galenus, 129~199) : 'Hygiene' 용어의 최초 사용, 장기설을 계승·발전시킴

(2) 중세기(500~1500년)
    ① 중세기의 상황
        a. 전염병의 범발적 유행(pandemic) 시기
            • 페스트, 나병 등 유럽에서 폭발적 감염
            • 각종 전염병의 유행이 종교 행위와 관련됨
        b. 중세기 초(암흑기) 위생과 보건사업은 종교 활동의 일환으로 행해짐
            • 육체 경시, 금욕 강조, 영적인 것을 중요시해 목욕 안 함(향수 사용)
        c. 길드(=조합, guild) : 도시의 위생 업무(전염병 예방, 환경위생)는 길드에서 운영함
    ② 6~7세기
        a. 이슬람 교도의 메카 순례 : 콜레라 전파

○× 로 확인

15 ○ ×

나쁜(mal) 공기(aria)가 질병을 전파한다고 주장한 학자는 아리스토텔레스이다.

○× 로 확인 해설&정답

해설
15 아리스토텔레스 → 히포크라테스

정답
15 ×

③ 13세기
   a. 십자군 전쟁 : 나병, 콜레라의 이동과 전파
   b. 나환자에 대한 조치(환자에게 방울 소리가 나도록 함, 환자의 교회 출입 금지)로 점차 감소
④ 14세기
   a. 징기스칸의 유럽 정벌 : 페스트 대유행 → 접촉전염설 대두
   b. 1377년 이탈리아 라구사(Rogusa)에서 검역(Quaranta, 이탈이아어로 40일이란 의미)의 유래 시작됨 : 이주민에게 30~40일의 격리 기간을 둠
   c. 1383년 프랑스 마르세이유(Marseiles) : 검역법에 의한 최초의 검역소 설치
⑤ 15~16세기 : 매독, 결핵의 유행

(3) 여명기(1500~1850년)
① 여명기 상황
   a. 르네상스(문예부흥, 1453~1600)로 인해 봉건사회가 붕괴되고 근대사회로 전환되는 시기
   b. 산업혁명(1760~1830)으로 공중보건의 개념이 최초 등장
      산업혁명 → 공업화 시작 → 농촌인구의 도시 이동 → 공업부산물, 생활폐기물, 분뇨의 누적 → 환경위생 악화 → 질병발생 증가
② 프라카스트로(Fracastoro, 이탈리아, 1478~1553) : 『감염, 감염병 및 그 치료』에서 눈에 보이지 않는 종의 존재에 의해 질병이 발생한다는 '과학적 세균설'을 주장
③ 레벤후크(Leeuwenhock, 네덜란드, 1632~1723) : '현미경 발명(1676)'으로 종의 존재를 실제로 확인
④ 존그랜트(John Graunt, 영국, 1620~1674) : 『사망표에 관한 자연적, 정치적 제 관찰』(1662)이라는 사망통계에 관한 책 저술
⑤ 라마치니(Ramazzini, 이탈리아, 1633~1714)
   a. 직업병에 관한 저서 『일하는 사람들의 질병』(1700) 발간 : 근로자와 관련된 산업재해에 관해 기술
   b. 산업보건의 아버지
⑥ 스마일리(Smellie, 1697~1763) : 산과 위생을 강조
⑦ 린드(J. Lind, 영국, 1716~1794) : 선박의 위생상태 개선에 공헌, 괴혈병의 원인을 밝힘
⑧ 필립 피넬(P. Pinel, 프랑스, 1745~1826) : 정신병원에 수용된 53명의 해방 – 인도주의적 정신의료의 도입
⑨ 프랭크(J. P. Frank, 독일, 1745~1821)
   a. 공중 · 산업보건학의 아버지
   b. '전의사경찰체계'(Medizinische Polizei)(1779)
      • "인민의 건강을 확보하는 것은 국가의 책임이며 이는 실현 가능한 것이다."라고 발표
      • 최초의 공중보건학 저서, 국가책임론, 공중보건과 개인위생을 체계화시킴

OX로 확인

16 ⓞⓧ
검역법에 의해 최초의 검역소가 설치된 곳은 이탈리아 라구사이다.

OX로 확인

17 ⓞⓧ
눈에 보이지 않는 종의 존재에 의해 질병이 발생한다는 '과학적 세균설'을 주장학자는 레벤후크이다.

OX로 확인

18 ⓞⓧ
선박의 위생상태 개선에 공헌, 괴혈병의 원인을 밝힌 사람은 린드이다.

OX로 확인 해설&정답

해설
16 이탈리아 라구사 → 프랑스 마르세이유
17 레벤후크 → 프라카스트로

정답
16 ✗ 17 ✗ 18 ○

⑩ 제너(E. Jenner, 영국, 1749~1823) : 우두종두법(1798) 개발·두창 예방
⑪ 에드윈 채드윅(Edwin Chadwick, 영국, 1800~1890)
    a. '열병보고서[Fever Report(1837~1838)]' : 열병의 참상을 조사
    b. 열병 개선 대책을 위한 조사 결과 보고인 '노동자 계층의 위생 상태에 관한 보고'(1842) 작성 : 위생개혁의 긴요성, 공중보건활동의 중요성, 중앙과 지방을 일괄하는 보건행정기구 확립의 중요성 등이 제시됨
    c. '열병보고서'와 '노동자 계층의 위생 상태에 관한 보고'의 결과 1848년 세계 최초의 「공중보건법」(Public Health Act)을 제정 → 영국에서 세계 최초의 공중보건국과 지방보건국이 설치됨
⑫ 레뮤얼 새턱(Lemuel Shattuck, 미국, 1793~1859) : 보건분야 지침서인 '메사추세츠 위생위원회 보고서, Report of the sanitary commission of Massachusetts'(1842)를 발표 → 미국 공중보건 역사의 이정표가 됨
⑬ 스웨덴에서 세계 첫 국세조사 실시(1749)
⑭ 파르(Farr, 영국, 1807~1883) : 인구동태 등록제 확립(공중보건 활동의 나침반)

(4) 확립기(1850~1900년)
① 확립기 상황
    a. 세균발견과 백신의 개발로 인해 세균학과 면역학의 발전
    b. 예방의학의 확립기
    c. 공중보건의 기초 확립
② 존 스노우(John Snow, 영국, 1813~1858) : 콜레라에 관한 역학조사 보고서(1855), 장기설(Miasma설)을 뒤집고 전염병 감염설을 입증하는 동기 제공 → 최초의 기술역학
③ 윌리엄 라스본(William Rathborne, 영국) : 리버풀에서 방문간호를 시작(1859) → 보건소 제도의 효시
④ 페텐코퍼(Max von Pettenkofer, 독일, 1818~1901) : 뮌헨대학에 최초 위생학교실 창립(1866) → 영양, 의복, 난방, 상하수도, 환기 등 위생학의 전 분야를 실험실에서 연구 → 실험위생학의 기초를 확립
⑤ 파스퇴르(L. Pasteur, 프랑스, 1822~1895) : 닭 콜레라백신 개발(1880), 광견병 항혈청 개발(1884)
⑥ 코흐(Koch, 독일, 1843~1910) : 탄저균(1877), 파상풍균(1878), 결핵균(1882), 콜레라균(1883) 발견
⑦ 비스마르크(Bismark, 독일, 1815~1898) : 근로자 질병보험 실시, 근로자 질병보호법 제정(1883), 사회보장제도의 기틀 마련
⑧ 하프킨(W.Haffkine, 1860~1930) : 콜레라 백신 개발(1889)

OX로 확인

19 O|X
비스마르크는 근로자 질병보험 실시, 근로자 질병보호법을 제정하여 실험위생학의 기초를 확립하였다.

OX로 확인 해설&정답

[해설]
19 실험위생학의 기초를 확립 → 사회보장제도의 기틀 마련

[정답]
19 ×

(5) 발전기(1900년 이후)
① 1920년
a. 영국 보건성의 '의료 및 관련 서비스에 관한 자문위원회 도슨보고서'(Dawson Report) : 구체적으로 보건소를 구상 → 지역보건의료의 기초자료가 됨
b. 윈슬로우(Winslow CEA, 1877~1957) : 공중보건의 정의 발표
② 1935년 : 미국 세계 최초의 사회보장법(Social Security Act) 제정
③ 1942년 : 영국, 베버리지 보고서에 '사회보험에 의한 전 국민의 최저생활을 보장해야 한다.'고 공표 → 1948년 완벽한 사회보장제도 실시
④ 1948년 : 세계보건기구(WHO) 발족(4월 7일)
⑤ 1978년
a. 알마아타 회의 : '2000년까지 전 인류에게 건강을'이라는 슬로건 아래 일차보건의료 혜택을 누구나 받을 수 있도록 정부가 노력할 것을 결의
⑥ 1986년 : 캐나다 오타와에서 제1차 건강증진에 관한 국제회의를 개최

2 우리나라 공중보건의 역사

(1) 삼국시대
① 고구려 : 시의제도(왕실의 치료를 담당), '고려 노사방'(명의들의 처방을 모아 놓음)
② 백제 : 의박사(의학담당 관직), 약부(약물 취급), 채약사(약초의 채취 담당), 주금사(주술로 질병을 다룸)
③ 신라 : 김무의 '김무약방' 저술

(2) 통일신라시대
① 비교적 잘 짜여진 의료제도를 갖춤
② 약전(의료행정을 담당하는 기관), 공봉의사(약전에서 직접 의료에 종사), 공봉복사(약전에서 금주로써 질병을 예방하는 무주술사), 국의·승의(명의를 일컫는 용어)

(3) 고려시대
① 태의감 : 중앙의료기관으로 의약행정을 총괄
② 제위보 : 빈민·행려자의 구제와 질병치료사업 담당
③ 상약국, 상의국 : 궁내 어약담당, 국왕을 비롯한 궁중의 질병을 치료
④ 혜민국 : 서민의 의료담당
⑤ 동서대비원 : 질병 유행시 대비원 주위(동쪽, 서쪽)에 병막을 따로 만들어 환자들을 수용, 빈민구제와 전염병을 담당
⑥ 약점 : 중앙과 지방의 행정말단 단위에 설치되어 백성의 질병치료를 담당(오늘날의 보건소)

O X 로 확인
20 O|X
고려시대 혜민국에서는 서민의 의료를 담당하였다.

O X 로 확인 해설&정답
정답
20 O

CHAPTER 01 공중보건학의 이해 27

(4) 조선전기
　① 전의감 : 중앙의료행정기관, 왕실의 의약과 일반의료행정 담당, 의원을 선발하는 의과취재, 의학교육 등의 사무를 담당
　② 내의원 : 왕실의료를 담당
　③ 혜민서 : 일반의약과 일반서민 의료를 담당
　④ 제생원 : 지방에 조직된 의료기관을 통합하기 위해 설치된 중앙의료기관, 향약의 수납과 병자들의 구료업무 담당
　⑤ 활인서 : 병자들을 돌봄, 특히 전염병 질환 업무 담당
　⑥ 심약 : 지방에서 향약의 채취 담당
　⑦ 의학교유 : 지방에서 의학 교육 담당

	통일신라	고려	조선	일제강점기	미군정기	현재
의약행정	약전	태의감	전의감	위생과	보건후생부	보건복지부
왕실의료	내공봉의사	상약국, 상의국	내의원			
서민의료		혜민국	혜민서			
전염병환자 관리		동서대비원	활인서			
구료기관		제위보	제생원			

(5) 조선후기
　① 종두법 실시(1879) : 지석영에 의해 실시
　② 광혜원 설립(1885) : 최초의 서양식 국립의료기관, 미국 선교사 알렌(Allen)의 건의로 설립, 후에 '제중원'으로 개칭
　③ 갑오개혁(1894)
　　a. 우리나라에 서양의 의학 지식이 유입되는 계기가 됨
　　b. 내부에 최초의 근대보건행정기구인 위생국 설치, 1895년 위생국이 의무과와 위생과로 분리
　④ 광제원(1899) : 1899년 국립병원인 내부병원 설립(종두업무 취급) → 1900년 광제원으로 변경(일반환자 진료, 전염병 취급) → 1907년 대한병원

(6) 일제강점기(1910~1945)
　① 보건행정을 경찰이 담당
　② 중앙의 경찰국에 위생과를 설치(1910) : 공중위생업무, 의사·약사·약제사 면허 업무, 병원·의원 등의 관리업무 수행

(7) 미군정 시대(1945~1948)
　① 위생국 설치(1945) → 보건후생국으로 개편
　② 보건후생국 → 보건후생부로 개칭(1946)

OX로 확인
21 O|X
고려시대 상약국과 조선시대 활인서에서 왕실의료를 담당하였다.

OX로 확인 해설&정답
해설
21 활인서 → 내의원
정답
21 ×

(8) 대한민국 정부수립 이후(1948~)

① 보건후생부 폐지(1948) → 사회부로 개편
② 사회부 안의 보건국 → 보건부로 독립·승격(1949)
③ 사회부와 보건부를 통합하여 보건사회부로 개칭(1955)
④ 보건사회부 → 보건복지부로 개편(1994)
⑤ 보건복지부 → 보건복지가족부로 개도(2008)
⑥ 보건복지가족부 → 보건복지부로 재개편(2010)

CHAPTER 02 건강과 건강증진

1 건강의 이해

1 건강의 정의

(1) 세계보건기구(WHO, world health organization)의 정의

① 1948년: "건강이란 다만 질병이 없거나 허약하지 않는 것을 의미하는 것이 아니라 신체적, 정신적 및 사회적으로 완전히 안녕한 상태에 놓여 있는 것이다."

> Health is a complete state of physical, mental and social well-being and not merely the absence of disease or infirmity.

　a. 사회적 안녕: 개개인의 역할을 충분히 수행하면서 사회생활을 영위할 수 있는 상태
　b. 건강의 사회적 안녕을 강조
　c. 비판: well-being의 개념이 주관적임, 연속적 건강의 개념이 아닌 '정적(static) 상태'의 건강, 비현실적이며 이상적임

② 1998년: "건강이란 다만 질병이 없거나 허약하지 않는 것을 의미하는 것이 아니라 신체적, 정신적, 사회적 및 영적 안녕이 역동적(Dynamic)이며 완전한 상태이다."

> Health is a dynamic state of physical, mental and social and spiritual well-being and not merely the absence of disease or infirmity.

　a. 영적 개념과 역동성을 추가
　b. WHO 총회에서 채택되었으나 의결되지 않음

(2) 여러 학자들의 건강에 대한 정의

① 크라우드 버나드(Claude Bernard)
　a. 외부환경의 변동에 대하여 내부환경의 항상성(homeostasis)이 유지된 상태
　b. 질병이란 항상성이 파괴되어 외부 환경에 적응하지 못하는 상태

② 와일리(Walsh)
　a. 주위 환경 조건에 대한 인간의 완전하고 계속적인 적응상태
　b. 건강과 환경과의 관계를 강조

③ 파슨스(Talcott Parsons)
　a. 건강이란 각 개인이 사회적인 역할과 임무를 효과적으로 수행할 수 있는 최적의 상태
　b. 건강을 사회적 측면에서 정의

OX로 확인

01
세계보건기구(WHO) 건강의 정의에서 사회적 안녕이란 개개인의 역할을 충분히 수행하면서 사회생활을 영위할 수 있는 상태를 의미한다.

OX로 확인

02
세계보건기구(WHO) 건강의 정의는 동적인 개념이다.

OX로 확인 해설&정답

[해설]
02 동적인 개념 → 정적 개념

[정답]
01 O　02 ✕

④ 윌슨(Wilson)
   a. 의학 기술로 판단하기에 아무런 이상이 없고 심리적 문제, 사회적인 문제가 없다고 하더라도 본인이 충족감을 얻지 못하고 보람을 느끼지 못하면 건강하다고 할 수 없음
   b. 건강의 주관적 측면을 강조
⑤ 월시(Walsh) : 건강은 자신이 특수한 환경 속에서 효과적으로 그 기능을 발휘할 수 있는 능력
⑥ 던(Dunn)
   a. 각각의 사람은 자신에게 가능한 안녕 상태, 즉 최적의 기능 상태를 가지고 있으며 사소한 건강결함 몇 가지를 가지고 있더라도 일상생활을 유지할 수 있음
   b. 건강과 불건강의 연속성 개념을 제시
⑦ 클라크(Clark) : 질병과 건강에 대한 병인, 환경, 숙주 3원론을 제시
⑧ 블랙스터(Blaxter)
   a. 적극적 건강 : 신체적인 적절함을 의미하거나 정신적, 사회적 안녕 상태를 의미
   b. 소극적 건강 : 아픈 증상이 없거나 질병이 없는 상태를 의미
⑨ 프레시맨(Freshman, 1979) : 불안, 노쇠, 스트레스, 환경요인들이 건강에 미치는 효과가 긍정적으로 또는 부정적으로 작용한다고 봄, 건강과 질병을 기능연속지표로 표현

2 건강 개념의 변화

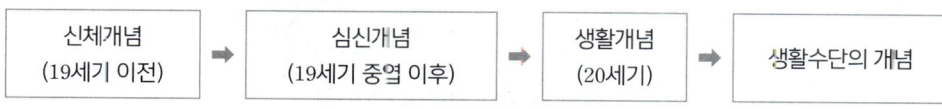

(1) 신체개념
   ① 19세기 이전의 건강은 신체적 질병이 없는 상태를 의미
   ② 심신 이원론 : 정신과 육체는 별개이며, 정신은 신의 영역이고 신체는 기계와 같아 지식에 의해 변조시킬 수 있음
   ③ 생의학적 모델(인간=기계, 질병=기계의 부품 이상)

(2) 심신개념
   ① 건강을 육체적·정신적 측면에서 정의
   ② 심신 일원론 : 마음과 몸은 서로 분리되어 있는 것이 아니고 상호 연관되어 있음
   ③ 기계론적으로 설명이 어려운 고혈압이나 당뇨와 같은 다요인성 질병의 증가와 함께 대두됨

OX로 확인

03 OIX
건강에 대한 개념 중 심신개념은 고혈압이나 당뇨와 같은 다요인성 질병의 증가와 함께 대두되었다.

OX로 확인 해설&정답

정답
03 O

O×로 확인

04 O|×

생활수단의 개념에서의 건강은 인간은 사회적인 역할을 수행하며 생활할 때 건강하다 말할 수 있으며, 정신적, 사회적 측면 모두를 포함하는 다원론적 건강 개념이다.

(3) 생활개념(사회의학적 모델)

① WHO의 건강 정의 : "건강이란 다만 질병이 없거나 허약하지 않는 것을 의미하는 것이 아니라 신체적, 정신적 및 사회적으로 완전히 안녕한 상태"에서 건강을 생활 개념으로 파악 → 인간은 사회적인 역할을 수행하며 생활

② 정신적, 사회적 측면 모두를 포함하는 다원론적 건강 개념

(4) 생활수단의 개념(a resource for everyday life, 사회생태학적 모델)

① Well-being 대신 Well-balanced life로 표현되는 동적 상태를 건강으로 보는 견해

② 건강 증진에 관한 오타와 헌장(1986) : "건강은 생활의 목표가 아니라 일상생활을 영위하는 활력소로 이해되어야 한다."와 일치되는 개념

> **참고**
>
> **건강인식의 변천**
> - 과거 : 병리학적 개념(정적, 불연속성) → 몸이 아프면 불건강, 몸이 아프지 않으면 건강
> - 현대 : 생태학적 개념(동적, 연속성) → 건강과 질병은 연속선상에 있음
>
> **건강의 연속선 개념**
> 건강과 불건강, 질병, 사망에 이르는 변화는 연속적이라 할 수 있음

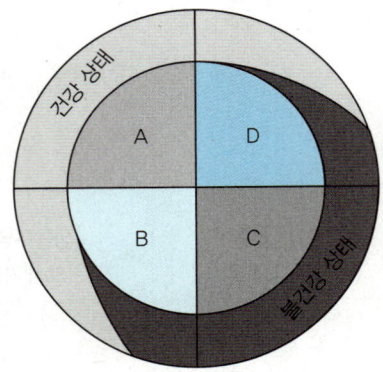

[건강의 연속선]

A범위	의학적으로 완전한 건강 상태	사회에 적응하는 상태
B범위	질병의 준비단계	• 감염병인 경우 - 잠복기 • 만성병인 경우 - 자각증상이 없는 상태
C범위	완전한 질병 상태	노동력이 상실되어 사회생활에서 탈락 상태
D범위	회복되는 단계	

- 보건의식이 향상된 계층 - B, C, D 범위를 병적으로 인식
- 보건의식이 빈약한 계층 - C 범위만을 병적으로 인식

O×로 확인 해설&정답

해설
04 생활수단의 개념 → 생활개념

정답
04 ×

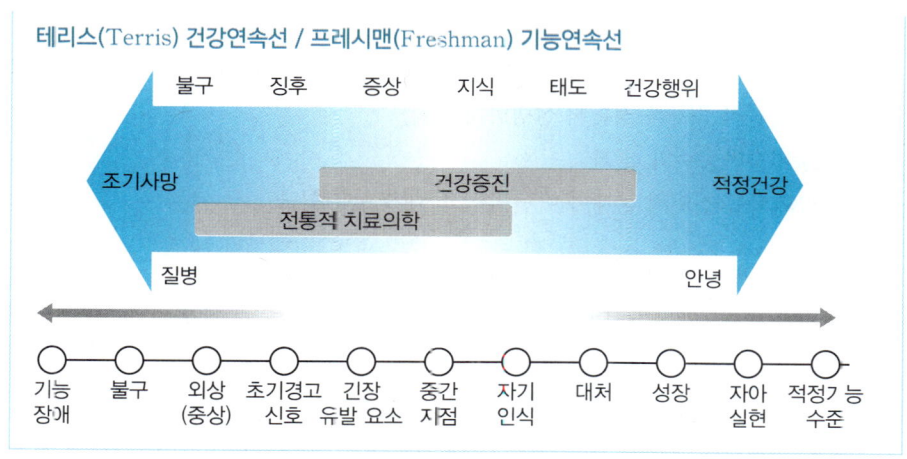

3 건강모형(Health model)

건강과 질병에 대한 개념적 정의와 함께 질병발생 과정과 건강상태 결정 과정을 포괄적으로 설명하고자 하는 이론

(1) 생의학적 모형(Biomedical모형)
① 데카르트(Descartes R)의 정신·신체 이원론과 생물학의 세포이론, 세균설이 만들어진 이후 발전
② 생물학적 구조와 과정에서의 문제에 의해 질병이 발생하며 징후와 증상으로 진단이 가능하다는 모형
③ 주 내용

생명의 기계론적 관점	인체를 영혼이 배제된 기계와 같은 존재로 인식
생물학적 일탈로서의 질병	· 질병은 생물학적으로 정상 상태를 벗어난 것 · 건강은 신체가 정상적으로 기능하는 상태 · 건강과 질병을 이분법적으로 분리
특정 병인설	특정 질병 발생에는 특정 병인이 있음
과학적 중립성, 전문가 중심의 보건의료체계	· 질병 발생의 기전은 모든 사람이 똑같음 · 의학은 과학적이며 사회체계나 정치·경제적 요인에 영향을 받지 않는 것으로 봄
과도한 개입주의	· 질병문제를 의학적 중재와 개입으로 해결할 수 있다고 봄 · 일단 병리적 상태가 된 후 질병을 발견할 수 있으므로 예방보다 치료가 더 중요
질병에 부속화된 건강개념	정상적으로 기능하고 질병에 걸리지 않은 상태를 건강으로 간주

O X 로 확인

05 O X

생태학적 모형은 데카르트의 정신·신체 이원론의 영향을 받았다.

O X 로 확인 해설&정답

해설
05 생태학적 모형 → 생의학적 모형

정답
05 ×

④ 한계점
  a. 질병발생의 사회적 요인, 환경 요인, 행태 요인 등을 규명하지 못함(만성 퇴행성 질환의 증가를 정확히 설명하지 못함)
  b. 기술만능주의
  c. 환자를 전인적 존재가 아닌 수동적 대상으로 취급

(2) 생태학적 모형(=역학적 모형, Ecological 모형)
  ① 질병 발생의 3요소인 병인, 환경, 숙주가 평형을 이룰 때 건강
  ② 전염성 질환의 설명에 적합
  ③ 한계점 : 환경이 갖는 복잡성을 설명하지 못함
    a. 환경 요인은 동시에 작용하기 때문에 어느 환경 요인이 가장 강하게 작용하는지 규명 어려움
    b. 환경은 질병 발생에 직접적이기 보다는 간접적으로 작용하는 경향이 있음
    c. 환경은 다양하고 복잡해 그 작동기전을 정확하게 규명하는 것이 불가능

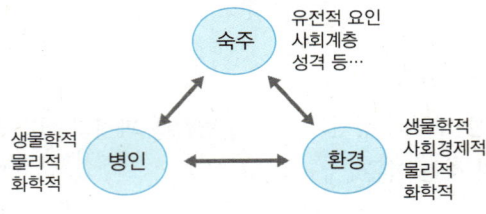

(3) 사회생태학적 모형(Socio-Ecological model)
  ① 질병은 내적요인(숙주요인), 외적요인(환경요인), 개인행태요인으로 발생하며 이 중 개인의 행태적 요인을 강조하는 모형
  ② 만성질환, 비병리학적 소인에 의한 질환, 비감염성 질환의 증가로 건강한 생활습관을 형성하는 것이 중요해짐

내적요인 (숙주요인, Intrinsic)	· 선천적 및 유전적 소인 · 후천적 및 경험적 소인
외적요인 (환경요인, Extrinsic)	· 생물학적 환경 : 병원소, 매개곤충, 중간숙주 등 · 사회적 환경 : 사회적 관습, 인구밀도, 경제상태 등 · 물리 화학적 환경 : 기후, 실내·외의 환경 등
개인행태요인	음주, 흡연, 운동, 식생활 등의 개인 생활습관, 생활양식과 관련된 요인

(4) 전인적 모형(=총체적 모형, Holistic Model)
  ① 건강에 영향을 미치는 여러 요소들을 전부 고려하여 총체적인 관리를 할 때 시너지(synergy)효과가 발생해 보다 효율적인 건강관리를 할 수 있다는 모형
  ② 건강과 질병은 이분법적인 것이 아닌 연속선상에 있으며, 질병은 다양한 요인에 의해 복합적으로 발생

③ 건강 : 사회 및 내부 상태가 역동적인 균형 상태를 이루고 있는 것을 의미
④ 구성요인 : 생활습관(43%), 생물학적 특성(27%), 환경(19%), 보건의료시스템(11%)

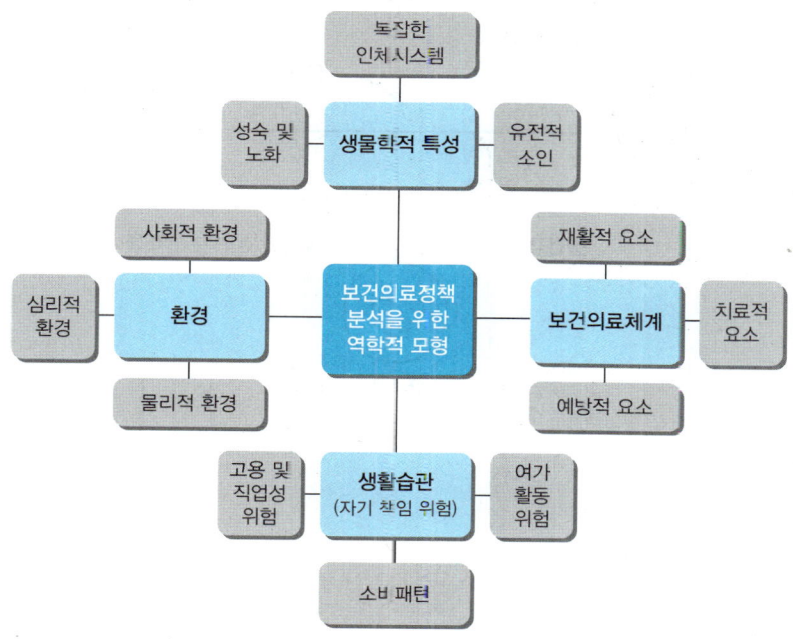

(5) 웰니스 모형(Wellness Model)
① 환경축과 건강축으로 웰니스 사분면을 보여줌
   a. 환경축 : 인간의 건강에 영향을 주는 신체·생리·사회경제적 요인을 반영해 극히 나쁜 환경부터 바람직한 환경으로 표시
   b. 건강축 : 사망 – 심각한 질병 – 가벼운 질병 – 질병으로부터의 자유 – 좋은 건강 – 최고의 안녕
② 웰니스 모형에서의 건강의 정의
   a. "충만하고 유익하며 창조적인 생활을 영위하기 위한 개인의 이상적인 상태"
   b. "건강의 예비적 준비 상태인 불건강을 극복하기 위한 힘과 능력"
③ 상위 수준의 웰니스(=고차원 웰니스, high-level wellness) : 개인의 생활환경 내에서 각자의 가능한 잠재력을 극대화하는 통합된 기능
④ 사분면이 나타내는 것
   a. 건강한 환경에서의 상위 수준의 웰니스
   b. 불건강한 환경에서의 우연한 상위 수준의 웰니스 : 충분히 자기간호를 할 수 없는 환경, 지지체계가 없는 환경에서도 건강할 수 있는 기본 정보를 가진 대상자
   c. 불건강 환경에서의 불건강 상태 : 가뭄으로 기아상태에 처한 아이들
   d. 건강한 환경에서 건강의 보호 : 양질의 보건의료를 받을 수 있는 환경하에서 당뇨를 가진 환자

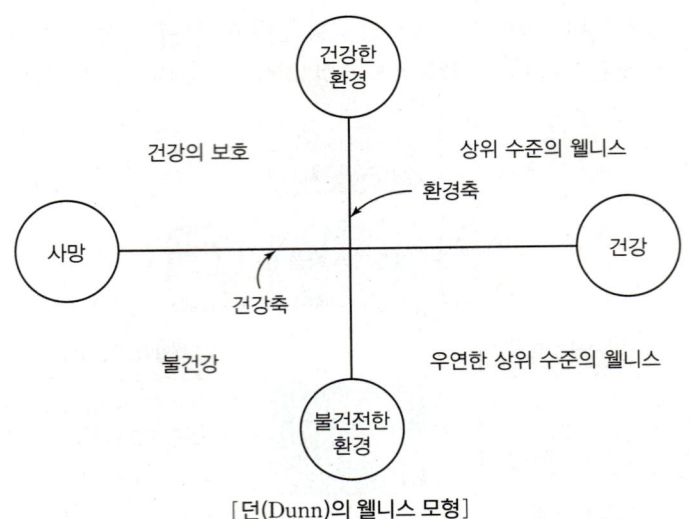

[던(Dunn)의 웰니스 모형]

4 질병의 정의

(1) 정의 : 개체의 자극과 stress에 대한 적응기전에 파탄이 생겨서 생체의 기능이나 구조에 장애가 초래된 상태

(2) 건강과 질병 현상의 결정요인
① 유전요인 : 독자적인 영향 보다는 다른 개인행태요인, 생물학적 요인, 환경요인 등과 상호작용을 하면서 건강과 질병발생에 영향을 줌
② 성관련 요인 : 성은 생물학적 요인으로의 역할도 하지만 사회문화적 요인으로서의 역할도 있음
  예 사회적으로 요구되어지는 남성과 여성의 역할 구분에 따른 질병 발생에 차이
③ 생활습관 및 건강행태 요인 : 흡연, 신체활동, 음주, 자기관리, 사회활동, 보건지식을 받아들이는 태도 등
④ 개인의 사회·경제적 수준 : 직업의 유무와 종류, 주거와 작업 환경, 교육수준, 재산, 가족상태 등
⑤ 환경 요인 : 생물학적(세균, 바이러스, 기생충 등), 물리·화학적(고온, 저온, 고기압, 물, 공기, 소음, 진동 등), 사회적 환경(보건의료체계, 사회보장제도, 의료보험제도, 입시교육제도, 사회적 관습, 대중매체, 사회안전성 등)
⑥ 문화적 요인 : 건강에 대한 인식과 견해의 차이가 있음
  예 비만은 문화에 따라 풍요의 상징 또는 게으름이나 빈곤의 상징이 됨
⑦ 정치·사회제도적 요인 : 보건의료정책은 보건의료 서비스 전달 체계, 사회보장제도, 의료보험제도와 직접적으로 연관되어 건강과 질병의 결정요인으로 작용

+PLUS 심화

● **프리든(Frieden)의 건강영향 피라미드(Health impact pyramid)**

① 의미: 국민의 건강을 위한 예방의학적, 공중보건학적 접근을 할 경우 보건의료체계의 수준과 적용 대상에 따라 인구 집단에 미치는 영향, 개인의 노력에 대한 요구도가 다르다는 것을 보여줌

② 피라미드의 아래쪽으로 갈수록 인구집단에 미치는 영향이 크고 위쪽으로 갈수록 개인의 노력이 더 요구됨

③ 국민의 건강 향상을 위해 개인적인 접근보다는 집단을 대상으로 한 접근이 더 효과적이라는 것을 알 수 있음

  a. 사회경제적 요인(socioeconomic factor): 광범위한 인구를 대상으로 행해지는 증재(예 빈곤의 저감, 개선된 교육 수준)로 전반적 건강수준에 미치는 영향이 가장 큼

  b. 건강한 선택을 할 수 있는 환경조성(changing the context to make individual's default decisions healthy): 담뱃값 인상, 금연구역 확대, 식품의 나트륨 함유량 표시, 수돗물의 불소화 등

  c. 장기간 지속되는 예방대책(long-lasting protective inteventions): 예방접종, 금연 치료, 대장경 검사를 통한 폴립 제거 등

  d. 임상적 개입(clinical interventions): 질병의 위험요인들(예 흡연, 고혈압, 고콜레스테롤 등)의 관리와 치료

  e. 상담과 교육(counseling and education): 생활습관 개선을 위한 상담과 교육(예 임상치료 중 이루어지는 면담, 건강에 대한 교육 등)

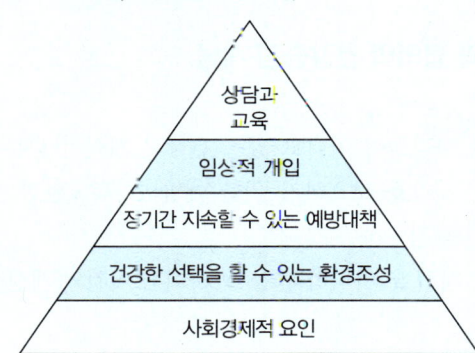

2 건강증진

1 정의

(1) WHO(1986) : 개인 또는 지역사회가 건강결정요인들에 대한 통제를 증가시킴으로써 자신의 건강을 향상시키는 과정

(2) 그린(Green, 1984) : 건강에 유익한 행동을 유도하기 위한 보건교육 등 교육적 접근뿐만 아니라 건강과 관련된 조직적, 경제적 또는 환경적 자원의 조합을 의미

(3) 오도넬(O'Donnell) : 사람들이 최적의 건강상태에 도달할 수 있도록 생활양식을 변화시키는 데 도움을 주는 과학이자 기술

(4) 국민건강증진법(1995) : 건강증진은 건강에 대한 지식 보급과 실천할 수 있는 여건 마련을 통해 건강에 대한 가치와 책임의식을 함양하는 것

(5) 오타와헌장(1986) : 사람들이 자신의 건강에 대한 관리를 증가시켜 건강을 향상시킬 수 있는 능력을 갖도록 하는 과정

(6) 다우니(Downie, 1991) : 건강교육, 건강보호, 질병예방 등을 통한 좋은 습관을 유지·향상시키고 나쁜 건강습관을 예방하기 위한 노력

2 광의의 건강증진과 협의의 건강증진 개념

(1) 광의의 건강증진
   ① 건강향상을 위해 사람들이 지니고 있는 건강 잠재력이 충분히 발휘될 수 있도록 연구·개발하고, 건강을 보호하기 위한 예방의학적·환경 보호적·행동과학 및 보건 교육적 수단을 강구하는 것
   ② 개인의 생활습관 개선 뿐 아니라 환경 및 사회적 여건의 개선까지 포괄함

(2) 협의의 건강증진
   ① 비병원성기에 있는 개인의 신체적, 정신적 안녕과 능력향상을 도모하려는 1차적 예방수단
   ② 개인 중심의 접근 방식으로, 개인의 선호도 및 목표를 고려하여 맞춤형 계획을 수립하고 개인이 스스로 건강을 관리하도록 돕는 과정

3 질병 예방과 건강증진의 차이

구분	질병예방	건강증진
목표	임상적 증상의 예방	총체적 건강을 위한 생활환경 개선
개념	· 부정적·소극적 개념 · 건강의 악화를 막으려는 노력	· 긍정적·적극적 개념 · 건강을 지금보다 더 증진시키려는 노력
대상	위험요인 집단	전체 인구 집단

3 건강증진 관련 이론

1 타나힐(Tannahill, 1985)의 건강증진모형의 개념

(1) 건강증진의 3가지 분야

① 예방 : 의학적 개입을 통해 질병과 불건강을 감소시키는 것

② 보건교육

   a. 적극적으로 건강을 향상시키기 위한 일련의 의사소통 활동

   b. 목적 : 대상자의 지식, 신념, 행동의 변화를 이끌고, 건강한 환경을 조성하게 함으로써 자기건강관리 능력을 개발시키는 것

③ 건강보호 : 법률적, 재정적, 사회적 방법을 통해 건강에 우익한 환경을 제공하여 인구집단을 보호하는 것

   예) HACCP제도(식품안전정책) 자동차 안전벨트 착용 의무화 정책, 공공장소에서의 금연 등

(2) 건강증진의 7영역

① 예방 서비스 : 예방 접종, 자궁경부 암 검진, 고혈압 발견, 금연을 위한 니코틴 껌 사용

② 적극적 보건 교육 : 적극적 건강 행위에 초점을 둔 교육(청소년 대상 생활기술 습득 활동)

③ 적극적 건강 보호 : 적극적 건강을 위한 법적 조치나 정책 (공공장소 금연 정책)

④ 예방적 보건 교육 : 불건강 예방에 대한 흥미, 생활양식에 영향을 주는 교육적 노력 (금연상담)

⑤ 예방적 건강 보호 : 주변의 위험하고 불건강한 태도 감소, 건강을 증진시키는 생활 양식의 함양(수돗물 불소 첨가)

⑥ 적극적 건강 보호를 목표로 하는 보건 교육 : 정책 차원에서의 홍보와 건강생활 실천을 위한 보건교육(대중과 정책 결정자에게 적극적 건강보호를 위한 대책을 만들어야 한다는 인식을 강화시키는 활동, 담배광고 금지를 위한 로비 활동)

⑦ 예방적 건강 보호를 위한 보건 교육 : 예방적 건강보호를 위한 방법들이 성공하도록 대중에게 도움이되는 사회적 환경을 조성하려는 노력(안전벨트 착용 의무화 방안이 통과하도록 강력한 운동을 전개하는 것)

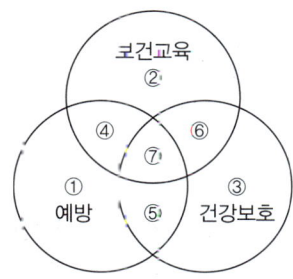

2 합리적 행위 이론(TRA, Theory of reasoned action)

(1) 인간의 행동은 의지로 조절 가능하며, 합리적인 근거를 바탕으로 행위를 하게 된다는 이론

(2) 인간은 행위로 인해 바람직한 결과를 기대할 수 있고, 행위의 결과에 개인의 긍정적인 가치가 부여될 때 행동을 하게 됨

(3) 합리적 행위 이론의 구성요소 : 주관적 규범과 행위에 대한 태도가 행위 의도에 영향을 미치고, 이 행위 의도가 결국 실질적인 행위(behavior)를 이끌어 낸다고 가정

① 주관적 규범(Subjective Norm)
  a. 자신의 특정 행위를 의미있는 타인(가족, 친구, 동료 등)이 어떻게 볼 것인가와 관련된 개념
  b. 중요한 주변 사람들이 행사하는 사회적인 압력, 그 행동을 시행하라는 압력
  c. 주관적 규범은 주변의 기대에 부응하려는 개인의 판단과 동기에 의해 형성
    예) 금연에 성공한 40대 남성이 다시 흡연의 욕구가 생기지만, 가족들의 금연 유지에 대한 기대가 크다는 것을 알고 있는 대상자는 기대에 부응하려 흡연 유혹을 참는다.

② 행위에 대한 태도(Attitude toward the behavior)
  특정 행위가 어떤 결과를 초래할 것인지, 행위에 대한 결과가 어떻게 나타나게 될 것인지에 대한 긍정적 혹은 부정적인 태도
    예) 운동이 당뇨병을 예방할 것이라고 굳게 믿는다면, 운동에 대한 긍정적인 태도를 갖게 될 것이다.

③ 행위 의도(의향, Behavior Intention)
  a. 특정한 행위를 수행하고자 하는 개인의 의도, 동기부여가 되어 있음
  b. 행위을 결정하는 가장 직접적인 요인

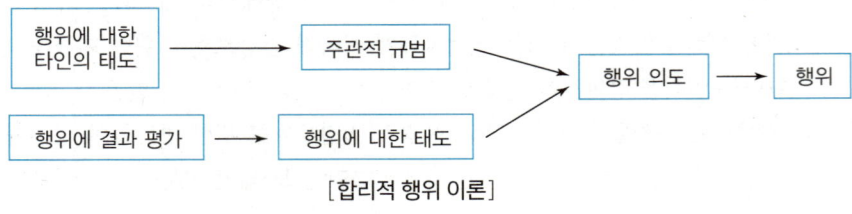

[합리적 행위 이론]

3 계획적 행위 이론(TPB, Theory of Planned Behavior)

(1) 행위 의도는 항상 실제 행위를 유발하는 것은 아님 → 따라서 지각된 행위통제를 추가하여 계획된 행위이론을 제시

(2) 행위 의도와 행위는 행위에 대한 태도(attitude), 주관적 규범(subject norms), 지각된 행위통제(perceived behavioral control)에 의해서 결정

(3) 인간의 의지적이지 않은 행동까지도 설명이 가능한 이론

(4) 지각된 행위통제(perceived behavioral control)
  ① 통제해야 할 상황들에 대한 인지
  ② 행동을 실제로 얼마나 잘 수행하고 통제할 수 있는지에 대한 주관적 평가(자아효능감의 느낌)

OX로 확인

08 O|X
계획적 행위 이론에서 행위 의도와 행위는 태도, 주관적 규범, 지각된 행위통제에 의해서 결정된다.

09 O|X
계획적 행위 이론에서 행동을 실제로 얼마나 잘 수행하고 통제할 수 있는지에 대한 주관적 지각이나 느낌을 주관적 규범이라 한다.

OX로 확인 해설&정답

해설
09 주관적 규범 → 지각된 행위통제

정답
08 O 09 ×

(5) 특정 행위를 하기 위한 요건
① 태도 : 특정 행위를 하면 긍정적 결과가 있을 것이라는 생각
② 주관적 규범 : 특정 행위를 하도록 하는 주변의 압력이 있다고 인식할 경우
③ 행위통제 : 행동이 어렵지 않게 이루어질 수 있다고 인식할 경우

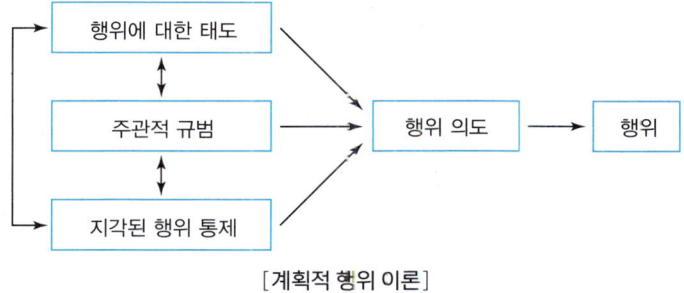

[계획적 행위 이론]

4 건강신념모형(HBM ; Health Belief Model)

(1) 건강신념모형의 이해
① 질병을 예방하고 건강을 얻고자 하는 행위에 대해 얼마만큼의 가치(Value)를 두는지에 따라, 특정행동이 특정결과를 가져올 것이라는 가능성에 대한 인식(expectancy)에 따라 실천 유무를 예측할 수 있다는 개념
② 질병예방 행위를 하도록 중재를 제공하는 데 유용
③ 레빈(K. Lewin)의 장이론(field theory)에 근거하여 개발
④ 초기 건강신념모형에는 자기효능감이 없었으나, 로젠스탁(Rossenstock, 1990)에 의해 건강신념모형에서 자기효능감 개념을 제시함

> **참고**
>
> 건강신념모형(HBM) 개발 이유
> 1950년대, 미국 — 질병에 대한 양질의 예방 프로그램, 저렴한 검사의 제공에도 불구 대중의 참여 미비
> → 사람들이 건강 관련 프로그램에 참여하지 않는 이유에 대한 의문
> → 이들의 행태를 설명하기 위한 건강 행태 예측 모형 개발
> → 예방적 행위를 하지 않는 사람들에게 질병 예방 행위를 실천할 수 있도록 중재를 제공
>
> 레빈(K. Lewin)의 장이론(field theory)
> 인간 삶의 공간에는 긍정적, 중립적, 부정적 가치의 공간이 있고, 질병은 부정적 가치의 공간이므로 개인은 "질병을 피하려는 행위"를 한다.

(2) 건강신념모형에서 제시된 건강행위 가능성
① 나에게 건강 문제가 발생할 가능성이 높다고 여겨질 때
② 그 건강 문제가 나에게 심각한 결과를 가져온다고 생각될 때
③ 나의 행위가 건강문제의 발생 가능성과 심각성을 감소시킬 수 있다고 믿을 대

> **OX로 확인**
>
> **10** O|X
> 건강신념모형에서 지각된 유익성이 지각된 장애보다 작을 경우 건강행위를 하게 된다.

④ 행위에 대한 이익(지각된 유익성)이 장애(지각된 장애)보다 클 것이라고 믿을 때
⑤ 내가 그 행위를 할 수 있다고 믿을 때
⑥ 건강상태를 조절하기 위해서

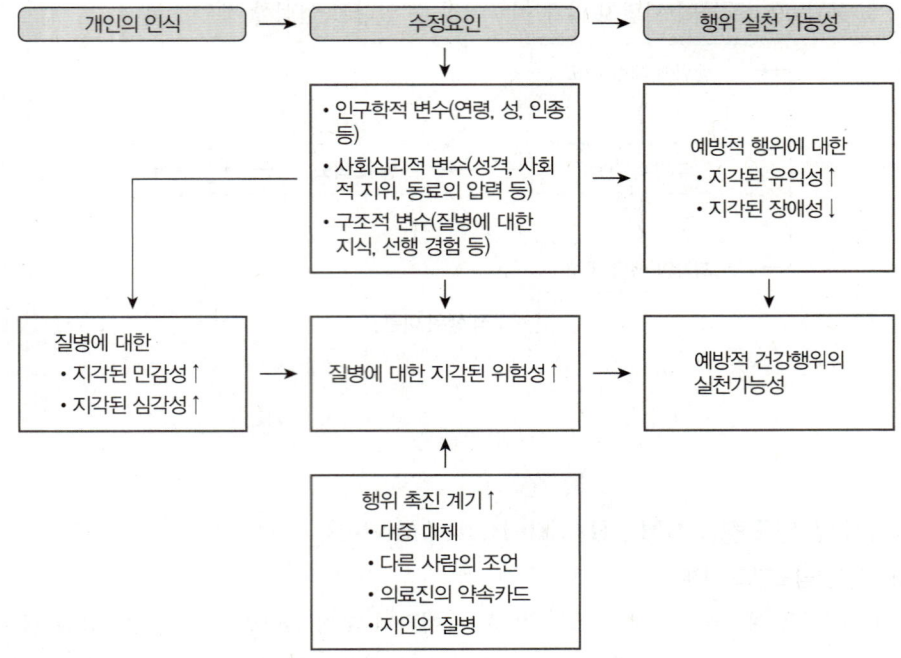

(3) 건강신념모형의 주요 개념

주요 개념	의미
지각된 민감성 (Perceived susceptibility)	질병에 걸릴 위험이 있다는 "가능성"에 대한 인지 정도 예 마스크를 안 쓰면 코로나에 걸릴 것 같아 마스크 착용을 열심히 하기
지각된 심각성 (Perceived severity)	질병의 "심각성"을 인지하는 정도 예 기저질환이 있는 사람이 코로나에 걸릴 경우 생명이 위험할 수 있다는 것을 알게 됨
지각된 위험성	자신의 증상, 이웃의 발병에 대해 "질병을 인식"하는 정도
행위의 계기 (Cue to action)	질병에 대한 지각된 위험성에 영향을 주는 요소 예 티비 시청 중 폐암 환자의 금연에 관한 홍보 광고를 보게 됨, 친한 친구가 당뇨 합병증으로 시력을 잃었다는 소식을 들음
지각된 유익성 (Perceived benefits)	건강행위를 함으로써 오는 혜택과 유익에 대한 인지 정도 예 떡과 빵 등 탄수화물을 줄였더니 몸이 가벼워지고, 불편한 신체 증상들이 사라짐을 경험
지각된 장애 (Perceived barriers)	건강행위에 대한 부정적인 인지 정도 예 담배 금단현상으로 심한 불안과 우울을 겪음 ※ 지각된 장애 : 건강 행위에 대한 방해 요소로 유익성이 장애성을 넘으면 건강행위의 가능성이 높아짐

> **OX로 확인** 해설&정답
>
> 해설
> **10** 작을 경우 → 클 경우
>
> 정답
> **10** ×

(4) 건강신념모형에 대한 비판
① 행동변화를 위한 중재 측면에 대한 설명이 부족
② 건강증진에 대한 모형임에도 건강증진 측면보다는 질병 측면(질병에 대한 민감성, 심각성, 위협성)을 강조하고 있음

5 건강증진모형(HPM ; Health promotion model)

(1) 건강증진모형의 이해
① 건강증진에 인지지각요인이 미치는 영향을 강조
② 비교
   a. 건강신념모형 : 질병 관련 행위를 주로 설명
      예 혈압이 높은데 왜 약을 안먹어? / 통풍인데 왜 식이조절을 안해?
   b. 건강증진모형 : 전반적인 건강증진 행위에 대한 설명(건강신념모형을 보완하기 위한 것)

(2) 건강증진모형의 주요 개념
"개인의 특성과 경험"들이 "행위별 인지와 정서"에 영향을 주어 "행위결과"가 나타난다.

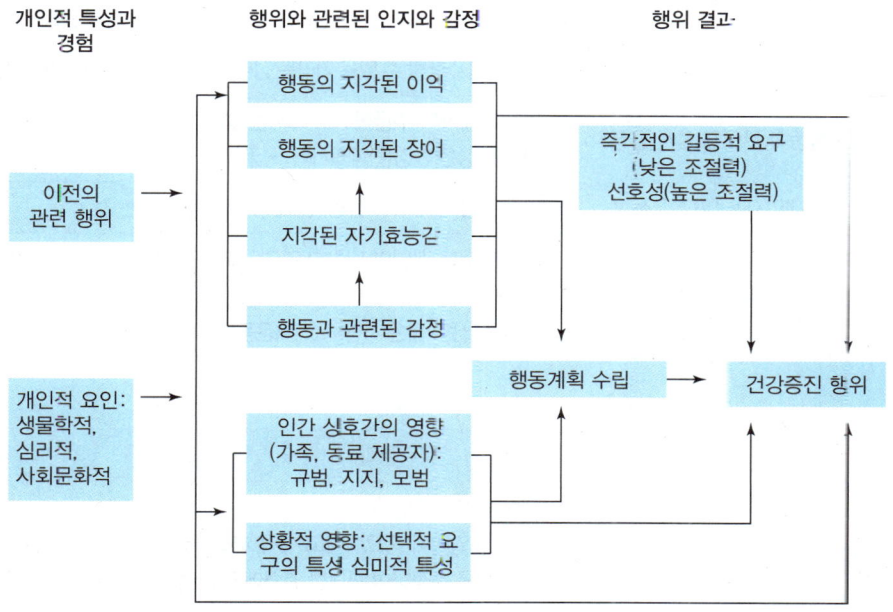

개인적 특성과 경험		
이전의 관련 행위	· 간접적인 영향 · 현재와 비슷한 행위를 과거에 얼마나 자주 했는지를 의미 　(이전의 결과가 긍정적이면 그 행동을 다시 하게 됨) 　예 허리 통증 → 운동 → 통증 사라짐을 과거에 경험했다면 그 행위는 반복됨	
개인적 요인	직접적인 영향 ① 생물학적 요인 : 연령, 성, 비만도, 사춘기 상태, 폐경 상태, 힘, 균형성 등 ② 심리적 요인 : 자존감, 자기동기화, 개인능력, 지각된 건강상태, 건강의 정의 등 ③ 사회문화적 요인 : 종족, 보건교육, 사회·경제적 수준 등	

행위별 인지와 정서 : 변화 가능 요인으로 간호중재의 대상이 됨, 건강신념모형과의 가장 큰 차이를 보이는 부분	
활동에 대한 지각된 유익성↑	· 행위에 대한 긍정적 결과 · 내적이익 – 피로감소, 각성수준증가 · 외적이익 – 경제적 보상, 사회적 상호작용 증가 예 일주일간 담배를 안피웠더니 두통이 사라짐
활동에 대한 지각된 장애성↓	행위에 대한 부정적 측면 인지 예 금연 일주일간 금단증상으로 힘들어 함. 돈 낭비, 불편함
지각된 자기효능감↑	확실하게 수행할 수 있을 거라는 성취에 대한 개인 능력을 판단하는 것
활동과 관련된 정서(긍정적)	행위에 대하여 주관적으로 느끼는 것 예 골프장은 환경을 파괴시켜 → 골프를 안하게 됨
대인관계 영향(긍정적)	다른 사람의 태도와 신념, 행위 등에 영향을 받는 것
상황적 영향	상황에 대한 개인이 지각하고 인지하는 것으로 행위를 촉진시키거나 방해 예 아침 잠이 많은 사람 → 새벽운동 안함

↓

행위결과	
활동계획에의 몰입	· 개인의 인지과정을 포함 · 개인이 얼마나 중요하다고 생각하느냐에 따라 몰입도가 달라짐 예 정보를 분석하여 판단한 결과에 따라 몰입도가 달라짐(당장 내일 있는 시험과 내년의 시험)
즉각적인 갈등적 요구(낮은 조절력)와 선호성(높은 조절력)	계획된 건강증진행위를 하는 데 방해되는 다른 행위 예 인강을 듣기 위해 노트북을 열었는데 SNS를 하게 되는 경우
건강증진행위	건강증진을 위한 활동을 하게 됨

O X 로 확인

11　　　　　　　O | X

건강증진모형에서 확실하게 건강행동을 수행할 수 있다는 성취에 대한 개인 능력을 판단하는 것을 지각된 자기효능감이라 한다.

O X 로 확인 해설&정답

정답

11 O

6 범이론적 모형(Transtheoretical Model)

(1) 범이론적 모형에 대한 이해

건강 행동에 대한 행동 변화 단계를 설명하고, 개인별로 상이한 변화 단계에 따라 차별화된 보건 교육(간호중재)의 필요성을 강조한 모형

(2) 변화 단계의 내용

계획 이전 단계 (Precontemplation stage, 무관심 단계)	· "금연은 내 인생에 없어." · 6개월 이내에 행동 변화의 의지가 없는 단계 · 자신의 문제를 인지하지 못하는 상태 · 목표 : 변화의 필요성에 대한 인식 · 중재 : 흡연의 유해성 정보 제공, 동기부여
계획단계 (contemplation stage, 관심 단계)	· "흡연은 건강에 안 좋구나. 6개월 이내에는 끊어야겠는걸." · 특정 건강행동을 수행할 것을 고려하는 상태 · 건강문제의 장·단점과 해결책의 장·단점을 생각하기 시작 · 금연에 대한 필요성은 인지했지만 구체적인 계획은 없는 상태 · 목표 : 문제인식, 변화에 대한 자신감, 동기화 증진 · 중재 : 자신의 흡연 행위에 대한 관찰 및 인식
준비단계 (Preparation stage)	· "한 달 안에는 금연을 하겠어." · 1개월 이내에 건강행동에 대한 의도 있음, 구체적 날짜 제시 · 담배 피는 개수를 줄이거나, 피는 것을 지연하려는 노력이 나타남 · 목표 : 실행 계획에 대한 협상 · 중재 : 구체적 도움 제공, 다양한 전략 정보 제공, 서약서 작성
실행단계 (Action stage)	· 금연 시작 후 6개월 이내 · 목표 : 계획의 확인과 이행 · 중재 : 금단증상 대처 전략 제공, 성과에 대한 보상
유지단계 (Maintenance stage)	· 금연 6개월 이상 지속한 상태 · 행동 변화가 습관화 되었으나, 돌아가려는 성향은 있기 때문에 여전히 주의를 요하는 단계 · 담배를 피우지 않으면서 다른 대체행동을 함 · 목표 : 퇴행 예방을 위한 문제해결 · 중재 : 유혹 대처법 교육, 심리적 지원 ※ 금연 실패시 준비단계부터 다시 시작

○✕로 확인

12 ○|✕

범이론적 모형에서 금연에 대한 필요성은 인지했지만 구체적인 계획은 없는 단계는 계획 이전 단계에 해당한다.

○✕로 확인 해설&정답

해설
12 계획 이전 단계 → 계획단계

정답
12 ✕

(3) 변화의 과정

   a. 인지적 변화 과정(경험적 과정)

의식제고 (consciousness raising)	특정 문제 행동의 원인, 결과, 관리에 대한 인식
극적 전환 (극적 안도, dramatic relief)	문제행동의 결과에 대한 두려움을 경험, 바람직한 행동을 한 후 안도감 형성
환경 재평가 (environmental reevaluation)	문제 행동이 물리적·사회적 환경에 미치는 영향에 대한 고려 예 나의 흡연 습관이 주변에 어떠한 영향을 주는가?
자아 재평가 (self reevaluation)	문제 행동이 자신에게 미치는 영향에 대한 정서·인지적 재평가
사회적 해방 (사회적 개선, social liberation)	사회가 건강 행동을 지지하는 방향으로 변하고 있음을 인지

   b. 행위적 변화 과정(행동적 과정)

자극통제 (stimulus control)	문제행동 또는 건강행동에 대한 촉진요인 또는 방해요인에 대한 통제
조력관계 (helping relationship)	변화를 위한 과정에서 타인에게 받은 신뢰와 지원
역조건 형성 (대체 행동 형성, countercondioning)	문제행동을 대안적 건강행동으로 대치 예 스트레스로 인한 흡연 행동 → 신선한 공기 심호흡
강화관리 (reinforcement management)	문제행동에 대한 변화로 얻게 되는 보상
자기해방 (자기선언, self liberation)	문제행동 변화를 위한 자신의 선택과 노력 예 금연을 할 수 있다는 믿음 → 주변 사람에게 자신의 결심을 공개함으로써 의지를 더욱 강화시킴 → 확실한 책임감

7 사회인지이론(SCT, Social Cognitive Theory)

(1) 인간이 건강행동을 하게 되는 저변의 사회심리학적 요소들의 역동적 관계와 행동변화를 촉진시키는 방법을 설명하는 이론

(2) Bandura가 발달시킨 이론으로 '개인의 특성', '행동', 내가 보고 관찰한 '환경'의 상호작용으로 건강행위가 일어남

(3) 인간은 자신 이외의 다른 사람의 행동이나 주어진 상황을 관찰하고 학습함으로써 변화가 가능하다는 점을 강조

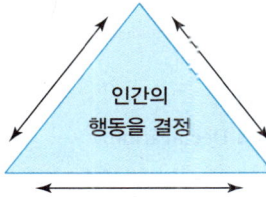

8 건강행태모형 분류

(1) 개인 수준의 건강 행태 모형 : 개인의 심리 사회적 과정에 대한 이해, 그에 따른 교육과 행태 개선에 초점

> 예 건강신념모형, 합리적 행위이론, 계획적 행위 이론, 범이론적 모형, 인지조화론, 귀인이론 등

(2) 개인 간 수준의 건강 행태 모형 : 주변의 환경, 사회적 인식, 환자와 의사 사이의 관계 개선 등을 통한 행태의 변화에 초점

> 예 · 사회인지 이론
> · 자기효능 이론 : 사회인지 이론의 구성 개념 중 하나로 성공할 가능성이 있다고 생각하면 행동하게 된다는 이론(자기 효능을 추정할 때 온전히 개인적 영향을 반영하기 보다는 주변에서의 영향도 받기 때문에 개인 간 수준으로 들어감)
> · 동기화 면담 : 대상자가 자발적 행동 변화를 할 수 있도록 유도하는 상담기법

(3) 집단 및 지역사회 수준의 건강 행태 모형 : 지역사회 확산을 통한 개선에 초점

> 예 · MATCH
> · PRECEDE-PROCEED
> · 의사소통 이론 : 건강분야의 의사소통은 개인간에도 이루어 지지만, 여러 집단, 여러 수준의 의사소통도 중요하기 때문에 집단 수준의 모형에 해당
> · 지역사회 조직화, 조직변화 이론, 혁신의 확산 모형 등

4 건강증진의 발전 과정

> **참고**
>
> **건강증진의 역사**
> - 1946년 : 건강의 정의 (WHO)
> - 1974년 : 캐나다의 라론드(Lalonde) 보고서
> - 1978년 : WHO 알마아타 선언(Alma-ata Declaration)
> - 1979년 : Healthy People(미국)
> - 1984년 : WHO 건강증진보고서
> - 1986년 : 캐나다 오타와의 건강증진국제회의
> - 2008년 : WHO 건강의 사회적 결정요인 위원회

1 라론드(Canada, Lalonde) 보고서, 1974년

(1) "치료 중심"의 의학적 모형 → "예방중심"의 총체적 모형으로 전환

(2) 보건정책을 의료 중심에서 건강증진 중심으로 바꾸는 계기 제공

(3) 건강 결정요인 : 개인의 생활양식(50%) > 유전적 요인(20%), 물리적 환경 요인(20%) > 보건의료서비스(8%)

(4) 보건문제 해결을 위해서는 건강기여 비중이 낮은 의료서비스 강화보다는 건강한 생활습관 형성이 보다 중요한 요인임을 강조

2 WHO 알마아타 회의, 1978년

(1) 카자흐스탄 알마아타에 세계 각국 정부 관계자들 보건 및 개발 전문가들이 모여 건강증진에 대한 회의 개최

(2) 알마아타 선언(Alma-ata Declaration)
  ① '2000년까지 세계 모든 인류에게 건강을(Health for All)'
  ② 일차보건의료(PHC, primary health care)의 중요성 제안 : 일차보건의료란 치료, 예방, 건강증진, 재활서비스 모두를 포괄적으로 제공하는 것

O X로 확인

13 O X

라론드 보고서에서 개인의 건강에 가장 큰 영향을 끼치는 요인을 환경요인이라고 하였다.

O X로 확인 해설&정답

해설
13 환경요인 → 개인의 생활양식

정답
13 ×

3 건강증진을 위한 국제 회의

년도	장소	내용
제1차(1986)	캐나다, 오타와	• 오타와 헌장 채택 • 건강증진의 개념을 명확히 하고, 건강 증진의 3대 원칙과 5대 활동영역을 수립
제2차(1988)	호주, 에들레이드	• 오타와에서 제시한 5대 활동영역 중 건강한 공공정책 수립에 대해 집중 논의 • 정부정책의 중요성을 강조(공공정책 중 4가지 핵심 분야 : 여성보건 지원정책, 영양정책, 알코올과 금연 정책, 환경 정책)
제3차(1991)	스웨덴, 선드볼	오타와에서 제시한 5대 활동영역 중 지지적 환경조성이 대해 집중 논의
제4차(1997)	인도네시아, 자카르타	• 건강증진은 가치있는 투자 • 건강증진을 보건사업의 중심으로 봄
제5차(2000)	멕시코, 멕시코시티	계층·지역 간의 건강불균형 해소에 대해 집중 논의
제6차(2005)	태국, 방콕	새롭게 직면하게 되는 건강결정요인과 건강과제를 파악하고, 새로운 건강증진전략과 서약을 제시
제7차(2009)	케냐, 나이로비	수행역량 격차 해소를 통한 건강증진과 개발
제8차(2013)	핀란드, 헬싱키	'모든 정책에서 건강을(HiAP: health in all policies)'
제9차(2016)	중국, 상하이	'모두를 위한 건강과 건강을 위한 모든 것(Health for All and All for Health)'

> **참고**
>
> **제9차 상하이 국제회의 시장합의문**
>
> 건강도시 실현을 위한 10가지 우선순위 과제
> 1) 교육, 주거, 고용, 안전 등 주민에게 기본적인 욕구를 충족하는 것
> 2) 대기, 수질, 토양오염을 저감하고 기후변화에 대응하는 것
> 3) 어린이에게 투자하는 것
> 4) 여성과 청소년 여학생에게 안전한 환경을 조성하는 것
> 5) 도시의 가난한 사람, 이민자, 체류자 등의 건강과 삶의 질을 높이는 것
> 6) 여러 가지 형태의 차별을 없애는 것
> 7) 감염병으로부터 안전한 도시를 만드는 것
> 8) 도시의 지속가능한 이동을 위해 디자인하는 것
> 9) 안전한 식품과 건강식품을 제공하는 것
> 10) 금연 환경을 조성하는 것

OX로 확인

14 O | X
캐나다 오타와의 건강증진 국제회의에서 옹호, 가능화, 중재를 건강증진을 위한 접근 전략으로 제시하였다.

OX로 확인 해설&정답

정답
14 O

4 캐나다 오타와의 건강증진 국제회의(1986)

(1) 건강증진을 위한 접근 전략 3가지
  ① 옹호(주창하다, advocate)
    a. 건강에 대한 관심 불러일으키기, 건강에 부정적 혹은 긍정적 영향을 미치는 요인들을 널리 알려 건강증진 활동을 하게 하기
    b. 건강한 보건정책을 수립하도록 촉구하기
  ② 가능화(역량강화, enable)
    a. 스스로의 행동에 책임질 수 있는 능력의 강화
    b. 균등한 기회와 자원의 제공, 지원적인 환경 조성, 정보에 대한 접근성 제고 등을 통한 건강상의 잠재력을 최대한 발휘할 수 있도록 함
  ③ 중재(조정·연합, mediate)
    a. 건강증진의 전략과 프로그램들은 여러 수준, 여러 분야(정부, 사회·경제적 부분, 기업, 대중매체, 비정부기구 등) 간에 협조와 조화가 필요함
    b. 보건의료인력 및 관련 전문 집단은 사회 내 서로 다른 집단 간 이해를 조정하고 중재할 책임을 가짐

(2) 건강증진의 5가지 활동
  ① 건강한 공공정책 수립(Build healthy public policy)
    예 안전벨트 착용 의무화, 음주운전 기준 강화, 담뱃값 인상
  ② 건강지향적 환경 구축(Create supportive environments)
    예 금연구역 설정, 도심 속 공원 만들기
  ③ 지역사회활동 강화(Strengthen community actions)
    구체적이고 효과적인 지역사회 활동을 통한 실천
    예 주민 참여 활동 체계 구축, 동아리 활동 강화
  ④ 개인적 기술 개발(Develop personal skills)
    자기건강 돌보기 육성, 전 생애주기의 각 단계를 준비, 위기에 대처할 수 있는 능력의 개발
    예 스트레스 관리 교육, 금연교실 운영, 학교보건교육
  ⑤ 건강에 중점을 둔 의료서비스의 재설정(Reorient health services)
    보건의료서비스의 개혁, 치료를 넘어 건강증진을 위한 방향으로 전환

5 일차보건의료

1 일차보건의료의 개념(PHC, Primary Health Care)
(1) 단순한 일차진료 만이 아닌 건강증진, 예방, 치료 및 재활 등의 서비스가 통합된 포괄적 보건의료
(2) 필수적인 보건의료를 대상자(지역사회, 개인, 가족)들이 받아들일 수 있고, 비용 지불이 가능한 방법으로, 적극적인 참여하에 골고루 활용할 수 있도록 하는 실제적인 접근법
(3) 제도적으로 지역사회 주민들이 보건의료체계에 처음 접하는 단계
(4) 국가나 정부가 아닌 지역사회 주민이 일차보건의료의 중심, 의료공급자보다는 지역사회가 자주적으로 보건의료체계에 대한 책임을 수행
(5) 보건의료사업의 의사결정방법으로 상향식 접근방법을 채택

2 일차보건의료의 역사적 배경
(1) 1975년, WHO 제55차 집행이사회에서 일차보건의료를 결의함
(2) 알마아타 선언
   ① 1978년 WHO와 UNICEF는 카자흐스탄 알마아타 국제회의를 개최
   ② '2000년까지 모든 인류에게 건강을'이라는 슬로건을 보건목표로 선언
   ③ 실현 전략으로 일차보건의료를 권장
   ④ 알마아타 선언 내용
      a. 일차보건의료는 과학적 방법으로 지역사회가 수용할 수 있어야 함
      b. 주민의 적극적인 참여 속에 개개인이나 가족 단위의 모든 주민이 쉽게 이용할 수 있어야 함
      c. 국가나 지역사회가 재정적으로 부담이 가능한 방법이어야 함
      d. 일차보건의료는 지역사회 개발 사업의 일환으로 유지되어야 함
      e. 일차보건의료는 질병의 치료, 예방, 건강증진 및 삶의 질적 향상을 실현할 수 있어야 함
   ⑤ 알마아타 선언의 영향
      a. 1980년 「농어촌 등 보건의료를 위한 특별조치법」 제정 → 농특법에 의해 보건소, 보건지소, 보건진료소로 이어지는 일차보건의료의 체계를 확립
      b. 1981년부터 의료취약지역에 보건진료소(primary health post) 설치
      c. 보건진료전담공무원(보건진료원)과 공중보건의사의 배치에 영향을 줌

3 일차보건의료의 필요성
(1) 사회·경제 부분에 대한 격차 심화, 지역적 편중 문제 심화 → 보건의료에 대한 형평성의 고민(적절한 의료 혜택을 받지 못하는 인구) → 건강에 대한 사회적 책임 강조

OX로 확인

15 O｜X
일차보건의료는 국가나 정부가 중심이 되어 필수적인 보건의료를 대상자에게 제공하는 것이다.

OX로 확인 해설&정답

해설
15 국가나 정부가 중심이 되어 → 지역사회 주민이 일차보건의료의 중심

정답
15 ×

(2) 질병에 대한 예방과 건강증진의 필요성이 강조되며 일차보건의료의 중요성이 부각됨
(3) 시설중심, 치료중심의 의료는 건강문제를 관리하는 데 비효율적임(질병 발생 이전에 예방관리하는 것이 보다 효율적이고 경제적)

4 일차보건의료의 구체적 내용(WHO, 1978)

(1) 만연한 보건의료 문제에 대한 교육과 그 문제의 예방과 관리
(2) 식량공급과 영양증진
(3) 안전한 식수 제공과 기본환경위생 관리
(4) 가족계획을 포함한 모자보건
(5) 주요 감염병에 대한 면역수준 증강(예방접종)
(6) 그 지역 지방병(풍토병) 예방과 관리
(7) 흔한 질병과 상해에 대한 적절한 치료(통상질환에 대한 기초적 진료)
(8) 필수(기본)의약품의 공급
(9) 정신보건의 증진(심신장애자의 사회의학적 재활)

OX로 확인

16 O X
만연한 보건의료 문제에 대한 적절한 치료는 일차보건의료의 구체적 내용에 해당한다.

5 일차보건의료의 특성

(1) 접근성(Accessible) : 지리적, 지역적, 경제적, 사회적 이유로 차별이 있어서는 안 됨(쉽게 이용이 가능해야 함)
(2) 수용가능성(Acceptable) : 주민이 수용 가능한 과학적 방법으로의 접근
(3) 주민참여(Active) : 주민의 적극적 참여가 중요
    예) 보건진료소 운영위원회나 마을건강원 제도 활용(일차보건의료와의 연관성)
(4) 지불부담능력(Affordable) : 지역사회의 지불능력에 맞는 보건의료수가로 제공
(5) 포괄성(Comprehensiveness) : 기본적 건강관리 서비스는 모든 사람에게 필요한 서비스를 제공해야 함
(6) 유용성(Availability) : 꼭 필요하고 유용한 서비스여야 함
(7) 지속성(Continuity) : 건강상태 유지를 위해 지속적으로 제공되어야 함
(8) 상호협조성(Coordination) : 관련 부서가 서로 상호협조하는 의료체계를 구축해야 함
(9) 균등성(Equality) : 누구나 어떠한 여건에서든 필요한 만큼의 서비스를 똑같이 받을 수 있어야 함

> **참고**
> **마이어스(Myers)의 양질의 보건의료서비스 구성요소**
> - 접근 용이성 : 시간적, 공간적, 재정적, 사회문화적 측면에서 대상자가 쉽게 접근하여 언제든 이용 가능해야 함
> - 질적 적절성 : 가능한 범위 안에서 최신 의학 지식과 기술을 보건의료에 적용해야 함
> - 지속성 : 지리적, 시간적 상관성을 갖고 적절하게 연결되어야 함
> - 효율성 : 목적 달성을 위해 투입되는 최소화된 자원의 양, 일정한 자원의 투입으로 최대의 목적을 달성할 수 있어야 함

OX로 확인 해설&정답

해설
16 적절한 치료 → 교육과 그 문제의 예방과 관리

정답
16 ×

+PLUS 심화

✪ **국가보건의료체계의 맥락에서 본 의료의 단계**
① 일차 의료단계
  a. 대상자가 최초로 보건의료인을 접촉하는 단계
  b. 기본적이고 통상적인 질환에 대한 서비스를 제공하는 단지
  c. 질환에 대한 치료 외에도 건강증진, 재활, 상담, 교육 등을 포괄적으로 제공
  d. 의료요구의 80%는 일차의료로 해결 가능
  e. 주로 외래환자 중심의 의료서비스 제공
  f. 의원급 의료기관, 약국, 보건소, 보건지소, 보건진료소 등
② 이차 의료단계
  a. 지역병원을 중심으로 인접 지역의 몇 개의 소진료권으로 구성됨
  b. 일차의료단계에서 해결하지 못한 환자를 의뢰받거나, 입원환자 중심의 보건의료서비스를 제공
  c. 보건의료원, 병원급 의료기관
③ 삼차 의료단계
  a. 다양한 진료과목과 고도로 전문화된 의학 기술, 특수 시설과 장비를 갖춘 의료기관에서 제공하는 의료서비스
  b. 대학병원, 대형종합병원

✪ **일차의료와 일차보건의료의 비교**
① 의료(Medical Care) : 의료인에 의해 행해지는 진단, 치료, 간호 등 임상활동
② 보건의료(Health Care) : 국민의 건강을 보호, 증진하기 위하여 국가, 지방자치단체, 보건의료기관 또는 보건의료인 등이 행하는 모든 활동

일차의료 (PC, Primary care)	일차보건의료 (PHC, Primary Health Care)
· 영리 목적, 민간에 의해 이루어짐 · 지불능력에 의존 · 치료와 회복에 초점 · 제공자 중심 · 전문가의 역할 : 제공자, 권위자, 팀리더 · 의료서비스에 대한 이용 제한	· 비영리 목적, 공공에 의해 이루어짐 · 비용지불과 관계없이 전반적인 이용 · 다수에 대한 예방에 초점 · 수혜자 중심 · 전문가의 역할 : 촉진자, 의뢰자, 자원촉매자 · 의료서비스와 자원에 대한 보편적 이용 가능성

※ 일차의료는 일차보건의료의 하의 개념으로 보아야 한다고 WHO는 자료집에 적고 있음

✪ **일차, 이차, 삼차보건의료**
① 일차보건의료(primary health care)
  a. 개인, 가족, 지역사회를 위한 질병의 예방, 치료, 건강증진, 재활 등의 서비스가 통합된 포괄적인 보건의료
  b. 지역주민이 제도적으로 보건의료체계에 가장 먼저 접촉하는 단계
  c. 지역사회의 공동적인 노력이 요구되는 보건의료의 기본적인 초기 단계
② 이차보건의료(secondary health care)
  a. 주로 응급처치를 요하는 질병이나 급성질환의 관리사업과 병·의원에 입원치료를 받아야 하는 환자관리사업 등
  b. 종합병원 등 전문병원의 활동이 요구되며, 임상 전문의사와 임상 간호사 등 의료인력의 역할이 중요한 보건의료활동이 됨
③ 삼차보건의료(tertiary health care) : 회복기 환자의 재가 치료사업이나 재활을 요하는 환자 및 노인의 간호 등 장기요양이나 만성질환자의 관리사업 등이 중심

6 우리나라 건강증진사업

1 우리나라 건강증진사업의 역사

1989년	전국민의료보험 실시 : 질병 치료 위주의 의료보장사업 발전 계기가 됨, 질병의 사전적 예방 측면에서는 미흡
1995년	• 「국민건강증진법」 제정 : 보건교육, 질병예방, 영양개선, 건강생활실천 등의 건강증진사업 실시 • 「보건소법」을 「지역보건법」으로 전면 개정 : 보건소를 지역주민 건강관리의 중심기관으로 육성하고, 자율적 의료사업을 도입하는 계기 마련
1997년	건강증진기금 조성
1999년	전국 18개 보건소에서 건강증진거점시범사업 실시
2000년	「공공보건의료에 관한 법률」 제정으로 공공보건의료기관의 역할 확대
2001년	전국 보건소 정규 인력을 통한 방문보건사업 전면 실시
2002년	• 건강증진사업이 전국 보건소로 확대 • 제1차 국민건강증진종합계획 수립(HP2010)
2005년	제2차 국민건강증진종합계획 수립(HP2010)
2011년	제3차 국민건강증진종합계획 수립(HP2020)
2016년	제4차 국민건강증진종합계획 수립(HP2020)
2021년	제5차 국민건강증진종합계획 수립(HP2030)

2 국민건강증진사업

(1) 개념 : 보건교육, 질병예방, 영양개선 및 건강생활실천 등을 통해 국민의 건강을 증진시키는 사업

(2) 건강증진사업의 예산
  ① 국민건강증진기금 설치(1995년) : 담배에 부과되는 국민건강증진 부담금
  ② 기금 조성(1997년) 후 1998년부터 건강증진사업에 사용되기 시작
  ③ 담배에 부과되는 국민건강증진 부담금 인상 + 담뱃값 인상
    → 금연 및 흡연예방사업 예산 큰폭 증액 → 다양한 집단(청소년, 군인, 근로자, 성인, 여성, 대학생 등)을 대상으로 사업확대

(3) 건강결정요인과 건강증진사업
  ① 건강결정요인 : 건강에 직접적인 영향을 주는 요인
    생물학적요인, 건강행태, 지역사회 네트워크, 생활 및 작업환경, 보건의료자원과 이용, 사회적·물질적 환경, 건강관련 정책 등

② 건강수준은 의료적 요인보다 건강습관이나 환경요인에 더 큰 영향 받음
③ 건강증진종합계획에서 변화시키고자 하는 대상 : 건강결정요인

<HP 2030의 6개 정책목표와 최종목표>

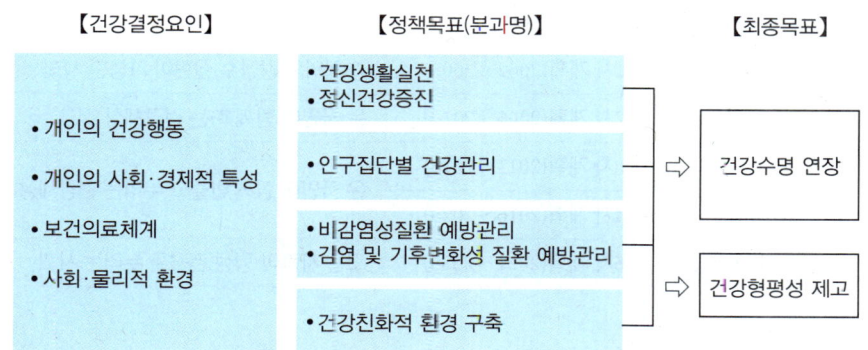

[제5차 국민건강증진종합계획, 출처 : 관계부처합동(2021)]

7 국민건강증진종합계획

1 제5차 국민건강증진종합계획

(1) 국민의 건강증진을 위해 5년마다 수립하는 정책, 2021년 수립
(2) 비전 : 모든 사람이 평생 건강을 누리는 사회
(3) 목표
  ① 건강수명 : 평균 수명에서 질병·부상으로 인해 활동하지 못한 기간을 뺀 수명으로 2030년까지 73.3세 달성을 목표로 함
  ② 건강형평성 : 사회·경제적 위치(소득 간, 지역 간)에 따른 건강상의 차이를 감소시키는 것으로 소득 상위 20%와 소득 하위 20%의 건강수명 격차를 7.6세 이하로 낮추고, 건강수명 상위 20% 해당 지자체와 하위 20% 해당 지자체의 건강수명 격차를 2.9세로 낮추는 것을 목표로 함
(4) 기본원칙
  ① HiAP(Health in All Policies) : 모든 정책수립(사회·경제정책, 개발정책, 사회규범, 정치제도 등)에 건강을 우선적으로 반영한다.
  ② 보편적인 건강수준의 향상과 건강형평성의 제고를 같이 추진한다.
  ③ 모든 생애 과정과 생활터에 적용한다.
  ④ 건강 친화적인 환경을 구축한다.

O X 로 확인

17 O | X
국민건강증진종합계획은 4년마다 수립하는 정책이다.

O X 로 확인 해설&정답

해설
17 4년마다 → 5년마다

정답
17 ×

⑤ 누구나 참여하여 함께 만들고 누릴 수 있도록 한다.
⑥ 관련된 모든 부문이 연계하고 협력한다.

[1995년 국민건강증진법 제정]

구분	시기	비전
HP2010	1차 계획(2002~2005)	75세의 건강장수 실현이 가능한 사회
	2차 계획(2006~2010)	온 국민이 함께 하는 건강세상
HP2020	3차 계획(2011~2015)	온 국민이 함께 만들고 누리는 건강세상
	4차 계획(2016~2020)	
HP2030	5차 계획(2021~2030)	모든 사람이 평생 건강을 누리는 사회

2 제4차 국민건강증진종합계획과 제5차 국민건강증진종합계획의 비교

구분	제4차 국민건강증진종합계획(HP2020)	제5차 국민건강증진종합계획(HP2030)
비전	온 국민이 함께 만들고 누리는 건강세상	모든 사람이 평생 건강을 누리는 사회
목표	건강수명 연장과 건강형평성 제고	건강수명 연장과 건강형평성 제고
기본 원칙	—	① HiAP(Health in All Policies) ② 건강형평성 ③ 모든 생애 과정 ④ 건강 친화 환경 ⑤ 누구나 참여 ⑥ 다부문 연계

구분	총6분과	27개 중점과제	총6분과	28개 중점과제
사업 분야	Ⅰ. 건강 생활 실천 확산	1. 금연 2. 절주 3. 신체활동 4. 영양	Ⅰ. 건강 생활 실천	1. 금연 2. 절주 3. 영양 4. 신체활동 5. 구강건강
	Ⅱ. 만성퇴행성 질환과 발생 위험요인 관리	5. 암 6. 건강관리(삭제) 7. 관절염(삭제) 8. 심뇌혈관질환 9. 비만 10. 정신보건(분과 확대) 11. 구강보건(분과 이동)	Ⅱ. 정신건강 관리	6. 자살예방 7. 치매 8. 중독 9. 지역사회 정신건강

Ⅲ. 감염질환 관리	12. 예방접종 13. 비상방역체계 14. 의료관련감염 15. 결핵 16. 에이즈	Ⅲ. 비감염성 질환 예방 관리	10. 암 11. 심뇌혈관질환 ① 심뇌혈관질환 ② 선행질환 12. 비만 13. 손상
		Ⅳ. 감염 및 기후 변화성 질환 예방 관리	14. 감염병 예방 및 관리 ① 결핵 ② 에이즈 ③ 의료감염·항생제 내성 ④ 예방행태개선 15. 감염병 위기대비 대응 ① 검역/감시 ② 예방접종 16. 기후변화성 질환
Ⅳ. 인구집단 건강관리	17. 모성건강(→ '여성') 18. 영유아건강 19. 노인건강 20. 근로자건강증진 21. 군인건강증진 22. 학교보건 23. 다문화가족건강 　(→ '여성') 24. 취약가정방문건강 　(→ '노인') 25. 장애인건강	Ⅴ. 인구집단별 건강관리	17. 영유아 18. 아동·청소년 19. 여성 20. 노인 21. 장애인 22. 근로자 23. 군인
Ⅴ. 안전환경보건	26. 손상예방 27. 소산예방	Ⅵ. 건강친화적 환경 구축	24. 건강친화적 법제도 개선 25. 건강정보 이해력 제고 26. 혁신적 정보 기술의 적용 27. 재원 마련 및 운용 28. 지역사회자원(인력, 시설) 확충 및 거버넌스 구축
Ⅵ. 사업체계관리 : 기반(인프라), 평가, 정보 및 통계, 저원			

· 건강검진 : 비감염성질환 '암' 등에 검진내용 포함하고 중점과제에서 제외
· 관절염 : 정책담당부서가 없어 관리 어려움, 노인 등에 포함하고 중점과제에서 제외
· 식품정책 : 건강생활실천 '영양' 과제 등에 포함하고 중점과제에서 저외

3 제5차 국민건강증진종합계획(HP2030) 대표 지표

사업분야		대표 지표
건강생활실천	금연	성인남성 현재흡연율, 성인여성 현재흡연율
	절주	성인남성 고위험음주율, 성인여성 고위험음주율
	영양	식품 안정성 확보 가구분율
	신체활동	성인남성 유산소 신체활동 실천율, 성인여성 유산소 신체활동 실천율
	구강건강	영구치(12세) 우식 경험률
정신건강관리	자살예방	자살사망률, 남성 자살사망률, 여성 자살사망률
	치매	치매안심센터의 치매환자 등록·관리율
	중독	알코올 사용장애 정신건강 서비스 이용률
	지역사회 정신건강	정신건강 서비스이용률
비감염성질환 예방관리	암	성인남성(20~74세) 암 발생률, 성인여성(20~74세) 암 발생률
	심뇌혈관질환	· 성인남성 고혈압 유병률, 성인여성 고혈압 유병률 · 성인남성 당뇨병 유병률, 성인여성 당뇨병 유병률 · 급성 심근경색증 환자의 발병 후 3시간 미만 응급실 도착 비율
	비만	성인남성 비만 유병률, 성인여성 비만 유병률
	손상	손상사망률
감염 및 기후 변화성 질환 예방관리	감염병 예방 및 관리	신고 결핵 신환자율
	감염병 위기 대비대응	MMR 완전접종률
	기후 변화성 질환	기후보건영향평가 평가체계 구축 및 운영
인구집단별 건강관리	영유아	영아사망률
	아동·청소년	고등학교 남학생 현재흡연율, 고등학교 여학생 현재흡연율
	여성	모성사망비
	노인	노인 남성의 주관적 건강인지율, 노인 여성의 주관적 건강인지율
	장애인	성인 장애인 건강검진 수검률
	근로자	연간 평균 노동시간
	군인	군 장병 흡연율
건강 친화적 환경 구축	건강정보 이해력 제고	· 성인남성 적절한 건강정보이해능력 수준 · 성인여성 적절한 건강정보이해능력 수준

[제5차 국민건강증진종합계획, 출처 : 관계부처합동(2021)]

OX로 확인

18 O | X
제5차 국민건강증진종합계획에서 노인의 건강은 ADL, IADL로 평가 한다.

OX로 확인 해설&정답

해설
18 ADL, IADL → 주관적 건강인지율

정답
18 ×

기출문제로 요점정리

PART 1 공중보건의 이해

01
2022 지방

인구집단의 건강을 결정하는 요인 중 사회적 결정요인에 해당하지 않는 것은?

① 노동과 고용조건
② 불건강한 생활습관
③ 소득불평등
④ 성과 인종차별

정답 ②

요점
불건강한 생활습관은 개인행태요인에 해당한다.

건강의 사회적 결정요인 10가지(WHO)
건강불평등 : 건강에서 나타나는 개인이나 집단들 사이의 차이(difference), 변이(variations), 격차(disparities)를 말함(사회적 건강 결정 요인에 따라 질병 이환율이나 사망률의 차이가 생긴다.)
① 수입 및 사회적 수준
② 교육 수준
③ 물리적 환경
④ 취업 및 작업 조건
⑤ 사회적지지 체계
⑥ 문화
⑦ 유전적 요인
⑧ 개인 생활행태 및 극복 기술
⑨ 의료서비스
⑩ 남녀 성별 차이

02
2022 지방

지역사회보건사업평가 중 특정 보건사업을 수행하기 위해 투입된 인력, 조직, 시설, 장비, 재정 등이 적합한지를 판단하는 것은?

① 과정평가
② 구조평가
③ 결과평가
④ 영향평가

정답 ②

요점 투입 산출 모형에 따른 평가의 구분
- 구조평가 : 사업의 시작 단계에서 투입되어지는 자원에 대한 적정성 평가(충분하고 적절한지) 예 투입된 인력, 시설과 장비, 예산 등
- 과정평가 : 사업의 진행 단계에서 투입 자원이 계획대로 실행되어지고 있는지 평가(계획과 집행이 일치하는지 판단)
- 결과평가 : 보건사업에 의한 변화 또는 차이를 측정

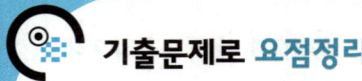

기출문제로 요점정리

03 2021 서울

공중보건학의 발전사를 고대기, 중세기, 여명기, 확립기, 발전기의 5단계로 구분할 때 중세기에 대한 업적으로 가장 옳은 것은?

① 세계 최초의 국세조사가 스웨덴에서 이루어졌다.
② 프랑스 마르세유(Marseille)에 최초의 검역소가 설치되었다.
③ 영국 런던에서 콜레라의 발생 원인에 대한 역학조사가 이루어졌다.
④ 질병의 원인으로 장기설(miasma theory)과 4체액설이 처음 제기되었다.

■ 정답 ②
◎ 요점 **공중보건학의 역사**
① 1749년, 스웨덴, 세계에서 처음으로 국세조사 실시
 → 여명기(1500~1850년)
② 1383년, 프랑스, 검역법에 의한 최초의 검역소 설치
 → 중세기(500~1500년)
③ 1855년, 존 스노우, 콜레라에 관한 역학조사 보고서, 최초의 기술역학 → 확립기(1850~1900)
④ B.C. 460~370, 히포크라테스, 장기설(나쁜 공기가 질병을 전파한다고 간주), 체액설(4가지 체액의 조화로운 혼합은 건강상태, 체액의 부족은 질병상태) → 고대기(기원전 ~ 서기 500)

04 2021 서울

Myers(1969)는 지역사회 또는 사회적 수준에서 요구되는 바람직한 보건의료의 조건으로 4가지를 제시하였는데, 이 중 치료과정에서 최소의 자원을 투입하여 건강을 빨리 회복시키는 것을 의미하는 것은?

① 형평성 ② 접근성
③ 효과성 ④ 효율성

■ 정답 ④
◎ 요점 **마이어스(Myers)의 양질의 보건의료**
• 접근 용이성 : 재정적, 지리적, 사회문화적 측면에서 필요시 언제든 이용 가능
• 질적 적정성 : 보건의료의 의학적 적정성, 사회적 적정성이 동시에 달성될 수 있어야 함
• 지속성 : 지리적, 시간적 상관성을 갖고 적절하게 연결되어야 함
• 효율성 : 목적 달성을 위해 투입되는 최소화된 자원의 양, 일정한 자원의 투입으로 최대의 목적을 달성할 수 있어야 함

05 [2021 서울]

역학적 삼각형(epidemiologic triangle) 모형으로 설명할 수 있는 질환으로 가장 옳은 것은?

① 골절 ② 콜레라
③ 고혈압 ④ 폐암

정답 ②

콜레라는 우리나라 2급 법정감염병에 해당한다.

요점 생태학적 모형(＝역학적 모형)
- 질병 발생의 3요소인 병인, 환경, 숙주가 평형을 이룰 때 건강
- 전염성 질환의 설명에 적합
- 한계점 : 환경이 갖는 복잡성을 설명하지 못함

06 [2021 서울]

알마아타 선언에서 제시한 일차보건의료(primary health care)의 필수적인 사업 내용에 해당하는 것은?

① 전문 의약품의 공급
② 직업병 예방을 위한 산업보건
③ 안전한 식수공급과 기본적 위생
④ 희귀질병과 외상의 적절한 치료

정답 ③

요점 일차보건의료의 구체적 내용(WHO, 1978)
- 만연한 보건의료 문제에 대한 교육과 그 문제의 예방과 관리
- 식량공급과 영양증진
- 안전한 식수 제공과 기본환경위생 관리
- 가족계획을 포함한 모자보건
- 주요 감염병에 대한 면역수준 증강(예방접종)
- 그 지역 지방병(풍토병) 예방과 관리
- 흔한 질병과 상해에 대한 적절한 치료(통상질환에 대한 기초적 진료)
- 필수(기본)의약품의 공급
- 정신보건의 증진(심신장애자의 사회의학적 재활)

07

2020 서울

PRECEDE-PROCEED 모델에서 유병률, 사망률, 건강문제 등을 규명하는 단계로 가장 옳은 것은?

① 사회적 진단
② 역학적 진단
③ 교육생태학적 진단
④ 행정 및 정책 진단

정답 ②

요점 보건프로그램 기획 모형 : PRECEDE - PROCEED 모형

	PRECEDE(진단, 프로그램 계획에 초점)		
1단계	사회적 진단		주민의 삶의 질에 영향을 미치는 사회적 요인을 규명하는 단계 **예** 주택 밀도, 환경 지표, 생정기록 자료, 면담, 고령화지수, 실업률, 결근율, 삶의 만족도 지표 등을 통해 확인하기
2단계	역학적 진단		· 건강문제를 발견하여 부족한 자원을 사용할 가치가 있는 우선적 건강문제를 찾는 단계 · 역학적 자료 조사 : 인구집단의 건강문제 분포와 크기를 알 수 있어 건강문제의 상대적 중요성을 제시해 줌 · 삶의 질을 가늠하는 5D : 사망률(death), 이환율(disease), 장애율(disability), 불편감(discomfort), 불만족(dissatisfaction)
3단계	교육 및 생태학적 진단		건강행위에 변화를 주는 요인을 사정
		성향요인 (소인요인) Predisposing factors	· 동기를 제공하는 요인 · 행위를 하기에 앞선 내재된 요인 **예** 지식, 태도, 신념가치, 자기효능
		촉진요인 (가능요인) Enabling factors	건강행위 수행을 가능하게 도와주는 요인 **예** 자원의 이용 가능성, 접근성, 시간적 여유, 개인의 기술
		강화요인 Reinforcing factors	행위가 지속되거나 없어지게 하는 요인 **예** 보상, 칭찬, 처벌 등
4단계	행정·정책적 사정 및 중재계획		건강증진 프로그램에 이용 가능한 예산, 자원, 시간, 프로그램 수행시 극복해야 할 장애, 프로그램 지원 정책 등이 있는지를 사정하는 단계
	PROCEED(수행, 사업평가에 초점)		
5단계	수행		기획단계에서 계획된 프로그램을 수행
6단계	과정평가 (Process evaluation)		계획에 따라 잘 수행되어지는지 평가
7단계	영향평가 (Impact evaluation)		즉각적인 효과에 대한 평가(지식, 태도, 실천 양상에 일어난 변화)
8단계	결과평가 (Outcome evaluation)		장기적인 변화 평가, 삶의 질 변화 평가(유병률, 사망률)

08
[2020 서울]

공중보건의 역사적 사건 중 가장 먼저 발생한 사건은?

① 제너(E. Jenner)가 우두 종두법을 개발하였다.
② 로버트 코흐(R. Koch)가 결핵균을 발견하였다.
③ 베니스에서는 페스트 유행지역에서 온 여행자를 격리하였다.
④ 독일의 비스마르크(Bismarck)에 의하여 세계 최초로「질병보험법」이 제정되었다.

정답 ③

요점 공중보건학의 역사
① 1798년, 제너 : 우두종두법 개발(두창예방)
② 1882년, 코흐 : 결핵균 발견
③ 1377년, 이탈리아 라구사(Rogusa)에서 검역의 유래 시작됨, 페스트 유행 지역에서 온 여행자를 항구 밖 일정 장소에 머무르게 함
④ 1883년, 비스마르크 : 근로자 질병보험 실시, 근로자 질병보호법 제정, 사회보장제도의 기틀 마련

09
[2020 서울]

SWOT 전략 중 외부의 위험을 피하기 위해 사업을 축소 및 폐기하는 방어적 전략은?

① SO 전략
② WO 전략
③ ST 전략
④ WT 전략

정답 ④

요점 SWOT 분석 방법
조직의 환경분석을 통해 외부에 있는 기회(opportunies)와 위협(threats), 조직 내의 강점(strengths)과 약점(weaknesses)을 파악하여 이를 통해 마케팅 전략을 수립하는 기법

	강점 strength · 보건의료인의 높은 역량 · 보건소 내부 인력간 높은 협력도 · 외부 전문인력의 높은 활용도	약점 weakness · 전문인력 부족 · 보조 프로그램 미비 · 보건기관의 시설, 장비 열악 · 지방자치단체의 예산 부족
내부요인 외부요인		
기회 opportunity · 건강증진에 대한 높은 관심 · 보건복지부 건강증진정책 예산확대 · 국민소득, 평균수명 증가	SO 전략 · 공격적 전략(시장 확대) · 강점을 살려 기회를 포착	WO 전략 · 상황전환 전략(구조조정, 혁신운동) · 약점을 보완하여 기회를 포착
위협 threat · 신종 감염병 유행 · 지역간 보건의료 불균형 심화 · 보건기관에 대한 주민의 신뢰도 미흡	ST 전략 · 다각적 전략(신사업 진출) · 강점을 살려 위협을 회피	WT 전략 · 방어적 전략(사업 축소 또는 폐기) · 약점을 보완하여 위협을 회피

기출문제로 요점정리

10 2019 서울

미국 메릴랜드 주의 '골든 다이아몬드(golden diamond)' 방식은 보건사업 기획의 어느 단계에 사용되는가?

① 현황분석
② 우선순위 결정
③ 목적과 목표 설정
④ 전략과 세부사업 결정

정답 ②

◉요점 **황금다이아몬드(Golden diamond) 모델**
- 보건지표의 상대적 크기와 변화의 경향을 이용해 사업의 우선순위를 결정하는 방식
- 미국 전체와 비교하여 주의 지표가 좋지 않고, 지난 5년간의 변화의 추세도 안좋은 경우를 1순위 사업으로 결정

11 2019 서울

1842년 「영국 노동 인구의 위생상태에 관한 보고서(Report on the sanary condion of the labouring population of Great Britain)」를 작성하여 공중보건활동과 보건행정 조직의 중요성을 알린 사람은?

① 레벤후크(Leeuwenhoek)
② 존 그랜트(John Graunt)
③ 채드윅(Edwin Chadwick)
④ 존 스노우(John Snow)

정답 ③

◉요점 **서양의 공중보건학자**
① 레벤후크 : 현미경 발견으로 종의 존재를 확인(1676)
② 존 그랜트 : 『사망표에 관한 자연적, 정치적 제 관찰』(1662)이라는 사망통계에 관한 책 저술
③ 채드윅 : 열병 개선 대책을 위한 조사 결과 보고인 『노동자 계층의 위생 상태에 관한 보고』(1842) 작성, 위생개혁의 긴요성, 공중보건활동의 중요성, 중앙과 지방을 일괄하는 보건행정기구 확립의 중요성 등이 제시됨
④ 존 스노우 : 콜레라에 관한 역학조사 보고서(1855), 콜레라 발생에 관한 점지도를 작성하여 장기설을 뒤집고 전염병 감염설을 입증하는 동기 제공

12

[2020 경기 의료기술]

제5차 국민건강증진종합계획(HP2030)의 사업분야와 주요과제의 연결이 옳지 않은 것은?

① 건강생활실천 – 비만
② 정신건강관리 – 지역사회 정신건강
③ 인구집단별 건강관리 – 근로자
④ 건강친화적 환경구축 – 건강정보 이해력 제고

정답 ①

요점 제5차 국민건강증진종합계획(HP2030)의 사업분야 및 주요과제

사업분야	주요과제
건강생활 실천	금연, 절주, 영양, 신체활동, 구강건강
정신건강 관리	자살예방, 치매, 중독, 지역사회 정신건강
인구집단별 건강관리	영유아, 아동·청소년, 여성, 노인, 장애인, 근로자, 군인
건강 친화적 환경 구축	건강친화적 법제도 개선, 건강정보 이해력 제고, 혁신적 정보기술의 적용, 재원마련 및 운용, 지역사회 자원 확충 및 거버넌스 구축
비감염성질환 예방관리	암, 심뇌혈관질환(심뇌혈관질환, 선행질환), 비만, 손상
감염 및 기후변화성질환 예방관리	감염병예방 및 관리(결핵 에이즈, 의료 감염·항생제 내성, 예방행태개선), 감염병위기대비 대응(검역/감시, 예방접종), 기후변화성 질환

13

[2022 지방]

건강행동을 예측하기 위한 건강신념모형(Health Belief Model)에 대한 내용으로 옳지 않은 것은?

① 조절요인에는 연령, 성별, 성격, 지식과 같은 집단 또는 개인의 특성이 해당된다.
② 인지된 장애(perceived barriers)란 특정 질병에 걸릴 위험이 있다고 지각하는 것이다.
③ 인지된 민감성(perceived susceptibility)은 개인의 경험에 영향을 받을 수 있다.
④ 인지된 이익(perceived benefit)이란 금연할 경우 가족이 좋아하는 모습을 떠올리는 것이다.

정답 ②

요점 건강신념모형

- 인지된 장애(Perceived barriers) : 건강행위에 대한 부정적인 인지 정도
  - 예 높은 인지된 장애 : 담배 금단현상으로 심한 불안과 우울을 겪음
- 인지된 민감성(Perceived susceptibility) : 질병에 걸릴 위험이 있다는 "가능성"에 대한 인지 정도
  - 예 낮은 인지된 민감성 : 안일한 태도, 나는 건강 체질이야, 다들 그러고 사는거 아닌가?

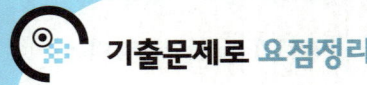 기출문제로 요점정리

14
[2023 지방]

제4차 국민건강증진종합계획(HP 2020)과 비교하여, 제5차 국민건강증진종합계획(HP 2030)의 기본틀에서 신설된 사업 분야는?

① 건강생활 실천 확산
② 감염질환 관리
③ 인구집단 건강관리
④ 건강친화적 환경 구축

15
[2023 지방]

「국민건강증진법령」상 '과다한 음주는 건강에 해롭다'는 경고문구를 판매용 용기에 표기해야 하는 주류의 알코올분 기준은?

① 1도 이상
② 5도 이상
③ 10도 이상
④ 17도 이상

정답 ④

요점 제4차와 제5차 국민건강증진종합계획의 사업분야 비교

	제4차 국민건강증진종합계획	제5차 국민건강증진종합계획
사업 분야	1. 건강생활실천 확산 2. 만성퇴행성질환과 발생위험요인관리 3. 감염질환 관리 4. 인구집단 건강관리 5. 안전환경보건 6. 사업체계관리	1. 건강생활실천 2. 정신건강 관리 3. 비감염성 질환 예방 관리 4. 감염 및 기후 변화성 질환 예방 관리 5. 인구집단별 건강관리 6. 건강 친화적 환경 구축

정답 ①

요점 「국민건강증진법 시행령」 제13조(경고문구의 표기대상 주류)
- 그 판매용 용기에 과다한 음주는 건강에 해롭다는 내용의 경고문구를 표기해야 하는 주류는 국내에 판매되는 「주세법」에 따른 주류 중 알코올분 1도 이상의 음료를 말한다.
- 주세법에 따르면 알코올 함량이 1% 미만인 경우는 주류가 아닌 음료로 구분한다.

16
[2020 서울(보행)]

공중보건의 의미에 대한 설명으로 가장 옳은 것은?

① 질병을 치료하고 장애의 중증도를 낮추는 것에 중점을 둔다.
② 개인적인 노력이 가장 중요하다.
③ 위생적인 환경을 구축하여 건강행동을 실천한다.
④ 단일 조직의 전문적인 활동이 강조된다.

정답 ③

요점
① 공중보건의 목적은 질병예방, 수명연장, 신체적·정신적 건강 및 효율의 증진이다.
② 지역사회의 조직적인 노력이 필요하다.
④ 공중보건의 목적을 달성하기 위한 접근방법은 개인이나 일부 전문가의 노력에 의해서 달성하는 것이 아니라 조직화된 지역사회의 노력으로 달성할 수 있다.

조직화된 지역사회의 노력
① 환경위생
② 지역사회의 감염관리
③ 개인위생에 관한 보건교육
④ 의료 및 간호서비스의 조직화
⑤ 사회제도 개발

17
[2021 서울]

앤더슨(Anderson)의 공중보건사업 수행의 3대 수단에 해당하지 않는 것은?

① 봉사행정
② 보건교육
③ 예방의료
④ 법규에 의한 통제행정

정답 ③

요점 공중보건사업의 3대 요소(앤더슨, Anderson)
① 보건행정활동에 의한 봉사행정 : 시대적 변화에 따른 다양한 제도와 장치를 개발하고 보건관련법규를 집행하는 보건행정활동
② 보건법규에 의한 통제행정 : 다양한 보건문제를 해결하기 위해 보건에 관한 국민적 약속이라 할 수 있는 보건관련법규를 제정하고 이를 통한 규제와 관리활동이 필요함(후진국에서는 강력한 법을 적용한 통제행정이 효과적)
③ 보건교육에 의한 조장행정 : 보건교육을 통해 스스로 문제를 해결할 수 있는 힘을 향상시킴(가장 능률적이자 중요한 구성요소)

기출문제로 요점정리

PART 1 공중보건의 이해

18 [2020 전남특채]
공중보건학의 범위에는 크게 환경보건 분야, 보건관리 분야, 질병관리 분야가 있다. 이 중에서 보건관리 분야에 포함되는 것은?

① 학교보건
② 역학
③ 감염병관리
④ 성인병관리

정답 ①

요점 공중보건학의 범위(=영역)
① 환경보건 분야 : 환경위생, 곤충위생, 환경학, 주택보건, 산업보건, 환경오염관리, 식품위생 등
② 보건관리 분야 : 보건행정, 보건교육, 보건영양, 학교 보건, 정신보건, 보건통계 등
③ 질병관리 분야 : 역학, 감염병 관리, 비감염성 질환 관리, 기생충질환, 성인병 관리 등

19 [2021 경기 보건연구사]
Bryant가 제시한 건강문제의 우선순위 결정기준이 아닌 것은?

① 건강문제의 심각도
② 주민의 관심도
③ 경제적 타당성
④ 건강문제의 기술적 해결 가능성

정답 ③

요점 브라이언트(John Bryant)의 우선순위 결정 기준
① 보건문제의 크기: 유병률
② 보건문제의 심각도 : 긴급성, 심각성, 경제적 손실, 잠재적 영향 등
③ 보건문제의 기술적 해결가능성(관리가능성)
④ 보건문제에 대한 지역사회 주민의 관심도

PART 2

학습 포인트

- 역학의 정의
- 인과관계 판단기준
- 측정방법의 타당도
- 바이어스의 종류
- 기술역학의 변수
- 질병발생의 위험도 측정

역학

CHAPTER 01	역학의 이해
CHAPTER 02	타당도와 신뢰도
CHAPTER 03	역학 연구 방법론

CHAPTER 01 역학의 이해

1 역학의 정의와 역할

1 정의
(1) 대상 : 인구집단(환자는 물론 지역사회의 모든 주민, 즉 건강인도 포함)
(2) 질병에 대한 빈도와 분포를 기술하고 결정요인을 연구
(3) 질병예방과 건강증진에 활용하는 학문

2 역학의 역할
(1) 기술적 역할 : 질병의 빈도와 분포를 시간, 공간, 인적 특성에 따라 기술하여 질병의 특성을 파악
(2) 원인규명의 역할 : 질병의 원인과 위험요인을 파악하여 질병 예방 대책 수립의 기초를 마련(역학의 궁극적 목표는 질병 발생의 예방이며, 가장 중요한 역할은 원인규명임)
(3) 연구 전략 개발의 역할 : 임상 분야의 연구에 많은 기여를 하고 있으며, 각종 임상 연구 실험을 설계하는 데도 크게 활용됨
(4) 유행성 질병 발생의 감시 역할 : 병원체, 숙주, 환경 이 세 가지 질병 발생 요인과 질병 양상의 분포를 연구함으로써 유행성 질병의 발생을 예견하고 통제
   예 질병 감시체계 가동, 표본감시 감염병과 표본감시 기관의 지정·운영
(5) 보건사업 평가의 역할 : 기존 또는 새로운 질병의 예방법·치료법 평가, 새로운 보건사업의 효과나 효율성 평가

OX로 확인

01 O|X
역학의 연구 방법은 불건강집단의 질병에 대한 빈도와 분포를 기술하고 결정요인을 연구하여 질병예방과 건강증진에 활용하는 학문이다.

02 O|X
역학의 가장 중요한 목적은 질병에 대한 치료법을 개발하는 것이다.

OX로 확인 해설&정답

해설
01 불건강집단 → 인구집단
02 질병에 대한 치료법을 개발하는 → 질병의 원인을 규명하는

정답
01 ✕　02 ✕

2 역학의 역사와 주요 역학 연구자

1 근대 역학개념 성립 이전

(1) 히포크라테스(Hippocrates, B.C. 460~B.C. 370)
  ① 「On Air, Water and Places」에서 계절과 지역의 특성, 공기, 물, 햇빛 등의 환경 요인이 인간의 질병에 관여한다고 주장
  ② 장기설(miasma theory): 질병전파의 원인을 인간의 생활환경 탓, 오염된 공기로 인하여 질병이 생긴 것으로 봄

(2) 프라카스트로(Fracastoro, 1478~1553): 「De Contagione」 저서에서 전염체에 의해 유행병이 발생한다고 주장

(3) 레벤후크(Leeuwenhoek, 1632~1723): 현미경을 이용하여 처음으로 미생물 발견, 미생물학의 정립에 큰 공헌

(4) 린드(Lind, 1716~1794)
  ① 괴혈병의 원인과 치료방법을 찾는 데 비교의 개념을 처음으로 적용
  ② 괴혈병에 과일섭취 부족이 원인일 것이라는 가설을 세우고, 라임을 처방한 집단에서 괴혈병이 쉽게 치료됨을 관찰

(5) 파(Farr, 1807~1883): 1839년부터 매년 사망원인과 사망자 수 정리, 보건문제 평가에 생정통계를 이용

2 감염병의 유행과 역학적 방법의 성립

(1) 패넘(Panum, 1820~1855): 1846년 파로아(Faroe) 섬의 주민 7864명 중 107명이 사망한 홍역 대유행에서 역학 조사를 시행, 홍역의 역학적 특성을 밝힘

(2) 존 스노우(John Snow, 1813~1858)
  ① 1854년 런던에서 발생한 콜레라에 대한 역학적 조사 실시
  ② '상수원과 콜레라 환자 발생이 유관할 것'이라는 가설을 세우고, 점지도(Spot Map)를 작성하여 런던 시내의 오염된 우물이 원인이라는 가설을 입증

3 현대적 역학연구 방법의 수립과 영역의 확장

(1) 돌&힐(Doll & Hill, 1950): 환자-대조군 연구를 통해 흡연량과 폐암 발생에서 비례적 반응관계가 성립함을 입증

(2) 프라밍햄 연구(Framingham Study, 1948): 코호트 연구를 통해 미국 메사추세츠주 프레밍엄에서 심장병 역학 연구를 시행

(3) 모니카(MONICA): 1980년대 세계보건기구가 중심이 되어 여러 나라가 참여하는 역학 연구 사업

OX로 확인

03 OlX
콜레라는 오염된 물을 통해 전파된다고 주장한 학자는 레벤후크이다.

OX로 확인 해설&정답

해설
03 레벤후드 → 존 스노우

정답
03 ✗

CHAPTER 02 타당도와 신뢰도

1 연구집단

(1) 표적집단 : 최종적으로 연구 결과를 적용하고자 하는 궁극적인 집단
- 예) 65세 이상 한국인의 우울증 유병률 산출

(2) 모집단 : 규모를 파악할 수 있는 인구집단으로, 연구결과를 일반화하고자 하는 인구집단
- 예) 서울시에 거주하는 65세 이상 노인

(3) 표집집단 : 모집단을 대표할 수 있는 표본, 적절한 표본추출 과정을 거쳐 선정된 집단
- 예) 모집단에서 무작위로 추출된 65세 이상 노인

(4) 적격집단 : 표집집단 중 연구목적에 부합되는 적절한 대상
- 예) 조사 당시 생존해 있고, 거주하고 있어 연구대상으로 적합한 사람

(5) 연구참여집단 : 연구 참여에 동의 후 연구 조사 및 과정에 참여한 집단
- 예) 적격집단 중에서 실제연구에 참여한 사람

> **참고**
>
> **표본(sample)과 표집(Sampling)**
> - 표본 : 모집단을 이루는 기본적인 하위단위로 구성되며, 그 단위 하나하나를 표본요소(sample element)라고 함
> - 표집 : 전체 모집단에서 모집단을 대표하는 표본 요소를 뽑는 과정
> - 표본선정 시 가장 중요한 고려점 : 대표성
> - 모집단의 특성과 표본의 특성은 일치해야 함

O X 로 확인

04 O | X
최종적으로 연구 결과를 적용하고자 하는 궁극적인 집단을 모집단이라고 한다.

O X 로 확인 해설&정답

해설
04 모집단 → 표적집단

정답
04 ×

2 연구의 타당도 (validity)

1 내적 타당도(internal validity)
(1) 실험결과로 나타난 종속변수의 변화가 독립변수에 의한 것인지 아니면 다른 변수의 영향을 받은 것인지를 판별하는 것
(2) 표본의 측면에서 얻어진 연구 결과가 얼마나 연구의 모집단에 적용 가능한 것인지, 즉 '정확성'을 의미
(3) 내적 타당도는 연구 설계의 타당성, 연구 대상의 선정과정, 연구 수행의 타당성, 자료 분석과 해석의 타당성에 의해 결정됨
(4) 내적타당도 확보 방안
   ① 무작위배정 : 어떤 대상이 실험집단이나 통제집단에 배정될 기회를 동일하게 하는 방법
   ② 짝짓기(matching) : 실험집단과 통제집단을 구성하는 데 있어서 연구와 관련 있는 주요 변수를 중심으로 유사한 사례를 둘씩 짝을 지은 다음 하나는 실험집단, 다른 하나는 통제집단에 배정하는 방법

> **05** ○ⅠX
> 실험 결과로 나타난 종속변수의 변화가 다른 변수의 영향없이 오로지 독립변수에 의한 것이라면 외적 타당도가 높다고 볼 수 있다.

2 외적 타당도(external validity)
(1) 실험 결과로 나타난 종속변수의 변화를 일반화(연구 결과로 기술된 인과관계가 다른 대상에도 적용 가능한가)할 수 있는가를 나타내는 것
(2) 표적집단의 측면에서 표본의 대표성을 의미
(3) 외적 타당도 확보 방안
   ① 표본 선정시 무작위추출법(random sampling)을 활용
   ② 대표적 사례만을 표본으로 선정하여 조사하는 방법(선정된 사례는 각 계층을 가장 잘 대표할 수 있는 특성을 가짐)
   ③ 표본 크기를 키워 표본의 대표성을 늘임(표본의 대표성)
   ④ 다양한 상황, 시점, 대상에 반복적으로 연구를 재현함

> • 내적 타당도 : 표본에서 얻어진 연구 결과를 모집단에 적용이 가능한가?
> • 외적 타당도 : 표본에서 얻어진 연구 결과를 표적집단에 일반화할 수 있는가?

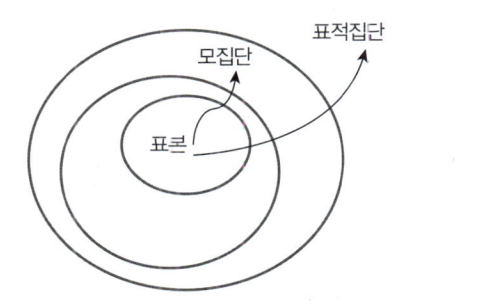

해설
05 외적 타당도 → 내적 타당도

정답
05 ×

3 측정 방법의 타당도

1 타당도의 정의
검사법이 진단하고자 하는 질병의 유무를 얼마나 '정확하게' 판정하는지에 대한 능력

2 타당도 측정 방법

검사결과		질병		계
		유	무	
검사결과	양성	a	b	$a+b$
	음성	c	d	$c+d$
계		$a+c$	$b+d$	$a+b+c+d$

(1) 민감도 : 질병에 걸린 사람이 검사결과 양성으로 나타날 확률

$$민감도 = \frac{a}{a+c} \times 100$$

(2) 특이도 : 질병에 걸리지 않은 사람이 검사결과 음성으로 나타날 확률

$$특이도 = \frac{d}{b+d} \times 100$$

(3) 의음성률과 의양성률

① 의음성률 : 질병이 있는 사람에게 음성의 결과가 나오는 경우

$$의음성률 = \frac{c}{a+c} \times 100$$

② 의양성률 : 질병이 없는 사람에게 양성의 결과가 나오는 경우

$$의양성률 = \frac{b}{b+d} \times 100$$

(4) 양성예측도와 음성예측도

① 양성예측도 : 검사 결과 양성인 사람이 실제로 환자일 가능성

$$양성예측도 = \frac{a}{a+b} \times 100$$

OX로 확인

06 OX
민감도는 질병에 걸리지 않은 사람이 검사결과 음성으로 나타날 확률을 나타낸다.

07 OX
특이도는 측정 방법의 신뢰도를 알아보는 방법이다.

OX로 확인 해설&정답

해설
06 민감도 → 특이도
07 신뢰도 → 타당도

정답
06 ✗   07 ✗

② 음성예측도 : 검사결과 음성인 사람이 실제로 질병이 없을 가능성

$$음성예측도 = \frac{d}{c+d} \times 100$$

③ 예측도는 검사의 민감도와 특이도, 해당 인구 집단의 유병률에 의해 결정됨
④ 해당 질병의 유병률이 높을수록(a와 c의 증가) 양성예측도는 높아지고, 음성예측도는 낮아짐

+PLUS 심화

◎ **진단기준을 높였을 경우의 변화**

	질병 유	질병 무
양성(+)	a	b
음성(−)	c	d

→

	질병 유	질병 무
양성(+)	a	b
음성(−)	c	d

진단기준을 높이면 양성자인 a와 b는 감소, 음성자인 c와 d는 증가

따라서, $\frac{a}{a+b}$인 민감도는 감소, $\frac{d}{b+d}$인 특이도는 증가

◎ **진단기준을 낮추었을 경우의 변화**

	질병 유	질병 무
양성(+)	a	b
음성(−)	c	d

→

	질병 유	질병 무
양성(+)	a	b
음성(−)	c	d

진단기준을 낮추면 양성자인 a와 b는 증가, 음성자인 c와 d는 감소

따라서, $\frac{a}{a+c}$인 민감도는 증가, $\frac{d}{b+d}$인 특이도는 감소

$\frac{b}{b+d}$인 의양성률은 증가, $\frac{c}{a+c}$인 의음성률은 감소

$\frac{a}{a+b}$와 $\frac{d}{c+d}$인 예측도는 변함이 없다.

◎ **유병률이 증가하는 경우의 변화**

	질병 유	질병 무
양성(+)	a	b
음성(−)	c	d

→

	질병 유	질병 무
양성(+)	a	b
음성(−)	c	d

유병률이 증가하면 건강자인 b와 d는 감소, 질병자인 a와 c는 증가
따라서, 양성예측도는 증가하고, 음성예측도는 감소한다.
민감도 · 특이도 · 의양성률 · 의음성률은 변함이 없다.

→ 유병률이 높아지면 조기진단으로 환자를 빨리 찾아내야 하기 때문에 질병자에게 양성 나올 확률인 '민감도'가 높은 검사가 유리하다.

✪ 유병률이 감소하는 경우의 변화

	질병 유	질병 무
양성(+)	a	b
음성(−)	c	d

→

	질병 유	질병 무
양성(+)	a	b
음성(−)	c	d

유병률이 감소하면 건강자인 b와 d는 증가, 질병자인 a와 c는 감소
따라서, 양성예측도는 감소하고, 음성예측도는 증가한다.
민감도 · 특이도 · 의양성률 · 의음성률은 변함이 없다.

→ 유병률이 낮은 지역은 질병자가 적어 의음성률의 가능성이 낮아 특이도가 높은 검사를 하는 것이 유리하다.

4 측정 방법의 신뢰도

1 신뢰도의 정의

측정 조건(진단의 시기, 측정도구, 진단하는 사람 등)에 따라 검사 결과가 얼마나 '일관되게' 나타나는지에 대한 능력(=재현성, 반복성)

2 신뢰도 측정 방법

(1) 일치율: '두 검사자의 검사 결과가 얼마나 일치하는가'를 나타내는 분율

		A 검사자		계
		양성	음성	
B 검사자	양성	a	b	a+b
	음성	c	d	c+d
계		a+c	b+d	a+b+c+d

$$일치율 = \frac{a+d}{a+b+c+d} \times 100$$

(2) 상관계수 : 연속변수로 측정되는 검사법의 신뢰도를 평가하는 방법

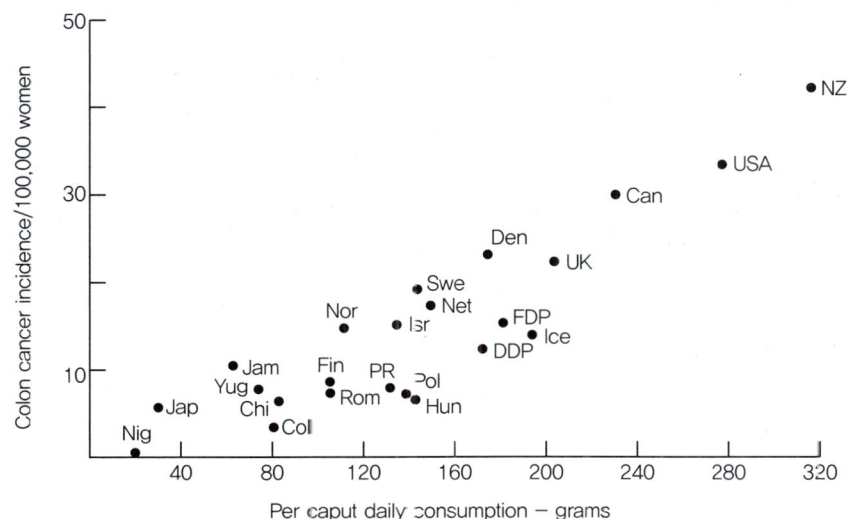

[각국의 일인당 육류 소비량과 여성의 대장암 발생률과의 상관성]

3 신뢰도를 높이는 방법

(1) 측정 도구, 방법의 표준화

(2) 측정자 훈련

(3) 측정자 수 줄이기

(4) 측정 환경의 동일화

(5) 반복 측정, 표본 수 늘리기

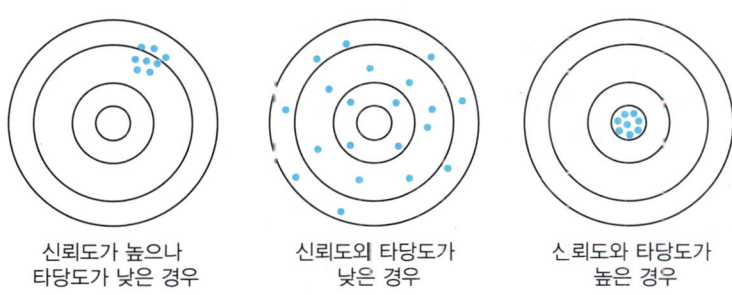

신뢰도가 높으나　　신뢰도와 타당도가　　신뢰도와 타당도가
타당도가 낮은 경우　　　낮은 경우　　　　　높은 경우

> ❶ **신뢰도와 타당도의 관계**
> 타당도가 높으면 신뢰도가 높지만, 신뢰도가 높다고 타당도가 높은 것은 아니다.

5 질병발생의 위험도

		질병 여부		합계
		질병 유	질병 무	
위험요인	노출	a	b	$a+b$
	비노출	c	d	$c+d$
합계		$a+c$	$b+d$	$a+b+c+d$

1 위험도

(1) 위험에 노출된 집단에서의 질병 발생 위험($R1$)

$$R1 = \frac{a}{a+b}$$

(2) 위험에 노출되지 않은 경우 질병 발생 위험($R2$)

$$R2 = \frac{c}{c+d}$$

2 비교위험도(상대위험비 RR ; Relative Risk)

(1) 의미
   ① 질병요인과 발생간의 연관성의 크기를 측정할 수 있는 지표
   ② 위험에 노출된 사람이 질병에 걸릴 위험도가 위험에 노출되지 않은 사람이 질병에 걸릴 위험도 보다 몇 배가 되는지를 나타내는 것

$$상대위험비 (RR) = \frac{R1(폭로군에서의 질병발생)}{R2(비폭로군에서의 질병발생)} = \frac{a(c+d)}{c(a+b)}$$

(2) 상대위험비(RR)가 클수록 폭로는 해당 질병의 원인일 가능성이 높아짐
(3) 집단을 위험요인에의 노출과 비노출로 나누어 향후 변화를 알아보는 코호트 연구에 적합
(4) 상대위험비의 해석

$RR>1$	· 노출군이 비노출군보다 질병 발생률이 높음 · 양의 연관성
$RR=1$	· 노출군과 비노출군의 질병 발생률이 같음 · 위험요인에 대한 노출이 질병 발생과 아무런 연관이 없음
$RR<1$	· 노출군이 비노출군보다 질병 발생률이 낮음 · 음의 연관성 · 노출요인은 질병 예방의 효과가 있다고 해석

OX로 확인

08 　　　　　　 O|X
노출군에서의 질병 발생률이 비노출군에서의 질병 발생률보다 높다면 상대위험비는 1보다 작게 나타난다.

OX로 확인

09 　　　　　　 O|X
상대위험비는 집단을 위험요인에의 노출과 비노출로 나누어 향후 변화를 알아보는 코호트 연구에 적합하다.

OX로 확인 해설&정답

해설
08 1보다 작게 → 1보다 크게

정답
08 × 　**09** ○

3 교차비(대응위험도 OR ; odds ratio)

(1) 유병률이 낮은 연구에서 a와 c값이 너무 작으면 교차비를 구해 상대위험도를 추정함
(2) 희귀질환 연구에 사용되어 환자-대조군 연구에 적합
(3) 교차비(OR)가 클수록 유해요인과 건강문제는 연관성이 높아짐

$$\frac{\text{환자집단에서의 } \frac{\text{노출}(a)}{\text{비노출}(c)}}{\text{건강집단에서의 } \frac{\text{노출}(b)}{\text{비노출}(d)}} = \frac{ad}{bc} = \text{교차비}$$

> **OX로 확인**
> **10** ○|×
> 교차비는 희귀질환 연구에 사용되어 코호트 연구에 적합하다.

4 기여위험도(귀속위험도 AR ; Attributable Risk)

(1) 의미 : 위험요인은 진짜 얼마나 위험할까?
(2) 위험에 폭로시 질병 발생 위험($R1$) − 비폭로의 경우 질병 발생 위험($R2$)
(3) 순수하게 원인에 노출되어 나타난 질병 발생이 어느 정도의 규모인지를 의미
(4) 기여위험도가 '0'보다 커야 위험게의 폭로가 질병 발생에 영향이 있음을 의미
(5) 해당 질병의 관리에 필요한 전문인력 및 병상 수, 치료약물의 양 등을 가늠할 수 있어 임상진료와 공중보건에서 유용하게 활용됨

$$\text{기여위험도 } (AR) = R1 - R2 = \frac{a}{a+b} - \frac{c}{c+d}$$

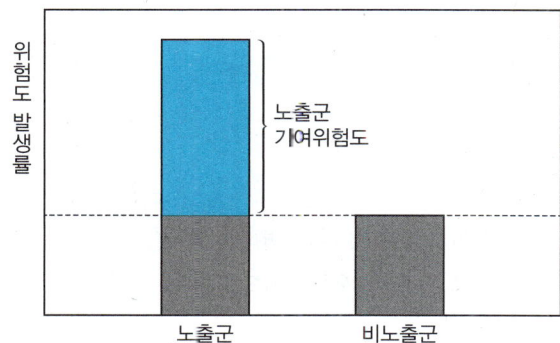

[위험 노출군과 인구집단에서의 노출로 인한 발생률]

5 기여위험분율(AF ; Attributable Fraction)

(1) 의미 : 노출이 제거되었을 경우 전체 인구집단의 질병위험도 중 예방될 수 있는 정도를 의미
(2) 노출집단의 위험도 중에서 해당 노출이 기여한 정도(분율)가 얼마나 되는지를 알기 위해서 노출군의 기여위험도를 분율로 표시

> **OX로 확인** 해설&정답
> **해설**
> **10** 코호트 연구 → 환자-대조군 연구
> **정답**
> **10** ×

(3) 새롭게 도입되는 프로그램이 해당 지역사회에 얼마나 큰 영향이 있는지 평가의 지표로도 활용될 수 있음

$$\text{기여위험분율} = \frac{\text{노출군의 질병 발생률} - \text{비노출군의 질병 발생률}}{\text{노출군의 질병 발생률}} \times 100$$
$$= \frac{R1 - R2}{R1} \times 100$$
$$= \frac{\text{비교위험도 } RR - 1}{\text{비교위험도 } RR} \times 100$$

> **참고**
> 기여위험도는 위험에의 노출과 비노출에서 질병 발생의 차이를 나타내는 것이고, 기여위험분율은 순수 위험요인에의 노출로 인한 질병 발생자는 전체 질병 발생자(노출로 인한 질병 발생 + 비노출에도 불구하고 질병 발생)의 몇 %인지를 나타낸다.
> **예** "기여위험분율이 60%이다."
> → 흡연군 폐암 발생의 60%는 흡연 때문이다.
> → 흡연군이 금연을 하는 경우 흡연자에서 폐암 발생의 60%를 감소시킬 수 있게 된다.

6 바이어스

1 무작위 오류와 체계적 오류

(1) 무작위 오류 - 신뢰도 감소
① 측정값과 참값의 차이가 우연에 따라 변하는 경우
② 연구 규모가 무한대로 커질 때 오류가 0으로 수렴
③ 무작위 오차의 종류
    a. 표본오차 : 모집단에서 연구대상자 선정시 발생
    b. 생물학적 변이 : 정상범위의 대상자들이라도 생물학적 측정치(혈압, 혈당, 혈색소, 체중 등)가 다르게 나타나는 것
    c. 측정오차 : 측정과정에서 발생하는 오차
④ 무작위 오차를 줄이는 방법
    a. 측정방법의 표준화
    b. 관찰자 훈련
    c. 측정기기의 정교화, 자동화
    d. 측정의 반복

O×로 확인

11   O | X
측정값과 참값의 차이가 우연에 따라 변하는 경우 무작위 오류가 나타나며, 이는 신뢰도의 감소를 초래한다.

정답
11 O

(2) 체계적 오류(바이어스) – 타당도 감소
① 일정한 방향으로 참값과 차이가 나는 것
② 연구 규모의 증가에 영향을 받지 않음, 규모가 무한대인 연구에서도 계속해서 존재하는 오류
③ 연구 규모가 증가하여 동시에 무작위 오류가 감소하면 상대적으로 체계적 오류의 역할은 커짐
④ 체계적 오차의 종류
   a. 선택 바이어스
   b. 정보 바이어스
   c. 교란 바이어스
⑤ 체계적 오차를 줄이는 방법
   a. 모집단으로부터 대표성 있는 표본을 무작위 표본추출로 선정
   b. 측정 대상자 모르게 측정
   c. 맹검법 적용
   d. 기구 보정

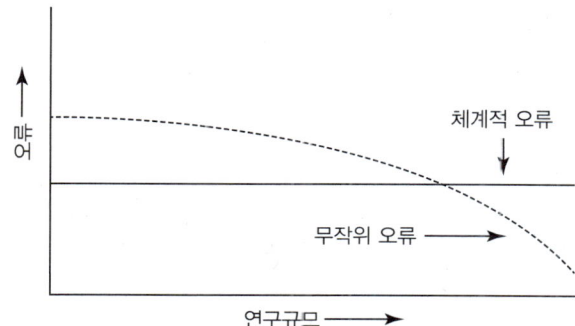

[연구 규모에 따른 체계적 오류와 무작위 오류의 관계]

2 선택 바이어스

(1) 대상자 선택 과정과 연구 참여에 영향을 주는 요인들에 의해 발생하는 체계적 오류
(2) 종류
① 버크슨 바이어스(Berkson's bias)
   a. 환자 – 대조군 연구에서 발생
   b. 특정 병원(대형병원)에 한정해서 연구 대상자를 뽑을 경우 고위험군, 중증 대상자가 많아 해당 병원의 연구 결과를 모집단에 적용하기 어려움
   c. 해결 : 다기관 연구 수행
② 선택적 생존 바이어스(Survival bias)
   a. 단면연구, 후향적 코호트 연구에서 발생
   b. 치명률이 높은 질환을 연구할 때, 사망한 사람은 연구에서 제외되고 심각도가 낮은 사람만 연구에 참여하게 되는 바이어스

OX로 확인

12 O | X
버크슨 바이어스(Berkson's bias)는 대상자 선택과정과 연구참여에 영향을 주는 요인들에 의해 발생되는 정보 바이어스에 해당한다.

OX로 확인) 해설&정답

해설
12 정보 바이어스 → 선택 바이어스
정답
12 ×

③ 자발적 참여자 바이어스(Volunteer bias)
　　a. 자기선택 바이어스 : 관심있는 사람만 연구의 대상이 됨
　　b. 건강근로자 효과 : 건강한 근로자가 연구에 적극적으로 참여
④ 추적관찰 탈락 바이어스(Follow-up loss bias)
　　a. 코호트 연구, 임상시험 연구에서 발생
　　b. 장기간 추적 관찰 중 대상자 탈락으로 인해 질병 발생 여부를 확인할 대상자가 줄게 되어 발생
　　c. 해결 : 다양한 추적관찰의 방법을 사용하여 탈락을 최소화하기
⑤ 무응답 바이어스(Non-response bias) : 일부 대상자들이 참여를 거부하거나 참여를 하더라도 중요한 조사 항목에 응답하지 않는 경우가 발생하여 이들은 연구 결과 산출에서 제외됨
⑥ 기간 차이 바이어스 : 빨리 자라고 더 치명적인 질병은 선별검사의 의미가 크지 않지만, 느리게 자라고 덜 치명적인 질병은 더 오래 무증상의 기간을 가지고, 이것이 선별검사에서 더 빨리 발견될 가능성이 큼
　→ 선별검사의 효과로 인해 예후가 좋은 것처럼 잘못 판단될 수 있음(정보 바이어스 중 조기발견 바이어스)

3 정보 바이어스

(1) 연구대상자들로부터 수집한 정보가 잘못되어 발생하는 오류

(2) 종류
① 회상 바이어스(Recall bias)
　　a. 질병 발생 이후 노출 정보를 얻으려는 목적으로 연구대상자를 인터뷰하는 환자 대조군 연구에서 발생
　　b. 특정 질병을 가진 사람이 특정 사실을 더 잘 기억하여 생기는 바이어스
　　　　예 임신 중 감기약의 복용과 심장기형의 관련성을 비교하기 위한 연구에서 심장기형을 가진 아이를 낳은 엄마들이 그렇지 않은 엄마들에 비해 감기약을 복용했다는 사실을 더 잘 기억하고 응답
　　　→ 비교위험도가 과장될 수 있음
② 기억소실 바이어스(Memory decay bias) : 피조사자의 기억력에 의존하여 과거 요인 노출에 대한 정보를 수집하는 경우 정보의 정확성이 떨어지게 되어 발생
③ 확인 바이어스(Ascertainment bias) : 코호트 연구에서 추적 관찰 시행 시 노출 대상자를 더 철저하게 조사하거나 노출된 대상자가 과다하게 자신의 질병을 보고하게 됨으로써 질병 발생이 높은 것처럼 보이는 바이어스
④ 호손 효과(Hawthrone effect) : 특별한 중재나 실험 없이도 연구에 참여하거나 위험요인에 대해 반복측정하는 것으로 행동 변화를 유발하여 요인 자체의 변화를 가져와 생기는 바이어스

⑤ 시간 바이어스(Time bias) : 연구 기간이 길어지면서 개인적 요인의 변화, 진단 기준의 변화로 인해 생기는 바이어스
⑥ 측정 바이어스(Measurement bias)
   a. 민감한 질문, 중대한 문제를 다루는 경우, 질문에 혼동하여 잘못된 대답을 하는 경우에 발생
   b. 질문에 대한 대답을 안하면 무응답 바이어스(선택 바이어스), 잘못된 대답을 하면 측정 바이어스(정보 바이어스)
   c. 잘못된 검사 방법, 타당성이 떨어지는 검사 방법 사용시에도 발생
⑦ 면담자 바이어스(Interview bias) : 설문조사자의 편견이나 유도질문에 의해 수집된 정보의 질이나 응답 자체의 차이를 유발하는 경우

4 교란 바이어스(혼란 요인)

(1) 교란변수 : 연구자가 평가하고자 하는 주요 변수의 관계를 왜곡시키는 제3의 변수

(2) 교란변수의 특징
① 교란요인은 반드시 효과를 가져야 하며 비교하는 노출군 간에 불균형이 있어야 함
② 교란요인은 반드시 질병과 연관성이 있어야 함
③ 교란요인은 반드시 노출과 연관성이 있어야 함
④ 설명변수와 결과변수의 중간매개변수는 아니어야 함

> **참고**
>
> **인과 관계 추정을 방해하는 교란 변수**
>
>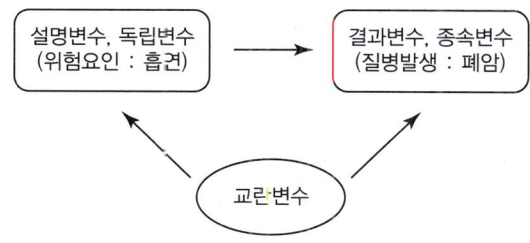
>
> - 독립변수 : 연구결과에 변화를 유도하는 변수
> - 종속변수 : 독립변수의 영향을 받아서 일정한 결과를 나타내는 변수
> - 매개변수 : 독립변수와 종속변수에 영향을 주는 변수(독립변수의 결과인 동시에 종속변수의 원인이 되는 변수)
> - 교란변수는 설명변수와 결과변수 둘 모두에게 '연관성'이 있지만, 두 사이의 매개변수는 아니다.
>
> 예 음주요인과 폐암 발생 간의 연구에서 흡연요인의 존재
> → 이 연구에서 음주를 즐기는 집단에서의 흡연율은 일반 집단에 비해 높고, 흡연은 폐암의 위험요인이 된다.
> → 따라서 '흡연'은 설명변수(독립변수)와 결과변수(종속변수) 모두와 연관성이 있으므로 교란변수가 된다.
> 음주요인과 간암 발생간의 연구에서 알코올성간경변증의 존재
> → 이 연구에서 알코올성간경변증은 음주-간암 사이에 존재하는 중간매가 변수(음주로 인해 간경변증이 생기고, 암이 발생하는 지나가는 과정)이기 때문에 교란변수가 아니다.

OX로 확인

13 O|X
호손 효과는 연구 기간이 길어지면서 개인적 요인의 변화, 진단 기준의 변화로 인해 생기는 바이어스를 말한다.

OX로 확인 해설&정답

해설
13 호손 효과 → 시간 바이어스 (Time bias)

정답
13 X

+PLUS 심화

교란변수를 통제할 수 있는 방법

① 연구설계, 수행단계에서의 통제 방법
  a. **무작위화** : 연구대상자들을 여러 실험군으로 무작위 배정하는 것
  b. **통제** : 연구대상 선정시 교란변수를 모두 가지게 하거나, 모두 교란변수를 가지지 않도록 통제
  c. **짝짓기** : 교란변수를 가진 대상자를 각 군에 동일하게 배정(연령, 성, 특성 등을 비슷하게 짝짓기)

② 분석단계에서의 통제 방법
  a. **층화(stratification)** : 교란변수가 1~2개일 경우 층화를 하여 각 층 내에서는 교란변수의 분포를 동일하게 한 후 각 층에서 산출된 관련성 지표를 비교하는 방법
  b. 특정집단에 한정하여 분석하거나 짝짓기 등의 방법으로 제어 가능

CHAPTER 03 역학 연구 방법론

1 역학의 조사 단계

1 1단계 - 진단의 확인
임상소견, 발생 수, 필요한 검사물을 채취하여 진단을 확인

2 2단계-유행의 확인과 크기 측정
(1) 사례발생을 정확하게 파악하기
(2) 비슷한 질환군 발생시 이들이 동일 질환인지 확인하기
(3) 환자의 규모를 파악한 후, 그것이 유행인지 아닌지 판단하기

> **참고**
> 유행의 정의와 요소
> 주어진 인구집단에서 비교적 짧은 기간 안에 임상적 특성이 비슷한 증후군이 통상적으로 기대했던 수 이상으로 발생하는 것

3 3단계-유행 질환의 기술역학적 분석
(1) 유행의 시간적 특성에 관한 기술
  ① 유행곡선 작성
  ② 유행곡선 : 시간(날짜)을 X축으로, 신환자 수를 Y축으로 표시한 그림

> **참고**
> 환자의 발생 시간을 정확하게 기술하는 것은 잠복기를 추정하는 데 도움을 줄 수 있다. 일반적으로 첫 환자의 발생과 마지막 환자의 발생 시기는 최단 잠복기와 최장 잠복기의 범위 안에 속하는 경우가 많기 때문이다.

(2) 유행의 공간적 특성에 관한 기술
  ① 점지도 작성
  ② 환자의 인구학적 특성별, 발생 시기별 점지도를 그려 감염원 및 감염 경로에 대한 정보를 제공

(3) 유행의 인적 특성에 관한 기술
성별, 연령별, 사회·경제별, 직업별 발생률을 비교하는 것

4 4단계-유행 원인에 대한 가설 설정
기술역학적 분석으로 수집된 자료를 통해 가설을 설정

OX로 확인

14 O|X
역학조사의 첫 단계는 질병 진단의 확인이다.

OX로 확인 해설&정답
정답
14 O

5 5단계-분석역학적 연구를 통한 가설검증

6 6단계-관리대책의 수립

7 7단계-보고서 작성

> **참고**
>
> **역학조사의 환**
>
> 기술 역학적 조사를 통해 얻어진 자료를 수집하고 분석하여 질병 발생에 대한 가설을 설정
> → 가설의 진실유무를 확인하기 위해 분석역학적 조사를 통해 분석하여 가설을 입증
> 이러한 과정을 역학조사 환(Epidemiologic Study Cycle)이라 한다.
>
>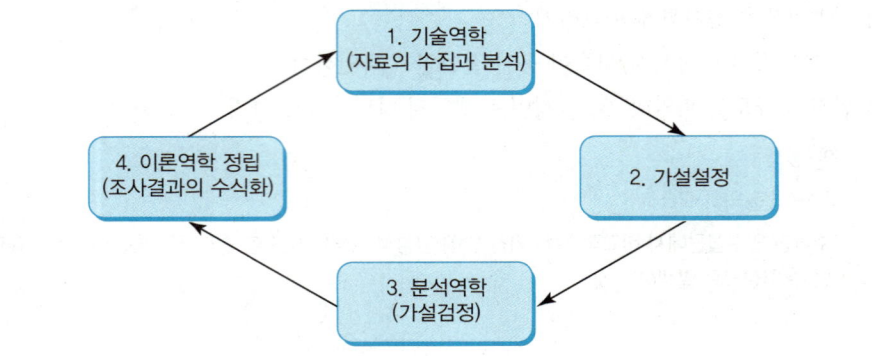

> **PLUS 심화**
>
> ⊙ **유행의 시간적 특성에 관한 기술-유행곡선**
>
> 시간(날짜)을 X축으로, 신환자 수를 Y축으로 표시한 그림
> ① 단일봉 유행곡선 : 유행곡선의 봉우리가 하나이면(single peak) 감염원에 한번 노출되었을 것으로 추정할 수 있고 노출시기도 추정할 수 있음
>   a. 공통 오염원에 의한 단일노출로 인한 유행
>   예 살모넬라 식중독
>   b. 첫 발생 환자와 마지막 발생 환자와의 거리는 최장 잠복기와 최단 잠복기의 차이이다.
>   • 최단 잠복기 : 병원체 침입 후 첫 환자 발생까지의 기간
>   • 최대 잠복기 : 병원체 침입 후 가장 많은 환자 발생이 일어나기까지의 기간
>   • 최장 잠복기 : 병원체 침입 후 마지막 환자 발생까지의 기간
>   c. 흔히 정규분포곡선의 형태를 보인다.
>   d. 처치 : 대민홍보, 개인위생 강조
>
>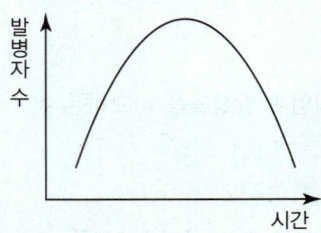

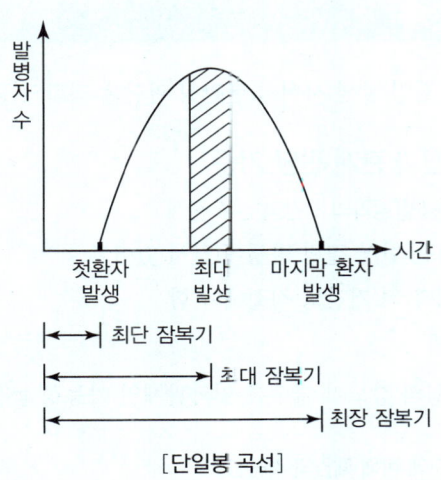

[단일봉 곡선]

② 다봉형 유행곡선
   a. 위험요인에의 노출이 간헐적이기 때문에 봉이 여러 개 생긴다.
   b. 대부분의 소화기계 감염병에서 다봉형의 형태를 볼 수 있다.

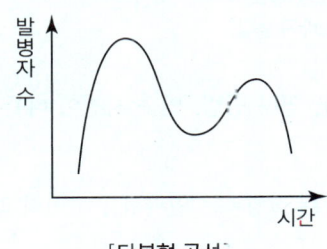

[다봉형 곡선]

③ 증식형 유행곡선
   a. 불규칙한 봉우리의 크기와 비교적 일정한 봉우리 간격이 특징이다.
   b. 대부분 비말에 의한 호흡기 질환에서 나타난다.

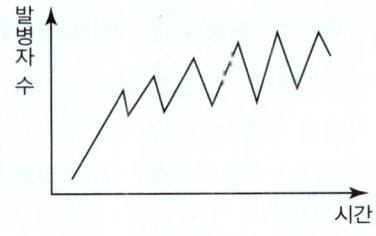

[증식형 곡선]

✪ 유행곡선을 통해 얻을 수 있는 정보
① 해당 질병의 잠복기 분포, 최단·최장·평균 잠복기의 확인
② 잠복기 분포를 이용하여 병원체 종류 추정
③ 잠복기 분포를 이용하여 공동노출일이 언제인지 추산
④ 전파양식 추정
⑤ 단일노출인지 다중노출인지 파악
⑥ 2차 또는 3차 유행 여부의 확인
⑦ 유행의 규모 파악
⑧ 향후 유행의 진행 여부와 규모 예측

2 연관성과 인과관계

위험요인에 대한 노출과 질병 발생 사이의 연관성 판단은 역학의 중요한 목적임

1 브레드포드 힐의 인과 관계 판단 기준

(1) 요인에 대한 노출과 질병 발생과의 시간적 선후 관계
  ① 요인에 대한 노출은 항상 질병 발생에 앞서 있어야 함
  ② 노출과 질병 발생 간의 기간도 적절해야 함
    예) 흡연 후 폐암 발생

(2) 연관성의 강도 : 연관성의 강도가 클수록 인과관계일 가능성 높음

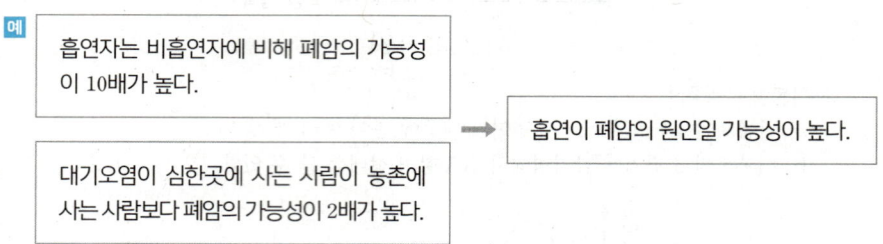

- 흡연자는 비흡연자에 비해 폐암의 가능성이 10배가 높다.
- 대기오염이 심한곳에 사는 사람이 농촌에 사는 사람보다 폐암의 가능성이 2배가 높다.
→ 흡연이 폐암의 원인일 가능성이 높다.

(3) 연관성의 일관성 : 관찰 대상 집단, 연구 방법, 연구 시점이 다를 때도 비슷한 정도로 존재하면 높은 일관성

(4) 연관성의 특이성 : 어떤 요인이 다른 질병과는 연관성을 보이지 않고 특정한 질병과만 연관성이 있는 경우
  예) 결핵균은 결핵을 일으킨다.

(5) 용량-반응 관계 : 요인에의 노출이 많아지거나 적어짐에 따라, 질병 발생의 위험도 또한 커지거나 작아지는 경우
  예) 매일 소주 1잔 마시는 사람보다 매일 소주 한 병 마시는 사람의 간암 발생이 몇 배 더 높다.

(6) 생물학적 설명 가능성 : 역학적으로 제시된 가설이 다른 분야의 지식(임상의학, 생리학, 미생물학)으로 설명이 가능하면 인과관계일 가능성이 높음
  예) 콜레라 균의 존재를 알지 못하고 오염된 물을 마신 경우 질병에 걸렸다는 사실만 역학적으로 관찰한 경우 생물학적으로는 설명할 수가 없다.

(7) 기존 학설과 일치 : 추정된 위험요인이 기존 지식이나 소견과 일치할수록 원인적 인과성이 있을 가능성이 높음

(8) 실험적 입증 : 실험을 통해 요인에 노출할 때 질병 발생이 확인되거나 요인 제거로 질병 발생이 감소한다면 인과관계일 가능성이 높음
  예) 계속 흡연군보다 금연군에서 폐암 발생률이 낮다.

(9) 기존의 다른 인과 관계와의 유사성
  예) 임신 초기 임부의 풍진 감염이 태아에게 선천기형의 원인이 된다는 인과관계가 밝혀짐 → 유사한 종류의 바이러스에 노출된 임산부에게 선천성 기형을 가진 아이가 태어날 위험이 컸다면 → 인과적 연관성을 가질 것이라고 추론 가능

OX로 확인

15 (O|X)
위험 요인에의 노출이 증가할수록 위험 발생의 위험도가 커진다면 연관성의 특이성이 높은 것이다.

OX로 확인 해설&정답

해설
15 연관성의 특이성 → 용량-반응 관계

정답
15 ×

3 역학연구방법 개요

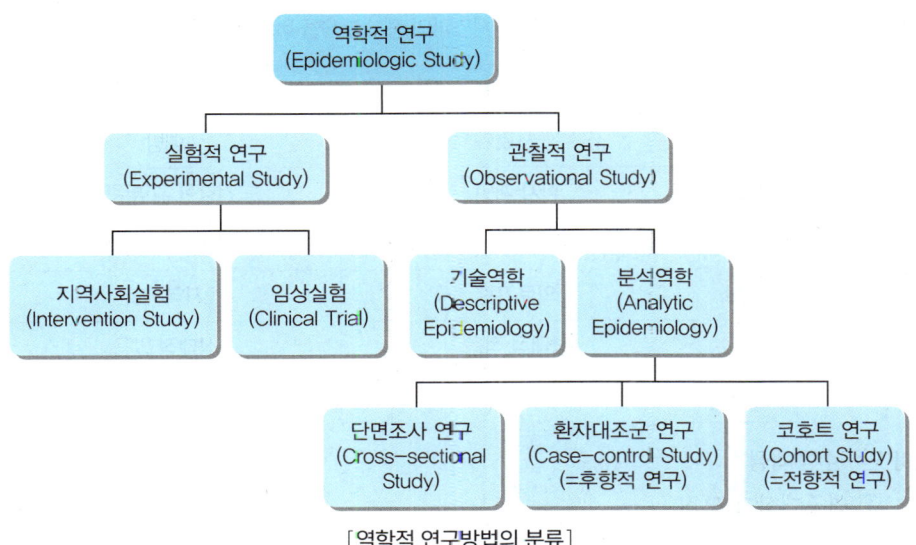

[역학적 연구방법의 분류]

1 관찰연구

어떤 실험적 자극이나 행위를 가하지 않고 자연상태 하에서 일어나는 현상으로부터 정보를 입수하여 비교, 평가, 분석하는 연구

2 실험연구

(1) 정의 및 전제조건

① 인위적으로 어떤 실험적 자극이나 조건을 준 상태 하에서 실험군과 대조군 간의 차이를 비교, 평가, 분석하는 방법

② 실험연구의 3가지 조건

    a. 실험군과 대조군을 선정

    b. 무작위선정 : 선정시 발생할 수 있는 선택적 편견을 없애고 모집단을 대표할 수 있는 대상 선정

    c. 실험군의 독립변수의 성질을 임의로 조작해 대조군과의 차이를 검증해야 함

(2) 종류

① 임상시험 : 주로 새로운 치료법(신약, 신기술)에 대한 효과와 안전성을 평가하는 것을 목적으로 입원환자를 대상으로 하는 실험 방법

② 지역사회시험 : 특정질병의 예방과 관리를 위해 건강한 지역주민을 대상으로 각종 보건 및 예방사업의 효과를 규명하기 위한 실험 방법

> 예 A지역 정수장에 불소를 투입하여 타 지역과의 충치 발생을 비교한다.

	임상시험	지역사회시험
목표	치료	예방
대상	환자 개인	건강한 지역주민
평가내용	새로운 치료법의 안전성, 효능	질병위험 감소
연구장소	의료기관	지역사회
대상자 수	상대적 적음	상대적 많음
연구기간	상대적 단기간	상대적 장기간

(3) 연구수행 과정

① 연구대상자 모집

② 기초조사 : 주소, 성별, 연령 등 대상자들의 특성을 연구하기 위한 조사

③ 무작위배정(Randomization) : 치료군 배정 시 연구자의 의지가 개입되지 않도록 연구자가 실험군과 대조군에 연구대상자를 무작위로 배정하는 기법

  a. 윤리적 측면 : 연구자의 의도 배제

  b. 과학적 측면 : 비교의 극대화

  c. 통계학적 측면 : 통계적 분석의 전제조건은 '무작위 확률'임

④ 조작 : 연구결과에 변화를 유도하는 변수(처치변수), 눈가림법(맹검법) 적용

  a. 단일맹검(Single Blind Test) : 실험대상자가 자신이 실험군에 속하는지, 피실험군에 속하는지 모르게 한 상태에서 실험하는 방법

  b. 이중맹검(Double Blind Test) : 실험자, 피실험자 둘다 누가 실험군이고 누가 피실험군인지 모르게 하는 방법

  c. 삼중맹검(Triple Blind Test) : 실험자, 피실험자, 제3자인 판정자 역시 정보를 모르게 하는 실험방법

⑤ 결과 측정

⑥ 결과 분석

(4) 설계의 종류

① 평행설계 : 연구대상자는 무작위 배정에 의해서 서로 다른 처리군으로 배정이 되며, 연구의 종료시까지 처음 배정된 군을 유지하며 진행

② 교차설계 : 한 연구대상자에게 처리, 대조 모두 각각 한 번씩, 두 번 적용하는 설계 방법

  a. 장점

  - 한 명의 연구 대상자에게 두 번 처리하여 직접 비교할 수 있기 때문에 총 연구 대상자의 수를 줄일 수 있음
  - 피험자간 변이를 줄일 수 있기 때문에 검정력이 높아짐

b. 단점
- 비교하고자 하는 두 가지 약물의 잔류효과를 줄이기 위해 두 처리 간에 충분한 시간(휴약기간, Washout period)을 두고 진행해야 함
- 연구 기간 동안 대상자의 상태가 비가역적으로 악화되는 질병에는 적용할 수 없음

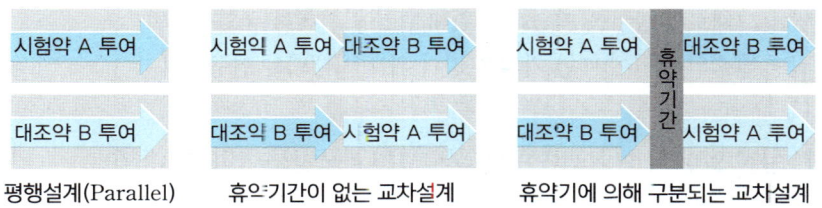

평행설계(Parallel)   휴약기간이 없는 교차설계   휴약기에 의해 구분되는 교차설계

(5) 실험연구의 장·단점

① 장점

  a. 명확한 인과관계

  b. 연구자가 연구하고자 하는 요인에 대한 조작이 가능

  c. 시간의 속발성에 대한 판단이 가능

② 단점

  a. 윤리적 문제의 발생 가능

  b. 많은 비용

  c. 실험결과를 실제에 적용하기에 한계가 있음

연구설계			근거 수준
관찰연구 (요인에의 자발적 노출)	기술역학 (가설을 설정, 비교군 없음)	· 사례, 사례군 연구 · 생태학적 연구 · 단면연구	약 ↓ 강
	분석역학 (가설을 검증, 비교군 있음)	· 환자-대조군 연구 · 코호트 연구	
실험연구 (연구자가 노출여부 결정)	지역사회실험		
	임상실험		

4 관찰적 연구 – 기술역학

- 제1단계 역학
- 질병이나 건강에 관련된 사건의 발생과 분포를 찾고자 하거나 질병의 원인에 대한 기초 연구나 데이터가 없어 원인을 유추하기가 어려울 때에 시행되는 연구방법
- 있는 그대로의 상황을 기술하기 위해 관찰을 기록하는 연구방법
- 질병 발생의 원인에 대한 가설을 얻기 위해 시행되는 연구방법

1 질병 발생의 현상과 현황을 기록할 때 포함되어야 할 내용

(1) 인구학적으로 누구에게 발생하였는가?(인적 특성)
(2) 언제 발생하였는가?(시간적 특성)
(3) 어디서 발생하였는가?(지역적 특성)
(4) 무엇이 발생하였는가?(질병의 종류)

2 기술역학의 3가지 변수

(1) 인적 변수(생물학적 변수)
  ① 가장 흔히 쓰이는 변수는 연령, 성
  ② 이 외에 경제상태, 결혼상태, 직업, 교육수준 등을 감염병 발생과 연관된 요인을 파악하기 위하여 인적 특성 분석에 사용

(2) 지역적 변수
  ① 지방성(풍토성, endemic) : 일부 지역에 특수하게 발생하는 경우
    예 낙동강 유역의 간디스토마
  ② 유행성(전국적, epidemic) : 한 지역사회나 집단에 평소에 나타나던 수준 이상으로 많이 발생하는 상태의 질병, 한 국가에서 전반적으로 질병이 발생하는 양상
    예 독감, 홍역
  ③ 범유행성(범발적, 범세계적, pandemic) : 최소 두 국가 이상에 광범위하게 유행하는 질환
    예 코로나, 사스
  ④ 산발적 발생(sporadic) : 질병유행이 아니면서 시간이나 지역에 따라서도 어떠한 경향성에 대한 예측을 할 수 없을 때
    예 렙토스피라, 사상충증

> **참고**
>
> **존 스노우(John Snow)**
> 영국의 의사인 John Snow는 1853~1854년 런던에서 콜레라가 유행하였을 때, 콜레라 환자들의 거주지역에 따라 점지도를 작성한 결과, 테임즈강의 심하게 오염된 지역에서 취수를 하는 수도회사의 수돗물을 마시는 지역에 거주하는 주민들에게서 콜레라 사망률이 높음을 발견하고 오염된 물이 콜레라를 전파한 것이라는 가설을 수립

OX로 확인

16 O|X
기술역학의 주요 3가지 변수는 인적, 지역적, 시간적 변수이다.

OX로 확인 해설&정답

정답
16 O

(3) 시간적 변수
① 추세변동(장기 변화) : 어떤 질병을 수년 또는 수십 년간 관찰하였을 때 증가 혹은 감소의 경향을 보여주는 것
　예 장티푸스(30~40년 주기), 디프테리아(10~24년 주기)
② 주기변동(순환 변화) : 몇 년을 주기로 집단발병이 재현되는 양상
　예 유행성이하선염(3~4년 주기), 홍역(2~3년 주기), 백일해(2~4년 주기)
③ 계절변동 : 계절에 따른 질병률, 사망률의 변화가 매번 비슷한 양상을 보이는 것
　예 가을철 3대 풍토병(신증후군출혈열, 쯔쯔가무시, 렙토스피라증)
④ 불시유행(불규칙 변화) : 외래 전염병의 국내 침입, 질병이 어떤 시간적 특징을 나타내지 않고 돌발적으로 발생
　예 SARS, MERS, 콜레라, 동물인플루엔자

> **참고**
>
> **주기변동의 이유**
>
> 유행이 지나고 나면 자연능동면역이 생겨 집단견역(Herd Immunity) 수준이 70~80%에 도달하지만, 시간이 흐르며 면역이 없는 신생아의 출생, 외부로부터 면역이 없는 인구의 유입, 면역된 인구의 사망 등으로 감수성자의 비율이 증가하면서 재유행한다.

3 기술역학의 연구방법

(1) 단면 연구
① 질병과 특정 노출 요인에 대한 정보를 같은 시점, 짧은 기간 내에 얻는 연구 형태
② 기술을 통한 가설을 설정하는 기술역학이면서, 비교군을 가진 연구이므로 분석역학에도 해당
③ 유병률 산출이 주 목적
　예 지역사회건강조사, 국민건강영양조사, 각 시도별 유병률
④ 연구설계 : 한 시점에서 원인이라고 생각되는 요인과 결과를 동시에 조사하여 집단 내 빈도를 비교
⑤ 발생가능 바이어스
　a. 선택적 생존 바이어스 : 치명률이 높은 질환을 연구할 때, 사망한 사람은 연구에서 제외되고 심각도가 낮은 사람만 연구에 참여하게 되는 바이어스
　b. 기간차이 바이어스 : 유병기간이 긴 환자가 유병기간이 짧은 환자에 비해 상대적으로 더 많이 포함될 가능성 발생
⑥ 질병의 자연사나 규모를 모를 때 시행하는 연구설계
⑦ 단점
　a. 시간적 선·후 관계가 불분명
　b. 인과관계를 규명하지는 못함
　c. 유병률이 낮고, 치명률이 높은 질병 연구에 부적당

OX로 확인

17　　　　　　　O|X
단면 연구는 질병의 자연사나 규모를 모르는 경우 시행할 수 있는 첫 번째 연구설계로 적절하며, 가설을 설정할 수 있다.

OX로 확인 해설&정답

정답
17 O

(2) 생태학적 연구(상관연구)

① 다른 목적을 위해 생성된 기존 자료 중 질병에 대한 인구집단 통계자료와 해당 질병의 요인에 대한 인구집단 통계자료를 이용하여 상관분석을 시행

> 예 세계 여러나라의 폐암 사망률과 그 나라의 일인당 담배 소비량 간의 높은 상관성
> (→ 이 자료만으로 담배가 폐암의 원인이라 말할 수는 없지만, 상관성을 가지고 있어 가설을 세울 수 있다.)

② 장점 : 기존 자료들을 재구성하여 연구가설을 평가해 볼 수 있으므로 시간과 경비의 소요가 적음

③ 단점
　a. 원인적 요인과 질병 발생 간의 선후 관계 불명확
　b. 생태학적 오류 발생 : 생태학적 연구의 결과를 인과성으로 해석하려할 때 발생하는 오류

> 예 우리나라 대장암 발생이 증가하는 시기에 휴대폰 사용량이 증가했다고 해서 휴대폰 사용량과 대장암 발생을 인과적 연관성으로 해석한다면 이는 생태학적 오류에 해당한다.

(3) 사례, 사례군 연구

① 사례 연구는 단일 환자의 특성에 대한 기술이고, 사례들의 공통점을 기술하여 수립하는 연구설계는 사례군 연구

② 비교군이 없기 때문에 노출요인과 질병발생 간 인과성을 밝힐 수는 없음

5 관찰적 연구 – 분석역학

- 제2단계 역학
- 기술역학의 결정인자를 토대로 질병발생 요인들에 대하여 어떤 가설을 설정하고, 실제로 얻은 관측자료를 분석하여 그 가설이 옳은지 그른지 가려내는 것
- 가설을 검정하기 위한 역학적 연구방법

1 환자 – 대조군 연구

(1) 특성

① 질병에 이환된 환자군과 질병이 없는 대조군을 선정, 현재 질병이 있는 환자군이 과거에 어떤 요인에 노출되었는지를 조사하는 것

> 예 현재 폐암을 가진 집단과 폐암이 없는 집단을 구분하여 과거의 흡연 유·무를 조사한다.

② 처음부터 집단을 환자와 대조군으로 나누었기 때문에 비교위험도의 의미가 적음
　→ 따라서 교차비를 통해 원인되는 요인과 질병과의 관계를 검증

(2) 집단구분
    ① 환자군 : 환자군은 명백히 환자여야 하며, 반드시 새로이 발생된 환자여야 함
    ② 대조군 : 연구 시점에 관심 질병을 가지지 않아야 함

(3) 짝짓기(Matching)
    ① 교란변수의 영향을 자료수집의 단계, 분석단계에서 효과적으로 통제하기 위한 방법
    ② 환자군에서의 교란변수가 대조군에도 동일하게 분포하도록 대조군을 뽑는 방법

(4) 발생가능 바이어스
    ① 버크슨 바이어스 : 특정 병원(대형병원)에 한정해서 뽑을 경우 고위험군, 중증 대상자가 많아 해당 병원의 연구결과를 모집단에 적용하기 어려울 때 발생
    ② 오분류 바이어스 : 환자를 대조군으로 잘못 분류
    ③ 기억소실 바이어스 : 피조사자의 기억력에 의존하여 과거 요인 노출에 대한 정보를 수집하는 경우 정보의 정확성이 떨어지게 되어 발생
    ④ 회상 바이어스 : 특정 질병을 가진 사람이 특정 사실을 더 잘 기억하여 생기는 바이어스

2 코호트 연구

(1) 특성
    ① 코호트 : 동일한 경험을 갖고 있는 그룹
    ② 질병의 원인과 관련되어 있다고 생각되는 요소를 가진 집단과 갖지 않은 집단을 장기간 관찰하여 질병 또는 사망의 발생률을 비교하는 연구방법
    ③ 위험요인과 질병발생의 상호 관련성을 위험도를 산출하여 정량화함

(2) 연구의 설계
    ① 전향적 코호트 연구 : 연구자가 노출자와 비노출자로 코호트를 구축한 후 추적관찰을 통해 질병 발생을 확인
        예 현재 흡연 집단과 비흡연 집단을 만들어 미래의 폐암 발생을 추적 조사한다.
    ② 후향적 코호트 연구 : 과거의 기록을 이용해 위험요인에의 노출여부로 집단을 구분하여 현재의 상태를 조사
        예 30년 전 건강기록 자료를 통해 흡연자와 비흡연자로 집단을 구분하여 그들의 현재 건강 상태를 추적하여 조사한다.

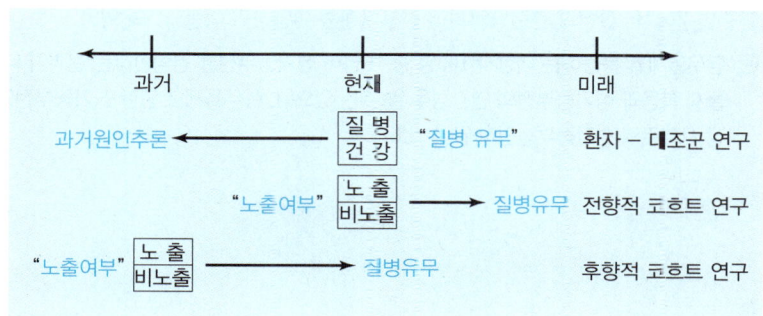

OX 로 확인

18 O | X
환자-대조군 연구에서는 피조사자의 기억력에 의존하여 과거 요인 노출에 대한 정보를 수집해야하므로 정보의 정확성이 떨어지게 되는 회상 바이어스가 발생한다.

OX 로 확인 해설&정답

해설
18 회상 바이어스 → 기억소실 바이어스

정답
18 ×

(3) 발생가능 바이어스
① 정보 바이어스 : 얻어진 정보의 질이 노출군과 비노출군에서 차이가 있는 경우 발생 (후향적 코호트 연구에서 더 많이 발생)
② 응답과 추적 실패로 인한 바이어스 : 장기간 추적 관찰 중 대상자 탈락으로 인해 질병 발생 여부를 확인할 대상자가 줄게 되어 발생

단면 연구	장점	· 시간이 적게 소요 · 유병률을 구할 수 있음 · 동시에 여러 종류의 질병과 요인간의 관련성을 연구할 수 있음 (설문지 문항 수를 많이 만들면 가능)
	단점	· 대상 인구집단이 비교적 커야 함 · 복합요인 중에서 원인요인만을 찾아내기 어려움 ※ 질병과 관련요인과의 선후관계 규명이 어려움
환자-대조군 연구	장점	· 코호트 연구에 비해 시간적·경제적 비용이 비교적 적게 듦 · 희귀한 질병 및 만성 퇴행성 질환 조사에 적절 · 의심되는 여러 가설을 동시에 검증 가능 · 기존 자료의 활용이 가능 · 중도 탈락의 문제 없음
	단점	· 과거의 기록 또는 기억력에 의존하므로 정보편견 발생 · 인과관계를 명확히 확인할 수 없음 · 모집단이 없기 때문에 일반화하기 어려움 · 적합한 대조군의 선정이 어려움 · 위험도 산출의 불가능
코호트 연구	장점	· 원인과 결과 사이에 시간적 선후관계가 비교적 명확 · 요인에 편견이 들어가는 일이 드물고 부수적으로 다른 질환과의 관계를 알 수 있음 · 질병의 자연사를 파악할 수 있음 · 상대위험비, 질병 발생률을 알 수 있음
	단점	· 추적 관찰의 기간이 길어 시간이 많이 소요됨 · 발생률이 비교적 높은 질환이어야 하는 제한점이 있어 희귀 질환에는 부적합 · 추적 불능의 문제가 발생할 가능성이 높음

> 참고
>
> **단면연구에서 "질병과 관련요인과의 선후관계를 규명하기 어렵다."의 의미**
>
> 예 항우울제를 복용하는 대상자 100명 중 70명이 성기능부전을 경험한다는 결과가 나왔다. 항우울제 복용과 성기능부전의 연관성을 알 수는 있으나, 항우울제로 인한 성기능부전인지 우울증상 자체로의 성기능부전인지 알 수 없다.

○×로 확인

19 ○|×
환자 대조군 연구에서는 응답과 추적 실패로 인한 바이어스가 주로 나타난다.

○×로 확인 해설&정답

해설
19 환자 대조군 연구 → 코호트 연구

정답
19 ×

6 기타연구방법

1 이론역학 – 제3단계 역학
(1) 질병 발생 양상에 관한 모델을 설정하고 그에 따른 수학적 분석을 토대로 유행하는 법칙을 비교하여 타당성 있게 상호관계를 수리적으로 규명하는 역학
(2) 주 목적 : 역학적 현상을 일반화하고 장치의 양상을 예견
(3) 필요 정보 : 자연현상에서 측정된 관찰치, 이론에 맞는 수학 모형
(4) 활용 분야 : 유행양상의 파악 및 예견, 유행기전의 설명

2 작전역학
(1) 지역사회 보건서비스의 운영에 관한 계통적 연구를 의미
(2) 주 목적 : 여러 보건관리 사업의 평가
(3) 필요정보 : 일정 기간 후 사업의 효과를 나타낼 수 있는 계량치, 사업수행의 문제점, 성공·실패 요인
(4) 활용분야 : 예방 효력을 측정, 실용성 확인, 경비의 효율성 평가
   예 이유식과 위생교육 – 영아사망률

3 메타분석
특정 연구 주제에 대해 이루어진 여러 연구결과를 하나로 통합해 요약할 목적으로 개별 연구의 결과를 수집하여 통계적으로 재분석하는 방법

4 이민자 연구
환경과 유전의 상대적인 중요성에 대한 정보를 제공

기출문제로 요점정리

01   2022 지방

역학이 추구하는 목적으로 옳지 않은 것은?

① 질병발생의 원인 규명
② 효과적인 질병치료제 개발
③ 질병예방 프로그램 계획
④ 보건사업의 영향 평가

■정답 ②

◉요점 **역학의 역할**

역학은 원인을 규명하여 예방 대책을 수립하는 데 활용되며, 치료법에 대한 평가의 역할을 한다.
- 기술적 역할 : 질병의 빈도와 분포를 시간, 공간, 인적 특성에 따라 기술하여 질병의 특성을 파악
- 원인규명의 역할 : 질병의 원인과 위험요인을 파악하여 질병예방 대책 수립의 기초를 마련
- 연구 전략 개발의 역할 : 임상 분야의 연구에 많은 기여를 하고 있으며, 각종 임상연구 실험을 설계하는 데도 크게 활용됨
- 유행성 질병 발생의 감시 역할 : 질병·이상 상태의 발생 상황을 감시하여 유행성 질병의 발생을 예견하고 통제
- 보건사업 평가의 역할 : 기존 또는 새로운 질병의 예방법·치료법 평가, 새로운 보건사업의 효과나 효율성 평가

02   2022 지방

역학 연구방법 중 코호트 연구의 장점으로 옳지 않은 것은?

① 질병발생의 위험도 산출이 용이하다.
② 위험요인의 노출에서부터 질병 진행 전체 과정을 관찰할 수 있다.
③ 위험요인과 질병발생 간의 인과관계 파악이 용이하다.
④ 단기간의 조사로 시간, 노력, 비용이 적게 든다.

■정답 ④

◉요점 **코호트 연구**

질병의 원인과 관련되어 있다고 생각되는 요소를 가진 집단과 갖지 않은 집단을 장기간 관찰하여 질병 또는 사망의 발생률을 비교하는 연구방법

장점	· 원인과 결과 사이에 시간적 선후관계가 비교적 명확 · 요인에 편견이 들어가는 일이 드물고 부수적으로 다른 질환과의 관계를 알 수 있음 · 질병의 자연사를 파악할 수 있음 · 상대위험비, 질병 발생률을 알 수 있음
단점	· 추적 관찰의 기간이 길어 시간이 많이 소요됨 · 발생률이 비교적 높은 질환이어야 하는 제한점이 있어 희귀질환에는 부적합 · 추적 불능의 문제가 발생할 가능성이 높음

03
2021 서울

위험요인과 질병발생의 인과관계 규명을 위하여 역학적 연구를 설계하고자 할 때 인과적 연관성에 대한 근거의 수준이 가장 높은 연구 방법은?

① 실험 연구
② 단면 연구
③ 코호트 연구
④ 환자-대조군 연구

정답 ①
요점 실험연구

연구설계			근거 수준
관찰연구 (요인에의 자발적 노출)	기술역학 (가설을 설정, 비교군 없음)	· 사례, 사례군 연구 · 생태학적 연구 · 단면연구	약 ↓ 강
	분석역학 (가설을 검증, 비교군 있음)	· 환자-대조군 연구 · 코호트 연구	
실험연구 (연구자가 노출여부 결정)	지역사회실험		
	임상실험		

04
2021 서울

<보기>에서 교차비를 구하는 식으로 가장 옳은 것은?

보기

위험 요인 노출	질병 발생	
	발생(+)	비발생(−)
노출(+)	a	b
비노출(−)	c	d

① $\dfrac{ad}{bc}$

② $\dfrac{a}{a+b} \div \dfrac{c}{c+d}$

③ $\dfrac{a+c}{a+b+c+d}$

④ $\dfrac{c}{c+d}$

정답 ①
요점 교차비(OR ; odds ratio)
· 유병률이 낮은 연구에서 교차비를 구해 상대위험도를 추정
· 희귀질환 연구에 사용되어 환자-대조군 연구에 적합
· 교차비(OR)가 클수록 유해요인과 건강문제는 연관성이 높아짐

$$\dfrac{\text{환자집단에서의 } \dfrac{\text{노출}(a)}{\text{비노출}(c)}}{\text{건강집단에서의 } \dfrac{\text{노출}(b)}{\text{비노출}(d)}} = \dfrac{ad}{bc} = \text{교차비}$$

기출문제로 요점정리

05 [2020 서울]

연구시작 시점에서 폐암에 이환되지 않은 사람을 대상으로 흡연자와 비흡연자를 20년간 추적 조사하여 폐암 발생 여부를 규명하는 역학조사 방법은?

① 전향적 코호트 연구
② 환자대조군 연구
③ 단면 연구
④ 후향적 코호트 연구

06 [2020 서울]

고혈압으로 인한 뇌졸중 발생의 상대위험도(relative risk)를 <보기>의 표에서 구한 값은?

보기

	뇌졸중 발생	뇌졸중 비발생	계
고혈압	90	110	200
정상혈압	60	140	200
계	150	250	400

① (60/200) / (90/200)
② (90/150) / (110/250)
③ (110/250) / (90/150)
④ (90/200) / (60/200)

정답 ①
요점 역학조사 방법
① 전향적 코호트 연구 : 연구자가 노출자와 비노출자로 코호트를 구축한 후 추적관찰을 통해 질병 발생을 확인
② 환자대조군 연구 : 질병에 이환된 환자군과 질병이 없는 대조군을 선정, 현재 질병이 있는 환자군이 과거에 어떤 요인에 노출되었는지를 조사하는 것
③ 단면 연구 : 유병률 산출이 주 목적으로 질병과 특정 노출 요인에 대한 정보를 같은 시점, 짧은 기간 내에 얻는 연구 형태
④ 후향적 코호트 연구 : 과거의 기록을 이용해 위험요인에의 노출여부로 집단을 구분하여 현재의 상태를 조사

정답 ④
요점 상대위험도
① 질병요인과 발생간의 연관성의 크기를 측정할 수 있는 지표
② 위험에 노출된 사람이 질병에 걸릴 위험도가 위험에 노출되지 않은 사람이 질병에 걸릴 위험도 보다 몇 배가 되는지를 나타내는 것

$$상대위험도(RR) = \frac{노출군의\ 발병률}{비노출군의\ 발병률} = \frac{a(c+d)}{c(a+b)} = \frac{90 \times 200}{60 \times 200}$$

07 [2020 서울]

어느 지역에서 코로나19(COVID-19) 환자가 1,000여 명 발생했을 때, 가장 먼저 실시해야 할 역학 연구는?

① 기술역학
② 분석역학
③ 실험역학
④ 이론역학

정답 ①

요점 기술역학

질병이나 건강에 관련된 사건의 발생과 분포를 찾고자 하거나 질병의 원인에 대한 기초 연구나 데이터가 없어 원인을 유추하기가 어려울 때에 있는 그대로의 상황(시간적, 지역적, 인적)을 기술하기 위해 관찰을 기록하는 연구방법 → 가설을 설정할 수 있다.

08 [2019 서울]

○○질환의 유병률은 인구 1,000명당 200명이다. ○○질환의 검사법은 90%의 민감도, 90%의 특이도를 가질 때 이 검사의 양성예측도는?

① 180/260
② 80/260
③ 180/200
④ 20/200

정답 ①

요점 측정방법의 타당도

		질병		계
		유	무	
검사결과	양성	a	b	$a+b$
	음성	c	d	$c+d$
계		$a+c$	$b+d$	$a+b+c+d$

① 인구 1000명 당 환자의 수=200명이므로 → $a+b+c+d=1000$, $a+c=200$

② 민감도가 90%이므로 → $\frac{a}{a+c} \times 100 = 90$ → $a+c=200$이므로 $a=180, c=20, b-d=800$임을 알 수 있다.

③ 특이도가 90%이므로 → $\frac{d}{b+d} \times 100 = 90$ → $d=720, b=80$

④ 양성예측도= $\frac{a}{a+b} \times 100 = \frac{180}{260}$

- 양성예측도 : 검사 결과 양성인 사람이 실제로 환자일 가능성

$$양성예측도 = \frac{a}{a+b} \times 100$$

- 민감도 : 질병에 걸린 사람이 검사결과 양성으로 나타날 확률

$$민감도 = \frac{a}{a+c} \times 100$$

- 특이도 : 질병에 걸리지 않은 사람이 검사결과 음성으로 나타날 확률

$$특이도 = \frac{d}{b+d} \times 100$$

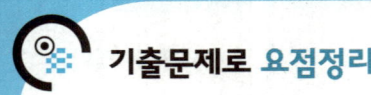

기출문제로 요점정리

09 [2019 서울]

환자-대조군 연구에서 짝짓기(matching)를 하는 주된 목적은?

① 선택바이어스의 영향을 통제하기 위하여
② 정보바이어스의 영향을 통제하기 위하여
③ 표본추출의 영향을 통제하기 위하여
④ 교란변수의 영향을 통제하기 위하여

정답 ④

요점

짝짓기(Matching)
- 교란변수의 영향을 자료수집의 단계, 분석단계에서 효과적으로 통제하기 위한 방법
- 환자군에서의 교란변수가 대조군에도 동일하게 분포하도록 대조군을 뽑는 방법

바이어스(bias)
- 선택바이어스 : 대상자 선택과정과 연구참여에 영향을 주는 요인들에 의해 발생하는 체계적 오류
- 정보바이어스 : 연구대상자들로부터 수집한 정보가 잘못되어 발생하는 오류

10 [2019 서울]

<보기>에서 기술한 역학적 연구 방법은?

─── 보기 ───
첫 임신이 늦은 여성에서 유방암 발생률이 높은 원인을 구명하기 위해 1945년에서 1965년까지 내원한 첫 임신이 지연된 대상자를 모집단으로 하여, 내원당시 분석된 호르몬 이상군(노출군)과 기타 원인으로 인한 여성들(비노출군)을 구별하고, 이 두 집단의 유방암 발생 여부를 파악하였다. 1978년에 수행된 이 연구는 폐경 전 여성들의 호르몬 이상군에서, 유방암 발생이 5.4배 높은 것을 밝혀냈다.

① 후향적 코호트 연구
② 전향적 코호트 연구
③ 환자-대조군 연구
④ 단면 연구

정답 ①

요점 **후향적 코호트 연구**
과거의 기록을 이용해 위험요인에의 노출여부로 집단을 구분하여 현재의 상태를 조사

11
[2017 서울]

질병 발생이 어떤 요인과 연관되어 있는지 그 인과관계를 추론하는 것은 매우 중요하다. 다음에서 의미하는 인과관계는?

> 서로 다른 지역에서 다른 연구자가 동일한 가설에 대하여 서로 다른 방법으로 연구하였음에도 같은 결론에 이르렀다.

① 연관성의 강도
② 생물학적 설명 가능성
③ 실험적 입증
④ 연관성의 일관성

■정답 ④
◉요점 브레드포드 힐의 인과 관계 판단 기준
① 연관성의 강도 : 연관성의 강도가 클수록 인과관계일 가능성 높음
② 생물학적 설명 가능성 : 역학적으로 관찰된 두 변수 사이의 연관성을 분자생물학적 기전으로 설명 가능하다면 인과관계일 가능성이 높음
③ 실험적 입증 : 실험을 통해 요인에 노출할 때 질병 발생이 확인되거나 요인 제거로 질병 발생이 감소한다면 인과관계일 가능성 높음
④ 연관성의 일관성 : 관찰 대상 집단, 연구 방법, 연구 시점이 다를 때도 비슷한 정도로 존재하면 높은 일관성

12
[2021 경기 의료기술]

지역사회 고혈압 유병률을 조사하는데 보건소에 방문한 사람을 대상으로 조사를 진행할 경우 어떤 바이어스의 문제가 발생하는가?

① 정보 바이어스
② 선택 바이어스
③ 오분류 바이어스
④ 교란 바이어스

■정답 ②
◉요점
① 정보 바이어스 : 연구대상자들로부터 수집한 정보가 잘못되어 발생하는 오류
② 선택 바이어스 : 대상자 선택과정과 연구참여에 영향을 주는 요인들에 의해 발생하는 체계적 오류
③ 오분류 바이어스 : 자료수집의 방법이 부정확하여 대상자를 분류할 때 발생하는 오류 (예 노출 상태를 잘못 분류하는 경우)
④ 교란 바이어스 : 연구자가 평가하고자 하는 주요 변수의 관계를 왜곡시키는 제3의 변수에 의한 오류
※ 보기에서 나타난 바이어스는 선택 바이어스 중 버크슨 바이어스(Berkson's bias)에 해당한다. 특정 인구 집단(보건소 방문자 또는 상급종합병원 방문자 등)만을 대상자로 선정할 경우 대표성이 없어 연구결과를 모집단에 적용하기가 어렵다.

기출문제로 요점정리

13 [2023 지방]

다음에 해당하는 힐(A. B. Hill)의 인과관계 판정 기준은?

- 요인에 대한 노출은 항상 질병 발생에 앞서 있어야 한다.
- 흡연과 폐암 간의 연관성을 파악하기 위해서 폐암에 걸린 사람들을 조사했더니 과거에 흡연을 한 사람들이 대부분이었다.

① 요인과 결과 간의 시간적 선후 관계
② 연관성의 강도
③ 양-반응 관계
④ 생물학적 설명 가능성

정답 ①

요점 브레드포드 힐의 인과 관계 판단 기준
① 요인과 결과 간의 시간적 선후 관계 : 요인에 대한 노출은 항상 질병 발생에 앞서있어야 하고, 노출과 질병 발생 간의 기간도 적절해야 함
② 연관성의 강도 : 연관성이 작다고해서 인과 관계가 없음을 의미하지는 않지만 연관성이 클수록 인과 관계일 가능성이 높음
③ 양-반응 관계 : 요인에 노출되는 정도가 증가할수록 질병의 발생도 증가
④ 생물학적 설명 가능성 : 역학적으로 제시된 가설이 다른 분야의 지식(임상의학, 생리학, 미생물학)으로 설명이 가능하면 인과관계일 가능성이 높음
예 콜레라 균의 존재를 알지 못하고 오염된 물을 마신 경우 질병에 걸렸다는 사실만 역학적으로 관찰한 경우 생물학적으로는 설명할 수가 없다.

14 [2023 지방]

다음에서 설명하는 역학적 연구방법은?

- 특정한 시점에서 유병률이나 질병과 요인 간의 연관성을 보는 연구설계이다.
- 인과관계를 규명하기는 어렵다.
- (예시) A연구자는 허리둘레와 당뇨병 간의 연관성을 분석하기 위해 개인별로 허리둘레를 측정하고, 현재 당뇨병이 있는지를 당뇨병 의사진단 여부와 혈액검사를 통해 판정하였다.

① 환자대조군연구
② 단면연구
③ 사례연구
④ 코호트연구

정답 ②

요점 단면연구
① 한 시점에서 원인이라고 생각되는 요인과 결과를 동시에 조사하여 집단 내 빈도를 비교하는 연구
② 질병과 특정 노출 요인에 대한 정보를 같은 시점, 짧은 기간 내에 얻는 연구 형태로 유병률 산출이 주 목적임
예 지역사회건강조사, 국민건강영양조사, 각 시도별 유병률 조사 등
③ 동시에 여러 종류의 질병과 요인간의 관련성을 연구할 수 있음
④ 질병의 자연사나 규모를 모를 때 시행하는 연구설계
⑤ 단점
  a. 시간적 선·후 관계가 불분명
  b. 인과관계를 규명하지는 못함
  c. 유병률이 낮고, 치명률이 높은 질병 연구에 부적당

15
[2021 대구]

감염병 발생군과 비발생군 각각이 위험요인에 노출된 정도를 비교하는 지표는?

① 모아비
② 교차비
③ 비교위험도
④ 기여위험도

■정답 ②
◎요점 교차비
- 환자-대조군 연구(case-control study)는 현재 질병이 있는 집단이 과거에 어떤 속성에 노출되었는지를 알아보는 것으로 후향적 연구(retrospective study) 또는 기왕력 연구라고도 한다.
- 환자-대조군 연구에서는 교차비(odds ratio)를 구하게 된다.(유병률이 낮은 연구에서 a와 c값이 너무 작으면 교차비를 구해 상대위험도를 추정함)
- 교차비(odds ratio)는 코호트연구에서의 비교위험도와 아주 비슷한 개념으로, 질병을 갖고 있는 사람과 갖고 있지 않는 사람간의 위험요인에 노출여부(폭로 여부)에 대한 비(比)의 비(比)라고 할 수 있다.

$$\frac{\text{환자집단에서의 } \frac{노출(a)}{비노출(c)}}{\text{건강집단에서의 } \frac{노출(b)}{비노출(d)}} = \frac{ad}{bc} = \text{교차비}$$

16
[2020 광주]

비교위험도(relative risk)에 대한 설명으로 옳지 않은 것은?

① 위험요인에 폭로된 그룹의 질병발생률이 폭로되지 않은 그룹의 질병발생률보다 몇 배 높은지를 나타낸다.
② 비교위험도가 1이면 위험요인에의 노출이 질병 발생과 연관이 없음을 의미한다.
③ 보건문제의 우선순위 결정 등 공중보건학적인 측면에서 더욱 의미가 크다.
④ 위험요인의 노출을 완전히 제거할 경우 질병을 예방할 수 있는 비율을 알 수 있다.

■정답 ④
◎요점 비교위험도(=상대위험비 RR ; Relative Risk)
① 위험에 노출된 사람이 질병에 걸릴 위험도가 위험에 노출되지 않은 사람이 질병에 걸릴 위험도 보다 몇 배가 되는지를 나타내는 것

$$\text{비교위험도}(RR) = \frac{R1 \text{폭로군에서의 질병발생}}{R2 \text{비폭로군에서의 질병발생}} = \frac{a(c+d)}{c(a+b)}$$

② 비교위험도 해석

$RR > 1$	· 노출군이 비노출군보다 질병 발생률이 높음 · 양의 연관성
$RR = 1$	· 노출군과 비노출군의 질병 발생률이 같음 · 위험요인에 대한 노출이 질병 발생과 아무런 연관이 없음
$RR < 1$	· 노출군이 비노출군보다 질병 발생률이 낮음 · 음의 연관성 · 노출요인은 질병 예방의 효과가 있다고 해석

③ 비교위험도가 크게 나온(폭로군에서의 질병 발생이 크다면) 위험요인에 대한 우선 사업이 필요함
④ 위험요인의 노출을 완전히 제거할 경우 질병을 예방할 수 있는 비율을 알 수 있는 것은 기여위험분율(AF ; Attributable Fraction)이다. 새롭게 도입되는 프로그램이 해당 지역사회에 얼마나 큰 영향이 있는지 평가의 지표로도 활용될 수 있다.

$$\text{기여위험분율} = \frac{\text{노출군의 질병 발생률} - \text{비노출군의 질병 발생률}}{\text{노출군의 질병 발생률}} \times 100$$
$$= \frac{R1 - R2}{R1} \times 100$$
$$= \frac{\text{비교위험도 } RR - 1}{\text{비교위험도 } RR} \times 100$$

17 [2021 충북]

환자-대조군 연구에 대한 설명으로 옳지 않은 것은?

① 질병발생률을 구할 수 있다.
② 새로이 발생한 환자들을 환자군으로 선정하는 것이 좋다.
③ 질병과 여러 위험요인을 동시에 조사할 수 있다.
④ 시간과 비용 측면에서 볼 때 비교적 경제적이다.

정답 ①

요점
① 처음부터 집단을 환자와 대조군으로 나누었기 때문에 비교위험도의 의미가 적고, 질병의 발생률을 구할 수 없다(기여위험도와 비교위험도를 구할 수 없다).
② 환자-대조군 연구의 환자군은 명백한 환자여야 하며, 새롭게 발생된 환자이며, 반드시 잠정적 연구대상을 대표해야 하며, 정보의 수집과정이 대조군과 동일해야 한다.
③ 환자 대조군 연구는 하나의 질병과 여러 위험 요인과의 관련성을 동시에 조사할 수 있다.
④ 적은 연구 대상자로도 연구가 가능하고, 기존 자료 활용 가능하며, 연구결과를 비교적 빠른 시일 안에 얻을 수 있어 경제적이다.

18 [2021 보건복지부]

어떤 측정치 또는 측정방법이 평가하고자 하는 내용을 얼마나 정확히 측정하였는지의 정도를 의미하는 것은?

① 신뢰도
② 타당도
③ 실용도
④ 난이도
⑤ 참신도

정답 ②

요점
① 신뢰도 : 측정 조건(진단의 시기, 측정도구, 진단하는 사람 등)에 따라 검사 결과가 얼마나 '일관되게' 나타나는지에 대한 능력(=재현성, 반복성)
② 타당도 : 검사법이 진단하고자 하는 질병의 유무를 얼마나 '정확하게' 판정하는지에 대한 능력

참고
타당도가 높으면 신뢰도가 높지만, 신뢰도가 높다고 타당도가 높은 것은 아니다.

PART 3

학습 포인트

- 표본추출방법
- 측정척도
- 산포도
- 질병이환지표
- 사망지표

보건통계

CHAPTER 01　보건통계의 이해

CHAPTER 02　보건지표

CHAPTER 01 보건통계의 이해

1 보건통계의 개념

1 정의
인구, 출생, 질병, 사망, 혼인 그리고 보건과 관련된 여러 자료를 수집, 정리, 종합, 분석, 추론하는 방법

2 보건통계의 이용
① 보건관련 법률제정의 당위성 제공
② 보건사업의 우선순위 결정
③ 보건사업의 행정활동에 지침으로 활용
④ 보건사업의 기초자료 및 사업의 근거로 활용
⑤ 지역사회나 국가의 보건수준 및 보건상태의 평가에 이용
⑥ 보건사업의 필요성 결정 및 사업의 평가에 이용

3 기본 용어
(1) 모집단 : 조사연구의 대상이 되는 전체집단
(2) 표본(Sample)
　① 모집단의 일부를 추출하여 조사할 때 그 일부 집단
　② 그 단위 하나하나를 표본요소(sample element)라고 함
　③ 모집단의 특성과 표본의 특성은 일치해야 함
(3) 표본표출(=표집, sampling) : 전체 모집단에서 모집단을 대표하는 표본 요소를 뽑는 과정

> **참고**
>
> **표본추출의 이유**
> 대부분의 경우 모집단의 규모는 매우 크므로, 일부를 추출하여 조사를 한다면 보다 적은 시간과 비용으로 필요한 정보를 획득할 수 있기 때문이다.

4 통계적 방법
모집단을 설정 → 정한 모집단으로부터 표본 표출 → 표본으로부터 통계 자료 수집 → 수집된 자료로부터 통계량 계산 → 계산된 통계 자료를 이해하여 모집단에서의 뜻을 해석

2 보건통계 조사방법과 자료의 형태

1 전수조사(complete observation)
연구의 주제가 되는 전체 모집단 개개의 단위들을 남김없이 조사하는 방법

2 표본조사
(1) 정의: 모집단의 일부를 표본으로 추출하여 조사한 결과로써 모집단 전체의 성질을 추측하는 것
(2) 모든 케이스를 조사하는 전수조사를 하기에는 실질적으로 많은 어려움과 제약이 따르므로 대개 모집단을 대표할 만한 표본을 대상으로 조사
(3) 표본집단(sample): 모집단의 부분집단으로서 추출된 표본
(4) 표본 오차(sampling error): 모집단의 성질과 완벽하게 동일한 표본집단을 찾는다는 건 수학적으로 불가능에 가깝기 때문에 아무리 잘 된 연구라도 통계량과 모수 사이에는 차이가 있을 수 있음

3 자료의 형태
(1) 직접 자료(1차 자료)
  ① 정보원 면담
    a. 지역사회의 가치, 규범, 신념, 권력구조 등에 관한 정보를 지역사회의 정보원들을 통해 수집
    b. 지역유지, 행정기관장(면장, 동장, 구청장, 시장, 군수 등), 종교지도자, 사회사업가, 지역사회단체장(부녀회장, 청년회장, 노인회장 등) 등과의 면담
  ② 지역시찰(차창 밖 조사)
    a. 지역사회의 생활상을 보기 위해 걷거나 차를 타고 수집
    b. 지역사회의 특성, 쓰레기 처리상태, 가옥의 형태 및 구조, 지역주민의 특징, 지리적 경계, 교통수단, 주요 기관의 위치, 분위기 등을 관찰
    c. 지역사회 전반적 사항을 가장 신속하게 파악할 수 있는 방법
  ③ 참여관찰
    a. 지역사회에 영향을 미치는 의식, 행사 등에 직접 참여하여 관찰
    b. 지역사회의 가치, 규범, 신념, 권력구조, 문제해결과정 등에 대한 정보를 수집하는 데 적합
  ④ 설문지 조사
    a. 직접 방문하여 면접이나 질문지를 통해 구체적이고 현실성 있는 자료 수집
    b. 다른 방법들보다 시간과 비용이 많이 들어 비경제적·비효율적

(2) 간접 자료(2차 자료)
　① 기존 자료 활용
　　a. 의료기관의 건강기록, 공공기관 보고서, 인구센서스, 행정통계자료, 회의록, 건강보험자료
　　b. 지역사회의 문제를 규명하기 위한 경제적이며 효율적인 자료수집방법

> **참고**
> 기존 자료를 활용하는 것은 간접적인 자료수집 방법으로 2차 자료라 하며, 1차 자료 수집에 비해 시간과 비용이 적게 들지만, 과거의 자료이므로 사용이 곤란할 수 있고, 다른 목적을 가지고 수집된 자료이므로 1차 자료를 추가적으로 보완하는 것이 필요하다(2차 자료수집을 우선으로 하고 부족한 부분을 1차 자료수집으로 보충한다.).

3 표본추출 방법

확률 표본추출 (probability sampling)	· 전 집단의 모든 사례에서 표본으로 뽑힐 기회가 똑같이 주어지는 표집방법 · 무작위 선택 : 모집단 내 모든 요소가 선택될 확률이 같은 것 · 단순무작위추출, 층화무작위추출, 계통추출, 집락표본추출
비확률 표본추출 (nonprobability sampling)	주관적인 판단에 의한 표집방법

1 단순무작위추출(simple random sampling)

(1) 모집단 N개에서 표본 n개가 뽑힐 확률이 모두 $\frac{n}{N}$이 되도록 하여 추출하는 방법

(2) 방법
　① 모집단 내 개체들에 일련번호를 매기고 번호들을 상자에 넣어 잘 섞은 다음 정해진 수(=표본크기)만큼의 번호들을 하나씩 추출하는 방법
　② 난수표나 컴퓨터를 활용한 무작위 배정을 통해 표본을 추출하는 방법

(3) 무작위로 표본이 뽑히기 때문에 표본은 편향되지 않으며, 표본으로부터의 얻어진 결과를 통해 일반화시킬 수 있음

> **참고**
> **난수(random number)**
> 고려대상이 되는 모든 숫자들의 추출 확률이 같아지도록 한 상태에서 무작위로 뽑은 수

○ × 로 확인

01 ○ | ×
단순무작위추출은 무작위로 표본이 뽑히기 때문에 표본으로부터의 얻어진 결과를 일반화시킬 수 없다.

○ × 로 확인 해설&정답

해설
01 없다 → 있다

정답
01 ×

2 층화무작위추출(stratified random sampling)

(1) 모집단을 층으로 나누고 각 층에서 개체들을 임의추출하는 표본추출방법

(2) 층 간 차이가 뚜렷할수록 층화무작위추출은 효율성이 높아짐

(3) 층 속의 구성단위들 사이에는 서로 간에 동질성이 보장되어야 함(집단 간 이질적, 집단 내 동질적)

(4) 종류

① 비례층화추출(proportionate stratified sampling) : 표본의 크기를 각 층의 크기에 따라 비례하여 추출하는 방법

> 예 골다공증 환자를 남녀 성비로 나눌 때 모집단의 골다공증 환자의 90%가 여자라면 표본에서도 여자가 90%, 남자가 10%로 구성되도록 한다.

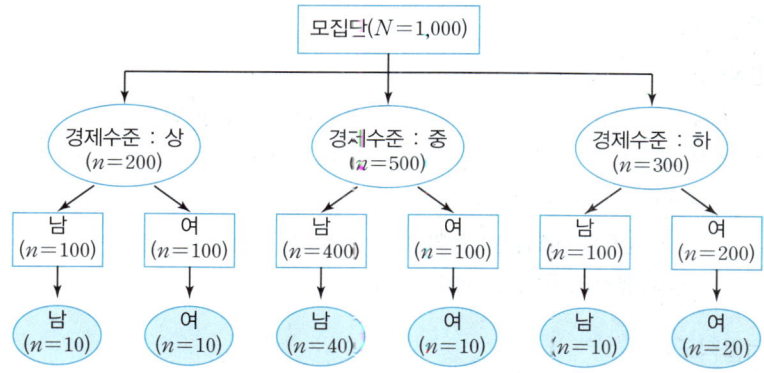

② 비비례층화추출

각 층의 크기와 무관하게 표본을 추출하는 방법

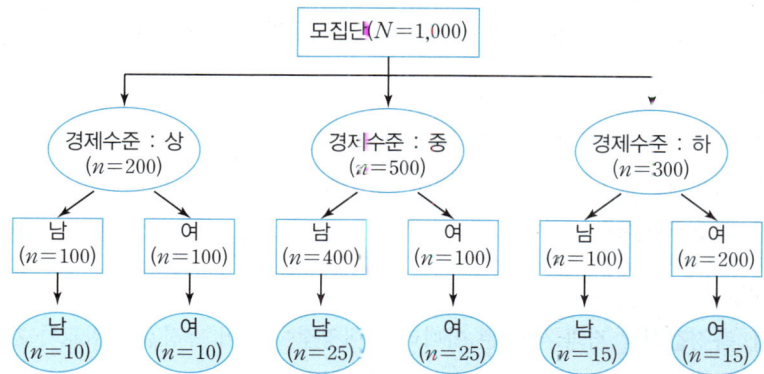

3 계통추출(systematic sampling, 체계적 추출)

(1) 모집단 내 개체들을 특정 속성에 따라 정렬된 리스트에서 일정 간격의 위치에 있는 개체들을 표본에 넣는 방법

> 예 100명(N)의 사람들이 한 자리에 모여 있고 20명(n)만 무작위로 뽑아야 한다면, 그들을 한 줄로 세운 후에 추출간격 K(sampling interval)를 정한다. 최초의 표본 (A)를 뽑은 후, 추출간격 K를 더하여 20개(n)의 표본이 될 때까지 추출하는 방법이다.

(2) 표본 N개는 A, $A+K$, $A+2K$, $A+3K$, ……

OX로 확인

02 OIX

모집단의 정렬된 목록에서 일정 간격의 위치에 있는 개체들을 뽑아 표본에 넣는 방법은 체계적 표본추출 방법이다.

OX로 확인 해설&정답

정답

02 ○

4 집락표본추출(Cluster Sampling)

(1) 집단을 여러 집단으로 나누고 무작위로 선출된 군집의 모든 개체를 측정하는 방법
(2) 집단 간 동질적(A, B, C 고등학교는 비슷할 것이다), 집단 내 이질적(하나의 집단 내 구성원들의 특성은 다르다)
　예) 시·군·구 → 동으로 집락을 좁혀감

4 보건통계 자료

1 측정 척도

(1) 명목척도
　① 숫자의 크기는 의미가 없으며 특정 범주(categorty)만을 표시
　② 측정 대상자의 특성이나 성질이 상호배타적(서로 중복되지 않음)
　　예) · 성별을 남자는 1, 여자는 2로 표현
　　　　· 산업 분류를 제조업은 1, 농업은 2, 서비스업은 3, 기타 4로 표현
　　　　· 종교, 혈액형, 국적, 결혼상태, 인종 등

(2) 서열척도
　① 측정대상자 특성의 상대적 크기에 따라 순서대로 측정대상을 구분할 수 있는 척도
　② 서열 간 구체적인 간격의 차이는 알 수 없음
　　예) · 과목 등수(1등, 2등, 3등 …)
　　　　· 좋음·보통·싫음, 교육수준(초졸, 중졸, 고졸), 경제수준(상, 중, 하) 등

(3) 등간척도
　① 순서를 정할 수 있는 구분 외에 서로 이웃하는 순서 간의 간격을 알 수 있는 척도
　② 절대기준인 '0'이 존재하지 않음
　　예) 온도, 지능지수, 시력 등

(4) 비율척도
　① 측정값의 간격과 서열 뿐 아니라 절대영점이 있어 측정값의 비교가 가능
　② 측정값이 다른 측정값의 몇 배가 되는지 알 수 있음
　　예) 신장, 체중, 시간, 속도, 거리, 수입, 나이 등

척도		순위구분	동일간격	절대 0점	가감승제
질적변수 (범주형)	명목척도	×	×	×	불가
	서열척도	○	×	×	불가
양적변수 (연속형)	등간척도	○	○	×	+, − 가능
	비율척도	○	○	○	+, −, ×, ÷ 가능

○×로 확인

03 ○|×
측정 대상자의 특성이나 성질이 서로 중복되지 않으며 측정 대상자의 특성을 나타내는 척도를 서열척도라 한다.

04 ○|×
온도, 학업성취점수, 지능지수 등의 등간척도는 서로 이웃하는 순서 간의 간격을 알 수 있는 척도로 +, −, ×, ÷가 가능하다.

05 ○|×
신장, 체중, 시간 등 절대영점이 있어 측정값의 비교가 가능한 척도는 비율척도이다.

○×로 확인 해설&정답

해설
03 서열척도 → 명목척도
04 +, −, ×, ÷가 가능하다 → +, − 만 가능하다

정답
03 ×　04 ×　05 ○

2 대푯값

대푯값은 자료 전체의 경향을 대표하는 값

(1) 중위수(중앙값)
① 자료를 크기 순으로 늘어 놓을 때 중앙에 놓이는 값
② 홀수 : 가운데 있는 값, 짝수 : 가운데 있는 두 개의 값의 평균

(2) 최빈치(최빈값) : 자료 중에서 가장 많이 나타난 값

(3) 평균치
① 측정치를 모두 합하여 측정치의 총 개수로 나누는 방법
② 가장 많이 사용되는 대푯값
③ 모든 측정값이 반영되므로 매우 크거나 매우 작은 극단적인 값의 영향을 받음

   a. 산술평균(M) : 측정치의 합을 사례의 수로 나눈 것

$$M = \frac{X_1 + X_2 + X_3 + \cdots + X_n}{N}$$

   b. 기하평균(G)
- 측정치를 모두 곱해 제곱근을 구하는 것
- 분포가 대칭적 분포가 아니고, 중앙치가 한쪽으로 몰릴 경우 이용

$$G = \sqrt{X_1 \cdot X_2 \cdot X_3 \cdot X_4 \cdots X_n}$$

> **예** 두 학생의 영어와 수학성적을 비교하려고 한다. 수학은 100점이 만점이고, 영어는 50점이 만점이라면, 단순히 산술평균으로는 올바른 비교가 되지 않고 수학에서 좋은 점수를 받은 학생의 점수가 높아지게 된다. 이와 같이 똑같은 항으로 비교가 어려울 때 기하평균을 사용한다.

   c. 조화평균(H)
- 각 측정치 역수의 산술평균의 역수
- 여러 집단들에 속한 사례수가 다를 경우에 자료의 불균형을 극복하고 균형자료로 바꾸기 위하여 모든 집단에 동일한 사례수를 산출하는 사례수 조정방법

$$H = \frac{n}{\frac{1}{X_1} + \frac{1}{X_2} + \frac{1}{X_3} + \cdots + \frac{1}{X_n}}$$

$$\frac{1}{H} = \frac{1}{n}\left(\frac{1}{X_1} + \frac{1}{X_2} + \frac{1}{X_3} + \cdots + \frac{1}{X_n}\right)$$

> **참고**
> 평균치 → 계산에 의한 대푯값, 중위수 → 위치적 대푯값, 최빈치 → 양적 대푯값

3 자료의 표현

(1) 도수분포표 : 주어진 자료를 몇 개의 계급으로 나누고 각 계급의 도수를 조사하여 나타낸 표

[도수분포표의 예(신생아의 체중)]

체중(kg)	도수	누적도수	상대도수(%)	누적상대도수(%)
1.0~1.9	5	5	10.0	10.0
2.0~2.9	12	17	24.0	34.0
3.0~3.9	23	40	46.0	80.0
4.0~4.9	7	47	14.0	94.0
5.0~5.9	3	50	6.0	100.0
계	50	—	100.0	—

(2) 막대그래프

① 가로축에 범주, 세로축에 빈도를 표시하여 자료의 도수를 나타내는 직사각형 모양의 기둥

② 인접하여 있지 않기 때문에 질적변수(명목척도, 서열척도)일 때 사용

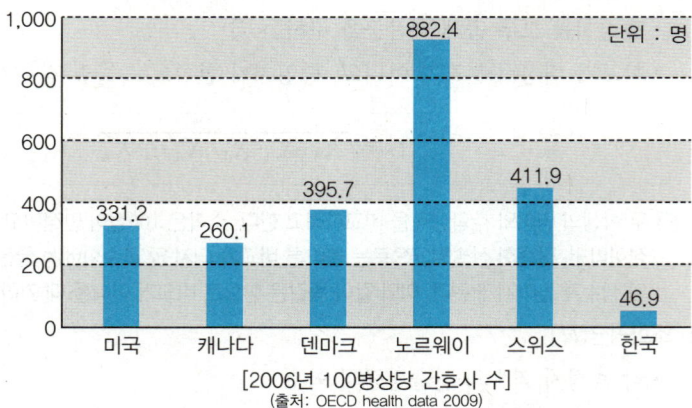

[2006년 100병상당 간호사 수]
(출처: OECD health data 2009)

(3) 히스토그램(histogram)

① 변수의 값을 수평축에 표시하여 나타낸 것

② 가로축에 계급을, 세로축에 도수를 취하고, 도수 분포의 상태를 직사각형의 기둥 모양으로 나타낸 그래프

③ 히스토그램의 막대는 서로 맞닿아 있어야 함

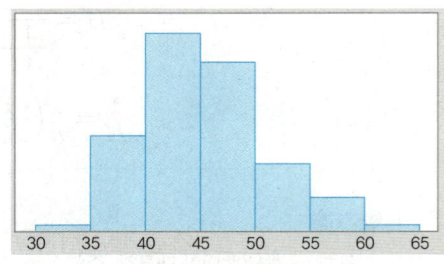

(4) 원그래프 : 전체에 대한 각 부분의 비율을 원 안에 나타낸 그래프

[의료시설 수]

시설명	약국	병원	치과	한의원	기타	계
시설 수	120	75	45	30	30	300
백분율	40	25	15	10	10	100

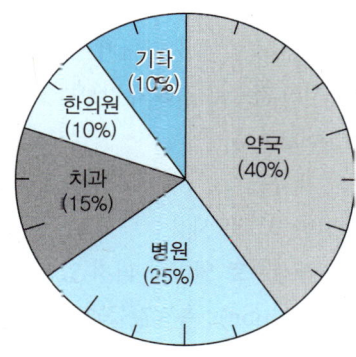

(5) 점선그래프 : 점의 개수로 양의 많고 적음을 나타낸 그래프

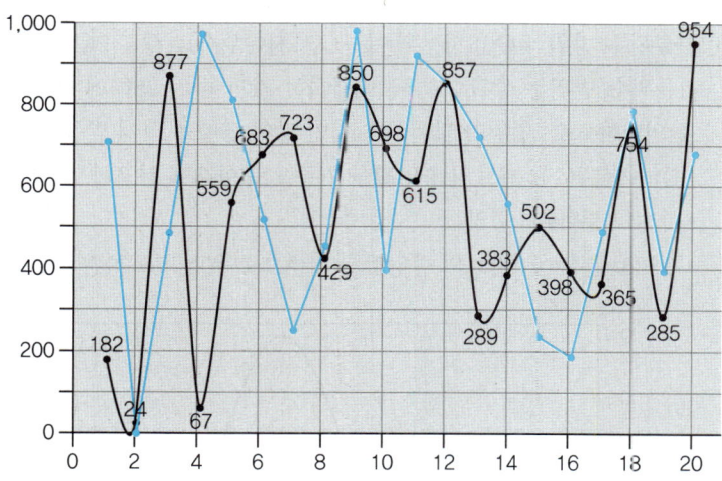

4 산포도

(1) 산포도의 정의 : 측정값이 중심을 향해 얼마나 밀집되어 있는지, 얼마나 흩어져 있는지를 나타내는 것

(2) 산포도의 종류

① 범위(Range)

   a. 변량의 최대치와 최소치의 차

   b. $R = $ 최대값 $-$ 최소값

② 편차(Deviation)
  a. 편차＝변량－평균
  b. 모든 자료의 편차의 합은 '0'
  c. 편차의 합이 '0'이 되기 때문에 평균을 구할 수는 없음, 따라서 평균을 내기 위해 분산을 구함
③ 분산(Variation)
  a. 분산은 편차의 제곱을 평균한 값
  b. 측정값들이 평균으로부터 얼마나 떨어져 있는지를 나타내는 것
  c. 분산은 편차를 제곱시킨 값으로 원래의 값보다 크기가 커져 있어 표준편차를 구함
④ 표준편차(Standard Deviation)
  a. 표준편차는 분산의 제곱근
  b. 산포도에서 가장 일반적으로 사용
  c. 측정값들이 평균을 중심으로 얼마나 퍼져 있는가를 측정
⑤ 평균편차(MD, Mean Deviation) : 측정값들과 평균값과의 편차에 대한 절댓값의 평균(편차들을 전부 더한 것의 평균)
⑥ 사분위수 범위(Interquartile range, IQR)
  a. 제1사분위수(Q_1)와 제3사분위수(Q_3) 사이의 거리
  b. 사분위수 범위 ＝Q_3(3사분위수)－Q_1(1사분위수)＝$Q_{.75}－Q_{.25}$
  c. 사분위수 범위는 상위 25%에 해당하는 값과 하위 25%에 해당하는 값의 차이를 의미하므로, 범위가 갖는 극단적인 값의 영향을 적게 받음
    • Q1 (1사분위수) : 자료의 중앙값을 기준으로 아래에 분포하는 값들의 중앙값
    • Q2 (2사분위수) : 중앙값
    • Q3 (3사분위수) : 자료의 중앙값을 기준으로 위에 분포하는 값들의 중앙값

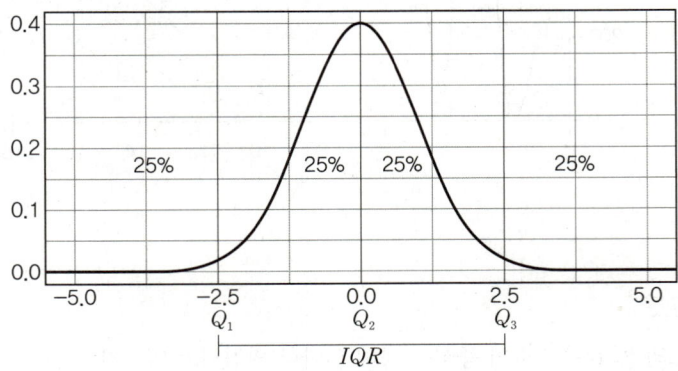

⑦ 변이계수(Coefficient of Variance)
  a. 여러 다른 종류의 통제집단이나 동종의 집단 일지라도 평균이 크게 다른 경우의 산포도를 비교하고자 할 때 사용(서로 다른 집단이나 측정 단위가 다른 변수의 편차를 비교하기 위해 사용)
  b. 표준편차가 산술평균에 대하여 그 크기가 얼마인지를 알아보는 것

O X 로 확인

06 O | X
측정값들이 평균으로부터 얼마나 떨어져 있는지를 나타내는 것을 범위라고 한다.

O X 로 확인 해설&정답

해설
06 범위 → 분산

정답
06 ×

c. 표준편차를 산술평균으로 나눈 백분율
d. 표준편차를 절대적 산포도, 변이계수를 상대적 산포도라 할 수 있음

$$변이계수 = \frac{표준편차}{평균치} \times 100$$

> **참고**
>
> **분산과 표준편차 구하는 방법**(변량 : 1, 2, 3, 4, 5)
> - 평균 : 1+2+3+4+5 =15÷5 =3
> - 편차 : 1의 편차(1−3=2), 2의 편차(2−3=1), 3의 편차(3−3=0), 4의 편차(4−3=1), 5의 편차(5−3=2)
> - 분산 : 4+1+0+1+4=10, 10÷5 =2
> - 표준편차 : $\sqrt{2}$ =1.41
> - 평균편차 : 2+1+0+1+2 =6, 6÷5 =1.2
> - 변이계수 : $\sqrt{2}÷3$ =0.47

5 정규분포

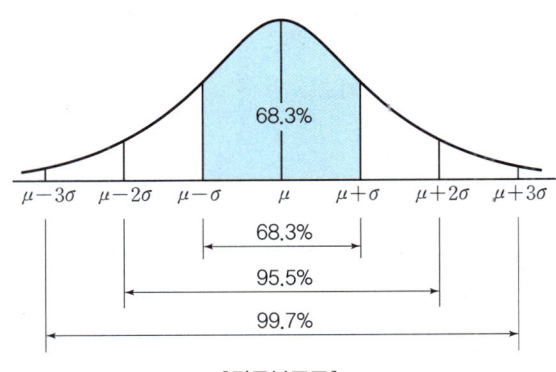

관측치의 범위	차지하는 비율
$\mu \pm \sigma$	약 68.25%
$\mu \pm 2\sigma$	약 95.44%
$\mu \pm 3\sigma$	약 99.73%

[정규분포표]

(1) 개념 : 도수분포를 히스토그램으로 옮겨 평균을 중심으로 좌우대칭의 종 모양(bell shape)으로 정규곡선을 표현

(2) 특징
 ① 정규분포의 모양은 평균과 분산에 의해 결정됨(분산이 작은 경우 종의 높이가 높아지며 폭은 좁아짐)
 ② 정규곡선은 좌우로 횡축에 무한히 접근하나 닿지는 않음
 ③ 산술평균, 중위수, 최빈치가 한값으로 일치하는 좌우대칭
 ④ 정규분포곡선 면적의 합은 1임
 ⑤ 왜도 : 분포의 모양이 좌우 대칭인지 혹은 좌나 우로 치우쳐 있는지를 보여주는 지표(정규분포의 왜도는 '0' → 좌우대칭을 의미함)

5 통계분석방법과 상관계수

1 통계분석 방법

(1) t검정(평균분석, T-test)
① 두 개 집단의 평균 등을 비교하여 가설을 검증하려는 경우에 사용
② 독립변수는 명목변수, 종속변수는 연속형 변수
　예 수학과외를 받은 그룹과 받지 않은 그룹의 수학점수 차이

(2) 분산분석 ANOVA(analysis of variance, F-test)
① 3개 이상 집단의 산술평균의 차이가 있는지를 분석하려는 경우에 사용
② 독립변수는 명목변수, 종속변수는 연속형 변수
　예 · 서울, 강원, 제주 거주지에 따른 소득 비교
　　 · A식이요법을 시행한 그룹, B식이요법을 시행한 그룹, C식이요법을 시행한 그룹의 체중 변화

(3) x^2검정(빈도분석, 카이제곱검정)
① 측정하여 얻은 데이터가 사람 수, 횟수 등의 빈도인 경우에 사용
② 독립변수와 종속변수 모두 명목변수
③ 두 변수 간의 관련성을 알아보는 방법
　예 예방접종을 한 사람과 하지 않은 사람들의 코로나 발생 비교

(4) 상관분석(Correlation)
① 두 변수의 관계가 어느 정도 밀접한 관련성(관련성의 세기)이 있는지를 알아보려는 경우에 사용
② 상관분석에서는 변수들 간 관련성 유무만 확인하고, 인과관계는 분석하지 않음
③ 독립변수와 종속변수 모두 연속형 변수
④ 상관계수의 절댓값이 1에 가까울 수록 두 변수는 큰 관계성을 의미
⑤ 상관계수의 절댓값이 0에 가깝다면 관계성이 적음을 의미
　예 콜레스테롤 수치와 수축기 혈압의 관계

(5) 회귀분석(Regression)
① 하나의 독립변수의 값이 증가할 경우 종속변수에 얼마나 영향을 미치는지 분석할 때 사용(독립변수로 종속변수를 예측하는 것)
② 인과관계를 분석
③ 독립변수와 종속변수 모두 연속형 변수
　예 광고 투자 금액에 따른 식음료 판매량의 변화

OX로 확인

07 독립변수와 종속변수 모두 명목변수일 경우 두 변수 간의 관련성을 알아보는 방법은 x^2검정이다.

08 어떤 모집단에서 한쪽의 값이 변함에 따라 다른 한쪽 값이 변하는 정도를 나타낸 값을 상관계수라 하며, 데이터의 점들이 직선에 가까이 모여 있을수록 상관관계가 없음을 나타낸다.

OX로 확인 해설&정답

해설
08 상관관계가 없음 → 상관관계가 높음

정답
07 ○　08 ✕

2 상관계수

(1) 상관관계 : 두 변량 x, y에서 한쪽 변량의 변화와 다른 쪽 변량의 변화 사이의 관계

(2) 상관계수 : 상관관계의 정도를 수량으로 나타낸 것

$$-1 \leq r \leq 1$$

(3) 점들이 한 직선 주위에 가까이 모여 있는 것은 강한 상관관계를 의미

① 양의 상관관계 : $r=+1$의 경우는 두 현상 사이에 완전한 적극적인 상관관계가 있는 것

② 음의 상관관계 : $r=-1$일 경우는 완전한 소극적인 상관관계가 있는것

③ 상관관계 없음 : $r=0$일 경우 상관관계가 없음을 의미

④ 불완전 상관관계 : $r=0.5$ 또는 $r=-0.5$일 경우 불완전 상관관계

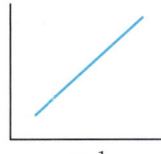
$r=1$

$r=0.5$

$r=0$

$r=-0.5$
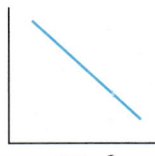
$r=-1$

CHAPTER 02 보건지표

1 보건지표

1 보건지표의 개념(Health Index)
지역주민이나 국민의 건강수준과 보건수준을 설명하는 자료로 이용

(1) WHO 3대 보건지표
   ① 평균수명 : 0세의 평균여명
   ② 비례사망지수 : 해당 연도의 총 사망자 수에 대한 50세 이상의 연간 총 사망자 수의 비를 백분율로 나타낸 것
   ③ 조사망률 : 인구 1,000명당 1년간 발생한 총 사망자 수로 표시하는 비율

> **참고**
> - 평균여명 = 평균수명 − 각각의 나이
> - 건강수명 = 평균수명 − 질병 기간
> - 기대수명 = 인간의 생명표에 나타난 생존 기대기간

(2) 국가 간 3대 보건지표
   ① 영아사망률
   ② 비례사망지수
   ③ 평균수명

2 생명표(Life Table)
(1) 현재의 연령별 사망 수준이 그대로 지속된다는 가정 하에 특정한 출생 코호트가 연령이 많아짐에 따라 소멸되어가는 과정을 정리한 표
(2) 살아남을 확률, 얼마나 더 오래 살 수 있는가 하는 정도를 알 수 있음
(3) 기초자료 : 주민등록인구, 사망신고자료
(4) 활용 : 보건의료정책의 수립, 보험료율, 인명피해보상비 산정 등에 활용
(5) 생명함수 6종
   ① 생존 수 : 동시에 출생한 십만 명이 사망확률에 따라 사망으로 감소할 경우 정확한 연령 x세에 도달할 때까지 살아 있을 것으로 기대되는 사람 수
   ② 생존율 : x세의 사람이 $x+1$세까지 살아남을 확률
   ③ 사망수 : x세의 사람 중 $x+1$세까지 도달하지 못하고 사망한 사람의 수

④ 사망률 : x세의 사람이 $x+1$세까지 도달하지 못하고 사망할 확률
⑤ 사력 : x세에 도달한 사람이 그 순간 사망할 수 있는 확률
⑥ 평균여명 : x세까지 생존한 자가 x세 이후 생존할 수 있는 연수의 평균

2 지표산출방법

역학 연구에서 조사되는 집단의 질병 빈도가 얼마인지 비(ratio), 율(rate), 분율(proportion)로 나타낸다.

1 빈도값

(1) 비(ratio)
  ① A와 B가 완전히 독립적일 때 한 측정값을 다른 측정값으로 나눈 지표
  ② A하나당 B가 몇인지를 보여주는 것
  ③ 분자가 분모에 속하지 않음(=각 항목이 상호 배타적임)
  ④ 성비, 모성사망비, 사산비, 상대위험비, 교차비
  ⑤ 비(ratio)의 개념으로 보는 것 : 영아사망률, 신생아사망률, 주산기사망률

(2) 율(rate)
  ① 특정 시간 인구집단에서 새롭게 발생한 사건의 '빈도'를 표현하는 지표
  ② 분자가 분모에 포함(분모는 어떤 사건을 같이 경험하는 집단)
  ③ 특정한 사건의 수를 A라 하고, 사건을 가지지 않은 수를 B라 하면, 모집단은 $A+B$가 된다. A를 $A+B$로 나누면 특정 사건수 A의 율이 된다.
  ④ 평균발생률, 발병률, 보통사망률

(3) 분율(proportion)
  ① 전체를 1로 보았을 때 하나의 항목이 차지하는 값
  ② 흔히 백분율(%)을 사용(전체에서 부분이 차지하는 비율)
  ③ 치명률, 유병률, 누적 발생률, 민감도, 특이도

2 주요 질병 통계지표

(1) 발생률(incidence rate)
  ① 일정 기간, 일정 집단 내에서 질병이 새롭게 발생한 수(동태 통계)
  ② 발생 원인 규명, 발생의 양상을 파악할 경우 이용, 주로 급성질환에 사용
   예 용산구 주민 중 코로나에 몇 명이 걸렸나?

$$발생률 = \frac{일정기간\ 해당\ 지역에서\ 발생한\ 환자\ 수}{전체\ 인구\ 수} \times 1{,}000$$

+PLUS 심화

누적발생률(CIR ; cumulative incidence)

① 일정 기간 동안에 질병에 걸리는 사람들의 '분율' : 관찰 대상자의 관찰 시작부터 특정한 문제가 발생하기 전까지 지속적으로 관찰하는 것을 가정하지만 실제 연구 대상자들이 동일 기간 안에 들어오지 않을 수 있고, 각각 관찰 기간이 다를 수 있다. 분자와 분모의 시간 개념이 다를 수 있으므로 '분율'에 해당한다.

② 누적발생률은 해당 기간을 명확하게 표현하는 것이 중요하다.
   예) 5년간 누적 발생률, 10년간 누적 발생률

③ 분모에 면역을 가진 사람의 수가 많다면 → (중앙인구 － 면역을 가진 사람 수)
   분모에 만성질병자가 많다면 → (중앙인구 － 기존 환자의 수)

$$누적발생률 = \frac{일정지역\ 특정\ 기간\ 내에\ 새롭게\ 질병이\ 발생한\ 환자의\ 수}{동일\ 기간\ 내에\ 질병발생\ 가능성을\ 지닌\ 인구의\ 수} \times 1,000$$

예) 10년의 기간 동안 1,000명의 인구에서 40명의 환자가 발생했다.
   = 10년간 100명당 4명의 환자 발생
   = 연간 1,000명당 4명 환자 발생

평균발생률(incidence density)

① 연구 대상자의 관찰기간이 각각 다른 것을 감안하여 어떤 일정한 인구집단에서 질병의 순간 발생률을 측정하는 것으로 '율'에 해당한다.
② 발생밀도(incidence density)라고도 한다.
③ 분모는 '관찰기간(person-time)의 총합'
④ 분모 단위는 인-년(person-year), 인-월(person-month), 인-일(person-day) 등이 있다.
⑤ 분모에 면역을 가진 사람의 수가 많다면 → (중앙인구 － 면역을 가진 사람 수)
   분모에 만성질병자가 많다면 → (중앙인구 － 기존 환자의 수)

$$평균발생률 = \frac{일정지역\ 특정기간\ 내에\ 새롭게\ 질병이\ 발생한\ 환자의\ 수}{총\ 관찰인시(person-time)}$$

예) 평균발생률 구하기

대상자	관찰기간				
1				▮	
2					
3					
4			▮		
5				▮	
6	2008년	2009년	2010년	2011년	2012년

― 관찰기간
▮ 질병발생

대상자 1의 관찰기간 → 3.5년   대상자 4의 관찰기간 → 1.5년
대상자 2의 관찰기간 → 3년   대상자 5의 관찰기간 → 1년
대상자 3의 관찰기간 → 1년

$$\text{평균발생률} = \frac{3}{3.5+3+1+1.5+1} = \frac{3}{10\text{인년}} = 10\text{년간 3건 발생}$$

◎ **인년 계산의 예**

6개월 동안 관찰한 사람 수가 10명, 2년 동안 관찰한 사람 수가 20명, 5년 동안 관찰한 사람 수가 4명일 경우의 인년

$$= \left(\frac{1}{2} \times 10\right) + (2 \times 20) + (5 \times 4) = 65\text{인년}$$

(2) **발병률(attack rate)** : 발병률은 어떤 집단이 한정된 기간에 한해서만, 어떤 질병에 걸릴 위험에 놓여 있을 때 전체 기간 중 주어진 집단 내에서 새로 발병한 총수의 분율

$$\text{발병률}(\%) = \frac{\text{같은 기간 내에 새로 발생한 환자 수}}{\text{일정기간 발병 위험에 폭로된 인구 수}} \times 100$$

> **참고**
> 발병률은 일종의 발생률의 개념이다. 발생률의 분모는 인구 전체를 집단으로 하는 큰 범주라면, 발병률의 분모는 한정된 기간에 특정 위험에 처한 작은 집단이라고 생각하면 된다.

(3) **이차 발병률**
① 발단 환자를 가진 가구의 감수성 있는 가구원 중에서 이 병원체의 최장 잠복기 내에 발병하는 환자의 분율
② 감염성 질환에서 해당 병원치의 감염력을 간접적으로 나타냄
③ 이차 발병률의 분모와 분자에서는 발단환자를 제외함

$$\text{이차 발병률} = \frac{\text{최장 잠복기 내에 새로 발생한 환자 수}}{\text{발단환자와 접촉한 감수성 있는 사람들의 수}} \times 100$$

> **참고**
> 일정시간의 배안의 사람 300명 중 최초 환자 1명, 최장 잠복기 내에 30명 추가 환자 발생, 예방접종자는 10명의 경우
>
> • 일차 발병률 $= \dfrac{31}{300-10}$ • 이차발병률 $= \dfrac{30}{300-10-1}$

(4) **유병률(prevalence rate)**
① 유병률 : 어느 시점의 인구 집단에서 질병에 이환되어 있는 사람 수(정태 통계)
② 기간유병률(period prevalence rate) : 어떤 특정한 기간에 어떤 인구 중에서의 질병의 상태를 표현
③ 시점유병률(point prevalence rate) : 한 시점의 상태를 표현
④ 기간유병률은 특수한 경우를 제외하고는 활용도가 적어, 주로 시점유병률이 주로 활용됨

⑤ 유병률의 용도
  a. 병상 수, 전문의 수, 약품생산의 수요를 추정하는 데 유용하게 이용
  b. 특히 만성질환의 경우에 질병관리에 필요한 인력 및 자원소요의 추정에 유용한 도구
  c. 질병퇴치 프로그램의 유용성 평가
  d. 시점유병율에 대한 장기 추적으로 질병 발생 양상의 추이를 파악
⑥ 유병률이 높아지는 경우 : 질병의 독성 약화, 치료기술의 발달로 인해 생존 기간이 길어진 경우

$$유병률 = \frac{동일시점\ 환자의\ 수}{특정시점\ 인구\ 수} \times 1{,}000$$

항목	발생률	유병률
분자	새롭게 발생한 환자수 (일정 기간)	특정 질환을 갖고 있는 환자수 (특정 시점, 기간)
분자의 자료원	추적 연구자료 (코호트연구, 실험연구, 질병등록사업)	단면연구자료
분모	위험에 노출된 인구수	어느 시점(기간)의 인구 수
분모의 자료원	평균 위험노출 인구수	당시 대상인구 조사수
관찰형태	동적	정적
활용	질병의 원인을 찾는 도구	· 필요한 자원과 인력의 소요를 추정 · 건강 프로그램의 유용성 평가 · 정책수립의 기초자료

(5) 치명률
① 특정 질병에 걸린 환자 중에서 일정 기간 동안 그 질병으로 사망한 수를 백분율로 표시
② 질병의 심각한 정도를 나타냄
③ 질병 치료법이 얼마나 발달되었는지 알 수 있음

$$치명률 = \frac{그\ 기간\ 동안\ 동일\ 질병에\ 의한\ 총\ 사망자\ 수}{일정기간\ 동안\ 특정\ 질병이\ 발생한\ 총\ 환자\ 수} \times 100$$

> **참고**
> · 사망률 = 발생률 × 치명률
> · 독력 = $\frac{사망자\ 수 + 중환자\ 수}{현성\ 환자\ 수} \times 100$

OX로 확인

09 ⃝ⅠⅩ
독력은 특정 질병에 걸린 환자 중에서 일정 기간 동안 그 질병으로 사망한 수를 백분율로 표시한 것이다.

OX로 확인 해설&정답

해설
09 독력 → 치명률

정답
09 ×

(6) 발생률과 유병률 관계

① 유병률은 발생률과 이환기간의 영향을 받는다.

$$P(\text{유병률}) = I(\text{발생률}) \times D(\text{이환기간})$$

② 공식을 바꾸면

$$D(\text{이환기간}) = \frac{P(\text{유병률})}{I(\text{발생률})}$$

③ 유병률(P)이 발생률(I)보다 크다면 이환기간(D)은 길어진다. 따라서 이환기간이 긴 만성질환은 발생률보다 유병률이 높다.

$$D > 1 \rightarrow \text{유병률} > \text{발생률}$$
$$D = 1 \rightarrow \text{유병률} = \text{발생률}$$
$$D < 1 \rightarrow \text{유병률} < \text{발생률}$$

3 영아와 모성의 사망지표

(1) 영아 사망률(Infant Mortality Rate)

① 환경적 요인에 민감 : 경제·사회·환경적 특성에 민감하게 반응하기 때문에 국가나 지역사회의 보건수준을 나타내는 대표적인 지표로 활용됨

② 통계적 유의성이 큼

> **참고**
> **영아 사망의 통계적 유의성**
> 특정년도의 연앙인구 1,000명 중 1년 동안 발생한 사망자 수인 조사망률은 해당 인구집단 노인 인구의 영향을 받지만, 영아의 사망은 노인 인구의 많고 적음에 영향을 받지 않아 통계적 유의성이 높다.

$$\text{영아 사망률} = \frac{\text{출생 후 1년 미만의 영아 사망 수}}{\text{연간 총 출생 수}} \times 1,000$$

(2) 신생아 사망률(Neonatal Mortality Rate) : 영아사망률이 경제·사회·환경적 특성을 반영한다면 신생아 사망은 유전적, 선천적인 영향을 크게 받음

$$\text{신생아 사망률} = \frac{\text{출생 후 28일 이내의 신생아 사망 수}}{\text{연간 총 출생아 수}} \times 1,000$$

OX로 확인

10 O X
영아의 사망수준은 선천적 요인에 민감하게 반응하기 때문에 국가나 지역사회의 보건수준을 나타내는 대표적인 지표로 활용된다.

OX로 확인 해설&정답

해설
10 선천적 → 환경적

정답
10 ×

(3) 유아 사망률 : 1~4세의 사망률로 선진국에서는 사고가 유아 사망의 주원인이 됨

$$유아사망률 = \frac{일정\ 기간\ 1~4세\ 사망\ 수}{일정\ 기간\ 1~4세\ 인구} \times 1{,}000$$

(4) α-index
① α-index가 1에 근접할수록 그 지역의 건강수준이 높은 것을 의미
② α-index 값이 클수록 신생아기 이후의 영아 사망률이 높기 때문에 영아 사망에 대한 예방대책 필요
③ α-index는 1보다 작을 수는 없음
④ α-index가 1인 경우 그 해 사망한 영아는 모두 생후 28일 이내에 사망했음을 의미

$$\alpha\text{-Index} = \frac{같은\ 연도의\ 영아\ 사망\ 수}{어떤\ 연도의\ 신생아\ 사망\ 수}$$

[O×로 확인]
11 O|×
α-index 값이 1에 근접할수록 그 지역의 건강수준이 높은 것을 의미한다.

(5) 모성 사망비(Maternal Mortality Rate)
① 해당 연도 출생아 수에 대한 임신, 분만, 산욕의 합병증으로 사망한 모성 수의 비
② 모성 사망비 계산의 분모는 임신한 모든 여성이 되어야 하지만, 그 수의 파악이 어려우므로 출생아 수로 대용함

$$모성\ 사망비 = \frac{모성\ 사망수(같은\ 연도의\ 임신,\ 분만,\ 산욕\ 합병증으로\ 사망한\ 모성\ 수)}{연간\ 출생아\ 수} \times 100{,}000$$

(6) 주산기 사망률(Perinatal Mortality Rate)
① 주산기 사망은 임신 28주 이후의 사산 + 생후 1주 미만의 신생아 사망을 합한 것
② 산모의 건강상태 뿐 아니라 태아의 건강상태까지도 파악할 수 있는 모자보건의 대표적 지표 중 하나(분모에 주의)
③ 원인 : 주로 임신중독증, 난산, 출생시 손상, 조산아, 무산소증, 저산소증, 조기파수 등

$$주산기\ 사망률 = \frac{같은\ 해\ 임신\ 28주\ 이후\ 사산\ 수 + 생후\ 1주\ 이내의\ 신생아\ 사망\ 수}{1년\ 간\ 총\ 출산아\ 수(특정연도\ 출생아\ 수 + 주산기\ 태아\ 사망\ 수)} \times 1{,}000$$

[O×로 확인]
12 O|×
주산기 사망률은 영유아의 보건수준을 잘 반영하는 지표이다.

해설
12 영유아 → 모성

정답
11 O 12 ×

4 사망지표

(1) 조사망률(Crude Death Rate) : 인구 1,000명당 1년간 발생한 총 사망자 수로 표시하는 비율

$$조사망률 = \frac{연간 \; 총 \; 사망자 \; 수}{연앙인구} \times 1,000$$

(2) 특수 사망률(Specific Death Rate) : 성, 연령, 직업 등 인구의 특성별 사망률을 나타낸 것
① 연령별 특수 사망률 : 특정 연령군의 사망률
② 사인별 특수 사망률 : 특정 원인으로 인한 사망자 수

$$특수 \; 사망률 = \frac{일정기간 \; 해당 \; 집단의 \; 사망자 \; 수}{일정기간 \; 특정 \; 집단의 \; 연앙인구} \times 100,000$$

(3) 비례 사망지수(Proportional Mortality Indicator)
① 해당 연도의 총 사망자 수에 대한 50세 이상의 연간 총사망자 수의 비를 백분율로 나타낸 것
② 국가간 건강수준의 비교에 사용되는 대표적 보건지표
③ 'PMI가 높다' = 전체 사망자 수 중 50세 이상의 사망자 수가 많다 = 건강수준이 높고, 장수인구가 많음을 의미

$$비례 \; 사망지수 = \frac{50세 \; 이상의 \; 연간 \; 총 \; 사망자 \; 수}{해당연도의 \; 총 \; 사망자 \; 수} \times 100$$

(4) 비례 사망률(PMR ; Proportional Mortality Rate)
① 모든 질병에 의한 연간 사망자 총수에 대해 특정 원인에 의한 사망자수를 백분율로 나타낸 것
② 인구집단을 바탕으로 산출한 것이 아니므로 인구집단의 조사망률에 따라 큰 영향을 받음, 따라서 특정원인의 사망위험을 비교하는 목적으로 사용하지 않음

$$비례 \; 사망률 = \frac{특정 \; 원인에 \; 의한 \; 총 \; 사망자 \; 수}{해당연도의 \; 총 \; 사망자 \; 수} \times 100$$

> **참고**
>
> **전체 총 사망자 수 중 암을 원인으로 사망한 사람의 수**
> → 비례 사망률
>
> **일정기간 전체 인구집단 중에서 암을 원인으로 사망한 사람의 수**
> → 사인별 특수 사망률(암)
>
> **'암을 원인으로한 비례 사망률이 30%이다.' 의 의미**
> → 내가 사망할 경우 암을 원인으로 사망할 확률이 30%이다. (×)
> → 전체 사망자들 중에서 30%가 암을 원인으로 사망했다. (○)

5 율의 표준화(표준화 사망률)

(1) 역학적 특성이 다른 두 집단의 보건지표를 비교할 때 역학적 특성이 결과에 영향을 줄 수 있으므로 이를 보정한 것

(2) 비교를 위한 상대적인 비율일 뿐 실제적인 수준은 아니다.

> **참고**
> 노인의 인구가 절대적으로 많은 지방 소도시의 조사망률과 젊은 근로자 수가 많은 도심 공단 지역의 조사망률을 단순 비교하기에는 무리가 있어 표준화 사망률을 구한다.

(3) 직접 표준화법(Direct Standardization Method)
① 표준인구를 택하여 표준인구가 나타내는 연령 분포를 비교하고자 하는 군들의 연령별 특수 사망률에 적용
② 필수 요소 : 표준인구 인구구성, 비교집단의 연령별 특수 사망률
③ 방법
    a. 1단계 : 표준집단(인구)을 선정한다.
       → 두 집단의 인구를 합하여 표준인구를 만든다.
    b. 2단계 : 연령별 표준인구에 각 군의 연령별 사망률을 곱한다.
       → 표준인구에서의 연령별 기대사망 수가 산출된다.
    c. 3단계 : 연령별 기대사망수를 합한 후 표준인구로 나눈다.
       → 직접 표준화율 산출

(4) 간접 표준화법(Indirect Standardization Method)
① 비교하고자 하는 한 군의 연령별 특수사망률을 모를 때 사용
② 적은 인구 수로 인해 연령별 특수사망률이 불안정할 때 사용
③ 필수 요소 : 표준인구의 연령별 특수 사망률, 비교집단의 연령별 인구구성
④ 표준화 사망비(SMR ; standardized mortaly ratio)를 이용하여 계산

$$\text{표준화 사망비} = \frac{\text{관찰 사망 수}}{\text{기대 사망 수}}$$

⑤ 방법
    a. 1단계 : 표준인구의 연령별 사망률을 각 지역의 연령별 인구수에 곱해 기대 사망수를 구한다.
    b. 2단계 : 실제 관찰된 사망수(observed number)를 기대 사망수로 나눈다.
       → 표준화 사망비 산출
    c. 3단계 : 표준인구의 사망율에 표준화 사망비를 곱한다.
       → 간접 표준화률 산출

+PLUS 심화

◉ 직접 표준화 계산하기

① 두 집단의 인구를 합하여 표준인구를 만든다.

연령	집단 A		집단 B		표준인구 수
	인구 수	1,000명당 사망률	인구 수	1,000명당 사망률	
15세 미만	1,500	2	2,000	2	3,500
15~44세	2,000	6	2,500	10	4,500
45세 이상	1,500	20	500	20	2,000
계	5,000		5,000		10,000

② 연령별 표준인구에 각 군의 연령별 사망률을 곱하여 기대사망 수를 계산한다.

표준인구 수	집단 A 1,000명당 사망률	집단 A 기대사망 수	집단 B 1,000명당 사망률	집단 B 기대사망 수
3,500	2	7	2	7
4,500	6	27	10	45
2,000	20	40	20	40
10,000		74		92

③ 연령별 기대사망 수를 합한 후 표준인구로 나눈다.

$$집단\ A의\ 표준화\ 사망률 = \frac{74}{10,000} \times 1,000 = 7.4$$

$$집단\ B의\ 표준화\ 사망률 = \frac{92}{10,000} \times 1,000 = 9.2$$

6 인구 재생산 수준에 관한 지표

(1) 조출생률

> ❶ **출생**: 사산을 포함하지 않는 정상 출생
> **출산**: 출생과 사산을 포함
> **사산**: 모체 밖으로 나오기 전의 사망

$$조출생률 = \frac{같은\ 연도의\ 총\ 출생아\ 수}{연\ 중앙인구} \times 1,000$$

(2) 일반 출산율

$$\text{일반 출산율} = \frac{\text{같은 연도의 총출생아 수}}{15 \sim 49\text{세의 가임연령 인구}} \times 1,000$$

(3) 연령별 출산율 : 특정 연령의 여성 인구 1,000명이 출산한 출생아 수를 나타낸 지표

$$\text{연령별 출산율} = \frac{\text{해당 연령의 여성이 낳은 총 출생아 수}}{\text{특정 연도의 특정 연령층 여성인구 수}} \times 1,000$$

(4) 재생산 통계

① 합계 출산율(TFR ; Total Fertility Rate) : 한 여성이 가임기간 동안 평균 몇 명의 자녀를 낳는가를 나타내는 지표
   → 국가별 출산력 수준을 나타내는 대표지표

> **❶ 대체 출산율**
> - 한 국가의 인구가 감소하지 않고 현재의 인구규모를 유지하는데 필요한 합계출산율
> - 선진국의 대체출산율 : 일반적으로 2.1명
> - 대체출산율의 지속적 낮음 → 인구감소의 결과로 이어짐
> - 우리나라는 1984년 2.1명을 기록한 이후 급격히 낮아져 2020년 기준 합계출산율은 0.84명으로 대체출산율에 미치치 못하고 있음
> - 개발도상국의 경우 영아 사망률이 높기 때문에 인구 유지에 필요한 대체출산율이 선진국에 비해 높다.

② 총재생산율(GRR ; Gross Reproduction Rate) : 한 여성이 가임기간 동안 몇 명의 여아를 낳는가를 나타내는 지표

> **참고**
> - 총재생산율은 가임여성의 사망을 고려하지 않고 계산한 것이다.
> - 의미 : 여아로 태어나서 가임기에 이르지 못하고 사망하는 경우의 수를 무시한 지표이다(총재생산율을 '어머니의 사망을 무시하였다'라고도 표현한다.).
> 예 가임여성의 사망을 고려한 지표가 순재생산율이다.

$$\text{재생산율} = \text{합계 출산율} \times \frac{\text{여아출생아 수}}{\text{총출생아 수}}$$

③ 순재생산율(NRR ; Net Reproduction Rate)
   a. 일생 동안 낳은 여아의 수 가운데 출산 가능 연령에 도달한 생존 여아의 수
   b. 여성의 연령에 따른 사망률을 고려한 지표
      - 순 재생산률 > 1 : 인구 증가
      - 순 재생산률 = 1 : 인구 정지
      - 순 재생산률 < 1 : 인구 감소

7 병원통계지표

병원통계는 환자 수, 진료비, 질병, 수술, 사망률 등의 자료를 작성해 병원운영, 의학연구, 의료기관 현황보고, 병원표준화심사 등을 위한 자료를 얻기 위함이다.

(1) 입원율 : 대상인구 중 단위 인구(1,000명 당)의 연간 입원 수를 나타냄

$$입원율 = \frac{대상인구 \ 중 \ 입원환자 \ 수}{대상인구} \times 1,000$$

(2) 평균 재원일수 : 입원 환자 당 평균 재원기간을 나타냄

$$평균 \ 재원일수 = \frac{기간 \ 중 \ 퇴원 \ 환자의 \ 총 \ 재원일 \ 수}{일정기간 \ 중 \ 총 \ 퇴원 \ 환자 \ 수}$$

(3) 병상 이용률 : 가동병상이 실제 환자에 의해 점유될 비율

- $병상 \ 이용률 = \dfrac{1일 \ 평균 \ 재원환자 \ 수}{연 \ 가동 \ 병상 \ 수} \times 100$
- $연간 \ 병상이용률 = \dfrac{연간 \ 총 \ 누적 \ 재원환자 \ 수}{365 \times 병상수} \times 100$

(4) 병상 회전율

① 일정 기간 동안 한 개의 병상을 이용한 평균 환자의 수
② 병원의 수익성을 나타내는 지표

$$병상 \ 회전율 = \frac{해당 \ 기간 \ 퇴원(입원)실 \ 인원 \ 수}{평균 \ 가동 \ 병상 \ 수}$$

기출문제로 요점정리

01 [2021 서울]

지역주민의 건강문제에 대한 조사결과가 정규분포를 따른다고 할 때 이 곡선에 대한 설명으로 가장 옳은 것은?

① 평균 근처에서 낮고 양측으로 갈수록 높아진다.
② 평균에 따라 곡선의 높낮이가 달라진다.
③ 표준편차에 따라 곡선의 위치가 달라진다.
④ 표준편차가 작으면 곡선의 모양이 좁고 높아진다.

정답 ④
요점 정규분포
도수분포를 히스토그램으로 옮겨 평균을 중심으로 좌우대칭의 종 모양(bell shape)으로 정규곡선을 표현한 그래프
- 평균 근처에서 높고 양측으로 갈수록 낮아진다.
- 편차에 따라 곡선의 높낮이가 달라진다.
- 평균에 따라 곡선의 위치가 달라진다.

02 [2020 서울]

<보기>에서 설명하는 표본추출 방법으로 가장 옳은 것은?

─ 보기 ─
모집단에서 일련의 번호를 부여한 후 표본추출간격을 정하고 첫 번째 표본은 단순임의추출법으로 뽑은 후 이미 정한 표본추출간격으로 표본을 뽑는 방법이다.

① 집락추출법(cluster sampling)
② 층화임의추출법(stratified random sampling)
③ 계통추출법(systematic sampling)
④ 단순임의추출법(simple random sampling)

정답 ③
요점 계통추출(systematic sampling, 체계적 추출)
- 모집단 내 개체들을 특정 속성에 따라 정렬된 리스트에서 일정 간격의 위치에 있는 개체들을 표본에 넣는 방법
- 최초의 표본(A)를 뽑은 후, 추출간격(K)를 더하여 (N)의 표본이 될 때까지 추출하는 방법

03
[2019 서울]

모집단의 모든 대상이 동일한 확률로 추출될 기회를 갖게 하도록 난수표를 이용하여 표본을 추출하는 방법은?

① 단순무작위표본추출(simple random sampling)
② 계통무작위표본추출(systematic random sampling)
③ 편의표본추출(convenience sampling)
④ 할당표본추출(quota sampling)

정답 ①

요점 단순무작위추출
- 모집단 N개에서 표본 n개가 뽑힐 확률은 모두 $\frac{n}{N}$이 되도록 하여 추출하는 방법
- 무작위로 표본이 뽑히기 때문에 표본은 편향되지 않으며, 표본으로부터의 얻어진 결과를 통해 일반화시킬 수 있음

04
[2021 경기 의료기술]

모집단으로부터 과학적으로 추출된 표본은 모집단에 대한 대표성을 갖는다. 다음 중 대표성이 낮은 표본추출방법은?

① 편의추출
② 집락추출
③ 계통추출
④ 단순무작위추출

정답 ①

요점 표본추출방법

확률 표본추출 (probability sampling)	• 전 집단의 모든 사례에서 표본으로 뽑힐 기회가 똑같이 주어지는 표집방법 • 무작위 선택 : 모집단 내 모든 요소가 선택될 확률이 같은 것 • 단순무작위추출, 층화무작위추출, 계통추출, 집락표본추출
비확률 표본추출 (nonprobability sampling)	• 주관적인 판단에 의한 표집방법 • 모집단의 구성원이 표본으로 뽑히는 확률에 차이가 있어 대표성 떨어짐 • 편의추출, 임의추출, 눈덩이 추출 등

기출문제로 요점정리

05 `2021 경기 의료기술`

조사한 값이 다음과 같을 때 중앙값은?

> 15, 20, 14, 11, 9, 19, 12, 8, 12, 23

① 11
② 12
③ 13
④ 14

06 `2021 보건복지부`

다음 중 명목척도 항목으로 옳은 것은?

① 키, 몸무게
② 성별, 종교
③ 체온, 온도
④ 교육수준(초졸, 중졸, 고졸, 대졸)

■정답 ③
◎요점 **중위수(중앙값)**
• 자료를 크기 순으로 늘어 놓을 때 중앙에 놓이는 값
• 홀수 : 가운데 있는 값, 짝수 : 가운데 있는 두 개의 값의 평균
• 순서대로 나열하면, (8, 9, 11, 12, 12, 14, 15, 19, 23)이다.
 → (12+14)/2=13

■정답 ②
◎요점
① 키, 몸무게 : 비율척도
③ 체온, 온도 : 등간척도
④ 교육수준 : 서열척도

명목척도
• 측정 대상자의 특성을 나타내는 척도
• 측정 대상자의 특성이나 성질이 상호배타적(서로 중복되지 않음)
 예 성별, 종교, 혈액형, 국적, 결혼상태, 인종 등

07
[2023 지방]

다음에서 설명하는 용어는?

- 두 개 이상의 산포도를 비교하고자 할 때 사용한다.
- 측정치의 크기가 매우 차이가 나거나 단위가 서로 다를 때 유용하다.
- 표준편차를 산술평균으로 나눈 값이며 백분율로 나타내기도 한다.

① 조화평균
② 평균편차
③ 분산
④ 변이계수

정답 ④

요점 변이계수
① 여러 다른 종류의 통제집단이나 동종의 집단 일지라도 평균이 크게 다를 때, 산포도를 비교하고자 할 때 사용(서로 다른 집단이나 측정 단위가 다른 변수의 편차를 비교하기 위해 사용)
② 표준편차가 산술평균에 대하여 그 크기가 얼마인지를 알아보는 것
③ 표준편차를 산술평균으로 나눈 백분율

$$\text{변이계수} = \frac{\text{표준편차}}{\text{평균치}} \times 100$$

08
[2022 경기 의료기술]

다음 보건지표 중 분모가 출생아 수인 것은?

① 일반출생률
② 모성사망비
③ 주산기사망률
④ 보통출생률

정답 ②

요점 보건지표

① 일반출생률 $= \dfrac{\text{같은 연도의 총출생아 수}}{15 \sim 49\text{세의 가임연령 인구}} \times 1,000$

② 모성사망비
$= \dfrac{\text{같은 연도의 임신, 분만, 산욕 합병증으로 사망한 모성 사망 수}}{\text{연간 출생아 수}} \times 100,000$

③ 주산기사망률
$= \dfrac{\text{같은 해 임신 28주 이후 사산 수} + \text{생후 1주 이내의 신생아 사망 수}}{1\text{년 간 총 출산 수(특정연도 출생아 수} + \text{주산기 폐아 사망 수)}} \times 1,000$

④ 보통출생률 $= \dfrac{\text{같은 연도의 총출생아 수}}{\text{연 중앙인구}} \times 1,000$

기출문제로 요점정리

09 [2021 경기]

원생이 총 100명인 어느 유치원에서 2명의 유행성 이하선염 환아가 발생하였다. 이후 최대잠복기 동안 40명의 환아가 추가로 발생하였다. 원생 중 감수성자는 처음 질병에 걸린 2명을 포함하여 70명이었다. 유행성 이하선염의 이차발병률은 얼마인가?(단, 무증상감염자는 없다고 가정한다)

① $40/(100-70) \times 100$
② $40/(70-2) \times 100$
③ $40/70 \times 100$
④ $40/(100-2) \times 100$

10 [2020 경기]

기대수명 산출을 위한 생명표 작성에서 다루는 변수로 옳지 않은 것은?

① 출생아 수
② 사망자 수
③ 생존자 수
④ 평균여명

■정답 ②
◎요점 **이차발병률**
- 발단 환자를 가진 가구의 감수성 있는 가구원 중에서 이 병원체의 최장 잠복기 내에 발병하는 환자의 분율
- 주의: 이차 발병률의 분모와 분자에서는 발단환자를 제외한다. 분모에서는 질병에 걸릴 가능성이 없는 대상자(면역이 있는 사람=감수성이 없는 사람)은 제외한다.
- 공식

$$이차\ 발병률 = \frac{최장\ 잠복기\ 내에\ 새로\ 발생한\ 환자\ 수}{발단환자와\ 접촉한\ 감수성\ 있는\ 사람들의\ 수} \times 100$$

■정답 ①
◎요점 **생명표(Life Table)**
- 현재의 연령별 사망 수준이 그대로 지속된다는 가정 하에 특정한 출생 코호트가 연령이 많아짐에 따라 소멸되어가는 과정을 정리한 표
- 생명함수 6종: 생존 수, 생존율, 사망 수, 사망률, 사력, 평균여명

11
[2021 대구 의료기술]

B형간염과 간암 발생 간의 코호트연구를 실시하였다. B형간염을 가진 환자가 35명, 질병이 없는 건강한 사람이 70명이다. 이들을 장기간 추적조사하여 간암 발생 유무를 확인하였다. 이에 대해 노출군과 비노출군의 간암 발생 유무의 연관성을 검정할 때 사용되는 통계분석방법은?

① 카이제곱 검정
② 독립표본 T−검정
③ 대응표본 T−검정
④ 분산분석

정답 ①

요점
- 독립변수는 B형간염 환자와 건강한자 → 범주형 명목변수
- 종속변수인 간암 발생 유·무 → 범주형 명목변수
- x^2 검정(빈도분석, 카이제곱검정)
  ① 측정하여 얻은 데이터가 사람 수, 횟수 등의 빈도인 경우에 사용
  ② 독립변수와 종속변수 모두 명목변수
  ③ 두 변수 간의 관련성을 알아보는 방법
  예) 예방접종을 한 사람과 하지 않은 사람들의 코로나 발생 비교

12
[2019 교육청]

척도의 종류에 관한 설명으로 옳지 않은 것은?

① 명목척도는 특정 데이터를 구별하기 위한 수단이다.
② 서열척도는 중앙값과 평균값을 구할 수 있다.
③ 등간척도는 더하기와 빼기가 가능하다.
④ 비율척도는 더하기와 빼기, 곱하기와 나누기가 가능하다.

정답 ②

요점
① 명목척도는 숫자의 크기는 의미가 없으며 특정 범주(categorty)만을 표시한다.
② 서열척도는 측정대상자 특성의 상대적 크기에 따라 순서대로 측정대상을 구분할 수 있는 척도로 크기순대로 "서열화"가 가능하다(서열 간 구체적인 간격의 차이는 알 수 없음). 따라서 최빈값과 중앙값을 구할 수 있다. 평균은 등간척도와 비율척도에서 구할 수 있다.

척도		순위구분	동일간격	절대 0점	가감승제
질적변수 (범주형)	명목척도	X	X	X	불가
	서열척도	O	X	X	불가
양적변수 (연속형)	등간척도	O	O	X	+, − 가능
	비율척도	O	O	O	+, −, ×, ÷ 가능

기출문제로 요점정리

13 [2021 경기]

어느 지역의 심뇌혈관질환을 조사했더니 심뇌혈관질환 유병률은 1,000명당 36명, 심뇌혈관질환 발생률은 1,000명당 10명이었다. 이를 근거로 심뇌혈관질환 이환기간을 구하면?

① 0.3
② 1.3
③ 2.8
④ 3.6

정답 ④

요점 발생률과 유병률 관계

① 유병률은 발생률과 이환기간의 영향을 받는다.

$$P(유병률) = I(발생률) \times D(이환기간)$$

② 공식을 바꾸면

$$이환기간(D) = \frac{P(유병률)}{I(발생률)} \times 100$$

③ $P(유병률) = \frac{36}{1,000}$, $I(발생률) = \frac{10}{1,000}$

④ $\frac{I}{P} = 3.6$

14 [2020 경남]

어느 지역에서 영아 사망의 50%가 신생아기에 발생하였을 경우, 예상되는 알파지수는 얼마인가?

① 0.5
② 1.0
③ 1.5
④ 2.0

정답 ④

요점

- 영아 사망의 50%가 신생아 사망이다.
  → 영아 사망이 100일 경우, 신생아 사망은 50이다.
  → $\frac{100}{50} = 2.0$

$$\alpha-\text{Index} = \frac{같은\ 연도의\ 영아\ 사망수}{어떤\ 연도의\ 신생아\ 사망수}$$

15 [2020 충북]

올해 처음으로 신종감염병이 발생한 어느 지역의 질병통계가 다음과 같을 때, 신종감염병의 발생률(10만명당)과 치명률(%)은 각각 얼마인가?

- 총인구(중앙인구) : 200,000명
- 신종감염병 환자 : 50명
- 신종감염병 사망자 : 3명

	발생률(10만명당)	치명률(%)
①	15	3%
②	25	6%
③	20	8%
④	25	8%

정답 ②

요점
- 발생률 : 일정기간, 일정집단 내에서 질병이 새롭게 발생한 수(동태통계)

$$발생률 = \frac{일정기간\ 해당\ 지역에서\ 발생한\ 환자\ 수}{전체\ 인구\ 수} \times 100$$

$$\rightarrow \frac{50}{200,000} \times 100,000 = 25$$

(문제에서 인구 십만명당 발생률이므로 계산에서도 십만을 곱한다.)

- 치명률 : 질병의 심각한 정도를 나타냄

$$발생률 = \frac{그\ 기간\ 동안\ 동일\ 질병에\ 의한\ 총\ 사망자\ 수}{일정\ 기간\ 동안\ 특정\ 질병이\ 발생한\ 총\ 환자\ 수} \times 100$$

$$\rightarrow \frac{3}{50} \times 100 = 6(\%)$$

16 [2019 제주 의료기술]

다음 자료들의 분산을 구하면?

$$85,\ 70,\ 80,\ 75,\ 90$$

① 50
② 52.5
③ 60
④ 62.5

정답 ①

요점 분산(Variation)
- 편차의 제곱을 평균한 값
- 편차의 마이너스(−) 값을 양수(+)로 만들기 위해 '제곱'을 한다.

1) 평균을 구한다.
$$\rightarrow \frac{85+70+80+75+90}{5} = \frac{400}{5} = 80$$

2) 편차를 구한다.
- $85 - 80 = 5$
- $70 - 80 = -10$
- $80 - 80 = 0$
- $75 - 80 = -5$
- $90 - 80 = 10$

3) 분산을 구한다.
$$\rightarrow \frac{5^2 + 10^2 + 0^2 + 5^2 + 10^2}{5} = \frac{250}{5} = 50$$

PART 4

학습 포인트

- 감염병의 자연사
- 감염력, 병원력, 독력
- 병원체와 병원소의 종류
- 직접전파와 간접전파
- 면역의 종류
- 필수예방접종
- 법정 감염병의 종류와 정의
- 감염병의 신고

질병관리

CHAPTER 01	감염성 질환
CHAPTER 02	만성질환
CHAPTER 03	기생충 질환

CHAPTER 01 감염성 질환

1 감염병의 개요

1 감염과 감염병

(1) 감염(Infection) : 병원체가 숙주에 침입한 후 증식을 하여 세포와 조직에 병리적인 변화를 일으켜 증상과 증후를 나타내거나, 면역 반응을 야기하는 상태

(2) 감염병(Communicable disease)
   ① 감염성 질환 : 병원체의 감염으로 발생한 질병
   ② 감염병 : 감염성 질환이 감염성을 가지고 새로운 숙주에게 감염을 일으켜 발생하는 질병

(3) 전염병 : 감염병 가운데 전염력이 높은 질병

2 감염의 형태

(1) 현성감염 : 임상적인 증상이 있는 감염상태

(2) 불현성감염 : 임상증상과 증후가 없는 무증상 감염 상태로 단지 미생물학적인 방법이나 면역학적인 방법(세균배양, 혈액 검사 등)에 의해서만 발견 가능

(3) 잠재감염
   ① 병원체가 숙주에 증상을 일으키지 않으면서 숙주 내에 지속적으로 존재하는 상태로 병원체와 숙주가 평형을 이루는 상태
   ② 병원체가 혈액이나, 조직, 분비물에서 발견될 수도 있으나, 발견되지 않을 수도 있음
   ③ 면역억제제 투여나, 면역결핍증, 영양 불량, 만성질환 등으로 저항력이 약해지면 증상과 증후가 나타남
   예 결핵, B형 바이러스 간염, 단순포진 등

(4) 혼합감염 : 두 가지 이상의 병원균에 감염된 경우

(5) 자가감염 : 자신이 가지고 있는 병원균에 의해 다시 감염되는 경우

> **참고**
> **불현성감염의 역학적 중요성**
> - 불현성감염자가 현성감염자보다 많아 질병의 규모나 발생양상을 파악할 수가 없다.
> - 불현성감염자도 전염력을 가지고 있으며 건강자와 마찬가지로 활동력을 갖고 있기 때문에 오히려 환자보다 전염 기회를 더 많이 제공한다.
> - 항생제 등에 치명적인 반격을 받지 않는다.

OX로 확인

01 ○|X
불현성감염자는 증상이 없고 전염력이 없어 보건학적인 문제를 일으키지 않는다.

OX로 확인 해설&정답

해설
01 전염력이 없어, 일으키지 않는다
→ 전염력이 있어, 일으킨다

정답
01 ×

3 감염병의 발생설

(1) 정령설(종교설) 시대
   ① 질병을 죄악에 대한 벌로 해석하여 죄를 진 사람에게 악신이 주는 벌로 봄
   ② 종족의 제사장이 신에게 재물 제공, 사람을 희생물로 제공하여 질병을 관리

(2) 점성설 시대
   ① 자연에 대한 인식이 높아짐에 따라 질병 발생이 환경의 물리적인 어떠한 상태와 관련이 있다고 생각
   ② 별자리의 이동을 관찰하여 감염병의 유행, 전쟁, 기아 등을 점치던 시대

(3) 장기설 시대
   ① 나쁜 공기에 의해 감염병이 발생한다는 설(히포크라테스)
   ② malaria(mal=bad, aria=air)가 모기로 인한 전파라는 것이 증명된 것은 19세기 말 이후, 이전에는 유독가스(장기)에 의한 것으로 믿음 – 연기소독법 시행
   ③ 오늘날 환경과 위생을 향상시키는 데 큰 공헌을 함

(4) 접촉 전염설 시대
   ① 감염병에 대한 경험이 많아짐에 따라 질병이 접촉에 의해 전파된다고 봄
   ② 16세기 초 매독이 유럽에 만연하면서 호응을 얻음

(5) 미생물 병인설 시대
   ① 레벤후크(A. van Leeuwenhoek, 1676) : 현미경 발명으로 미생물의 존재 확인
   ② 코흐(Robert Koch, 1843~1910년) : 탄저균, 콜레라균, 결핵균, 파상풍균 발견
   ③ 세균학의 발달로 인해 면역학이 발달하며 감염병 예방시대가 도래하게 됨
      a. 제너(Edward Jenner) : 우두(1798년)
      b. 파스퇴르(Louis Pasteur) : 닭 콜레라 백신(1880년), 탄저균 백신(1881년), 광견병 백신(1884년) 개발

(6) 다요인설 시대
   ① 질병 발생을 하나의 요인이 아닌 여러 가지 복합적인 요인에 의한다는 다요인설이 지배적
   ② 역학적 삼각형, 수레바퀴, 거미줄 모형 등

2 질병발생의 요인과 모형

1 질병발생의 3대 요인

(1) 병원체 요인(agent): 질병발생에 직접적 원인이 되는 요인
① 물리적 요인: 온도, 습도, 기압, 방사능 등
② 생물학적 요인: 세균, 바이러스, 기생충, 곰팡이 등
③ 화학적 요인
   a. 외인성: 유해물질(식품첨가물, 유기용제, 살충제, 농약, 독버섯, 복어알, 일산화탄소 등)
   b. 내인성
      • 화학물질이 체내 축적되어 발생
      • 각종 대사 이상, 간질환, 신장질환

(2) 환경 요인(environment): 병원체와 숙주간 매개 역할을 하거나 이들에게 영향을 주는 요인
① 생물학적 환경
② 물리·화학적 환경
③ 사회·문화적 환경: 생활관습, 인구밀도, 불경기, 교육수준 등
④ 경제적 환경: 경제수준

(3) 숙주 요인(host)
① 체질적 요인: 숙주의 건강 상태, 저항력, 영양 상태 등
② 생물학적 요인: 감염에 대한 숙주의 저항력을 감소 혹은 증가시키는 요소
   예) 연령, 성, 인종 등
③ 행태요인: 병인과의 접촉을 억제하거나 용이하게 하는 요소
   예) 식습관, 취미, 사회적 관습, 위생습관, 성생활 등

> **참고**
>
> **병원체와 숙주의 상호작용**
>
> | 구분 | 감염성공 | | 감염실패 |
> |---|---|---|---|
> | | 현성 감염 | 불현성 감염 | |
> | 작용요인 | • 병원체의 높은 발병력
• 다량의 병원체
• 숙주의 높은 감수성
• 숙주의 면역 결여 | • 병원체의 낮은 발병력
• 소량의 병원체
• 적절한 침입로
• 숙주의 부분적 면역 | • 병원체의 낮은 감염력
• 불충분한 병원체의 양
• 부적절한 침입로
• 숙주의 낮은 감수성
• 숙주의 특이면역 |

○✕로 확인

02 ○✕
병원체, 환경, 숙주는 질병 발생의 3대 요인이다.

03 ○✕
병원체의 감염력이 낮고, 병원체의 양이 부족하며, 병원체의 숙주로의 침입과정이 적절하지 않고, 숙주의 감수성이 높은 경우 감염이 실패한다.

○✕로 확인 해설&정답

해설
03 숙주의 감수성이 높은 경우
→ 숙주의 감수성이 낮은 경우

정답
02 ○   03 ✕

2 감염병 유행의 3대 요인

(1) **감염원(Source of infection)**: 감수성이 있는 숙주에게 병원체를 전파시킬 수 있는 모든 것을 의미
   예 감염동물, 환자, 보균자, 오염식품, 오염된 기구 등

(2) **감염경로(Route of transmission)**: 감염원으로부터 감수성 있는 숙주에게 병원체가 운반되어지는 과정
   예 공기 전파, 접촉 전파, 동물매개 전파, 개달물 전파 등

(3) **감수성 있는 숙주(Susceptible host)**: 숙주가 병원체에 대해 저항력이 낮은 상태로 감수성이 높은 집단에서 감염병이 쉽게 유행함(감수성이 낮고, 면역력이 높은 집단에서는 유행이 이루어지지 않음)

3 발병과 관계되는 생물 병원체의 특성

[감염의 중증도에 따른 분류]

감염 ($A+B+C+D+E$)				
불현성 감염(A)	현성 감염 ($B+C+D+E$)			
	경미한 증상(B)	중등도 증상(C)	심각한 증상(D)	사망(E)

(1) **감염력(infectivity)**
   ① 병원체가 숙주 내에 침입 증식하여 숙주에 면역 반응을 일으키게 하는 능력
   ② ID50(감염력 지표): 병원체를 숙주에 투여하였을 경우, 숙주의 50%에게 감염을 일으키는 최저 병원체의 수

$$감염력(\%) = \frac{불현성감염자\ 수 + 현성감염자\ 수(A+B+C+D+E)}{총\ 접촉자\ 수(N)} \times 100$$

(2) **병원력(pathogenicity)**: 병원체가 감염된 숙주에게 현성 질병을 일으키는 능력

$$병원력(\%) = \frac{현성감염자\ 수(B+C+D+E)}{총\ 감염자\ 수(A+B+C+D+E)} \times 100$$

(3) **독력(virulence)**: 발병된 증상의 심각한 정도를 나타내는 미생물의 능력, 현성 감염으로 인한 사망이나 후유증을 나타내는 정도

$$독력(\%) = \frac{중환자\ 수 + 사망자\ 수(D+E)}{총\ 발병자\ 수(B+C+D+E)} \times 100$$

OX로 확인

04 O|X
병원체가 숙주 내에 알맞은 기관에 자리잡고 증식하는 능력을 병원력이라고 한다.

OX로 확인

05 O|X
현성 감염으로 인한 사망이나 후유증을 나타내는 정도를 치명률이라고 한다.

OX로 확인 해설&정답

해설
04 병원력 → 감염력
05 치명률 → 독력

정답
04 × 05 ×

> **참고**
>
> **감염력, 병원력, 독력의 상대적 강도**
>
> | 상대적 강도 | 감염력 | 병원력 | 독력 |
> |---|---|---|---|
> | 높음 | 두창, 홍역, 수두, 소아마비 | 두창, 광견병, 홍역, 수두, 감기 | 광견병, 두창, 결핵, 나병 |
> | 중간 | 풍진, 유행성 이하선염, 감기 | 풍진, 유행성 이하선염 | 소아마비 |
> | 낮음 | 결핵 | 소아마비, 결핵 | 홍역 |
> | 매우 낮음 | 나병 | 나병 | 풍진, 수두, 감기 |
>
> **치명률**
> - 일정 기간 동안 특정 질병에 이환된 사람들 중 그 질병에 의해 사망한 사람이 얼마나 되는지를 백분율로 표시한 것
> - 치명률은 독력에서 중환자 수가 빠짐
>
> $$치명률(\%) = \frac{사망자\ 수(E)}{총\ 발병자\ 수(B+C+D+E)} \times 100$$

4 질병발생의 모형

(1) Gordon의 지렛대 모형

① 숙주(인간), 환경, 병원체의 상호작용에 의해 질병 발생
   a. 병인, 숙주, 환경 간의 평형 상태는 질병이 없는 상태
   b. 병원체 요인의 변화 : 병원체의 수, 발병력, 감염력이 높아지면 질병 발생
   c. 숙주의 감수성 변화 : 개인이나 집단의 면역수준 감소 또는 감수성 증가로 질병 발생
   d. 환경의 변화 : 숙주의 감수성을 높이는 쪽으로의 환경 변화
      예 대기오염으로 인한 호흡기 질환 증가, 가뭄으로 인한 영양 불량
   e. 환경의 변화 : 병원체에 유리한 방향으로 환경 변화
      예 홍수로 인한 하수구 역류로 장티푸스, 콜레라균 증가
② 감염성 질환 설명에 적합
③ 선천적·유전적 소인을 가진 질환, 병인이 분명하지 않은 비감염성 질환의 설명에 적절하지 않음

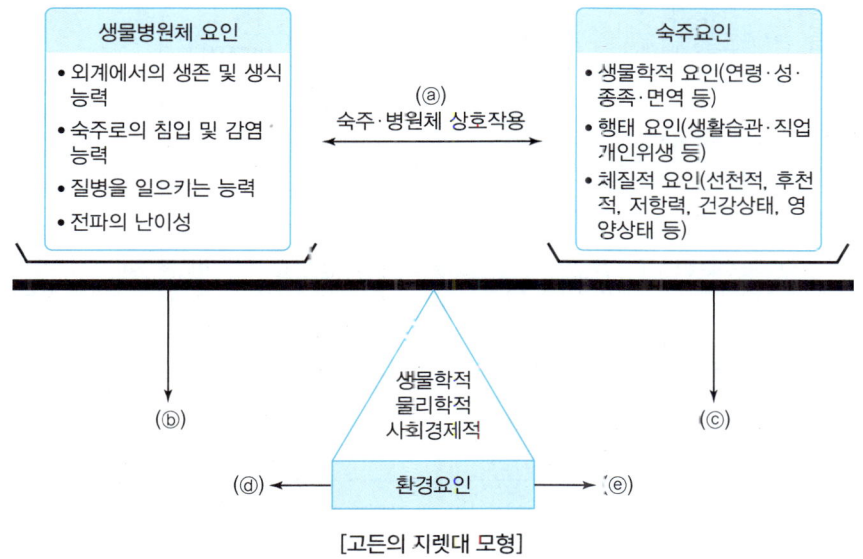

[고든의 지렛대 모형]

06
고든의 지렛대 모형에서 병원체에 유리한 환경으로 변화되어 지렛대가 기울어지면 질병이 발생된 상태이다.

(2) 수레바퀴 모형(Wheel Model)
　① 중심에 유전적 소인을 가진 숙주, 그를 둘러싼 생물학적·물리적·사회경제적 환경과의 상호작용에 의한 질병 발생
　② 질병의 종류에 따라 바퀴를 구성하는 각 부분의 크기는 변화됨
　　예 풍진과 같은 감염성 질환에서는 숙주의 면역과 생물학적 환경이 증가하고, 유전질환에서는 유전적 환경 부분이 증가한다.
　③ 유전적 질환, 만성질환 설명에 적합

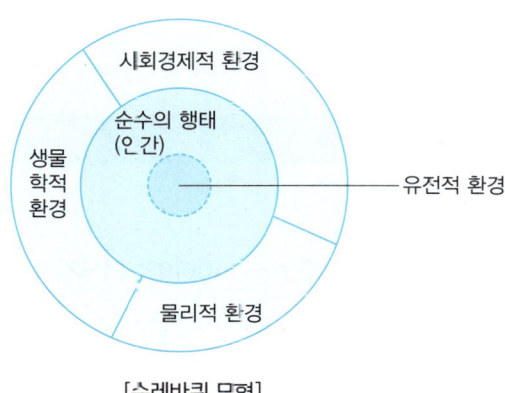

[수레바퀴 모형]

07
수레바퀴 모형은 감염성 질환의 설명에 적합한 모형이다.

(3) 거미줄 모형(원인망 모형, Web of Causation)
　① 질병은 한 가지 원인이 아닌 여러 직·간접적인 요인들이 거미줄처럼 얽혀 발생
　② 특정한 질병의 발생과 관련된 여러 요인들을 볼 수 있음
　③ 여러 가지 복잡한 원인들 중 몇 가지를 차단하거나 1차 원인과 가장 가까운 곳을 단절하여 예방 가능
　④ 비감염성 질환 예방 및 이해에 효과적

해설
07 감염성 질환
　→ 유전적 질환, 만성질환

정답
06 ○　07 ✕

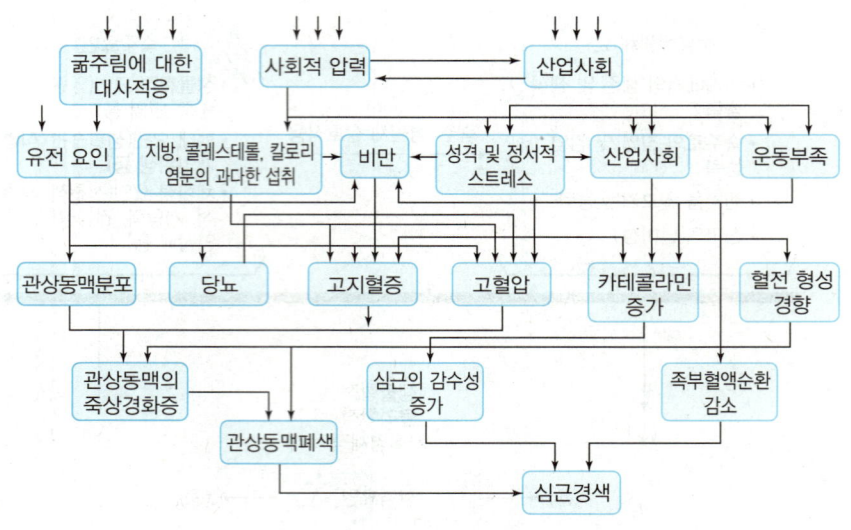

[심근경색 거미줄 모형]

> **참고**
>
> **질병발생의 모형**
> - 지렛대 모형 : 감염병 발생역학 설명에 주로 사용
> - 수레바퀴 모형 : 숙주와 환경을 명확하게 분리해 역학적 분석의 개념과 통합
> - 거미줄 모형 : 병인, 숙주, 환경을 구분하지 않음, 비감염병 발생역학 설명에 주로 사용

3 질병의 자연사와 예방

1 질병의 자연사

질병의 시작(inception)부터 소멸(resolution)에 이르기까지 일련의 과정

2 질병의 자연사 과정[리벨(Leavell)과 클라크(Clark)]

질병의 자연사 과정을 5단계로 구분, 각 단계마다 예방 조치 제시

(1) 제1기 : 비병원성기(병원성 이전기)
① 병에 걸리지 않은 시기, 건강을 유지하고 있는 기간
② 병원체의 숙주에 대한 자극을 억제하고 극복할 수 있는 시기

(2) 제2기 : 초기 병원성기(병원성 이전기)
① 병인에 의한 자극이 시작되는 시기, 질병에 대한 저항력이 요구되어지는 시기
② 예방접종이나 특수예방이 이루어지는 소극적 예방 시기

OX로 확인

08 O|X
초기 병원성기에 제공되어질 수 있는 예방은 2차 예방이다.

OX로 확인 해설&정답

해설
08 2차 → 1차

정답
08 ×

(3) 제3기 : 불현성 질병기(병원성기)
  ① 감염은 되었으나 증상이 나타나지 않은 시기
  ② 감염병의 경우 잠복기, 비감염성 질환의 경우에는 자각 증상 없는 초기 단계에 해당

(4) 제4기 : 현성 질병기(병원성기)
  ① 증상이 나타나는 시기, 해부학적·기능적 변화가 나타남
  ② 적절한 치료를 요하는 시기

(5) 제5기 : 회복기(병원성기)
  ① 재활 및 사회복귀
  ② 후유증(불구)의 최소화, 잔여기능의 최대한 재생

단계			예방조치	예방
병원성 이전기	질병전 단계	비병원성기 (무병기)	· 건강 증진(적극적 예방) · 보건교육, 생활양식 개선 등	1차적 예방
		초기 병원성기 (전병기)	· 건강보호(수동적, 소극적 예방) · 예방접종, 사고 방지 대책, 질병 예방을 위한 환경 개선 등	
병원성기	질병 잠복 단계	불현성 질병기 (잠복기)	집단검진, 조기 발견, 조기 치료	2차적 예방
	질병 발현 단계	현성 질병기 (진병기)	· 증상을 없애기 위한 적극적 치료 · 악화방지, 장애방지를 위한 치료	2차적 드는 3차적 예방
	회복 단계	회복기 (정병기)	재활, 사회복귀	3차적 예방

> **참고**
> **악화방지를 위한 치료 - 2차 예방 or 3차 예방**
> · 감염병의 예방에 대한 설명(Leavell & Clark)에서는 악화방지를 위한 치료를 2차 예방활동에 넣고, 만성질환의 예방에 대한 설명에서는 이것을 3차 예방활동에 넣는다.
> · 만성질환에서는 악화방지를 위한 치료와 재활의 구분이 명확하지 않고, 질병상태와 회복의 상태 또한 명확히 구분되지 않아 악화방지를 위한 치료활동을 3차 예방으로 본다.

3 질병의 예방 단계

(1) 1차 예방
  ① 개념 : 비교적 건강한 상태에서의 예방조치, 건강상태를 최고 수준으로 향상시키는 활동
  ② 목적 : 질병 예방, 건강 유지, 건강 증진

OX로 확인

09 ○|×
건강한 식습관, 보건교육, 예방접종, 산전진찰 등은 질병의 1차 예방 활동에 해당한다.

OX로 확인

10 ○|×
불현성 질병기에 있는 환자를 조기에 발견하여 조기에 치료하는 것을 2차 예방이라 한다.

OX로 확인 해설&정답

정답
09 ○ 10 ○

③ 방법: 예방접종, 고위험 행동 변화를 위한 상담, 환경오염 통제, 규칙적인 운동, 건강위험평가, 보건교육을 통한 건강행동, 쾌적한 작업환경 조성, 보호장구 착용 등

(2) 2차 예방
① 개념: 질병의 조기발견, 조기치료
② 목적: 질병의 중증화 예방
③ 방법
    a. 선별검사: 선천성 대사이상 검사, 안압측정을 통한 녹내장 조기 발견, Pap-smear를 통한 자궁경부암 조기 발견
    b. 환자 발견: X-ray 촬영을 통한 결핵 환자 발견, HIV 항체 검사를 통해 HIV 감염자를 조기에 발견하여 AIDS로의 진행 예방
    c. 건강검진: 각종 혈액검사, 영상의학을 이용한 검사 등 개인 또는 인구집단의 특성에 맞는 필요한 검사 실시

(3) 3차 예방
① 개념: 질병의 후유증 최소화, 기능장애 또는 사망 방지
② 목적
    a. 의학적 재활: 장애된 신체기능의 회복
    b. 직업적 재활: 기능장애 경감 및 회복, 정상적인 생활을 위한 직업훈련 등
    c. 사회적 재활: 사회평가, 심리적 봉사, 정신적 봉사, 영적 상담 등

4 감염병의 자연사

1 사람 중심 자연사

(1) 잠복기
① 병원체의 침입 후 표적장기까지 이동, 증식하여 일정 수준의 병리적 변화를 야기하기 까지의 기간
② 병원체가 개체에 적응하며 충분한 감염을 일으키기 위해 증식하는 시기
③ 증상 및 증후가 나타나기 전까지의 시기

(2) 증상 및 증후 발생

(3) 감염의 종결 또는 숙주의 사망

OX로 확인

11 ○|X
2차 예방의 목적은 건강의 유지와 증진이다.

12 ○|X
미생물이 인체에 침입해 질환에 대한 증상 및 징후가 나타나기 전까지의 시기를 잠재기라 한다.

OX로 확인 해설&정답

해설
11 건강의 유지와 증진 → 중증화 예방
12 잠재기 → 잠복기

정답
11 ×　12 ×

+ PLUS 심화

- **잠복기의 기간 결정**
    ① 병원체의 특성, 병원체의 수
    ② 침입경로
    ③ 감염의 형태(국소 또는 전신감염)
    ④ 병리반응을 일으키는 기전(침입, 독소 또는 면역 병리 반응 등)
    ⑤ 숙주의 면역 상태

- **잠복기의 활용**
    ① 질병마다 특이 잠복기가 있어 감염병 유행시 원인균의 추정에 활용
    ② 공동매개 전파와 점진적 전파의 구분에 잠복기의 분포 양상을 활용
    ③ 감염병 밀접접촉자 격리 기간(검역 기간) 선정에 사용
    ④ 세대기와의 관계를 고려해 전파기간을 추정하는 데 활용

2 병원체 중심 자연사

(1) 잠재기(Latent Period)
   ① 병원체가 침입해 배출되지 않고 인체내에 머물러 있는 시기
   ② 혈액, 조직 또는 분비물에서 균이 발견되지 않는 기간으로 감염의 전파가 일어나지 않는 기간

(2) 개방기(Patent Period＝전염기, Period of Communicability)
   ① 잠재기간이 경과된 후 인체내에 병원체가 충분히 증식하여 혈액, 조직 또는 분비물에서 균이 발견되기 시작하는 기간
   ② 인체로부터 균이 외부로 배출되며 병원체는 전염력을 가짐

(3) 세대기(Generation Time)
   ① 감염이 시작된 시점으로부터 균 배출이 가장 많은(＝전염력이 가장 큰)때 까지의 기간
   ② 감염병 관리 측면에서 매우 중요한 시기(격리기간을 정할 때 중요)

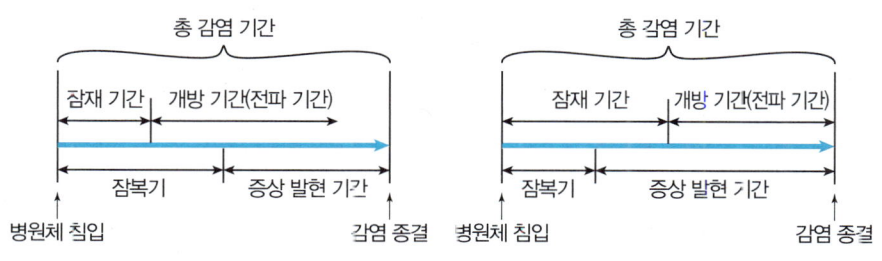

[호흡기계(Lt)와 소화기계 감염병(Rt)의 잠복기와 잠재기 비교]

OX로 확인

13 O|X
개방기는 감염이 시작된 시점으로부터 균 배출이 가장 많은 기간을 말한다.

OX로 확인 해설&정답

해설
13 개방기 → 세대기

정답
13 ×

> 참고

소화기계, 수인성, 호흡기계 감염병의 비교

소화기계 감염병	· 주로 간접전파 형태 : 분뇨를 통해 배출된 병원체가 식품 등의 매개체로 숙주에 침입 · 계절적 특성 : 어느 계절에나 발생하지만 주로 여름에 발생 · 폭발적 발생 · 보건수준의 지표 : 지역의 사회·경제적 수준, 환경 위생상태의 영향을 받음 · 감염가능 기간은 증상 발생 '후' 현저함 · 환자 발견 뒤 격리 조치가 전파 예방에 효과적
수인성 감염병	· 환자의 발생이 폭발적 · 환자의 발생이 급수구역 내로 제한됨 · 발병률과 치명률이 낮음 · 2차 감염자 적음 · 연령, 성별, 빈부의 차이에 관계 없이 발생 · 계절과 관계없이 발생
호흡기계 감염병	· 주로 직접전파 형태 : 대부분 인간 보균자에게서 감수성을 가진 숙주에게 비말, 비말핵, 진애감염 등 직접전파의 양식으로 나타남 · 전염력이 강하고, 높은 이환률 · 사회·경제적 환경 변화에 따라 발생 빈도가 증가하는 추세임 · 감염가능 기간은 증상이 나타나기에 앞서는 경우가 많음 · 환자 발견 뒤 격리 조치 효과는 제한적임

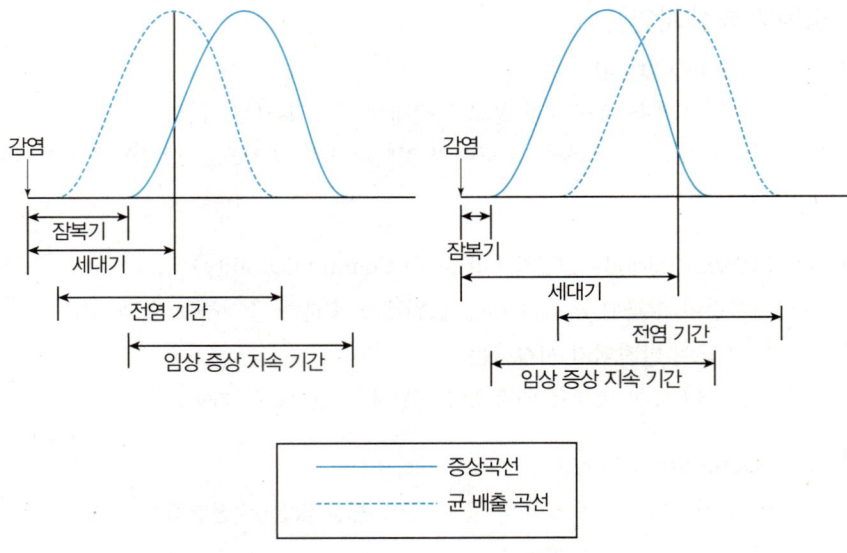

[호흡기계(Lt)와 소화기계(Rt) 감염병 비교]

5 감염병 발생과정

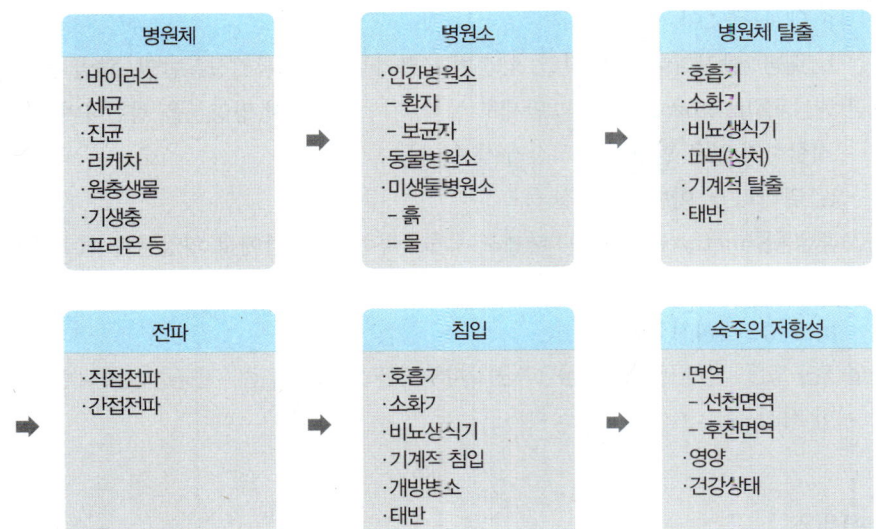

1 병원체

(1) 감염병을 일으키는 1차 원인이 되는 바이러스, 세균 등 기타 미생물과 기생생물

(2) 병원체의 종류

① 세균(bacteria) : 광학현미경으로 관찰 가능, 견고한 세포벽이 있음, 조직세포 내에서 증식하고 온도, 습도, 양분, 산소 등의 조건이 맞을 경우 배양 가능, 항생제에 약함

> 페스트, 탄저, 보툴리눔독소증, 야토병, 디프테리아, 결핵, 콜레라, 장티푸스, 파라티푸스, 세균성이질, 백일해, 수막구균, Hib(b형헤모필루스인플루엔자), 폐렴구균, 한센병, 성홍열, 반코마이신내성황색포도알균(VRSA), 카파페넴내성장내세균목(CRE), 장출혈성대장균감염증, 파상풍, 레지오넬라증, 비브리오패혈증, 렙토스피라증, 브루셀라증, 라임병, 매독, 임질, 클라미디아감염증, 연성하감, 의료관련감염병(VRE, MRSA, MRPA, MRAB)

② 바이러스(virus) : 병원체 중 가장 작은 크기, 전자현미경으로 관찰 가능, 세균여과막 통과, 살아 있는 조직세포 내에서만 증식하며 배양이 안 됨, 항생제에 저항

> 에볼라바이러스병, 두창, 중증급성호흡기증후군(SARS), 중동호흡기증후군(MERS), 신종인플루엔자, 코로나바이러스감염증(COVID-19), 수두, 홍역, A형간염, 유행성이하선염, 풍진, 폴리오, E형간염, B형간염, C형간염, 일본뇌염, 공수병, 신증후군출혈열, 후천성면역결핍증(AIDS), 황열, 뎅기열, 중증열성혈소판감소증후군(SFTS), 지카바이러스 감염증, 인플루엔자, 수족구병, 성기단순포진, 첨규콘딜롬, 사람유두종바이러스, 엔테로바이러스

O X 로 확인

14 O X
감염병의 발생은 '병원체-병원소-탈출-전파-침입-감수성 있는 숙주'의 과정을 통해 일어난다.

O X 로 확인

15 O X
홍역, B형 간염, 일본뇌염, 공수병 등은 세균에 의한 감염병이다.

O X 로 확인 해설&정답

해설
15 세균 → 바이러스

정답
14 O 15 X

③ 리케차(rickettsia) : 세균과 바이러스의 중간 크기, 바이러스와 같이 살아 있는 조직세포 안에서 증식, 항생제에 반응
   a. 매개곤충 : 이, 벼룩
   b. 질병 : 발진티푸스, 발진열, 양충병(쯔쯔가무시병), 록키산홍반열, 큐열 등
④ 원생동물(protozoa, 원충류) : 단세포 동물, 자연환경에서 영양분을 섭취하며 살아감, 적합하지 않은 환경에서도 장기 생존 가능
   a. 말라리아, 아메바성이질 등
⑤ 후생동물(metazoa, 윤충류) : 다세포 동물, 숙주의 몸 안에서 영양분을 섭취하며 살아감
   a. 회충, 십이지장충 등
⑥ 진균 또는 사상균(fungus, 곰팡이균) : 피부병을 일으킴(무좀, 진균증), 페니실륨(유용한 사상균)

2 병원소

병원체가 생활하고 증식하며, 생존을 계속해서 다른 숙주에게 전파될 수 있는 상태로 저장되는 장소

(1) 인간병원소

① 환자

현성 감염자	명백하게 질병에 이환되어 자각, 타각적 임상증상이 있는 사람
불현성 감염자	감염 후 숙주 내에서 미생물이 증식은 하지만 임상증상과 증후가 없거나 미약해 간과하기 쉬운 감염자

② 보균자

발현 시기에 따른 보균자	건강 보균자 (healthy carrier)	감염에 의한 임상증상이 전혀 없고, 건강자와 다름 없지만 병원체를 보유하는 보균자 예 폴리오, 디프테리아, 일본뇌염, B형간염
	잠복기 보균자 (incubatory carrier)	잠복기간 중에 병원체를 배출하는 감염자 예 디프테리아, 홍역, 백일해, 유행성이하선염, 성홍열 등의 호흡기 질환
	회복기 보균자 (convalescent carrier)	임상증상이 전부 소실되었는데도 병원체를 배출하는 자 예 장티푸스, 세균성 이질 등의 소화기 질환, 디프테리아
보균 기간에 따른 보균자	일시적 보균자 (transient carrier)	일시적으로 균을 보유하는 보균자 예 홍역 등
	만성 보균자 (chronic carrier)	보균 기간이 3개월 이상이 되는 보균자 예 장티푸스 등

OX로 확인

16 O|X
감염에 의한 임상증상이 전혀 없고, 건강자와 다름 없지만 병원체를 보유하는 보균자를 잠복기 보균자라 한다.

OX로 확인

17 O|X
건강 보균자는 임상 증상이 없고, 건강자와 다름 없지만 다른 사람에게 균을 전파시키지 않는다.

OX로 확인 해설&정답

해설
16 잠복기 보균자 → 건강 보균자
17 균을 전파시키지 않는다 → 전염원으로 작용한다

정답
16 ×   17 ×

(2) 동물 병원소 : 인간과 관련된 동물이 병원체를 보유하면서 인간에게 질병을 전염시키는 매개역할을 함

소	결핵, 탄저, 브루셀라(파상열), 살모넬라증, 무구조충증
쥐	페스트, 발진열, 렙토스피라, 쯔쯔가무시(양충병), 살모넬라증, 서교증
개	공수병(광견병), 톡소플라즈마증
말	탄저, 일본뇌염, 살모넬라증, 브루셀라(파상열)
양	탄저, 브루셀라(파상열), 큐열
돼지	탄저, 일본뇌염, 브루셀라(파상열), 살모넬라증, 렙토스피라, 유구조충증, 선모충증
고양이	톡소플라즈마증, 살모넬라증, 서교증

(3) 환경 병원소
 ① 흙 병원소 : 파상풍균, 보툴리눔균, 히스토플라즈마, 기타 전신성진균 등
 ② 물 병원소 : 레지오넬라균, 슈도모나스균, 마이코박테리움 중 일부
 ※ 우유 또는 오염된 식품은 부패로 인한 소멸로 지속적인 존재를 할 수 없어 병원소가 아님

3 탈출

(1) 호흡기계 탈출 : 주로 대화, 기침, 재채기로 탈출
 예 디프테리아, 두창, 중증급성호흡기증후군(SARS), 홍역, 백일해, 유행성이하선염, 풍진, 성홍열, 결핵, 수두, 수막구균감염증, 레지오넬라증, 인 플루엔자, 수족구병 등
(2) 소화기계 탈출 : 분변이나 토물에 의해 체외로 배출되며 탈출
 예 장티푸스, 파라티푸스, 세균성이질, 콜레라, 폴리오(소아마비), A형 간염, E형 간염 등
(3) 비뇨생식기계 탈출 : 주로 소변이나 생식기 분비물을 통하여 탈출
 예 성병
(4) 개방병소 직접 탈출 : 신체 표면의 농양, 피부병 등의 상처 부위에서 병원체가 직접 탈출
 예 한센병, 파상풍, 트라코마 등
(5) 기계적 탈출 : 모기, 이, 벼룩 등의 흡혈성 곤충에 의한 탈출, 주사기 통한 탈출
 예 일본뇌염, B형 간염, C형 간염, 말라리아 등

4 전파경로

(1) 직접 전파
 ① 병원체가 운반체 없이 숙주에서 다른 숙주로 직접 전파되는 경우
 ② 직접 전파 성립 조건
  a. 높은 인구밀도
  b. 비위생적 위생상태, 부족한 영양상태
  c. 집단의 낮은 면역 수준

(2) 간접 전파
① 중간 매개체를 통한 전파
② 간접 전파 성립 조건
  a. 병원체를 옮기는 전파체가 있어야 함
  b. 병원체가 병원소 밖으로 탈출하여 일정 기간 생존 가능해야 함

직접전파	피부 전파		성병, 피부병 등
	비말 전파		홍역, 이하선염 등
	태반을 통한 수직감염		풍진, 매독, B형간염, 에이즈
간접전파	활성 매개체	기계적 전파	매개곤충이 단순히 기계적으로 병원체를 운반(파리, 바퀴벌레)
		생물학적 전파	병원체가 매개곤충 내에서 성장이나 증식을 한 후 전파(일본뇌염, 황열, 뎅기열 등)
	비활성 매개체	개달물	의복, 장난감, 의료기구, 식기, 침구 등
		공동 전파체에 의한 전파	물, 공기, 식품, 우유, 토양

+PLUS 심화

○ **생물학적 전파의 유형**

증식형 (Propagative transmission)	병원체의 뚜렷한 형태적 변화 없이 수적 증식만 하여 전파 • 모기 : 일본뇌염, 황열, 뎅기열 • 벼룩 : 페스트, 발진열 • 이 : 재귀열, 발진티푸스
발육형 (Cyclo-developmental transmission)	증식은 하지 않고 형태적 변화를 동반하여 발육만 하여 전파 모기 : 사상충증
발육증식형 (Cyclo-propagative transmission)	곤충 내에서 병원체가 증식과 발육을 함께하여 전파 • 모기 : 말라리아 • 체체파리 : 수면병
배설형 (Fecal transmission)	곤충의 체내에서 증식 후 장관을 통해 배설되고, 숙주의 창상으로 침입하여 전파 • 이 : 발진티푸스 • 벼룩 : 페스트, 발진열
경란형 (Transovarian transmission)	병원체가 난소 내에서 증식, 생존하여 난자를 통해 다음 세대까지 전파 • 진드기 : 록키산 홍반열, 재귀열, 쯔쯔가무시

5 침입

침입 방식과 탈출 방식은 대체로 일치함

○✕ 로 확인

18 ○ ✕
모체의 태반을 통한 수직감염은 간접전파에 해당한다.

○✕ 로 확인 해설&정답

해설
18 간접전파 → 직접전파

정답
18 ✕

6 감수성 있는 숙주

(1) 감수성

① 숙주에 침입한 병원체에 대항하여 감염이나 발병을 저지할 수 없는 상태
② 면역력이 높으면 감수성은 낮은 상태가 됨
③ 감수성 지수(접촉감염 지수)
    a. 특정한 질환에 폭로된 경험이 없는 미감염자의 체내에 병원체가 침입했을 경우 발병하는 비율, 대부분 호흡기계 감염병에 적용
    b. 루더(De Rudder)의 감수성 지수

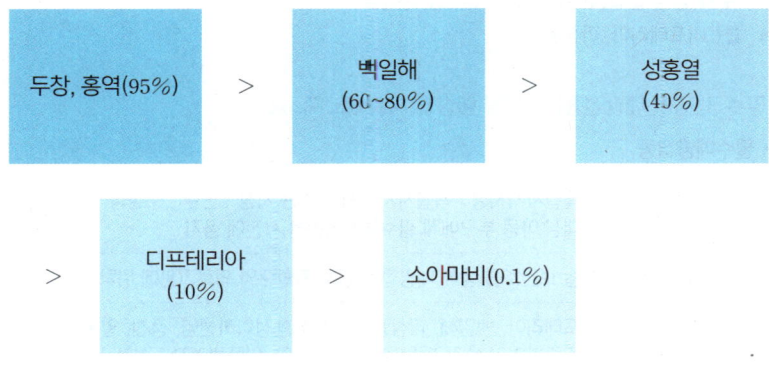

(2) 면역

① 선천면역: 태어날 때부터 가진 자연면역으로 종족, 인종, 저항력의 개인차와 관계 있는 면역
② 후천면역: 질병에 이환된 후나 예방접종 등에 의해 후천적으로 형성되는 면역

후천면역	능동면역	· 숙주 스스로 면역체를 만들어 내어 면역을 획득하는 것 · 효과는 다소 느리나 면역성이 강하고 오래 지속됨
		· 자연능동면역: 질환에 이환된 후 획득한 면역 · 인공능동면역: 항원을 체내에 투입해 항체를 생성하는 예방접종
	수동면역	· 이미 형성된 면역원을 체내에 주입하는 것 · 능동면역보다 효력이 빨리 나타나서 빨리 사라지는 일시적 면역
		· 자연수동면역: 태반 또는 모유수유를 통한 면역 · 인공수동면역: 회복기 혈청, 면역 혈청, 감마글로불린, 항독소 등을 인체에 투입하는 것

@ 참고

인공능동면역의 종류
· 생백신(활성화 백신, living vaccine)
  - 독성을 약화시켜 병원성을 약화시킨 것
  - 1회 접종으로 강한 면역 형성
  - 장기간 지속되는 면역 효과
    예 두창, 탄저, 광견병, 결핵, 황열, 풍진, 유행성 이하선염, 수두, 홍역, 대상포진, 일본뇌염, 소아마비(sabin, OPV, 경구용), 인플루엔자 등

OX로 확인

19 OIX
질병에 대한 감수성 지수가 높은 경우 질병이 잘 발생한다.

OX로 확인

20 OIX
태반 또는 모유수유를 통한 면역은 선천면역에 해당한다.

OX로 확인

21 OIX
두창, 탄저, 광견병, 결핵, 황열, 풍진, 볼거리, 소아마비 백신은 생백신이다.

OX로 확인 해설&정답

해설
20 선천면역 → 자연수동면역

정답
19 O 20 × 21 O

- 사백신(불활성화 백신, killed vaccine)
  - 병원 미생물을 물리적·화학적 방법으로 죽인 것
  - 충분한 면역을 위한 추가접종 필요
  - 면역의 효과는 생백신에 비해 단기간 지속
    - 예 장티푸스, 파라티푸스, 콜레라, 백일해, , 일본뇌염, A형 간염, B형 간염, 페스트, 일본뇌염, 소아마비(salk,IPV,주사용), 인플루엔자 등
- 톡소이드(순화독소, toxoid)
  - 세균의 외독소를 변질시켜 약하게 만든 것
  - 부작용이 적고 안전
  - 추가 접종 필요, 면역의 효과가 가장 떨어짐
    - 예 디프테리아, 파상풍

필수 및 임시 예방접종(「감염병 예방법」 제24조, 제25조)

- 필수예방접종

실시 의무자	• 특별자치시장·특별자치도지사 또는 시장·군수·구청장 • 대상 아동 부모에게 필수예방접종을 사전에 공지
실시 기관	관할 보건소를 통해 예방접종 실시(관할구역 의료기관에 위탁 가능)
종류	디프테리아, 백일해, 파상풍, 홍역, 유행성이하선염, 풍진, 일본뇌염, 폴리오, 사람유두종바이러스 감염증, 결핵, 폐렴구균, 인플루엔자, A형간염, 그룹 A형 로타바이러스 감염증, B형간염, b형헤모필루스인플루엔자, 수두, 그 밖에 질병관리청장이 감염병의 예방을 위하여 필요하다고 인정하여 지정하는 감염병(장티푸스, 신증후군출혈열)

> ※ **암기팁** : 그 사람 결국 폐인됐네~! 압수(AABB수)!!
> - 사람 : 사람유두종바이러스 감염증
> - 결국 : 결핵
> - 폐 : 폐렴구균
> - 인 : 인플루엔자
> - AABB수 : A형간염, 그룹 A형 로타바이러스 감염증, B형간염, b형 헤모필루스인플루엔자, 수두

- 임시예방접종
  - 특별자치시장·특별자치도지사 또는 시장·군수·구청장은 관할 보건소를 통하여 임시예방접종을 하여야 한다.
    - 질병관리청장이 감염병 예방을 위하여 특별자치시장·특별자치도지사 또는 시장·군수·구청장에게 예방접종을 실시할 것을 요청한 경우
    - 특별자치시장·특별자치도지사 또는 시장·군수·구청장이 감염병 예방을 위하여 예방접종이 필요하다고 인정하는 경우
  - 임시예방접종을 할 경우에는 예방접종의 일시 및 장소, 예방접종의 종류, 예방접종을 받을 사람의 범위를 정하여 미리 인터넷 홈페이지에 공고하여야 한다.

O×로 확인

22 O|X
장티푸스, 신증후군출혈열 예방접종은 임시예방접종이다.

O×로 확인 해설&정답

해설
22 임시 → 필수

정답
22 ×

+PLUS 심화

✪ 자연능동면역 질병
① 현성감염 후 영구면역 : 두창, 콜레라, 장티푸스, 홍역, 수두, 유행성 이하선염, 백일해, 성홍열, 발진티푸스, 페스트
② 불현성감염 후 영구면역 : 일본뇌염, 폴리오
③ 약한 면역 : 폐렴, 인플루엔자, 세균성 이질, 디프테리아, 수막구균성 수막염
④ 감염면역만 형성 : 매독, 임질, 말라리아

✪ 인공능동면역(예방접종)의 효과
① 백신의 효과(VE, Vaccine efficacy)
    a. 질병에 걸릴 확률의 감소
    b. 중증도, 유병기간, 감염력, 감염기간의 감소
    c. Booster effect : 예방접종을 받아 면역을 형성한 사람이 자연감염이 잦은 환경에서 살게 되면 병원체와 접촉하여 면역력이 추가로 높아질 수 있는 기회를 갖게 됨
② 백신의 간접 효과 : 예방접종이 시행되고 있는 집단에서의 비접종군과 예방접종이 시행되지 않은 집단에서의 질병 발생률의 차이로 평가 가능
③ 백신의 직접 효과 : 예방접종이 시행되고 있는 집단에서의 백신접종군과 비접종군에서의 질병발생의 차이를 가지고 평가 가능
    a. 1차 백신 실패 : 예방접종 후 숙주의 면역체계에서 충분한 항체를 만들지 못한 경우
    b. 2차 백신 실패 : 예방접종 후 숙주의 면역체계에서 충분한 항체를 만들었으나 시간이 지나며 항체역가가 떨어져 방어하지 못하는 경우

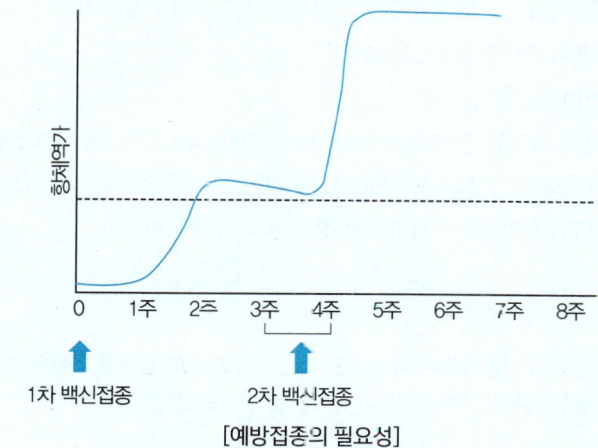

[예방접종의 필요성]

$$\text{백신효과} = \frac{\text{비 접종군의 질병 발생률} - \text{접종군의 질병 발생률}}{\text{비 접종군의 질병 발생률}} \times 100(\%)$$

6 감염병 관리 원칙

1 병원체와 병원소 관리
(1) 병원소의 제거 : 가장 근본적인 방법, 동물 병원소는 제거하고, 사람 병원소는 신고 및 보고
(2) 감염력의 감소 : 적절한 치료를 통한 감염력 감소

2 전파과정 관리
(1) 건강격리(검역, quarantine)
  ① 감염병 유행지에서 들어오는 사람에 대해 병원체의 잠복기 동안 일정한 장소에 머물게 하여 질병 발생 여부를 감시하는 것
  ② 검역 감염병 및 최대잠복기
   a. 콜레라 : 5일
   b. 페스트 : 6일
   c. 황열 : 6일
   d. 중증 급성호흡기 증후군(SARS) : 10일
   e. 동물인플루엔자 인체감염증 : 10일
   f. 신종인플루엔자 : 검역전문위원회에서 정하는 최대 잠복기간
   g. 중동 호흡기 증후군(MERS) : 14일
   h. 에볼라바이러스병 : 21일
   i. 위의 감염병 외의 감염병으로서 외국에서 발생하여 국내로 들어올 우려가 있거나 우리나라에서 발생하여 외국으로 번질 우려가 있어 질병관리청장이 긴급 검역조치가 필요하다고 인정하여 고시하는 감염병 : 검역전문위원회에서 정하는 최대 잠복기간

> **참고**
> **격리기간**
> 환자에 대한 격리기간은 '감염력이 소실된 시점'까지로 하고, 감염병 의심자(접촉자)의 격리는 위험요인에 노출된 날부터 '최대잠복기가 끝나는 날'까지로 한다.

(2) 환자격리(isolation) : 감염병을 전파시킬 우려가 있는 감염자(환자, 보균자)를 전염력이 없어질 때까지 감수성자들로부터 떼어 놓는 것

(3) 위생관리
  ① 환경위생 : 소독, 매개곤충 관리, 하수 및 폐기물 처리, 물의 정화 등
  ② 식품위생 : 식품의 안전한 보존
  ③ 개인위생 : 손씻기
  ④ 전파체관리 : 야외에서의 작업 후 옷을 털고 세탁, 기피제 처리 작업복 착용, 위해해충 구제

OX로 확인

23 O|X
환자에 대한 격리는 '최대잠복기가 끝나는 날'까지로 한다.

OX로 확인 해설&정답

해설
23 최대잠복기가 끝나는 날 → 감염력이 소실된 시점

정답
23 ×

3 숙주관리

(1) 환자 조기발견 및 조기치료: 합병증을 막고 필요한 격리를 시행하여 전파를 막을 수 있음

(2) 숙주 면역 증강: 예방접종, 면역글로불린 투여, 적절한 영양과 운동 등

(3) 집단면역(herd immunity)
① 집단 내 감수성자 비율, 특정 감염병 전파에 대한 집단의 저항 수준을 나타냄
② 집단의 총인구 중 면역성을 갖고 있는 사람의 비

$$\text{집단면역 수준(\%)} = \frac{\text{저항성(혹은 면역)이 있는 사람 수}}{\text{총 인구 수}} \times 100$$

③ 백신 접종: 개인의 감염 예방과 동시에 공중보건 측면에서 집단면역을 높이는 효과
④ 한계밀도(threshold density)
  a. 유행이 일어나는 집단면역의 한계치
  b. 어떤 지역사회 혹은 집단에 유행 발생 → 백신 접종 실시 → 집단면역이 높아져 그 후 몇 년간 유행이 일어나지 않음 → 면역이 없는 인구 서서히 증가(출생, 면역자 사망, 비면역자 인구 유입 등) → 집단면역의 정도 점차 감소 → 일정 수준 이하로 떨어지면 다시 유행 발생 → 이 집단면역의 한계를 '한계밀도'라고 함
  c. 집단의 인구밀도가 낮은 경우 → 한계밀도도 낮아 이 경우 유행은 일어나지 않음
  d. 집단의 인구밀도가 높은 경우 → 집단 구성원 간에 접촉의 가능성이 높아지므로 한계밀도가 높아야 유행이 일어나지 않음
⑤ 기초감염재생산 수(R_0, Basic reproductive number)
  a. 어떤 집단에서 최초로 감염자가 발생했을 때, 그 결과로 인해 생긴 이차감염자의 수(=감염성이 있는 1명의 환자가 직접 감염시키는 평균 인원 수)
  b. 모든 인구가 감수성이 있다는(= 면역을 가진 사람이 0명이라는) 전제 하에 만든 수치

- 기초감염재생산 수 = $\dfrac{\text{각 감염자가 전파시킨 2차 감염자 수}}{\text{전체 접촉자 수(감염된 사람 수)}}$
- 기초감염재생산 수에서는 모두가 면역이 없기 때문에 접촉자 수와 감염자 수가 일치한다.

$R>1$	유행 규모는 제곱해서 늘어나며 대유행(pandemic) 발생
$R=1$	한 사람이 다른 한 사람에게만 전염성 질병을 전달하므로 풍토병(endemic) 발생
$R<1$	전염성 질병은 점차 사라지게 됨 (die out)

⑥ 감염재생산 수(R)
  a. 면역을 가진 사람들이 생겨 집단면역 등이 이루어진 후 감염성 있는 1명의 환자가 실제 감염시키는 인원 수
  b. 감염재생산 수는 집단면역으로 낮출 수 있음

OX로 확인

24 ○|×
집단의 인구밀도가 높은 경우 집단면역의 한계치인 한계밀도가 낮아야 유행이 일어나지 않는다.

OX로 확인

25 ○|×
감염재생산 수가 1보다 작을 경우 전염성 질병은 점차 사라지게 된다.

OX로 확인

26 ○|×
면역을 가진 사람들이 생겨 집단면역 등이 이루어진 후 감염성 있는 1명의 환자가 실제 감염시키는 인원 수를 기초감염재생산 수라 한다.

OX로 확인 해설&정답

해설
24 낮아야 → 높아야
26 기초감염재생산 수 → 감염재생산 수

정답
24 ×   25 ○   26 ×

c. $R < R_0$ → R은 R_0보다 작게 나타난다. R은 집단면역 P의 비율만큼 환자의 발생이 줄어든다. (P는 집단면역의 비율)

$$\text{2단계 감염자 수}(R) = R_0 - (R_0 \times P)$$

예 기초감염재생산 수(R_0)가 5인 질병이 있다. 예방접종을 통해 인구집단의 50%가 면역을 갖게 되었다면 이 때 감염재생산 수(R)는?

→ 기초감염재생산 수(R_0)=5에서 면역을 가진 사람을 뺀다.

$$R = R_0 - (R_0 \times P)$$
$$\downarrow$$
$$R = 5 - \left(5 \times \frac{50}{100}\right) = 2.5$$
$$\downarrow$$

'$R=2.5$'의 의미 → 1명이 2.5명에게 감염시킨다.

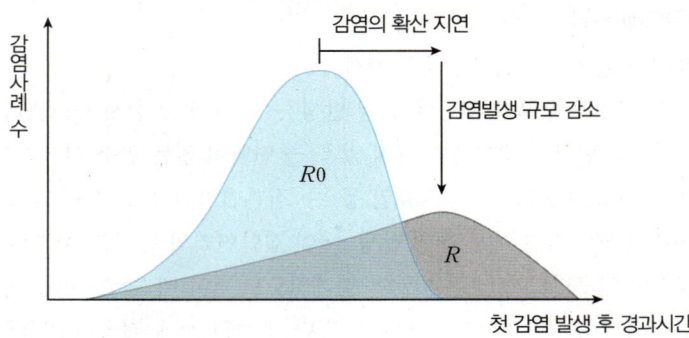

[예방접종의 효과]

+PLUS 심화

● 질병의 유행을 막을 수 있는 집단 면역의 비율(P)의 계산

질병의 유행이 일어나지 않게 하려면 감염재생산 수(R)가 1보다 작아야 한다.
(R : 감염재생산 수, R_0 : 기초감염재생산 수, P : 집단면역의 비율)

$\boxed{R = R_0 - (R_0 \times P)}$ 이므로, 이것이 1보다 작아야 한다.

$\boxed{R_0 - (R_0 \times P) \leq 1}$

$\boxed{P \geq \dfrac{R_0 - 1}{R_0}}$

$\downarrow$

$\boxed{P \geq 1 - \dfrac{1}{R_0}}$

예 홍역의 R_0는 약 15이다. 홍역의 예방을 위해서는 어느 정도의 집단 면역이 형성되어야 하는가?

→ $1 - \dfrac{1}{R_0}$ → $1 - \dfrac{1}{15} = 0.94$

· 의미 : 약 94% 이상의 면역인구가 있어야 홍역의 유행을 예방할 수 있다.

⑦ 감염재생산 수의 결정요인
   a. 감염재생산 수 : R
   b. 접촉시 감염 전파 확률(감염원이 감수성자와 '1회 접촉'으로 감염을 일으킬 확률) : β(베타)
   c. 접촉 횟수('단위시간 동안' 감염원이 감수성자와 접촉하는 횟수) : κ(카파)
   d. 감염전파기간(감염원이 감염을 전파시킬 수 있는 기간) : D

$$R = \beta \times \kappa \times D$$

[질병 역학관계]

감염병 예방 3원칙	질병발생의 3대 요인	감염병 유행의 3대 요인	감염병 발생의 6대 요소	감염병 관리 3원칙
병원소 제거 감염력 감소	병인	감염원	병원체	병원체와 병원소 관리
			병원소	
환경위생 (병원소격리)	환경	감염경로	탈출	전파과정 관리
			전파경로	
			침입	
면역증강 (감수성자 예방접종)	숙주	감수성 있는 숙주	감수성 있는 숙주	숙주관리

> **참고**
>
> **예방접종의 기본 원칙**
> - 예방효과 : 백신의 예방효과가 낮다면 접종은 권장되지 않음 (예: 콜레라 백신의 경우 예방효과가 50% 미만으로 낮아 예방접종이 중단됨)
> - 안전성 : 백신의 예방효과가 아무리 좋아도 접종에 의한 이상반응이 흔히 나타나거나 심하여 질병을 앓는 것보다 위중하다면 예방접종의 활용도는 떨어짐
> - 유용성 : 백신의 예방효과가 뛰어나고 안전하다 하더라도 자연감염의 증상이 심하지 않거나 질병의 발생률이 매우 낮은 경우 예방접종의 유용성은 떨어짐
> - 비용−편익적인 백신 : 개인의 측면에서 본다면 안전하고 효과적인 것만으로 백신의 선택에 가능할 수도 있지만, 보건학적 측면에서 전 인구집단을 대상으로 하는 경우에는 비용−편익에 대한 분석이 반드시 필요
> - 접종 방법의 용이함 : 백신의 투여 방법이나 투여 횟수가 접종을 제공하는 의료인에게 편리할 뿐 아니라 피접종자가 손쉽게 수용할 수 있어야 함
>
> **집단 면역이 성공하기 위한 조건**
> - 하나의 종(species)으로 제한된 숙주여야 함 : 병원체의 전파가 사람숙주 외에 동물병원소와 같은 중간숙주(reservoir)가 있다면 집단면역은 이루어지지 않음(다른 수단을 이용한 전파가 가능하기 때문)
> - 직접전파에 의한 질병이어야 함
> - 감염 후 완전한 면역 형성이 이루어져야 함 : 면역이 부분적으로 형성되면 질병 유행 이후라 하더라도 집단 내에서 면역을 가지는 분율이 충분하지 못함
> - 인구집단 내에서 감염자가 다른 모든 대상자를 접하게 되는 확률이 동일해야 함 : 집단면역은 사람들이 서로 무작위로 섞여 있을 경우 작용함. 예를 들어 감염된 사람이 감수성이 높은 사람들만을 만나게 된다면 집단면역은 작동하지 않고, 질병의 유행이 일어나게 됨)
> - 한계밀도 이상으로 면역이 형성되어 있어야 함 : 인구집단 전체의 면역이 아니더라도 일정 %이상 면역이 있을 경우 질병의 전파를 억제할 수 있음(한계밀도는 질병마다 차이가 있음)

7 법정 감염병

1 법정 감염병의 종류

법정 감염병의 분류		특성	질환	감시 방법	신고
	1급	생물테러감염병 또는 치명률이 높거나 집단 발생의 우려가 커서 발생 또는 유행 즉시 신고하여야 하고, 음압격리와 같은 높은 수준의 격리가 필요한 감염병	가. 에볼라바이러스병 나. 마버그열 다. 라싸열 라. 크리미안콩고출혈열 마. 남아메리카출혈열 바. 리프트밸리열 사. 두창 아. 페스트 자. 탄저 차. 보툴리눔독소증 카. 야토병 타. 신종감염병증후군 파. 중증급성호흡기증후군(SARS) 하. 중동호흡기증후군(MERS) 거. 동물인플루엔자 인체감염증 너. 신종인플루엔자 더. 디프테리아	전수 감시	즉시
	2급	전파가능성을 고려하여 발생 또는 유행 시 24시간 이내에 신고하여야 하고, 격리가 필요한 감염병	가. 결핵 나. 수두 다. 홍역 라. 콜레라 마. 장티푸스 바. 파라티푸스 사. 세균성이질 아. 장출혈성대장균감염증 자. A형 간염 차. 백일해 카. 유행성이하선염 타. 풍진 파. 폴리오 하. 수막구균 감염증 거. b형 헤모필루스인플루엔자 너. 폐렴구균 감염증 더. 한센병 러. 성홍열 머. 반코마이신내성황색포도알균(VRSA) 감염증 버. 카바페넴내성장내세균목(CRE) 감염증 서. E형 간염 어. 코로나바이러스감염증-19 저. 엠폭스(MPOX)	전수 감시	24시간 이내

○×로 확인

27 ○|×
전파가능성을 고려하여 발생 또는 유행 시 24시간 이내에 신고하여야 하고, 격리가 필요한 감염병은 2급 법정 감염병이다.

○×로 확인

28 ○|×
A형간염은 3급 법정 감염병이다.

○×로 확인 해설&정답

해설
28 3급 → 2급

정답
27 ○   28 ×

		특성	질환	감시 방법	신고
법정 감염병의 분류	3급	발생을 계속 감시할 필요가 있어 발생 또는 유행시 24시간 이내에 신고하여야 하는 감염병	가. 파상풍 나. B형 간염 다. 일본뇌염 라. C형 간염 마. 말라리아 바. 레지오넬라증 사. 비브리오패혈증 아. 발진티푸스 자. 발진열 차. 쯔쯔가무시증 카. 렙토스피라증 타. 브루셀라증 파. 공수병(恐水病) 하. 신증후군출혈열 거. 후천성면역결핍증(AIDS) 너. 크로이츠펠트-야콥병(CJD) 및 변종크로이츠펠트-야콥병(vCJD) 더. 황열 러. 뎅기열 머. 큐열 버. 웨스트나일열 서. 라임병 어. 진드기매개뇌염 저. 유비저 처. 치쿤구니야열 커. 중증열성혈소판감소증후군(SFTS) 터. 지카바이러스 감염증	전수 감시	24시간 이내
	4급	제1급 감염병부터 제3급 감염병까지의 감염병 외에 유행 여부를 조사하기 위하여 표본 감시 활동이 필요한 감염병	가. 인플루엔자 나. 매독 다. 회충증 라. 편충증 마. 요충증 바. 간흡충증 사. 폐흡충증 아. 장흡충증 자. 수족구병 차. 임질 카. 클라미디아감염증 타. 연성하감 파. 성기단순포진 하. 첨규콘딜롬	표본 감시	7일 이내

		거. 반코마이신내성장알균(VRE) 감염증 너. 메티실린내성황색포도알균(MRSA) 감염증 더. 다제내성녹농균(MRPA) 감염증 러. 다제내성아시네토박터바우마니균(MRAB) 감염증 머. 장관감염증 버. 급성호흡기감염증 서. 해외유입기생충감염증 어. 엔테로바이러스감염증 저. 사람유두종바이러스 감염증	

@참고

1급 법정 감염병 암기 Tip

크	크리미안콩고출혈열	남	남아메리카출혈열	페	페스트
리	리프트밸리열	신	신종감염병증후군	라	라싸열
스	SARS	두	두창		
마	마버그열	야	야토병		
스	MERS	동	동물인플루엔자		
탄	탄저	보	보툴리눔독소증		
신	신종인플루엔자	디	디프테리아		
에	에볼라바이러스병	※ 암기팁 : 크리스마스 탄신에 남신두 야동보디? 페라			

2 질병관리청장이 고시하는 감염병

기생충감염병	세계보건기구 감시대상 감염병	생물테러감염병
기생충에 감염되어 발생하는 감염병	세계보건기구가 국제공중보건의 비상사태에 대비하기 위하여 감시대상으로 정한 질환	고의 또는 테러 등을 목적으로 이용된 병원체에 의하여 발생된 감염병
가. 회충증 나. 편충증 다. 요충증 라. 간흡충증 마. 폐흡충증 바. 장흡충증 사. 해외유입기생충감염증	가. 두창 나. 폴리오 다. 신종인플루엔자 라. 중증급성호흡기증후군(SARS) 마. 콜레라 바. 폐렴형 페스트 사. 황열 아. 바이러스성 출혈열 자. 웨스트나일열	가. 탄저 나. 보툴리눔독소증 다. 페스트 라. 마버그열 마. 에볼라열 바. 라싸열 사. 두창 아. 야토병

OX로 확인

29
세계보건기구가 국제공중보건의 비상사태에 대비하기 위하여 감시대상으로 정한 질환을 생물테러감염병이라 한다.

OX로 확인 해설&정답

해설
29 생물테러감염병 → 세계보건기구 감시대상 감염병

정답
29 ×

성매개감염병	인수공통감염병	의료관련감염병
성 접촉을 통하여 전파되는 감염병	동물과 사람 간에 서로 전파되는 병원체에 의하여 발생되는 감염병	환자나 임산부 등이 의료행위를 적용받는 과정에서 발생한 감염병
가. 매독 나. 임질 다. 클라미디아 라. 연성하감 마. 성기단순포진 바. 첨규콘딜롬 사. 사람유두종바이러스 감염증	가. 장출혈성대장균감염증 나. 일본뇌염 다. 브루셀라증 라. 탄저 마. 공수병 바. 동물인플루엔자 인체감염증 사. 중증급성호흡기증후군(SARS) 아. 변종크로이츠펠트-야콥병(vCJD) 자. 큐열 차. 결핵 카. 중증열성혈소판감소증후군(SFTS)	가. 반코마이신내성황색포도알균(VRSA) 감염증 나. 반코마이신내성장알균(VRE) 감염증 다. 메티실린내성황색포도알균(MRSA) 감염증 라. 다제내성녹농균(MRPA) 감염증 마. 다제내성아시네토박터바우마니균(MRAB) 감염증 바. 카바페넴내성장내세균속균종(CRE) 감염증

3 환자 분류 기준

감염병환자	・감염병의 병원체가 인체에 침입하여 증상을 나타내는 사람 ・진단 기준에 따른 의사, 치과의사 또는 한의사의 진단이나 감염병 병원체 확인기관의 실험실 검사를 통하여 확인된 사람
감염병의사환자	감염병 병원체가 인체에 침입한 것으로 의심이 되나 감염병환자로 확인되기 전 단계에 있는 사람
병원체보유자	임상적인 증상은 없으나 감염병병원체를 보유하고 있는 사람
감염병의심자	감염병환자, 감염병의사환자 및 병원체보유자와 접촉하거나 접촉이 의심되는 사람
감시	감염병 발생과 관련된 자료, 감염병병원체·매개체에 대한 자료를 체계적이고 지속적으로 수집, 분석 및 해석하고 그 결과를 제때에 필요한 사람에게 배포하여 감염병 예방 및 관리에 사용하도록 하는 일체의 과정
표본감시	감염병 중 감염병환자의 발생빈도가 높아 전수조사가 어렵고 중증도가 비교적 낮은 감염병의 발생에 대하여 감시기관을 지정하여 정기적이고 지속적인 의과학적 감시를 실시하는 것
역학조사	감염병환자 등이 발생한 경우 감염병의 차단과 확산 방지 등을 위하여 감염병환자 등의 발생 규모를 파악하고 감염원을 추적하는 등의 활동과 감염병 예방접종 후 이상반응 사례가 발생한 경우나 감염병 여부가 불분명하나 그 발병원인을 조사할 필요가 있는 사례가 발생한 경우 그 원인을 규명하기 위하여 하는 활동

O X 로 확인

30 O | X

감염병환자, 감염병의사환자 및 병원체보유자와 접촉하거나 접촉이 의심되는 사람을 감염병의사환자라 한다.

O X 로 확인 해설&정답

해설
30 감염병의사환자 → 감염병의심자

정답
30 ×

4 법정감염병의 신고

(1) 의사 등의 신고

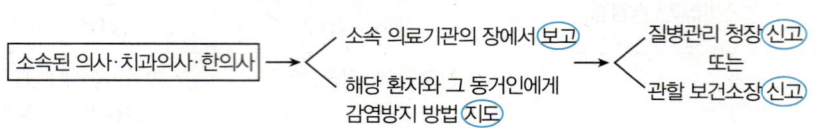

▶ 법정감염병 신고의 경우
1. 감염병환자 등을 진단하거나 그 사체를 검안한 경우
2. 예방접종 후 이상반응자를 진단하거나 그 사체를 검안한 경우
3. 감염병환자 등이 제1급 감염병부터 제3급 감염병까지에 해당하는 감염병으로 사망한 경우
4. 감염병환자로 의심되는 사람이 감염병병원체 검사를 거부하는 경우
▶ 제1급 감염병의 경우 즉시 신고
▶ 제2급 감염병 및 제3급 감염병의 경우 24시간 이내 신고
▶ 제4급 감염병의 경우 7일 이내 신고

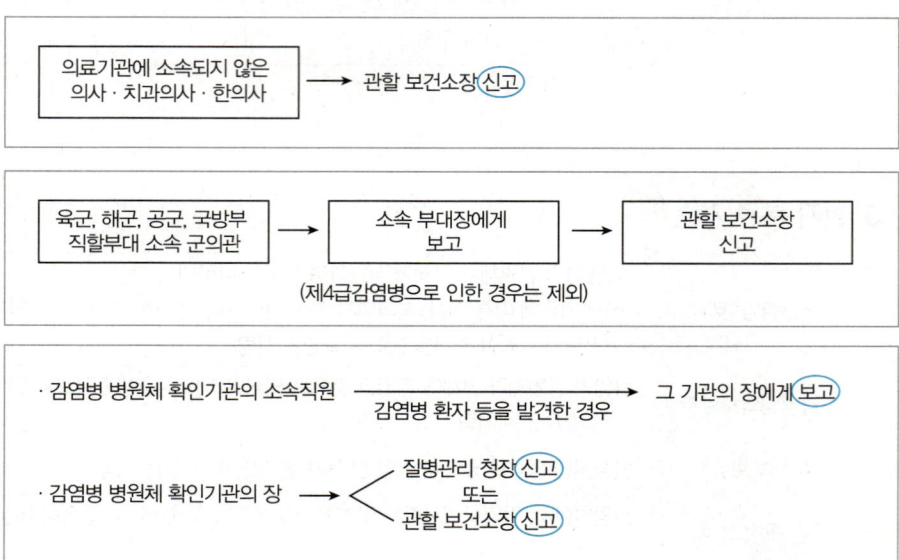

(2) 그 밖의 신고 의무자, 그 밖의 신고대상 감염병

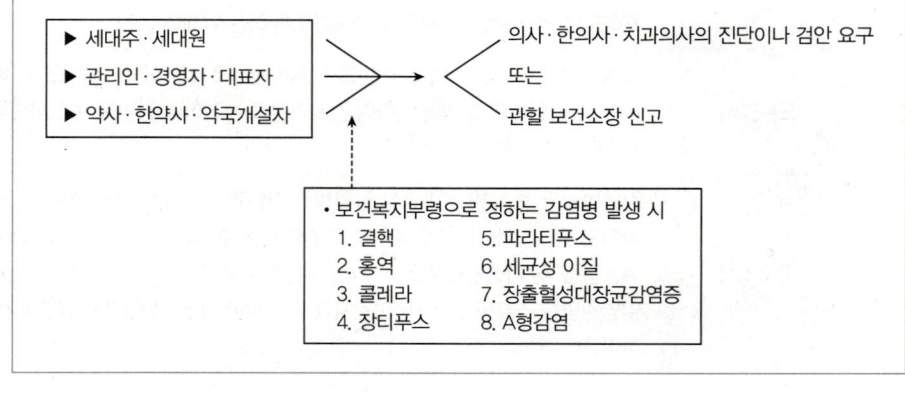

OX로 확인

31 ＯＩＸ
제1급 감염병의 경우 즉시 신고, 제4급 감염병의 경우 24시간 이내 신고해야 한다.

OX로 확인 해설&정답

해설
31 24시간 이내 → 7일 이내

정답
31 ×

5 감염병 감시체계 구분

(1) **전수감시체계(Mandatory Surveillance System)** : 감염병 발생시 의무적으로 즉시 혹은 24시간 이내에 관할 보건소에 신고하도록 하는 것

(2) **표본감시체계(Sentinel Surveillance System)** : 감염병 중 감염병환자의 발생빈도가 높아 전수조사가 어렵고 중증도가 비교적 낮은 감염병의 탈생에 대해 일정한 기준에 의해 참여하는 의료기관을 표본감시기관으로 지정하여 감시하는 것

(3) **수동감시체계(Passive Surveillance System)** : 의료인이 환자를 발견하여 신고하고 보고하는 형태

(4) **능동감시체계(Active Surveillance System)** : 감시체계 운영자가 직접 나서 사례를 찾는 것(한정된 기간 동안에만 사용)

> **O X 로 확인**
> **32** O X
> 일정한 기준에 의해 참여하는 의료기관을 표본감시기관으로 지정해 7일 이내에 관할 보건소에 신고하도록 하는 감시체계를 표본감시체계라 한다.

6 감염병 위기시 대응체계

(1) **감염병 위기관리대책의 수립·시행 (「감염병의 예방 및 관리에 관한 법률」 제34조)** : 보건복지부장관 및 질병관리청장은 감염병의 확산 또는 해외 신종감염병의 국내 유입으로 인한 재난상황에 대처하기 위하여 감염병 위기관리대책을 수립·시행하여야 함

(2) **감염병 위기관리대책 포함 사항**
① 재난상황 발생 및 해외 신종감염병 유입에 대한 대응체계 및 기관별 역할
② 재난 및 위기상황의 판단, 위기경보 결정 및 관리체계
③ 감염병위기 시 동원하여야 할 의료인 등 전문인력, 시설, 의료기관의 명부 작성
④ 의료·방역 물품의 비축방안 및 조달방안
⑤ 재난 및 위기상황별 국민행동요령, 동원 대상 인력, 시설, 기관에 대한 교육 및 도상연습 등 실제 상황대비 훈련
⑥ 감염취약계층에 대한 유형별 보호조치 방안 및 사회복지시설의 유형별·전파상황별 대응방안

	수준	기준
감염병 위기시 대응체계	관심(Blue)	· 해외에서의 신종감염병의 발생 및 유행 · 국내 원인불명·재출현 감염병의 발생
	주의(Yellow)	· 해외에서의 신종감염병의 국내 유입 · 국내 원인불명·재출현 감염병의 제한적 전파
	경계(Orange)	· 국내 유입된 해외 신종 감염병의 제한적 전파 · 국내 원인불명·재출현 감염병의 지역사회 전파
	심각(Red)	· 국내 유입된 해외 신종 감염병의 지역사회 전파 또는 전국적 확산 · 국내 원인불명·재출현 감염병의 전국적 확산

> **O X 로 확인** 해설&정답
> 정답
> 32 O

8 감염병의 분류

1 신종 및 재출현 감염병

(1) 의미 : 과거에는 없거나 문제가 되지 않았던 감염병이지만 새롭게 발생하거나 유행하는 경우 또는 박멸되었거나 감소하였던 감염병이 다시 나타나게 되는 경우의 감염병

(2) 종류
① 기존 병원체의 진화 및 변화로 인한 새로운 감염병
② 인지하지 못하던 과거의 감염병을 생태학적 변화로 새로 발견하게 된 감염병
③ 다양한 요인으로 인해 다시 출현하게 된 기존의 감염병
④ 새로운 지역과 인구집단으로 전파되어 발생하는 기존 감염병

(3) 신종 감염병의 증가 요인
① 인구증가 및 인구구조의 변화 : 인구증가, 도시 슬럼화, 노령인구의 증가, 만성질환자 및 면역저하자의 증가 등
② 병원체의 적응과 변화 : 항생제 내성, 독성의 변화
③ 인간 생활습관의 변화 : 성행태의 변화, 외부활동의 증가, 국제여행의 증가, 약물복용의 증가
④ 동식물을 포함한 국제 교역의 증대
⑤ 이상기후로 인한 생태계 변화
⑥ 환경의 변화 : 공업화, 삼림파괴 등
⑦ 보건의료 요인 : 항생제 남용, 장기이식 및 혈액제재의 사용 등
⑧ 공중보건활동의 축소 : 감염병 전문가의 부족, 질병감시 및 관리의 소홀, 예방사업 축소 등

(4) 우리나라의 신종·재출현 감염병

신종 감염병	재출현 감염병	외국 유입 감염병
· 신증후군출혈열(1976) · 비브리오 패혈증(1982) · 렙토스피라병(1984) · 레지오넬라증(1984) · 쯔쯔가무시병(1986) · 장출혈성대장균 감염증(1998) · 브루셀라증(2003)	· 세균성 이질 · 식중독 · A형 간염 · 삼일열 말라리아	· HIV/AIDS · 콜레라 · 열대열 말라리아 · 뎅기열 · SARS · 인플루엔자 A(H_1N_1) · MERS · 코로나 바이러스 감염증

(5) 우리나라 질병 양상의 변천 내용
① 질병과 기근 시대(1940~1950) : 농업·수공업 중심, 식량부족과 열악한 환경위생, 높은 출생률과 사망률, 결핵·소화기 감염병 유행

② 범유행 감축의 시대 : 산업화 진행, 환경위생 수준의 향상, 산업재해와 직업병이 중요 문제로 대두됨, 감염병 유행의 감소
③ 만성퇴행성 질환 시대(1970년대부터) : 경제 발전과 더불어 환경문제 발생, 영양과잉 문제, 암, 심장병, 뇌혈관질환, 당뇨, 고혈압 등의 만성 퇴행성 질환 증가
④ 지연된 퇴행성 질환의 시대(1990년대 중반부터) : 사망과 질병이 개인의 행태와 생활양식에 영향을 받음(운동 부족, 잘못된 식습관, 과도한 음주와 흡연 등 불건전한 생활습관), 의학기술의 발전으로 고령층의 사망률 급감
⑤ 신종 감염병 및 기생충 질환의 출현과 기존 감염병의 재출현 시대(2000년대부터)

2 소화기계 감염병

환자 또는 병원체 보유자의 토사물과 분변을 통해 배출되어진 병원체에 의해 식수나 음식이 오염되고 그것이 경구로 침입하여 감염되는 것

(1) 장티푸스 – 2급
  ① 병원체 : 살모넬라 타이피균(Salmonella Typhi)
  ② 잠복기 : 3일~60일(평균 1~3주)로 긴 편
  ③ 전파경로 : 병원소는 환자와 보균자이며 이들의 분변을 통해 배출될 병원체에 의해 오염된 음식물을 섭취하여 감염
  ④ 특성
    a. 진단 : Widal test(비달 테스트, 혈청검사)
    b. 증상 : 지속적인 고열(치료하지 않는 경우 4~8주간 계속), 장미진, 복통, 설사 또는 변비, 상대적인 서맥, 두통, 간·비장종대 등
    c. 합병증 : 소장 궤양, 장천공, 장출혈, 담낭염 등
    d. 적절한 치료를 하지 않는 경우 10% 정도의 환자는 회복 이후에도 균을 배출하고, 2~5%는 만성 보균자가 됨(담낭에 보균)
    e. 완치 후 일반적으로 자연능동면역 획득
    f. 격리해제기준 : 항생제 치료 종료 후 48시간 후 24시간 간격으로 연속 3회 실시한 대변배양검사에서 음성으로 판정된 경우
  ⑤ 예방
    a. 환자나 보균자를 조기발견, 격리, 치료 및 주변소독 철저히
    b. 분뇨의 위생적인 폐기
    c. 보균자의 식품취급과 식품조리 금지
    d. 상하수도 위생적 관리
    e. 위생해충 구제
    f. 손씻기
    g. 고위험군에게 예방접종 실시, 보건교육 강화(고위험군 : 유행지역 여행자, 식품위생업소나 집단급식소 조리종사자, 급수시설 종사자, 보균자 가족)

33 장티푸스는 완치 후 영구면역이 되는 질환이 아니다.

해설
33 아니다 → 맞다

정답
33 ×

(2) 파라티푸스 - 2급
  ① 병원체 : 파라티푸스균(Salmonella Paratyphi A, B, C)
  ② 잠복기 : 1~3주
  ③ 병원소 : 환자, 보균자
  ④ 특성 : 임상증상은 장티푸스와 유사하지만 더 가볍고 사망률도 낮음
  ⑤ 예방 : 장티푸스와 동일

(3) 세균성 이질 - 2급
  ① 병원체 : 이질균(Shigella species)
  ② 병원소 : 사람(환자, 보균자)
  ③ 잠복기 : 12시간~7일(평균 1~3일)
  ④ 전파경로
    a. 주로 오염된 식수와 식품 매개, 매우 적은 양(10~100개)의 세균으로 감염될 가능성이 있어 환자나 병원체 보유자와 직·간접적인 접촉에 의한 감염이 가능
    b. 사람 간 전파가 쉽게 일어남, 가족내 2차발병률도 10~40%로 높은 편(HACCP 도입 후 급식위생개선으로 최근 감소 추세)
  ⑤ 특성
    a. 증상 : 경미할 수 있음, 발열, 구토, 경련성 복통, 점액성·농성·혈성 설사
    b. 격리해제기준 : 항생제 치료 종료 후 48시간 후 24시간 간격으로 연속 2회 실시한 대변배양검사에서 음성으로 판정된 경우
  ⑥ 예방 : 백신 없음

(4) 콜레라 - 2급
  ① 병원체 : 콜레라균(Vibrio cholerae)
  ② 병원소 : 사람(환자, 보균자)
  ③ 잠복기 : 보통 2~3일, 최대 5일
  ④ 전파경로
    a. 주로 어패류 등의 식품 매개, 환자 또는 병원체 보유자의 배설물과 직접 접촉한 경우도 드물게 감염가능
    b. 감염이 성립되기 위해서는 10^8이상의 많은 수의 균이 필요하므로 사람 간 전파보다는 오염된 음식을 통한 전파가 더 많음
  ⑤ 특성
    a. 증상 : 구토, 복통없는 심한 설사(수양성 설사), 탈수, 사망(주로 발병후 수시간내)
    b. 격리해제기준 : 항생제 치료 종료 후 48시간 후 24시간 간격으로 연속 2회 실시한 대변배양검사에서 음성으로 판정된 경우
    c. 감염 후 비교적 장기간 면역 형성
  ⑥ 예방 : 환자 격리, 철저한 환경위생과 치료

(5) 소아마비 - 2급
  ① 병원체 : Polio Virus I (마비형 소아마비와 관계 깊음), Ⅰ, Ⅲ형
  ② 병원소 : 사람(불현성감염자가 대부분)
  ③ 잠복기 : 보통 7~14일
  ④ 전파경로 : 입이나 코를 통한 비말감염, 구강을 통한 경구감염(우유, 음식물, 분변에 오염된 물)
  ⑤ 특성
    a. 증상 : 90~95%는 증상이 없는 불현성 감염, 나머지 1~5%에서 급성 이완성 마비 발생
    b. 국내 1983년이래 신고된 환자 없음
    c. 세계보건기구(WHO)는 드창에 이어 두 번째로 폴리오 박멸을 목표로 하고 있음
    d. 감염 후 영구 면역 형성
  ⑥ 예방
    a. 1955년 주사용 사백신, 비활성화 폴리오 백신(IPV) 개발
    b. 1961년 경구용 생백신, 폴리오 백신(OPV) 개발
    c. 1978년 주사용 개량 비활성화 백신(eIPV) 개발
    d. 예방접종
      • 기본접종 : 생후 2개월, 4개월, 6~18개월(3회 접종)
      • 추가접종 : 만 4~6세(1회 접종)

(6) A형 간염(유행성 간염) - 2급
  ① 병원체 : A형 간염 바이러스(Hepatitis A virus)
  ② 잠복기 : 15~45일(평균 28일)
  ③ 전파경로 : 분변-구강경로 감염이 주된 전파경로, 오염된 음식이나 물 섭취, 혈액 전파 가능
  ④ 특성
    a. 증상 : 발열, 식욕감퇴, 구토, 쇠약감, 황달, 짙은 소변 등
    b. 간에서 증식 된 바이러스가 분변으로 고농도 배출됨
    c. 증상발현 2주 전 부터 황달 발생 후 2주 까지 바이러스 배출이 가장 활발
    d. 소아는 70%가 증상이 없는 불현성감염을 보임, 연령이 높아질수록 증상이 심하게 나타남
    e. 만성간염으로의 이행은 거의 없음(0.5%에서 전격간염으로 이행)
    f. 감염 후 영구 면역 형성
  ⑤ 예방
    a. 위생, 식수가 불량한 경우 주의
    b. 식기 구별, 음식을 같이 먹지 않기
    c. 개인위생 철저

> **OX로 확인**
> **34** O|X
> 소아마비는 대부분 불현성 감염이며, 감염 후 영구 면역을 형성한다.

해설&정답
정답
34 O

             d. 접촉자는 적어도 2주 이내 예방접종 실시
                 • 기본접종 : 12~23개월 1차 접종
                 • 추가접종 : 1차 접종 6~8개월 후 2차 접종
    (7) 장출혈성대장균감염증-2급
        ① 병원체 : 쉬가독소를 생성하는 E.Coli(Enterohemorrhagic Escherichia coli)
        ② 병원소 : 소
        ③ 잠복기 : 2~8일
        ④ 전파경로 : 덜 익힌 소고기 섭취, 소독되지 않은 우유 섭취, 소 분변과 접촉
        ⑤ 특성
             a. 합병증 : (환자의 2~7%에서) 용혈성 요독증후군 및 혈전성 혈소판감소성 자반증
             b. 격리 해제 : 치료 종료 48시간 후 24시간 간격으로 2회 연속 대변 균 검사에서 음
                성이 나오는 경우
        ⑥ 예방 : 백신 없음, 접촉자에 대한 예방적 항생제 추천되지 않음

3 호흡기계 감염병

환자 또는 병원체 보유자의 침, 가래, 콧물, 재채기 등을 통해 호흡기감염

(1) 디프테리아-1급
    ① 병원체 : Corynebacterium diphtheriae
    ② 병원소 : 사람(환자, 보균자)
    ③ 잠복기 : 2~5일
    ④ 전파경로 : 환자나 보균자의 콧물, 인후 분비물, 기침, 간혹 피부의 상처를 통한 직
        접전파
    ⑤ 특성
        a. 진단 : Schick(쉬크) 테스트
        b. 심한 인후염을 일으키고 독소를 분비하여 심근염과 신경염을 일으킬 수 있는
           치명률이 높은 질병, 독소에 의한 다양한 합병증 발생
        c. 증상 : 발열, 인후·편도 발적, 인후부위를 뒤덮는 막 형성
        d. 전염기간 : 병원소와 분비물에서 균이 없어질 때까지 평균 2~4주 이상
        e. 합병증 : 기도 폐색
    ⑥ 예방 : DTaP(디프테리아, 파상풍, 백일해 혼합백신) 접종
        a. 예방접종은 순화독소(Toxoid), 감염이 의심될 경우에는 항독소(Antitoxin)
           접종
        b. 기본접종 : 2개월, 4개월, 6개월 (3회 접종)
        c. 추가접종 : 15~18개월(1회), 만4~6세(1회), 만11~12세(Td)

O X 로 확인
35   O | X
디프테리아 예방백신은 생백신이다.

O X 로 확인 해설&정답
해설
35 생백신 → 순화독소
정답
35 ×

(2) 백일해 - 2급
   ① 병원체 : Bordetella pertussis
   ② 병원소 : 사람(환자, 보균자)
   ③ 잠복기 : 7~10일
   ④ 전파경로 : 호흡기 분비물이나 비말핵을 통한 간접전파, 기침시 배출된 비말에 직접 접촉전파
   ⑤ 특성
      a. 발작적 기침이 특징
      b. 증상 : 카타르기(초기 1~2주 동안 미열, 콧물, 경미한 기침, 가장 전염력이 강한 시기), 경해기(이후 2~4주간 발작적 기침, 기침 후 구토), 회복기(1~2주에 걸쳐 임상 양상 호전)
      c. 발병 후 약 4주일 동안 기침과 재채기로 다량의 백일해균을 비말을 통해 확산 : 가족 내 2차 발병률 80%
      d. 치료를 받지 않은 경우 : 기침이 멈출 때까지 최소한 3주 이상 호흡기 격리
         • 항생제 치료의 경우 : 치료 5일 후까지는 격리
      e. 접촉자에게 예방적 항생제 투여
      f. 감염 후 영구 면역 형성
   ⑥ 예방 : DTaP(디프테리아, 파상풍, 백일해 혼합백신) 접종
      a. 기본접종 : 2개월, 4개월, 6개월 (3회 접종)
      b. 추가접종 : 15~18개월(1회), 만4~6세(1회), 만11~12세(Td)

(3) 홍역 - 2급
   ① 병원체 : measles virus
   ② 병원소 : 사람(환자, 보균자)
   ③ 잠복기 : 10~12일
   ④ 전파경로 : 호흡기 분비물을 통한 비말감염, 비말핵 감염, 환자의 분비물과 직접 접촉을 통해 전파 가능
   ⑤ 특성
      a. measles 바이러스는 온도, 광선, 습도 등에 민감해 외부환경에서는 장시간 생존하지 못함(공기 중 2시간 생존가능), 감염성이 강하여 접촉자의 90%이상이 발병
      b. 발진이 나타나기 4일 전부터 발진 후 4일까지 전파 가능
      c. 증상 : 발열, 콧물, 결막염, 홍반성 반점, 구진의 융합성 발진이 특징
         • 전구기 : 전염력이 가장 강한 시기, 3~5일간 지속(발열, 기침, 콧물, 결막염 등의 증상), Koplik 반점(구강 점막에 나타나는 회백색의 작은 반점으로 발진 1~2일 전에 나타나 12~18시간 내에 소실)
         • 발진기 : 홍반성 구진상 발진이 귀 뒤에서부터 나타나기 시작, 첫 24시간 내에 얼굴, 목, 팔, 몸통 상부, 2일째에는 대퇴부, 3일째에는 발까지 퍼진 다음 발

OX로 확인

36 O|X
백일해의 특징적인 증상은 전구기에 나타나는 Koplik 반점이다.

OX로 확인 해설&정답

해설
36 백일해 → 홍역

정답
36 ×

진이 나타났던 순서대로 소실되기 시작
- 회복기 : 발진이 소실되면서 색소 침착을 남기고 벗겨지면서 7~10일 내에 소실

d. 감염 후 영구 면역 형성

e. 홍역 바이러스는 태반을 통과하기 때문에 선천성 홍역이 가능(수직감염)

⑥ 예방

a. 의심되는 환자가 발생하면 발진 발생 후 5일까지 격리

b. 학교에서는 발진 발생 후 4일간 등교 금지

c. 홍역 환자와 접촉한 사람 중 감수성이 있는 사람은 접촉 후 72시간 이내에 예방접종을 하면 발병 예방 가능

d. 면역글로불린으로 인한 수동면역은 노출 후 6일 이내 효과가 있는 것으로 알려져 있음

e. 모체에게 받은 자연수동면역은 생후 6개월까지 효과가 유지됨

f. 홍역의 유행을 방지하기 위해서는 집단면역 수준을 95%이상으로 올려야 함(기초감염재생산수 약 20 : 감수성 있는 환자 1명으로 인해 발생한 2차 감염자의 총 수)

g. MMR접종(홍역, 이하선염, 풍진)
- 기본접종 : 12~15개월(1회)
- 추가접종 : 만 4~6세(1회)
- 홍역이 유행하는 지역에서는 생후 6개월에 예방접종 실시 가능

(4) 유행성이하선염 – 2급

① 병원체 : mumps virus

② 병원소 : 사람(환자, 보균자)

③ 잠복기 : 16~18일

④ 전파경로 : 비말 감염, 공기감염, 환자 타액과의 접촉

⑤ 특성

a. 발병 3일 전부터 발병 후 4일까지 전염력 있음

b. 증상
- 감염자 중 15~20%에서만 전형적인 볼거리 증상, 40~50%는 비특이적이거나 무증상
- 발병 초기에 발열, 두통, 근육통, 식욕부진, 구토 등의 전구 증상이 1~2일간 나타남
- 이하선을 침범하게 되면 해당 부위에 압통과 종창이 나타남, 종창은 2~3일 내에 가장 심함

c. 합병증 : 고환염, 부고환염, 난소염, 심근염 및 난청 나타날 수 있음

d. 감염 후 영구 면역 형성

⑥ 예방

a. 환자는 증상 발현 후 9일까지 호흡기 격리

OX로 확인

37 O|X

홍역은 법정 감염병 중 감염력이 가장 강해 예방접종을 통해 집단의 면역 수준을 95% 이상으로 올려야 한다.

OX로 확인 해설&정답

[정답]

37 O

b. 1회 백신 접종자의 95%에서 항체를 형성, 유행시 확인된 예방효과는 60~90% 사이
　　c. 홍역과 달리 노출 후 예방접종, 면역글로불린의 투여는 효과 없음
　　d. MMR접종(홍역, 이하선염, 풍진)
　　　• 기본접종 : 12~15개월(1회)
　　　• 추가접종 : 만 4~6세(1회)

(5) 풍진 – 2급
　① 병원체 : Rubella Virus
　② 병원소 : 사람(환자, 보균자)
　③ 잠복기 : 14~21일(2~3주)
　④ 전파경로 : 비말(droplet) 감염, 공기감염, 수직감염(태반을 통한 감염), 오염된 물건을 통한 간접전파, 직접 접촉전파
　⑤ 특성
　　a. 임신 초기의 임부가 풍진에 감염될 경우 : 90%에서 선천성 기형을 초래
　　b. 질병의 경과는 비교적 경하며, 30~50%에서는 불현성 감염
　　c. 증상 : 발열(2~3일 지속), 얼굴에서 시작해 하부로 퍼지는 홍반성 구진(첫째 날에는 홍역의 발진과 비슷, 둘째 날에는 성홍열의 발진과 비슷, 셋째 날에는 사라짐), 눈 충혈, 가벼운 기침, 림프절 종대
　　d. 발진이 생기기 7일 전부터 발진이 소실된 후 5~7일까지 감염력 있음(발진기 동안 감염력이 가장 강함)
　　e. 완치 후 일반적으로 자연능동면역 획득
　⑥ 예방
　　a. 환자 및 접촉자 관리 : 환자는 발진 후 5일까지 호흡기 격리실시
　　b. 예방접종(생백신) MMR접종(홍역, 이하선염, 풍진)
　　　• 1회 접종으로 약 95~100%에서 항체 형성
　　　• 적어도 10~21년 후까지 항체 지속
　　　• 생백신이므로 임부에게 접종 금지(임신 초기에 이환시 감마글로불린 접종)
　　　• 기본접종 : 12~15개월(1회)
　　　• 추가접종 : 만 4~6세(1회)

(6) 인플루엔자 – 4급
　① 병원체 : Influenza virus A, B, C
　② 병원소 : 환자
　③ 전파경로 : 비말, 밀집된 장소에서의 공기 감염
　④ 특성
　　a. 증상 : 급작스런 고열(38℃ 이상), 오한, 인후통, 기침, 근육통
　　b. 합병증 : 폐렴(가장 흔함), 심근염, 척수염

O X 로 확인

38 O|X
풍진은 임신 초기 태아에게 선천성 기형을 일으킬 수 있으므로 임부에게 예방접종을 적극 실시해야 한다.

O X 로 확인

39 O|X
인플루엔자는 전수감시체계를 통해 유행을 파악하고 있는 4급 법정 감염병이다.

O X 로 확인 해설&정답

해설
38 적극 실시 → 금지
39 전수감시체계 → 표본감시체계

정답
38 ✕　39 ✕

c. 환자의 격리는 현실적으로 진단의 지연으로 추천하지 않음

d. 심한 유행시 밀집환경이 되지 않도록 유의

⑤ 예방

a. 비활성화 백신은 건강한 사람에서 접종 후 2주 이내에 90%에서 항체 생성

b. 접종 6개월 후 약 50% 정도 항체가 감소

c. 고위험군(노인, 만성질환자, 폐질환자, 면역저하자, 집단시설 거주자 등)에게는 매년 인플루엔자 접종 필요

(7) 코로나바이러스감염증-19(COVID-19) - 2022년 6월부터 2급 법정 감염병

① 병원체 : SARS-CoV-2(Coronavirus에 속하는 RNA 바이러스)

② 전파경로 : 비말(침방울), 접촉전파(코로나19 바이러스에 오염된 물건을 만진 후 눈, 코, 입을 만짐)

③ 잠복기 : 1~14일(평균 4~7일)

④ 주요 증상 : 발열(37.5℃ 이상), 기침, 호흡곤란, 오한, 근육통, 두통, 인후통, 후각·미각소실 등

⑤ 중증으로 진행하는 위험요인 : 65세 이상의 고령(시설생활자), 기저질환자(만성호흡기질환, 심혈관계질환, 당뇨병, 고혈압, 만성신질환, 면역억제자, 만성간질환), 암(혈액암, 폐암, 전이암 등), 비만, 장기이식, 흡연

⑥ 역학적 특징

a. 감염재생산수 : 2.2~3.3(추정치), 사회적 거리두기 시행시 낮아짐

b. 이차발병률 : 0.55%, 가정에서의 이차발병률은 7.56%로 나타나 밀접접촉으로 감염의 위험이 높아진다는 것을 알 수 있음

(8) 수족구병(Hand, Foot and Mouth Disease) - 4급

① 병원체 : 콕사키바이러스 A-16(Coxsackie virus), 엔테로바이러스 71

② 병원소 : 사람

③ 잠복기 : 3~7일

④ 전파경로 : 감염된 사람의 대변 또는 분비물(가래, 콧물, 침 등)과의 직접 접촉, 분비물에 오염된 물건을 통한 전파

⑤ 특성

a. 증상 : 38℃ 전후의 발열, 식욕감퇴, 무력감, 설사, 구토, 입이나 손과 발에 발진과 수포(물집)

b. 수포는 1주일 후 호전

c. 감기와 증상이 비슷하며 대증요법으로 치료

⑥ 예방

a. 분변에 오염되지 않도록 주의, 손씻기

b. 유행시 사람이 많이 모이는 장소 피하기

c. 예방백신이나 치료제 없음

4 절족동물 매개 감염병

절족동물에 의해 사람에 전파되는 질병

(1) 페스트 – 1급

① 병원체 : 페스트 간균 Yersinia pestis

② 병원소 : 야생쥐

③ 전파경로

    a. 인수공통 감염 : 감염된 벼룩에 물려 전파, 감염된 동물의 사체취급시 감염

    b. 사람간 감염 : 호흡기 페스트 환자의 감염성 호흡기 비말을 통해 감염

④ 특성

    a. 호흡기 페스트(Pneumonic plague)
- 자연적으로 발생하는 페스트에서는 드물지만 생물테러시에 가능
- 대개 심한 두통, 피로, 발열, 구토와 현저한 쇠약감으로 시작, 수양성 혈담과 함께 기침, 호흡곤란이 발생
- 치료하지 않을 경우 높은 치명률

    b. 림프절 페스트(Bubonic plague)
- 자연 발생 페스트에서 가장 흔한 형태, 감염된 벼룩에게 물려 발병
- 염증에 의해 커진 림프절(Buboes)의 심한 통증과 종창, 현저한 압통이 특징
- 사타구니, 겨드랑이, 목주위 림프절이 흔히 침범되며, 주변 피부는 발적되고 열감이 동반됨

    c. 패혈증 페스트(Septicemic plague) : 림프절 페스트나 호흡기 페스트가 적절히 치료되지 않을 때 나타날 수 있음

    d. 감염 후 영구 면역 형성

⑤ 예방

    a. 폐렴시 적절한 환자 격리

    b. 페스트 유행지역에서 환자와의 접촉을 금하고 마스크 착용

    c. 쥐와 벼룩이 살 수 없도록 환경위생 관리

    d. 철저한 구서작업

    e. 사백신 예방접종

(2) 말라리아 – 3급

① 병원체 : Plasmodium 속 원충(말라리아원충)

② 병원소 : 사람

③ 전파경로 : 중국얼룩날개모기인 암컷 모기가 흡혈하면서 원충(sporozoite)을 주입함으로써 전파

④ 특성

    a. 인체의 적혈구내에 기생하면서 적혈구가 파괴되어 주기적인 열발작, 빈혈, 비종대 등의 증상을 나타냄

OX로 확인

40 OIX

페스트의 병원소는 야생설치류, 쥐이며 감염된 쥐벼룩에 물려 감염될 수 있다.

OX로 확인

41 OIX

말라리아를 전파시키는 모기는 작은빨간집모기이다.

OX로 확인 해설&정답

해설
41 작은빨간집모기 → 중국얼룩날개모기

정답
40 O 41 X

b. 종류
- 열대열 원충(Plasmodium falciparum) : 주로 아열대 및 열대지방에 분포함, 불규칙적인 열발작이 나타남
- 삼일열 원충(Plasmodium vivax) : 지리적으로 가장 넓게 분포되어 있으며, 주로 온대, 아열대 및 열대지방에 분포함, 열발작이 48시간을 주기로 나타남
- 사일열 원충(Plasmodium malariae) : 열대열과 거의 같으나 그 발생빈도가 훨씬 낮음, 열발작이 72시간을 주기로 나타남
- 난형열 원충(Plasmodium ovale) : 매우 국소적으로 서부아프리카 지역에서만 볼 수 있음

c. 환자의 혈액 격리(치료 종료 후 3년간 헌혈 금지)
d. 사람간의 직접 전파는 일어나지 않음
e. 진단 : 혈액 도말검사

⑤ 예방
a. 모기에 물리지 않도록 노력(모기장, 긴 옷)
b. 환경 관리(모기 서식처 소독, 관리)
c. 백신은 없음, 말라리아 예방약 복용

(3) 일본뇌염 - 3급
① 병원체 : Flaviriridae과의 Flavi virus에 속하는 70개의 바이러스 중 하나
② 병원소 : 말, 돼지, 가금류
③ 전파경로 : Culex 속의 작은빨간집모기의 흡혈에 의해 전파
④ 특성
a. 모기에 의한 절지동물 매개감염병, 인수공통감염병
b. 95% 이상이 불현성감염
c. 일부에서 열을 동반하는 가벼운 증상이나 바이러스성 수막염으로 이행, 드물게 뇌염으로까지 진행
d. 사람 간 전파는 없어 격리 필요하지 않음
e. 감염 후 영구 면역 형성

⑤ 예방
a. 예방접종 : 불활성화 사백신, 약독화 생백신
b. 질병에 노출 후 사용하는 효과적인 면역 글로불린은 없음

(4) 유행성출혈열(신증후군출혈열) - 3급
① 병원체 : 한탄 바이러스(Hantaan virus), 서울 바이러스(Seoul virus)
② 병원소 : 설치류(등줄쥐, 집쥐)
③ 전파경로 : 쥐의 타액, 소변, 분변을 통해 바이러스가 체외로 분비되고 건조되어 공중에 떠다니다가 호흡기를 통해 사람에게 감염, 사람간의 전파는 없음, 인수공통감염병

OX로 확인

42 OX
말라리아는 모기에 물려 감염되는 감염병으로, 환치 후 2개월이 지나면 헌혈이 가능하다.

OX로 확인 해설&정답

해설
42 2개월이 지나면 → 3년이 지난 후

정답
42 ×

④ 특성
  a. 발열기(3~5일) : 갑자기 시작하는 발열, 오한, 허약감, 근육통, 배부통, 오심 등과 발병 후 3일 째부터 점상출혈 나타남
  b. 저혈압기(1~3일) : 25~48%의 환자에서 나타남, 갈증, 요통, 심한 저혈압으로 의식장애
  c. 핍뇨기(3~5일) : 48~66%의 환자에서 나타나며, 무뇨(10%), 요독증, 신부전, 심한 복통, 배부통, 허약감, 토혈, 객혈, 혈변, 육안적 혈뇨, 고혈압, 뇌부종으로 인한 경련, 폐부종
  d. 이뇨기(7~14일) : 신기능이 회복되는 시기로, 다량의 배뇨 나타남. 심한 탈수, 쇼크 등으로 사망 가능성
  e. 회복기(3~6주) : 소변량 정상으로 돌아온 후 서서히 회복
⑤ 예방
  a. 사람간 전파는 없어 격리 필요하지 않음
  b. 고위험군 : 야외활동이 많은 남자, 군인, 농부, 실험실 요원 등 → 예방접종 권고
  c. 야외작업시 보호장구 착용
  d. 들이나 풀밭에 옷을 두지 않기
  e. 귀가 후 옷 세탁과 목욕

(5) 쯔쯔가무시 – 3급
  ① 병원체 : 리케차 쯔쯔가무시(Orientia tsutsugamushi)
  ② 병원소 : 들쥐(매개체 – 털진드기)
  ③ 전파경로 : 감염된 진드기 유충에 물려 감염됨
  ④ 특성
    a. 진드기 유충에 물린 부위에 1cm 크기의 검은 딱지의 가피 형성
    b. 갑작스런 심한 두통, 발열, 오한
    c. 발진 : 발병 7일경 발진이 체부에 나타나서 사지로 퍼지며 반점상 구진의 형태를 보임
  ⑤ 예방
    a. 사람에서 사람으로의 감염 없음. 격리 및 소독 필요없음
    b. 야외 활동 시에 진드기에 물리지 않도록 풀숲에 앉는 것을 피함
    c. 야외활동으로 진드기에 물리거나 작업 후 발열 증상시 빠른 시간 내에 의료기관 방문(예방백신 없음)

> 참고
>
> **절족동물에 의한 감염병**
>
> | 모기 | 일본뇌염, 말라리아, 황열, 뎅기열, 사상충증, 지카바이러스감염증, 치쿤구니야열 등 |
> |---|---|
> | 이 | 발진티푸스, 재귀열 등 |
> | 진드기 | 쯔쯔가무시, 재귀열, 중증열성혈소판감소증, 록키산홍반열 등 |
> | 쥐벼룩 | 페스트, 발진열 |

OX로 확인
43 O|X
렙토스피라는 감염된 진드기 유충에 물려 감염된다.

OX로 확인 해설&정답
해설
43 렙토스피라 → 쯔쯔가무시
정답
43 ×

> **참고**
>
> **가을철 3대 풍토병의 전파경로 비교**
> - 렙토스피라 : 감염된 들쥐의 배설물로 배출된 세균(렙토스피라균)이 사람의 상처를 통해 침투
> - 유행성출혈열 : 감염된 등줄쥐, 시궁쥐의 배설물로 배출된 바이러스(한탄, 서울 바이러스)가 사람의 호흡기를 통해 전파(공기전파로 추정)
> - 쯔쯔가무시 : 리케차에 감염된 들쥐에 기생하던 털진드기가 사람의 조직액을 흡인할 때 전파

5 인수공통 감염병

동물과 사람 간에 서로 전파되는 병원체에 의하여 발생되는 감염병

(1) 렙토스피라 – 3급

① 병원체 : 렙토스피라균(Leptospira)

② 병원소 : 설치류와 소, 돼지, 개, 들쥐(감염원 – 감염된 동물의 배설물)

③ 전파경로
  a. 주로 감염된 들쥐의 배설물에 있는 병원체가 상처 난 피부를 통해 직접 전파
  b. 감염된 들쥐의 배설물에 오염된 물이나 음식물 섭취 시 감염

④ 특성
  a. 증상 : 고열, 두통, 오한, 눈 충혈 등의 감기증상 나타나고 황달이나 폐출혈로 진행, 가벼운 증상부터 치명적인 웨일씨병(Weil's Disease)증상까지 다양하게 나타남
  b. 웨일씨병(Weil's Disease) : 중증 황달, 신부전, 출혈 증상
  c. 고 위험군 : 농부, 오수처리자, 낚시꾼, 군인, 수의사, 축산업자 등 동물과 접촉이 많은 직종 종사자에서 호발
  d. 홍수 후나 추수기 벼 베기 작업과 관련하여 집단 발생 가능
  e. 사람간 전파는 거의 없으나 환자 격리 시 혈액과 체액에 대한 주의 필요

⑤ 예방 : 오염 가능성이 있는 환경에서 작업시 피부 보호를 위한 작업복, 장화 착용

(2) 브루셀라증 – 3급

① 병원체 : Brucella melitensis(염소, 양, 낙타에 존재), B. abortus(소에 존재), B. suis(돼지에 존재), B. canis(개에 존재) 등

② 병원소 : 동물(말, 소, 돼지, 양, 개)

③ 전파경로
  a. 대부분 살균되지 않은 우유 또는 유제품을 섭취하였을 경우에 발생
  b. 피부 상처나 결막을 통해 감염된 가축의 우유나 소변, 태반, 분비물 등에 직·간접 접촉 또는 비말 감염 가능
  c. 사람 대 사람의 전파는 극히 드물지만 수혈, 조직이식, 모유 수유나 성접촉, 수직감염을 통해 전파될 수 있음

④ 특성
  a. 가축과 부산물을 다루는 직업군(도축장 종사자, 축산업자, 수의사, 실험실 근무자)에서 호발
  b. 증상 : 오한, 열, 발한, 두통, 근육통, 관절통 등
⑤ 예방
  a. 환자 상처에 분비물이 없다면 격리할 필요없음
  b. 고위험군의 감염을 막기 위해 보호 안경, 1회용 보호마스크, 보호 장갑, 보호복을 사용하도록 교육 및 홍보

(3) 공수병 – 3급
① 병원체 : Rabies virus
② 병원소 : 개, 고양이, 여우 등 야생동물
③ 전파경로 : 감염 동물의 교상에 의해 발생
④ 특성
  a. 인수공통감염병
  b. 사람의 경우 잠복기는 평균 20~90일(머리 근처에 물릴 경우 바이러스가 뇌까지 도달하는 시간이 단축되어 잠복기가 짧다.)
  c. 증상 : 발병 초기 불안, 두통, 발열, 어지러움, 물린 부위 감각이상 나타남, 2~10일 후 환청, 타액 과다분비, 흥분, 물에 대한 두려움, 연하곤란, 마비·경련 증상 나타남
  d. 일단 임상증상이 나타나면 100% 사망, 특별한 치료법 없음
⑤ 예방 : 호발동물 예방접종

OX로 확인
44　　　OIX
공수병은 인수공통감염병으로 사람 간 감염은 일어나지 않는다.

6 성 매개 감염병

성 접촉을 통하여 전파되는 감염병

(1) 매독 – 4급
① 병원체 : Treponema pallidium
② 병원소 : 사람
③ 전파경로 : 성접촉, 수직감염, 수혈
④ 잠복기 : 10일~3개월(보통 3주)
⑤ 특성
  a. 제1기 매독 : 노출 후 3주, 성기의 무통성 궤양(경성하감) → 2~6주 후 자연소실
  b. 제2기 매독 : 감염 6주~6개월 후, 피부발진, 열, 권태, 림프절 종대를 동반한 피부병변 → 수주 내지 12개월에 걸쳐 자연소실
  c. 제3기 매독 : 장기간의 잠복기를 거친 후 피부, 뼈, 간, 심맥관계, 중추신경계 침범

OX로 확인 해설&정답
정답
44　O

d. 모성을 통해 감염된 태아(임신 4개월 이후 경태반 전파)는 유산·사산이 되거나 출생하는 경우 선천성 장애를 가지게 됨(Hutchinson치아, 간질성 결막염, 군도 정강이 등)

(2) 임질 – 4급

　① 병원체 : Neisseria gonorrhoeae

　② 병원소 : 사람

　③ 전파경로 : 환자로부터 직접 접촉감염

　④ 잠복기 : 3~10일

　⑤ 특성

　　a. 남성 : 배뇨곤란, 화농성 요도 분비물, 합병증(요도주위 농양, 부고환염 등)

　　b. 여성 : 요도염, 자궁경부염, 합병증(자궁내막염, 난관염 등)

　　c. 임신한 모성이 임질의 경우 산도를 통해 신생아 안염(실명) 유발가능

(3) 첨규콘딜로마 – 4급

　① 병원체 : HPV(Human Papilloma Virus)

　② 병원소 : 사람

　③ 전파경로 : 환자로부터 직접 접촉감염

　④ 잠복기 : 2~3개월

　⑤ 특성

　　a. 내외음부, 회음부, 항문 주위에 육안으로 확인 가능한 융기된 병변

　　b. HPV Type 16, 18, 31, 35 등은 자궁경부암과의 관련성이 큼

7 만성 간염병

(1) 결핵 – 2급

　① 병원체 : Mycobacterium tuberculosis(그람양성의 간균)

　② 병원소 : 사람, 소, 새

　③ 잠복기 : 2~12주

　④ 전파경로

　　a. 결핵환자의 재채기에 의한 비말감염, 비말핵에 의한 공기감염

　　b. 밀집생활 환경에서 직접 감염

　　c. 결핵에 걸린 소의 우유 제품, 분변을 통한 감염

　　d. 신장결핵은 소변으로, 장결핵은 분변을 통해 균 배출

　⑤ 특성

　　a. 호기성균, 열과 빛에 약함

　　b. 증상 : 피로, 권태, 체중감소, 미열, 야간발한, 식욕부진 등 비특이적 증상으로 시작되어 조기 발견이 어려움, 결핵이 진행된 후 기침과 객담의 증가가 있음

OX로 확인

45 ○|×

임신한 모성이 임질인 경우 분만시 산도를 통해 신생아 안염을 유발시킬 수 있으므로 임질은 수직감염이라고 할 수 있다.

OX로 확인

46 ○|×

결핵은 호흡기계 전파가 주로 이루어지며 우유나 음식으로는 전파되지 않는다.

OX로 확인 해설&정답

[해설]
45 할 수 있다 → 아니다. 성매개 질환이다.
46 전파되지 않는다. → 전파된다.

[정답]
45 × 46 ×

c. 결핵치료 : 화학요법(항결핵제)을 6개월 이상 실시, 환자에게 약물 부작용과 임의 중단의 위험에 대한 교육이 중요함, 감염력은 약물치료가 시작된 후 급격히 감소하지만 대부분의 2차 전파는 치료 전에 이루어지므로 조기 진단이 중요함

d. 감염되면 10%는 발병하고, 90%는 잠재감염 상태로 남음

e. 3세 이하의 소아에서 감수성이 가장 높고, 3~12세에 감수성이 가장 낮으며, 청년기에 감수성이 다시 높아짐, 80세 이상에서 발생률이 가장 높게 나타남

⑥ 예방

a. 환자와 동거하는 가족 또는 밀접접촉자는 조기 발견을 위한 결핵검진을 받도록 함

b. 환자가족 내에 6세 미만의 소아가 있는 경우 예방적 화학요법 실시

c. 예방접종(BCG)
- 결핵 예방을 위한 가장 효과적인 방법
- 생후 1개월 이내 BCG 필수 접종

> **PLUS 심화**
>
> ◎ 폐결핵의 진단순서
> ① 성인 : X-ray 간접촬영 → X-ray 직접촬영 → 객담검사(확진검사)
> ② 소아 : 투베르쿨린검사 → X-ray 직접촬영 → 객담검사(확진검사)
>
> ◎ 투베르쿨린 반응검사
> ① PPD 용액(2-5도 냉암소 보관) 0.1cc를 피내주사하여 48~72시간 후 경결의 크기를 측정
> ② 양성 : 10mm 이상(결핵의 감염일 수도 있고, 결핵균에의 노출만 된 경우에도 양성의 결과가 나올 수 있다) → 활동성 여부의 확인을 위해 X-ray 직접촬영 후 확진을 위한 객담검사 시행
> ③ 음성 : 10mm 미만 → B.C.G 접종 실시

(2) B형 간염 - 3급

① 병원체 : Hepatitis B Virus

② 병원소 : 사람

③ 전파경로 : 환자의 혈액・타액・정액・질분비물, 오염된 주사기, 의료기기, 성접촉, 수직감염

④ 잠복기 : 4주~6개월(평균 90일)

⑤ 특성

a. HBV에 감염시 신생아의 경우 90%, 5세 미만 감염의 30%가 만성으로 진행 (만성으로의 진행에 감염연령이 큰 영향을 줌)

b. 급성 : 황달, 흑뇨, 식욕부진, 오심, 근육통, 심한 피로, 우상복부 압통, 무증상 감염도 있음

c. 만성
- 15~25%는 만성으로 진행
- 피로, 전신권태, 지속 혹은 간헐적인 황달, 식욕부진
- 합병증 : 간경화, 간성혼수, 복수, 정맥류 출혈, 혈액응고장애

OX로 확인

47 ◯⊠

항결핵제 복용 시작 후 증상이 감소되고, 감염력이 급격히 떨어지면 이때 객담검사를 하여 균배출이 없는 경우 약 복용을 중단할 수 있다.

OX로 확인

48 ◯⊠

투베르쿨린 반응검사 양성의 의미는 결핵환자를 의미한다.

OX로 확인

49 ◯⊠

B형 간염은 혈액・체액전파, 수직감염이 되는 감염병이다.

OX로 확인 · 해설&정답

해설
47 약 복용을 중단할 수 있다 → 증상이 사라지더라도 6개월 이상의 약복용이 중요하다
48 결핵환자를 의미한다 → 결핵균과의 접촉의 경험을 의미한다

정답
47 ✕ 48 ✕ 49 ◯

⑥ 예방
    a. 환자의 혈액·체액으로 오염된 기구 소독 철저히(침습적 시술시 엄격한 무균술)
    b. 주사바늘, 침, 면도칼, 칫솔 등의 공용사용 또는 일회용 물품의 재사용 금지
    c. B형 간염 예방 백신 접종
      • 기본접종 : 0개월, 1개월, 6개월(3회)
      • 모체가 HBsAg(+)인 경우 출생 후 12시간 이내에 예방접종과 함께 HBIG(면역글로불린)을 동시 주사

[A형, B형, C형, D형 간염의 비교]

구분	A형간염 (감염성 간염)	B형간염 (혈청성 간염)	C형간염 (수혈 후 감염)	E형간염 (장관형 간염)
법정 감염병	2급	3급	3급	2급
감염경로	경구감염	비경구감염	비경구감염	경구감염
잠복기	2~6주	4주~6개월	2주~6개월	2~9주
만성진행여부	×	만성화	만성화	×
사망률	0.5%미만	1~2%	4%이하	임산부에서 20%
예방	백신접종, 손씻기, 음식 익혀먹기, 식품 위생	백신접종, 혈액접촉 주의	백신 없음, 혈액접촉 주의	개인위생 주의, 안전한 식수, 조리된 음식 섭취

(3) 후천성면역결핍증 - 3급
  ① 병원체 : HIV(Human Immunodeficiency Virus)
  ② HIV/AIDS는 HIV에 감염되어 나타나는 질환명으로 '무증상 HIV 감염상태'와 '후천성면역결핍증'을 통칭하고자 할 때 HIV/AIDS로 표기
  ③ 병원소 : 환자, 감염자
  ④ 잠복기 : 1~6주부터 수년간, HIV에 감염된 후 2~3개월 정도에 항체 양성 반응을 보임
  ⑤ 전파경로
    a. 성접촉(감염확률 0.1~1.0%) : 정액, 질분비액
    b. 혈액 노출(감염확률 90% 이상)
      • 감염된 혈액 또는 혈액제제의 수혈
      • 정맥주사 마약류를 사용하는 사람 간의 주사기 공유
      • 주사바늘 찔림 등, 의료인이 감염된 혈액에 직접적으로 노출
    c. 수직감염(감염확률 20~40%)
      • 자궁 내 감염
      • 출산 중 감염
      • 모유 수유에 의한 감염

> **참고**
>
> **HIV 전파가 안되는 경우**
> - 공기 또는 물에 의한 전파 아님
> - 악수, 포옹, 가벼운 입맞춤 등 일상생활에서의 감염은 일어나지 않음
> - 변기의 공동사용(분변 감염), 술잔 돌리기(타액 감염) 등으로 전파되지 않음

⑥ 특성
   a. 증상 : 식욕부진, 체중감소, 발열, 피로감, 만성적 설사, 기회감염병, 면역기능 상실
   b. 초기 감염시 급성 HIV증후군 증상이 짧게 나타난 후 오랜 무증상의 잠복기 과정을 겪게 됨
   c. 무증상 잠복기 과정에서 혈중 바이러스의 양은 감소하지만, 림프조직에서 활발하게 증식하여 인체의 면역 기능이 파괴됨
   d. HIV감염 자체보다 기회감염, 악성종양, 신경계통의 합병증이 주 사망 원인이 됨

⑦ 예방
   a. AIDS 환자, 마약중독자와 성적 접촉 금지
   b. 콘돔 사용
   c. 면도기, 칫솔 공용금지(혈액 공유 가능성)
   d. 주사기, 주사바늘, 침은 일회용품 사용
   e. AIDS 바이러스에 오염된 혈액이나 혈액제제에 대해 항체 검사 실시

> **참고**
>
> **무증상 HIV 감염상태**
> - HIV에 감염되었으나 증상이 없는 경우를 말하며, 타인에게 전파 가능
> - 치료하지 않는 경우 AIDS로 진행되기까지 평균 10년이 소요되며, 적절한 치료를 받는다면 AIDS로 진행되는 것을 늦출 수 있다.
>
> **Acquired(후천성) Immune(면역) Deficiency(결핍) Syndrome(증후군)**
>
> HIV에 의해 CD4+ 림프구 수가 $200/mm^3$ 미만으로 감소하였거나, 면역체계가 손상되어 건강한 사람에게는 잘 나타나지 않는 세균, 바이러스, 곰팡이, 원충 또는 기생충에 의한 기회감염증 등의 증상이 나타나는 경우

> **참고**
>
> **감염병 진단 방법**
> - 장티푸스 → Widal Test
> - 매독 → Wassermann Test
> - 임파육아종증 → Frei Test
> - 한센병 → Lepromin Test
> - AIDS → Elisa test(선별검사), Western blot(확인검사)
> - 결핵 → PPD, TB-Test
> - 디프테리아 → Schick Test
> - 발진티푸스 → Weil-Felix Test
> - 성홍열 → Dick Test
> - 피부알레르기 → Patch Test

O X 로 확인

50   O | X
후천성면역결핍증은 성접촉 뿐 아니라 변기의 공동사용과 같은 일상생활을 통해서도 전파가 가능하다.

O X 로 확인   해설 & 정답

해설
50 전파가 가능하다 → 전파되지 않는다

정답
50 ×

CHAPTER 02 만성질환

1 만성질환의 개념과 발생 현황

1 만성질환의 개념

(1) 만성질환의 정의
① 질병 발생 과정의 시간경과 특성에 따라 구분되는 급성 질환과 상반된 개념이며, 장기간 질병이 지속되는 상태나 질환을 의미
② 심혈관질환, 당뇨, 암, 만성호흡기질환, 고혈압, 고콜레스테롤증, 비만 등

(2) 만성질환의 특징
① 증상의 호전과 악화를 반복하며 불가역적인 병리 변화를 동반
② 질병발생 시점이 불분명, 긴 잠재기간
③ 장기간(3개월 이상)에 걸친 치료와 검사 필요
④ 기능장애 동반
⑤ 개별적 다양성, 원인의 다양성
⑥ 나이와 함께 유병률 증가
⑦ 발병률보다 큰 유병률
⑧ 만성 대사성 퇴행성 질환이 대부분
⑨ 여러가지 질환이 동시 존재
⑩ 집단발병이 아닌 개인적, 산발적

> **참고**
> **만성질환에 속하는 질병**
> - 만성질환의 이환기간에는 절대적 기준이 없음
> - 만성질환은 다수의 위험요인이 복합적으로 작용하여 발생, 발생기전이 불명확한 다요인성질병(multifactorial etiology)임
> - 만성질환에의 포함 여부는 질병에 대한 대처 방안과 관련된 집단에 따라 결정
>
> 예 결핵, HIV/AIDS 등 만성 감염성 질환
> → 이들은 이환기간이 3개월 이상이지만, 감염병에 따른 보건학적 대처가 이루어질 수 있으므로 만성질환에 포함하지 않음
>
> 예 임신성 고혈압, 임신성 당뇨
> → 만성질환과 유사한 특성이 많지만 역시 대처방법이 다르며(임신의 종결시 해결됨), 일반적으로 만성질환은 나이가 증가함에 따른 퇴행적 과정을 겪지만 임산부 또는 신생아 등은 특정 집단으로 제한되어 만성질환에 포함하지 않음
>
> 예 만성 B형 간염
> → 이환기간의 기준상 만성질환에 속하지만 감염성 질환이기 때문에 만성질환의 정의와 일치하지 않음

OX로 확인

51 O|X
만성질환의 원인은 명확하다.

OX로 확인 해설&정답

해설
51 명확하다 → 다양하다

정답
51 ×

(3) 만성질환에 영향을 주는 요인 : 만성질환은 하나의 요인에 의해 결정되어지는 것이 아닌 여러 가지 조건이 복잡하게 얽혀 발생하므로 여러 요인들을 찾아내 상호관계를 해명하는 것이 필요함

① 생활습관 요인 : 불규칙한 식습관, 부족한 운동, 음주, 흡연, 과다한 나트륨과 지방 섭취 등
② 유전적 요인 : 가족은 생활습관과 식습관이 비슷하여 같은 만성질환을 겪을 수 있고, 타고난 유전적인 소인의 영향을 받기도 함
③ 심리적 요인 : 긴장, 공포, 불안, 업무 스트레스 등
④ 사회·경제적 요인 : 직업, 교육정도, 경제적 수준, 결혼 유무 등에 따라 질병의 양상이 다르게 나타남

예
- 방사선 취급자 – 백혈병, 암
- 광부 – 진폐증, 폐암
- 부유층 – 심장질환, 유방암

⑤ 기호요인 : 영양상태, 담배와 술, 마약, 약물중독 등
⑥ 환경요인 : 수질 및 대기오염, 방사선 노출, 소음 등

> 참고
> WHO세계보건기구의 만성질환 관리사업(STEPS)
> • 4가지 주요 만성 질환 : 암, 심혈관질환, 만성 폐질환, 당뇨병
> • 4가지 생활습관 요인 : 흡연, 음주, 나쁜 식이습관, 신체활동 부족

OX로 확인

52 OX
만성질환은 연령이 증가할수록 유병률이 증가하는 경향을 보인다.

+PLUS 심화

○ 만성질환과 관련된 위험요인

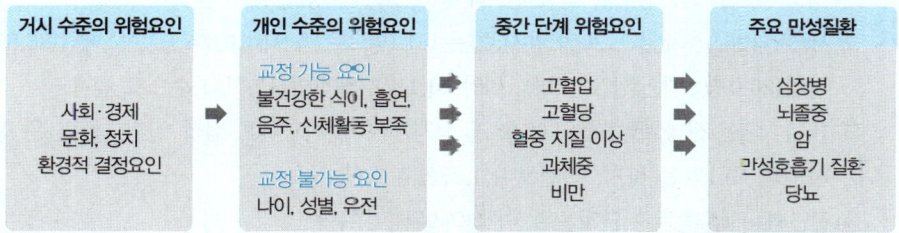

① 세계화, 도시화, 인구고령화 등의 거시적 결정요인들은 개인 수준의 위험요인들의 분포와 작용에 영향을 줌
② 개인 수준의 위험요인에는 교정 가능한 요인과 교정이 불가능한 요인들이 있으며, 이들은 중간 단계 위험요인과 최종 주요 만성질환의 위험도를 증가시킴
③ 주요 만성질환들은 중간 단계 위험요인인 생리적 이상상태(physiological abnormalities)를 가짐
④ 만성질환 관리사업은 위험요인의 특성에 맞는 설계와 모든 단계에 대한 포괄적 접근이 필요함

OX로 확인 해설&정답

정답
52 O

2 만성질환 주요 통계

(1) 2021년 사망원인통계

(단위: 인구 10만 명당 명)

순위	사망원인	사망률	'20년 순위 대비
1	악성신생물(암)	161.1	–
2	심장질환	61.5	–
3	폐렴	44.4	–
4	뇌혈관 질환	44.0	–
5	고의적 자해(자살)	26.0	–
6	당뇨병	17.5	–
7	알츠하이머병	15.6	–
8	간질환	13.9	–
9	패혈증	12.5	↑(+1)
10	고혈압성 질환	12.1	↓(-1)

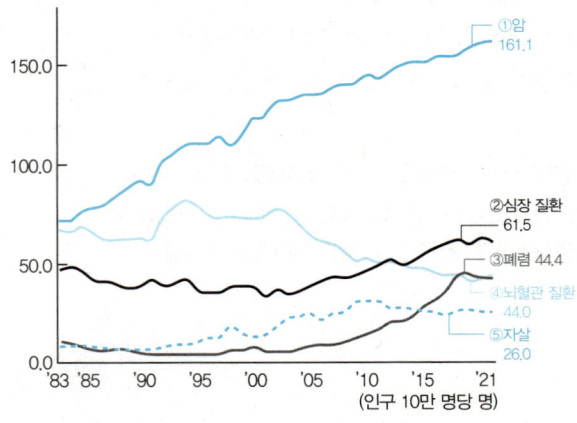

[사망원인 순위 추이]

① 10대 사망원인은 악성신생물(암), 심장 질환, 폐렴, 뇌혈관 질환, 고의적 자해(자살), 당뇨병, 알츠하이머병, 간 질환, 패혈증, 고혈압성 질환 순임

② 사망자의 26.0%가 암으로 사망, 암 사망률은 161.1명으로 전년 대비 0.6% 증가함 : 폐암(36.8명), 간암(20.0명), 대장암(17.5명), 위암(14.1명), 췌장암(13.5명) 순으로 높음

③ 10대 사인은 전체 사망원인의 66.0%를 차지함 : 3대 사인(암, 심장 질환, 폐렴)은 전체 사인의 43.1%를 차지, 전년보다 1.7%$_p$ 감소함

④ 전년 대비 패혈증은 한 단계 순위 상승하여 9위를 기록함

    a. 패혈증은 2020년 10대 사인에 처음 포함된 이후 순위 상승함

    b. 알츠하이머병, 패혈증은 10년 전과 비교하여 순위가 크게 상승함

(2) 2021 성별 사망원인

① 남자가 여자보다 사망률이 높은 사인은 암, 폐렴, 고의적 자해(자살), 간 질환, 당뇨병, 만성 하기도 질환, 운수사고임

② 여자가 남자보다 사망률이 높은 사인은 심장 질환, 뇌혈관 질환, 알츠하이머병, 고혈압성 질환, 패혈증, 코로나19임

③ 남녀 모두 악성신생물(암)의 순위가 가장 높았고, 남자의 악성신생물(암) 사망률이 여자보다 1.6배 높음

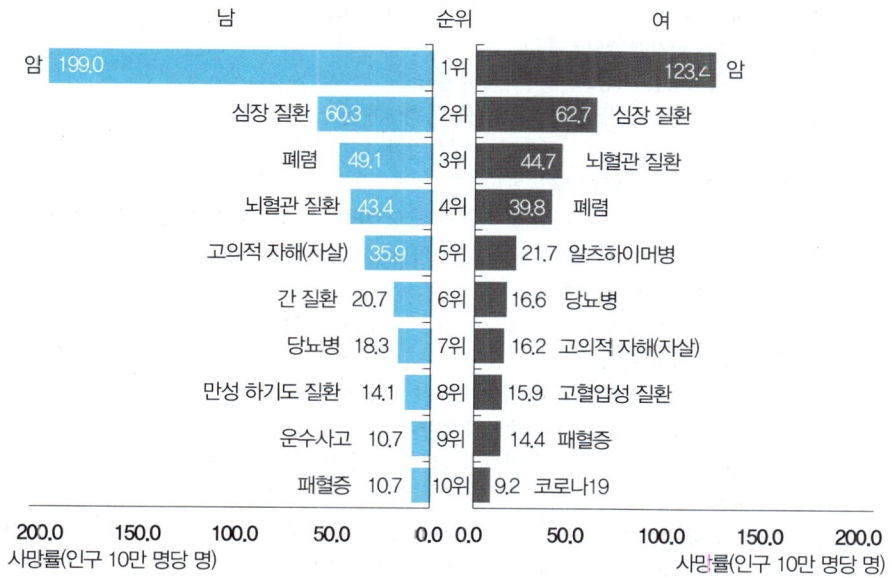

(3) 악성신생물(암) 사망률 추이 (1983-2021)

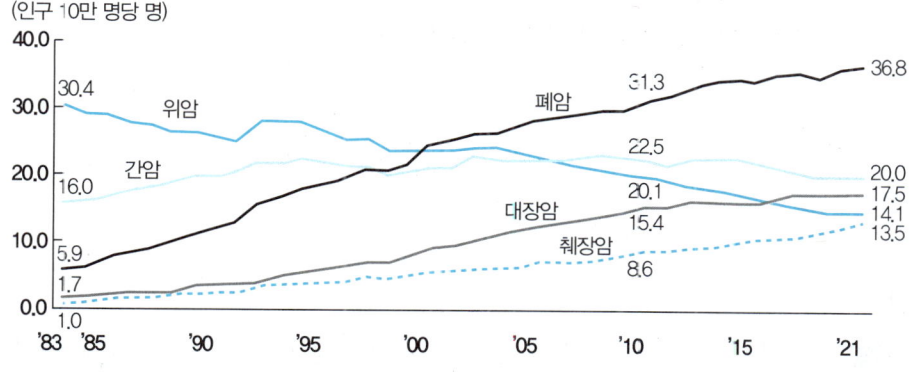

① 악성신생물(암)에 의한 사망률(인구 10만 명당 명)은 161.1명으로 2020년 대비 1.0명(0.6%) 증가함
② 암 사망률은 폐암(36.8명), 간암(20.0명), 대장암(17.5명), 위암(14.1명), 췌장암(13.5명) 순으로 높음
③ 남자의 암 사망률(199.0명)은 여자(123.4명)보다 1.6배 높음
   a. 남자는 폐암(54.5명), 간암(29.4명), 대장암(19.6명) 순으로 사망률 높음
   b. 여자는 폐암(19.2명), 대장암(15.4명), 췌장암(12.9명) 순으로 사망률 높음
④ 10년 전보다 대장암, 췌장암, 폐암 등의 사망률은 증가하였고, 위암, 간암 등의 사망률은 감소함

OX로 확인

53 ○|×
악성신생물로 인한 사망률 추이의 경향을 살펴보면, 10년 전보다 위암과 간암의 사망률이 증가하였다.

OX로 확인 해설&정답

해설
53 증가하였다 → 감소하였다

정답
53 ×

> **+PLUS 심화**
>
> ### ★ 만성질환의 진실
> 만성질환에 대한 올바른 인식을 확산시키기 위해 WHO에서 제시
> ① 주로 고소득 국가에 영향을 준다.
>   → 5명 중 4명은 저중소득 국가에서 발생
> ② 저중소득 국가는 만성질환보다 감염병을 통제해야 한다.
>   → 저중소득 국가에서도 급증하는 만성질환이 미래의 문제로 떠오르고 있음
> ③ 주로 부유한 사람들에게 영향을 준다.
>   → 거의 모든 나라에서 가난한 사람이 만성질환의 발생위험과 사망위험이 높으며, 만성질환이 주는 경제적 부담으로 더 가난하게 됨
> ④ 주로 노인에게 영향을 준다.
>   → 만성질환의 반 정도가 70세 이전 조기사망을 초래함
> ⑤ 주로 남성들에게 영향을 준다.
>   → 심장병 포함 대체로 남과 여 비슷하게 영향 줌
> ⑥ 불건강한 생활양식의 결과이며 개인의 책임이다.
>   → 건강을 위한 의료자원의 배분과 교육이 충분하게 이루어진 경우가 아니라면 개인에게 책임을 물을 수 없음
> ⑦ 예방할 수 없다.
>   → 알려진 주요 위험요인 제거시 심장병, 뇌졸중, 당뇨병의 80%와 암의 40% 예방 가능
> ⑧ 예방과 관리에 지나치게 많은 비용이 든다.
>   → 세계 어디서나 만성질환에 대한 중재는 비용-효과적이며 저렴하게 실행 가능
> ⑨ (반쪽 진실) 위험요인이 많아도 건강하게 오래 살 수 있고, 위험요인이 없어도 젊어서 만성질환으로 죽을 수 있다.
>   → 예외는 있지만, 대다수 만성질환은 공통적인 위험요인이 있으며 이를 제거함으로써 예방 가능
> ⑩ (반쪽 진실) 누구나 어떤 원인으로든 죽기 마련이다.
>   → 죽음을 피할 수 없지만, 서서히 고통스럽게 일찍 죽을 필요는 없음

2 주요 만성질환

1 암(Cancer)

(1) 정의 : 세포가 정상적인 조절기능의 통제를 벗어나 비정상적인 증식을 하며 다른 조직으로 침범하는 질환

(2) 암을 유발하는 중요한 4가지 요인 - WHO

　① 식생활습관

　　a. 음식물이 암발생의 약 35% 차지

　　b. 과다한 소금이 든 음식, 태우거나 높은 온도로 조리한 음식, 지방질 많은 음식 피하기

② 흡연
  a. 전체 암의 30% 차지
  b. 선진국은 줄어들고 후진국은 늘고 있는 추세
③ 만성 감염
  a. 기생충·바이러스 감염(약 10% 차지)
  b. B형 간염 바이러스를 가지고 있는 사람은 가지고 있지 않은 사람에 비해 간암 발생률이 250배 높게 나타남(간암 환자의 98%가 B형 간염 바이러스를 보균)
  c. 인유두종 바이러스로 인한 자궁경부암
  d. 헬리코박터 파일로리균에 의한 위암
④ 환경오염물질

(3) 6대 검진권고 암

검진	검진대상	검진주기
위암	40세 이상 남녀	2년
유방암	40세 이상 여성	2년
자궁경부암	20세 이상 여성	2년
간암	40세 이상 남녀 중 간암 발생 고위험군	6개월
대장암	50세 이상 남녀	1년
폐암	54세 이상 74세 이하의 남녀 중 폐암 발생 고위험군	2년

① 간암 발생 고위험군 : 간경변증, B형 간염 바이러스 항원 양성, C형 간염 항체 양성, B 또는 C형 간염바이러스에 의한 만성간질환자
② 폐암 발생 고위험군 : 평균 하루 1갑씩의 담배를 30년 이상 흡연한 현재 흡연자와 폐암검진의 필요성이 높다고 보건복지부장관이 고시한 자

(4) 현황과 향후 전망
① 암발생률 증가 추세 이유
  a. 평균수명 연장과 인구의 급격한 고령화
  b. 문명화와 산업화에 따른 다양한 발암물질 배출, 폭로의 기회 많아짐
  c. 진단 기술의 발전으로 발견 환자의 수 증가
② 암발생률 추이(인구 10만 명당 명)

년도	2010	2014	2015	2016	2017	2018	2019	2020
암 조발생률	418.3	435.3	428.9	456.0	462.1	480.9	500.9	482.9

  a. 최근 10년간 감소 추세에 있는 암 : 위암, 대장암, 간암, 자궁경부암
  b. 20년간 증가하는 추세를 보이는 암 : 유방암
  c. 2020년 암발생률은 갑상선암, 폐암, 대장암, 위암, 유방암, 전립선암, 간암 순임

OX로 확인

54 ○|X

우리나라 6대 검진권고 암의 종류에는 위암, 유방암, 자궁경부암, 간암, 대장암, 갑상선암이 있다.

OX로 확인 해설&정답

해설
54 갑상선암 → 폐암

정답
54 X

2 고혈압(Hypertention)

(1) 정의
　① 혈압 : 심장의 수축과 이완할 때의 힘과 동맥의 저항하는 힘 사이의 혈관의 압력
　② 고혈압 : 안정시 혈압이 비정상적으로 상승되어 있는 상태

(2) 혈압의 중요성
　① 고혈압은 세계 질병 발생의 가장 큰 원인이 되는 위험 인자의 하나
　② 혈압이 상승할수록 심혈관질환, 만성콩팥병, 망막증의 발생위험과 사망률 증가
　③ 고혈압 환자에서 수축기혈압을 10mmHg 낮출 경우 주요 심혈관 사건 발생, 관상동맥질환, 뇌졸중, 심부전, 총사망률을 10~30% 유의하게 낮출 수 있음

(3) 분류
　① 1차성 고혈압(본태성 고혈압)
　　a. 다른 병과 관계없이 발생(85~90% 차지)
　　b. 발병 원인이 밝혀지지 않음 : 유전, 스트레스, 비만, 식염, 환경, 혈관근육의 운동 등
　② 2차성 고혈압(속발성 고혈압)
　　a. 다른 병에 의해 발생(10~15% 차지)
　　b. 원인 분명 : 동맥경화증, 심혈관 질환, 신장 질환, 내분비 계통 질환 등

(4) 고혈압의 기준

혈압 분류		수축기 혈압(mmHg)		이완기 혈압(mmHg)
정상 혈압		<120	그리고	<80
주의 혈압		120~129	또는	<80
고혈압 전단계		130~139	또는	80~89
고혈압	1기	140~159	또는	90~99
	2기	≥160	또는	≥100
수축기 단독 고혈압		≥140	그리고	<90

3 당뇨병(Diabetes Mellus)

(1) 정의 : 췌장에서의 인슐린 분비 부족 또는 인슐린 작용의 부족에 의한 당대사 질환

(2) 1형 당뇨와 2형 당뇨
　① 1형 당뇨병(인슐린 의존성 당뇨)
　　a. 췌장의 베타 세포 파괴, 인슐린 생성 전혀 안 됨
　　b. 젊은 연령(14세 이전), 유전, 면역, 환경요인(virus나 독소)
　　c. 증상, 징후가 갑자기 나타남, 전체 당뇨의 5%
　② 2형 당뇨병(인슐린 비의존성 당뇨)

O×로 확인

55 O|X
2차성 고혈압은 원인이 불명확하고, 전체 고혈압의 85~90%를 차지한다.

O×로 확인 해설&정답

해설
55 2차성 고혈압 → 1차성 고혈압

정답
55 ×

a. 췌장의 베타 세포에서 인슐린이 분비되나 인슐린 저항(인슐린 효과 감소)으로 발생
b. 서서히 진행됨(주로 40세 이후), 전체 당뇨병의 90%
c. 유전, 비만, 노령, 가족력, 고혈압, 고지혈증 등

(3) 당뇨병 진단검사와 기준

① 공복상태 혈당 검사(fasting glucose)
  a. 8시간 이상 공복 후 측정한 혈당
  b. 70~99mg/dL : 정상
  c. 100~125mg/dL : 공복혈당장애(impaired fasting glucose)
  d. 126mg/dL 이상 : 당뇨

② 75g 경구 당부하 검사
  a. 포도당 75g을 녹인 용액을 마시고 2시간 후 측정한 혈당
  b. 140 mg/dL 미만 : 정상
  c. 200 mg/dL 이상 : 당뇨

③ 식후 2시간 혈당
  a. 140mg/dL 미만 : 정상
  b. 140~199mg/dL : 공복혈당장애(impaired fasting glucose)
  c. 200mg/dl 이상 : 당뇨

④ 당화 혈색소 검사 (HbA1c)
  a. 당뇨환자 혈당치의 장기간 조절 여부를 판단하기 위한 검사로서 최근 2~3개월 동안의 혈중 평균 혈당 농도를 반영
  b. 공복상태 혈당과는 달리 식사와 관계없이 검사할 수 있다는 장점
  c. 5.7% 미만 : 정상
  d. 6.5% 이상 : 당뇨

> **참고**
>
> **공복혈당장애**
> - 당뇨병 전단계 또는 당뇨병이 생길 위험도가 높은 상태
> - 공복혈당장애가 있는 사람이 1년이 지나면 약 10%에서 당뇨병 발생

당뇨병 (Diabetes Mellitus)	공복상태 혈당 검사	126 mg/dL 이상
	75g 경구 당부하 검사	200 mg/dL 이상
	식후 2시간 혈당	200mg/dl 이상
	당화 혈색소 검사	6.5% 이상
	당뇨병의 전형적인 증상 (다뇨, 다음, 설명되지 않는 체중감소)+임의혈당	200mg/dl 이상

(4) 당뇨병 3대 증상
  ① 다뇨, 다음, 다식
  ② 공복감, 체중 감소, 피로감과 전신 소양감, 탈수, 갈증, 상처치유 장애, 피부감염 등

(5) 예방과 관리
  ① 일차 예방 : 과체중, 혈압, 식이, 음주, 흡연, 운동부족 등 당뇨 발생 위험요인을 체계적으로 관리하기
  ② 이차 예방 : 당뇨의 조기 진단, 합병증 발생을 지연시키기 위한 교육, 관리, 치료
  ③ 삼차 예방 : 합병증으로 인한 사망을 최소화하기 위한 적극적인 관리

4 심뇌혈관질환(Cardiocerebrovascular Disease)

(1) 정의
  ① 허혈성 심질환 : 심장에 산소와 영양분을 공급하는 관상동맥이 좁아지거나 막혀서 기능을 정상적으로 하지 못하는 질환
    a. 심근경색증(MI, myocardiac infarction) : 관상동맥 완전차단 → 심근조직의 비가역적인 손상 → 경색, 괴사 발생
    b. 협심증(angina) : 관상동맥이 부분적으로 차단 → 불충분한 혈액 공급 → 허혈상태 초래
  ② 뇌혈관질환(뇌졸중)
    a. 뇌출혈(Cerebral hemorrhage) : 뇌 혈관의 파열 → 혈액이 뇌 조직 내부로 유출되어 발생
    b. 허혈성 뇌경색(Ischemic cerebral infarction) : 혈전 또는 색전에 의해 뇌 혈관 막힘 → 뇌조직에 산소 공급 부족으로 인한 괴사 발생

(2) 원인
  ① 허혈성 심질환 : 흡연(41%의 기여위험도), 고혈압(21%), 고지혈증(9%) 등
  ② 뇌혈관질환 : 고혈압(35%의 기여위험도), 흡연(26%), 고지혈증(5%), 심근경색, 혈중적혈구수 증가 등

5 대사증후군

(1) 정의 : 뇌졸중, 암, 동맥경화, 심혈관질환의 위험성을 높이는 복부비만, 고지혈증, 당뇨병, 고혈압 등의 여러 가지 대사 장애 질환을 한 사람이 동시 다발적으로 갖고 있는 경우

(2) 위험요인
  ① 원인은 완전히 밝혀지지 않았으나 일반적으로 인슐린저항성을 근본 원인으로 추정
  ② 비만, 과식, 스트레스, 운동부족 등의 잘못된 생활습관으로 인해 인슐린저항성 발생

(3) 대사증후군 진단 기준 : 아래 5가지 항목 중 3가지 이상이 있는 경우를 대사증후군으로 정의

복부비만	허리둘레 : 남자 90cm, 여자 85cm 이상(동양인의 경우)
중성지방	혈액 내 중성지방이 150mg/dL 이상
낮은 고밀도지단백 콜레스테롤 (HDL-cholesterol)혈증	남자 40mg/dL 미만, 여자 50mg/dL 미만
높은 혈당	공복혈당 100mg/dL 이상 또는 당뇨 치료 중
고혈압	혈압 130/85mmHg 이상 또는 고혈압 치료중

3 만성질환 관리

1 만성질환의 예방

구분	내용	사업의 효과 측정 방법
1차 예방 (건강증진)	• 질병의 원인요소 미리 제거 • 금연, 금주, 체중조절, 보건교육 등	발생률 감소
2차 예방 (위험평가 및 위험 감소)	• 조기발견을 위한 집단검진 • 대부분의 만성질환은 2차 예방에 중점을 둠	유병률 감소
3차 예방 (치료 및 재활교육)	질병으로 인한 불능 합병증 발생 감소, 조기 사망 감소를 위한 예방	사망률 감소

- 대부분의 만성질환은 2차 예방에 중점을 두며 보다 근본적인 노력은 1차 예방이다.
- 3차 예방으로 사망률이 감소되면 유병률이 증가되는 결과를 가져온다.

2 건강 생활습관

(1) 식생활 개선
(2) 규칙적인 운동
(3) 충분한 수면과 휴식
(4) 금연과 절주

CHAPTER 03 기생충 질환

1 기생충의 유형

1 기생충의 생물형태적 분류

원충류 (단세포 기생충)	• 근족충류 : 이질 아메바, 대장아메바 • 편모충류 : 람불편모충, 장트리코모나스, 질트리코모나스 • 섬모충류 : 대장섬모충 • 포자충류 : 말라리아원충, 톡소플라스마 곤디
윤충류 (다세포 기생충)	• 선충류 : 회충, 요충, 편충, 구충(십이지장충), 동양모양선충, 아니사키스, 선모충, 말레이사상충 • 흡충류 : 간흡충, 폐흡충, 요코가와흡충, 일본주혈흡충 • 조충류 : 유구조충, 무구조충, 광절열두조충

2 기생충 매개물에 의한 분류

토양 매개	회충, 편충, 십이지장충, 동양모양선충
접촉 매개	요충, 트리코모나스
육류 매개	돼지고기(유구조충, 선모충), 쇠고기(무구조충), 선모충, 톡소포자충
어패류 매개	간흡충, 폐흡충, 광절열두조충, 아니사키스, 요코가와흡충, 유극악구충
절족(모기)매개	사상충, 말라리아
물, 채소 매개	회충, 편충, 요충, 십이지장충, 동양모양선충, 이질아메바

3 기생충의 체내 침입경로

경구	회충, 요충, 편충, 십이지장충
경피	십이지장충의 유충
혈액	말라리아, 사상충, 트리파노조마
모체감염	톡소플라스마
생식기	질트리코모나스

OX로 확인

56
회충, 편충, 십이지장충, 동양모양선충 등은 육류를 매개로 전파된다.

OX로 확인

57 OIX
십이지장충은 경구감염 뿐 아니라 경피로도 감염이 이루어진다.

OX로 확인 해설&정답

해설
56 육류를 매개 → 토양, 물, 채소 매개

정답
56 × **57** O

4 기생충의 진단

분변 검사	간흡충, 회충, 구충, 우구조충
객담 검사	폐흡충
스카치 테이프 방법	요충
혈액	사상충증
소변	일본주혈흡충, 질트리코모나스

5 기생충의 인체 서식 장소

간흡충(간디스토마)	담관	구충(십이지장충)	공장
폐흡충(폐디스토마)	폐	요충	맹장
유구조충(갈고리촌충)	소장 상부	편충	맹장, 대장 상부
무구조충(민촌충)	소장	아니사키스	위장 벽
회충	소장	요코가와흡충	공장 상부

6 경구 감염 기생충 예방방법

(1) 분변의 위생적 처리를 통한 충란의 확산 방지
(2) 정기적인 구충제 복용
(3) 조리용 기구의 철저한 청결과 소독
(4) 수육류나 어패류는 충분히 가열하여 섭취
(5) 채소류는 충분히 세척, 특히 생식을 할 경우에는 청정 채소를 섭취
(6) 손 깨끗이 씻기

7 기생충 질환의 중간숙주

구분	1중간 숙주	2중간 숙주
간흡충	왜우렁이	담수어(피라미, 잉어, 붕어 등)
폐흡충	다슬기	민물 게 및 가재
광절열두조충	물벼룩	담수어 또는 반담수어(송어, 농어, 연어 등)
아니사키스 (고래회충)	새우류	바다 생선(대구, 오징어, 청어, 고등어 등)
요코가와흡충	다슬기	담수어(특히 은어)
유극악구충	물벼룩	담수어(가물치, 뱀장어, 메기 등)

2 기생충 질환의 종류

1 선충류

(1) 회충증(ascariasis)
① 특징 : 전 세계적 분포, 환경위생 불량 지역에서 높은 감염률
② 기생장소 : 소장
③ 감염경로 : 경구침입(위−심장−폐포−기관지−식도−소장 정착)
④ 증상
    a. 충체에서 분비하는 효소로 인해 숙주의 소화 작용을 방해 → 소화불량, 설사, 복통, 구역, 구토
    b. 어린이의 경우 이미증
    c. 장폐색, 복막염
⑤ 예방
    a. 인분의 위생적 처리 → 충란의 확산을 방지
    b. 위생적 식생활
    c. 청정 채소 섭취

(2) 구충증(Hookworm disease＝십이지장충)
① 특징 : 경피감염이 이루어져 농촌에서 맨발 작업 시 감염, 채독증(분변독) 발생
② 기생장소 : 공장
③ 감염경로
    a. 경피감염
    b. 경구감염
④ 증상
    a. 피부염과 소양증을 동반한 홍반, 작열감
    b. 빈혈, 채독증, 이미증
⑤ 예방
    a. 회충과 비슷
    b. 빈혈증상치료 : 철분등 영양분 공급
    c. 오염 지역에서의 피부 노출을 금지

(3) 요충증(Pinworm diaease)
① 특징
    a. 암컷은 산란기에 항문 주위로 나와 산란
    b. 건조한 실내에서 장기간 생존
    c. 성인보다 소아에서 많음
    d. 집단감염, 자가감염이 쉬우며 농촌보다 도시에서 많이 발생
② 기생장소 : 맹장, 충수돌기, 결장

OX로 확인

58 O|X
구충증의 예방을 위해 채소밭에서 작업 시 맨발을 금지한다.

59 O|X
편충은 맹장, 상행결장 상부에 기생하다가, 항문 주위로 나와 산란을 한다.

OX로 확인 해설&정답

해설
59 편충 → 요충증

정답
58 O   59 ×

③ 감염경로 : 충란의 경구침입 – 소장에서 부화하고 맹장, 결장 등에 이르러 성충으로 성장
④ 증상
  a. 항문 주변에 성충이 기어 다니므로 심한 가려움, 발적, 종창
  b. 소아에게 수면장애, 식욕감퇴, 불안, 야뇨증, 신경과민, 체중감소, 주의력 산만 등이 나타남
⑤ 예방
  a. 위생적 식생활
  b. 항문주위청결, 속옷 등 소독
  c. 가족원 모두가 동시에 구충약을 복용

(4) 편충(Whipworm disease)
① 특징 : 우리나라에서 감염률 높은 기생충, 기생수가 10마리 미만으로 둔한시 됨
② 기생장소 : 맹장, 대장 상부
③ 감염경로 : 성숙란이 경구적으로 침입
④ 증상
  a. 무증상 감염이 많음
  b. 다수 기생의 경우 : 복통, 구토, 설사, 빈혈, 발열, 신경 증상, 체중 감소 등
⑤ 예방 : 회충과 비슷

(5) 동양모양선충
① 특징 : 우리나라를 비롯해 동양 각지에 분포, 아주 작고 가느다란 선충
② 기생장소 : 소장
③ 감염경로 : 경구적으로 침입 후 위장을 지난 다음 소장에서 기생
④ 증상
  a. 소수의 감염으로는 특별한 증상 나타내지 않음
  b. 다수 감염시 소화장애, 빈혈 나타남
⑤ 예방 : 인분 관리, 채소 깨끗하게 씻기

(6) 아니사키스 (Anisakis, 고래회충)
① 특징 : 해산 포유류에 기생, 해산어류의 생식으로 감염
② 기생장소 : 위장 벽
③ 감염경로 : 고래의 분변과 함께 아니사키스 알이 해수 중에 배출 → 유충으로 자라남 → 갑각류(제1중간숙주)에게 먹힘 → 갑각류를 먹는 해산어류(고등어, 조기, 청어, 갈치, 대구, 오징어)를 제2중간숙주로하여 기생
④ 증상
  a. 상복부의 심한 통증, 오심, 구토, 위궤양, 설사, 두드러기
  b. 백혈구 증가, 적혈구 침강속도 증가, 호산구 증가를 보임
⑤ 예방 : 해산어류 익혀먹기(60℃이상 가열시 유충 사멸), 냉동처리(−20℃에서 동결시 사멸)

2 조충류

(1) 유구조충(갈고리촌충)

① 특징
- a. 머리 부분이 갈고리 모양이며 수백개의 절로 이루어져 있음
- b. 성충은 인체 장에서 20년간 생존
- c. 성충에 의한 감염보다 충란에 의한 뇌, 안구, 근육, 장, 심장, 폐 등에 낭충증 감염이 많음

② 전파 : 돼지고기 생식으로 발생

③ 증상 : 복부 불쾌감, 설사, 구역, 구토, 식욕항진, 공복통, 빈혈, 체중감소

④ 예방
- a. 돼지고기는 충분히 가열 조리하여 섭취
- b. -10℃이하에서 1주일간 냉동시 유충 사멸
- c. 환자 구충으로 감염원 감소
- d. 철저한 도축장 검사

(2) 무구조충(민촌충)

① 특징 : 길이 4~10m

② 전파 : 쇠고기를 불충분하게 가열 조리하여 섭취하거나 육회로 섭취하면 감염

③ 증상 : 소화기 계통의 증상(상복부 통증, 식욕부진, 소화불량), 구토, 기아감

④ 예방
- a. 쇠고기 섭취시 충분히 익혀서 섭취
- b. 소가 먹는 사료(풀)에 분변의 오염 주의

(3) 광절열두조충(긴촌충)

① 특징
- a. 성충은 길이 8~12m, 3,000~4,000개의 체절로 구성
- b. 머리 부분이 갈라져 있어 '열두'라는 호칭으로 불림

② 전파
- a. 제1중간숙주(물벼룩) → 제2중간숙주(담수어)
- b. 제2중간숙주의 근육, 간에서 유충으로 기생, 담수어 생식 시 감염

③ 증상
- a. 복통, 설사 등의 소화기장애, 빈혈, 영양불량
- b. 다른 조충 보다 10~15배 이상 비타민 B12를 많이 흡수 → 악성빈혈

④ 예방 : 농어, 연어 등의 담수어 생식 피하기

OX로 확인

60 ⊙ⓧ

유구조충은 돼지고기를 충분히 가열 조리하여 섭취하면 예방이 가능하다.

OX로 확인 해설&정답

[정답]

60 ○

3 흡충류

(1) 간흡충증(간디스토마)
  ① 제1중간숙주 : 왜우렁이
  ② 제2중간숙주 : 담수어(민물고기 : 피라미, 붕어, 잉어)
  ③ 기생장소 : 담관
  ④ 전파 : 충란 → 제1중간숙주(왜우렁이) → 제2중간숙주(민물고기) → 인체 경구 감염 → 장관을 통해 담관에 기생
  ⑤ 증상 : 식욕감퇴, 설사, 복부 압박감, 황달, 간비대증, 담관폐쇄, 간세포 파괴
  ⑥ 예방 : 민물고기 생식금지, 조리기구 오염방지, 인분관리 철저
  ⑦ 특징 : 우리나라 5대강 유역에 분포

(2) 폐흡충증(폐디스토마)
  ① 제1중간숙주 : 다슬기
  ② 제2중간숙주 : 민물게 및 가재
  ③ 기생장소 : 폐
  ④ 전파 : 충란 → 제1중간숙주(다슬기) → 제2중간숙주(게, 가재) → 인체 경구 감염 → 장관을 통해 폐에 기생
  ⑤ 증상 : 기침, 객담, 객혈, 흉통, 초기 폐결핵 증세와 비슷
  ⑥ 예방 : 제2중간숙주(게, 가재)의 생식 금지, 조리기구 청결
  ⑦ 특징 : 충란의 탈출은 객담을 통해서도 배출됨

(3) 요코가와흡충
  ① 제1중간숙주 : 다슬기
  ② 제2중간숙주 : 담수어(은어, 잉어, 붕어, 황어, 숭어)
  ③ 기생장소 : 공장상부
  ④ 전파 : 분변에 충란 배출 → 제1중간숙주(다슬기) → 제2중간숙주(담수어) → 경구 감염
  ⑤ 증상 : 설사, 복통, 빈혈, 호산구 증가
  ⑥ 예방 : 담수어 생식 피하기
  ⑦ 특징 : 주로 은어를 생식하는 지역에서 감염

O X 로 확인

61 O X
간흡충증의 제2중간숙주는 민물게와 가재이다.

O X 로 확인

62 O X
폐흡충증의 진단을 위해 객담검사를 한다.

O X 로 확인 해설 & 정답

해설
61 민물게와 가재 → 담수어

정답
61 × **62** ○

기출문제로 요점정리

01 [2021 서울]
질병예방적 관점에 따른 보건의료의 분류로 가장 옳은 것은?
① 재활치료는 이차예방에 해당한다.
② 금주사업은 일차예방에 해당한다.
③ 예방접종은 이차예방에 해당한다.
④ 폐암 조기진단은 일차예방에 해당한다.

■정답 ②
◎요점
① 재활치료 : 3차 예방, ③ 예방접종 : 1차 예방, ④ 폐암 조기진단 : 2차 예방

질병의 예방 단계
- 1차 예방
  - 개념 : 비교적 건강한 상태에서의 예방조치, 건강상태를 최고 수준으로 향상시키는 활동
  - 목적 : 질병예방, 건강유지, 건강증진
- 2차 예방
  - 개념 : 질병의 조기발견, 조기치료
  - 목적 : 질병의 중증화 예방
- 3차 예방
  - 개념 : 질병의 휴유증 최소화, 기능장애 또는 사망 방지

02 [2022 지방]
질병의 발생단계에 따른 예방 수준을 1, 2, 3차로 구분할 때, 코로나19와 같은 호흡기계 감염병에 대한 2차 예방활동에 해당하는 것은?
① 예방접종
② 올바른 손씻기와 마스크 착용
③ 접촉자 추적을 통한 질병의 조기검진
④ 방역수칙 준수 등에 대한 홍보 및 보건교육

■정답 ③
◎요점
①, ②, ④는 질병 발생 전의 활동으로 일차 예방이다.

03 [2019 서울]

<보기>에서 설명하는 것은?

> 보기
> 인위적으로 항원을 체내에 투입하여 항체가 생성되도록 하는 방법으로 생균백신, 사균백신, 순화독소 등을 사용하는 예방접종으로 얻어지는 면역을 말한다.

① 수동면역(passive immuny)
② 선천면역(natural immuny)
③ 자연능동면역(natural active immuny)
④ 인공능동면역(artificial active immuny)

정답 ④

요점 후천면역

능동면역	· 숙주 스스로 면역체를 만들어 내어 면역을 획득하는 것 · 효과는 다소 느리나 면역성이 강하고 오래 지속된다. · 자연능동면역 : 질환에 이환된 후 획득한 면역 · 인공능동면역 : 항원을 체내에 투입해 항체를 생성하는 예방접종(생백신, 사백신, 톡소이드)
수동면역	· 이미 형성된 면역원을 체내에 주입하는 것 · 능동면역보다 효력이 빨리 나타나서 빨리 사라지는 일시적 면역 · 자연수동면역 : 태반 또는 모유수유를 통한 면역 · 인공수동면역 : 회복기 혈청, 면역 혈청, 감마글로불린, 항독소 등을 인체에 투입하는 것

04 [2022 지방]

「감염병의 예방 및 관리에 관한 법률」상 제1급 법정감염병에 해당하는 것은?

① 인플루엔자
② 유행성이하선염
③ 신종감염병증후군
④ 비브리오패혈증

정답 ③

요점
① 인플루엔자 - 4급
② 유행성이하선염 - 2급
④ 비브리오패혈증 - 3급

기출문제로 요점정리

05 [2022 지방]

감염병의 간접전파 매개체로 옳지 않은 것은?

① 개달물
② 식품
③ 비말
④ 공기

정답 ③

요점
비말전파는 직접전파에 해당한다.

직접전파와 간접전파

직접전파	피부전파		성병, 피부병 등
	비말전파		홍역, 이하선염 등
	태반을 통한 수직감염		풍진, 매독, B형간염, 에이즈
간접전파	활성 매개체	기계적 전파	매개곤충이 단순히 기계적으로 병원체를 운반(파리, 바퀴벌레)
		생물학적 전파	병원체가 매개곤충 내에서 성장이나 증식을 한 후 전파 (일본뇌염, 황열, 뎅기열 등)
	비활성 매개체	개달물	의복, 장난감, 의료기구, 식기, 침구 등
		공동 전파체에 의한 전파	물, 공기, 식품, 우유, 토양

06 [2017 서울]

다음 감염병 중 모기를 매개체로 한 감염병으로 옳지 않은 것은?

① 뎅기열
② 황열
③ 웨스트나일열
④ 발진열

정답 ④

요점
④ 발진열 : 벼룩에 의한 매개

07 [2022 지방]

「감염병의 예방 및 관리에 관한 법률」상 명시된 필수예방접종 대상 감염병으로만 짝지어지지 않은 것은?

① 일본뇌염, 폐렴구균, 성홍열
② 인플루엔자, A형간염, 백일해
③ 홍역, 풍진, 결핵
④ 디프테리아, 폴리오, 파상풍

정답 ①

요점
성홍열은 필수 예방접종이 아니다.

필수예방접종
1. 디프테리아 2. 폴리오 3. 백일해 4. 홍역
5. 파상풍 6. 결핵 7. B형간염 8. 유행성이하선염
9. 풍진 10. 수두 11. 일본뇌염 12. b형헤모필루스인플루엔자
13. 폐렴구균 14. 인플루엔자 15. A형간염
16. 사람유두종바이러스 감염증
17. 그룹 A형 로타바이러스 감염증
18. 그 밖에 질병관리청장이 감염병의 예방을 위하여 필요하다고 인정하여 지정하는 감염병 (장티푸스, 신증후군출혈열)

08 [2021 서울]

병원체와 숙주 간 상호작용 지표에 대한 설명으로 가장 옳지 않은 것은?

① 감염력은 병원체가 숙주 내에 침입, 증식하여 숙주에 면역 반응을 일으키게 하는 능력이다.
② 독력은 현성 감염자 중에서 매우 심각한 임상증상이나 장애가 초래된 사람의 비율로 계산한다.
③ 이차발병률은 감염된 사람들 중에서 발병자의 비율로 계산한다.
④ 병원력은 병원체가 감염된 숙주에게 현성감염을 일으키는 능력이다.

정답 ③

요점
감염자 중 현성감염자수의 비율을 나타낸 지표는 병원력임

이차 발병률
발단 환자를 가진 가구의 감수성 있는 가구원 중에서 이 병원체의 최장 잠복기 내에 발병하는 환자의 쿤율

$$\text{이차 발병률} = \frac{\text{최장 잠복기 내에 새로 발생한 환자 수}}{\text{발단환자와 접촉한 감수성 있는 사람들의 수}} \times 100$$

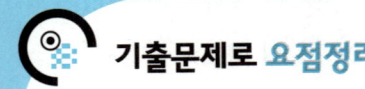 기출문제로 요점정리

09
[2021 서울]

인위적으로 항체를 주사하여 얻는 면역은?

① 자연능동면역
② 자연수동면역
③ 인공능동면역
④ 인공수동면역

🔒정답 ④
◉요점 **인공수동면역**
회복기 혈청, 면역 혈청, 감마글로불린, 항독소 등을 인체에 투입하는 것

10
[2020 서울]

레벨과 클라크(Leavell & Clark)의 질병의 자연사에서 불현성 감염기에 취해야 할 예방조치로 가장 옳은 것은?

① 재활 및 사회복귀
② 조기진단과 조기치료
③ 악화방지를 위한 적극적 치료
④ 지역사회 전체에 대한 예방접종

🔒정답 ②
◉요점 **질병의 자연사 과정[리벨(Leavell)과 클라크(Clark)]**

병원성 이전기	제1기 : 비병원성기	• 병에 걸리지 않은 시기, 건강을 유지하고 있는 기간 • 병원체의 숙주에 대한 자극을 억제하고 극복할 수 있는 시기
	제2기 : 초기 병원성기	• 병인이 숙주에게 자극을 주기 시작하지만 생리적 변화만 있고, 병리적 변화는 없는 시기 • 예방접종이나 특수예방이 이루어지는 소극적 예방 시기
병원성기	제3기 : 불현성질병기	• 병에 이환되었으나 증상이 나타나지 않는 시기 • 감염병의 경우 잠복기, 비감염성 질환의 경우에는 자각 증상 없는 초기 단계에 해당
	제4기 : 현성 질병기	• 증상이 나타나는 시기, 해부학적·기능적 변화가 나타남 • 적절한 치료를 요하는 시기
	제5기 : 회복기	• 재활 및 사회복귀 • 후유증(불구)의 최소화, 잔여기능의 최대한 재생

11 [2019 서울]

만성질환의 역학적 특성으로 가장 옳지 않은 것은?

① 악화와 호전을 반복하며 결과적으로 나쁜 방향으로 진행한다.
② 원인이 대체로 명확하지 않고, 다요인 질병이다.
③ 완치가 어려우며 단계적으로 기능이 저하된다.
④ 위험요인에 노출되면, 빠른 시일 내에 발병한다.

■정답 ④
●요점 만성질환의 특징
질병발생 시점이 불분명하고, 잠재기간이 길다.

12 [2018 서울]

우리나라 대사성증후군의 진단 기준 항목으로 가장 옳은 것은?

① 허리둘레 : 남자 ≥ 90cm, 여자 ≥ 85cm
② 중성지방 : ≥ 100mg/dL
③ 혈압 : 수축기/이완기 ≥ 120/80mmHg
④ 혈당 : 공복혈당 ≥ 90mg/dL

■정답 ①
●요점 대사증후군 진단 기준
아래 5가지 항목 중 3가지 이상이 있는 경우를 대사증후군으로 정의

복부비만	(동양인의 경우) 허리둘레 : 남자 90cm, 여자 85cm 이상
중성지방	혈액 내 중성지방이 150mg/dL 이상
낮은 고밀도지단백 콜레스테롤 (HDL-cholesterol)혈증	남자 40mg/dL 미만, 여자 50mg/dL 미만
높은 혈당	공복혈당 100mg/dL 이상 또는 당뇨 치료 중
고혈압	혈압이 130/85mmHg 이상 또는 고혈압 치료 중

기출문제로 요점정리

13

2020 경북 의료기술

다음 표에 대한 계산으로 옳은 것은?

불현성 감염자	현성감염			
	경미한 증상	중등도 증상	심각한 증상	사망
50	455	400	55	40

① 병원력 = 950/1,000
② 독력 = 40/950
③ 치명률 = 95/1,000
④ 감염력 = 50/1,000

▣ 정답 ①

요점 발병과 관계되는 생물 병원체의 특성

감염($A+B+C+D+E$)				
불현성 감염 (A)	현성 감염 ($B+C+D+E$)			
	경미한 증상 (B)	중등도 증상 (C)	심각한 증상 (D)	사망 (E)

① 병원력 : 병원체가 임상적으로 질병을 일으키는 능력

$$병원력(\%) = \frac{현성감염자수(B+C+D+E)}{총 감염자수(A+B+C+D+E)} \times 100$$

➡ $\frac{455+400+55+40}{50+455+400+55+40} \times 100 = \frac{950}{1,000} \times 100$

② 독력 : 발병된 증상의 심각한 정도를 나타내는 미생물의 능력, 현성 감염으로 인한 사망이나 후유증을 나타내는 정도

$$독력(\%) = \frac{중환자 수 + 사망자 수(D+E)}{총 발병자 수(B+C+D+E)} \times 100$$

➡ $\frac{55+40}{455+400+55+40} \times 100 = \frac{95}{950} \times 100$

③ 치명률 : 특정 질병에 걸린 환자 중에서 일정 기간 동안 그 질병으로 사망한 수를 백분율로 표시

$$치명률(\%) = \frac{사망자 수(E)}{총 발병자 수(B+C+D+E)} \times 100$$

➡ $\frac{40}{455+400+55+40} \times 100 = \frac{40}{950} \times 100$

④ 감염력 : 병원체가 숙주 내에 침입하여 알맞은 기관에 자리잡고 증식하여 숙주에 면역반응을 일으키게 하는 능력

$$감염력(\%) = \frac{불현성 감염자 수 + 현성 감염자 수(A+B+C+D+E)}{감수성 있는 대상자 총 수(N)} \times 100$$

➡ 감수성이 있는 대상자 총 수를 알 수 없기 때문에 감염력을 구할 수 없다.

14 [2023 지방]

다음에 해당하는 감염병의 위기경보 단계는?

> • 국내 유입된 해외 신종감염병의 제한적 전파
> • 국내 원인불명·재출현 감염병의 지역사회 전파

① 관심
② 주의
③ 경계
④ 심각

15 [2023 지방]

태반이나 모유 수유를 통하여 모체로부터 항체를 받아 얻어지는 면역은?

① 자연능동면역 – 질환에 이환된 후 획득한 면역
② 인공능동면역 – 항원을 체내에 투입해 항체를 생성하는 예방접종
③ 자연수동면역 – 태반 또는 모유수유를 통한 면역
④ 인공수동면역 – 회복기 혈청, 면역 혈청, 감마글로불린, 항독소 등을 인체에 투입하는 것

정답 ③

요점 감염병 위기시 대응체계

수준	기준
관심(Blue)	• 해외에서의 신종감염병의 발생 및 유행 • 국내 원인불명·재출현 감염병의 발생
주의(Yellow)	• 해외에서의 신종감염병의 국내 유입 • 국내 원인불명·재출현 감염병의 제한적 전파
경계(Orange)	• 국내 유입된 해외 신종 감염병의 제한적 전파 • 국내 원인불명·재출현 감염병의 지역사회 전파
심각(Red)	• 국내 유입된 해외 신종 감염병의 지역사회 전파 또는 전국적 확산 • 국내 원인불명·재출현 감염병의 전국적 확산

정답 ③

요점 자연수동면역

• 수동 면역은 외부에서 이미 생성된 면역을 체내에 넣어 주는 것
• 자연 수동 면역은 모체 면역이라고도 하며, 산모로부터 아기에게 전달된 항체나 모유에 해당함

기출문제로 요점정리

16 [2023 지방]

검역법령상 검역감염병 접촉자에 대한 최대 격리기간으로 옳지 않은 것은?

① 황열: 6일
② 동물인플루엔자 인체감염증: 10일
③ 에볼라바이러스병: 14일
④ 콜레라: 5일

정답 ③

요점 검역 감염병 및 최대잠복기
- 콜레라: 5일
- 페스트: 6일
- 황열: 6일
- 중증 급성호흡기 증후군(SARS): 10일
- 동물인플루엔자 인체감염증: 10일
- 신종인플루엔자: 검역전문위원회에서 정하는 최대 잠복 기간
- 중동 호흡기 증후군(MERS): 14일
- 에볼라바이러스병: 21일
- 위의 감염병 외의 감염병으로서 외국에서 발생하여 국내로 들어올 우려가 있거나 우리나라에서 발생하여 외국으로 번질 우려가 있어 질병관리청장이 긴급 검역조치가 필요하다고 인정하여 고시하는 감염병: 검역전문위원회에서 정하는 최대 잠복기간

격리기간
- 환자에 대한 격리기간: '감염력이 소실된 시점'까지
- 감염병 의심자(접촉자)의 격리: 위험요인에 노출된 날부터 '최대잠복기가 끝나는 날'까지

17 [2022 서울 보건연구사]

우리나라 보건복지부에서 발표한 코로나-19의 국내 확진자 성별 현황인 [표]에서 (가)에 해당하는 것으로 가장 옳은 것은?

구분	확진자(%)	사망자(%)	(가)(%)
남성	9,216,453(46.9%)	12,171(48.7%)	0.13
여성	10,414,064(53.03%)	12,821(51.30%)	0.12

① 발병률
② 유병률
③ 치명률
④ 사망률

정답 ③

요점 치명률
- 어떤 질환의 환자 수(이환자 수)에 대한 그 질환으로 인한 사망자 수의 비율
- 치명률 = 사망 수 / 환자 수 × 100
- 남성 환자 치명률 = $\dfrac{12,171}{9,216,453}$ = 0.13(%)
- 여성 환자 치명률 = $\dfrac{12,821}{10,414,064}$ = 0.12(%)

18
[2022 서울 보건연구사]

<보기>의 특성을 보이는 감염병으로 가장 옳은 것은?

― 보기 ―
- 병원소 : 들쥐 및 털진드기
- 전파 : 감염된 들쥐에서 털진드기가 매개하여 병원체를 사람에게 전파
- 잠복기 : 약 10일

① 페스트
② 말라리아
③ 쯔쯔가무시
④ 렙토스피라

■정답 ③

◎요점 쯔쯔가무시(3급 법정감염병)
- 병원체 : 리케차 쯔쯔가무시(Orientia tsutsugamushi)
- 병원소 : 들쥐
- 전파경로 : 쯔쯔가무시균을 보유한 털진드기가 사람의 몸에 옮겨붙어 물리게 되고, 이 때 타액 등으로 균이 전염
- 증상 : 약 10~12일의 잠복기를 거친 후 오한, 발열, 두통, 기침, 구토, 복통, 40℃를 넘기는 고열, 온 몸에 퍼지는 발진, 진드기가 문 자리에 피부궤양 발생(가피 형성)

19
[2021 인천]

질병의 자연사와 예방수준 및 예방대책이 가장 맞게 연결된 것은?

① 질병 전 단계 – 1차 예방 – 건강증진, 치료
② 질병 잠복 단계 – 1차 예방 – 조기발견, 조기치료
③ 질병 발현 단계 – 2차 예방 – 건강회복을 위한 치료
④ 회복 단계 – 3차 예방 – 건강보호, 사회 복귀

■정답 ③

◎요점
① 치료는 일반적으로 현성 질병기인 질병 발현 단계에 해당
② 조기발견과 조기치료는 2차적 예방에 해당
④ 건강보호는 질병 전 단계에 해당

단계			예방조치	예방
병원성 이전기	질병 전 단계	1단계 비병원성기 (무병기)	• 건강 증진(적극적 예방) • 보건교육, 생활양식 개선 등	1차적 예방
		2단계 초기 병원성기 (전병기)	• 건강보호(수동적, 소극적 예방) • 예방접종, 사고 방지 대책, 질병 예방을 위한 환경 개선 등	
병원성기	질병 잠복 단계	3단계 불현성 질병기 (증병기)	집단검진, 조기 발견, 조기 치료	2차적 예방
	질병 발현 단계	4단계 현성 질병기 (진병기)	• 증상을 없애기 위한 적극적 치료 • 악화방지, 장애방지를 위한 치료	2차 또는 3차 예방
	회복 단계	5단계 회복기 (정병기)	재활, 사회복귀	3차적 예방

기출문제로 요점정리

20
[2021 광주.전남.전북]

다음 내용에 해당하는 감염병으로만 묶인 것은?

> 동물과 사람 간에 서로 전파되는 병원체에 의하여 발생되는 감염병 중 질병관리청장이 고시하는 감염병

① 브루셀라증, 탄저, 에볼라바이러스병, 결핵
② 브루셀라증, 탄저, 황열, 큐열
③ 일본뇌염, 탄저, 큐열, SARS
④ 일본뇌염, 탄저, 황열, 공수병

정답 ③

요점 인수공통감염병
동물과 사람 간에 서로 전파되는 병원체에 의하여 발생되는 감염병

가. 장출혈성대장균감염증
나. 일본뇌염
다. 브루셀라증
라. 탄저
마. 공수병
바. 동물인플루엔자인체감염증
사. 중증급성호흡기증후군(SARS)
아. 변종크로이츠펠트-야콥병(vCJD)
자. 큐열
차. 결핵
카. 중증열성혈소판감소증후군(SFTS)

21
[2020 광주.전남.전북]

감염재생산 수(R)는 한 인구집단 내에서 감염병이 퍼져 나가는 잠재력이다. 이를 결정하는 요인에 해당하지 않는 것은?

① 접촉 횟수
② 감염전파기간
③ 불현성감염자수
④ 접촉시 감염전파확률

정답 ③

요점 감염재생산 수(R)
① 면역을 가진 사람들이 생겨 집단면역 등이 이루어진 후 감염성 있는 1명의 환자가 실제 감염시키는 인원 수

$$\text{2단계 감염자 수 }(R) = RO - (RO \times P)$$

② R 결정요인

$$R = \beta \times \kappa \times D$$

β: 접촉시 감염 전파 확률
κ: 접촉 횟수
D: 감염전파기간

22

[2021 광주.전남.전북]

곤충의 체내에서 병원체가 증식한 후 위장관을 거쳐 배설물로 배출되어 전파되는 질병으로 옳은 것은?

① 발진열
② 사상충증
③ 재귀열
④ 말라리아

정답 ①

요점 생물학적 전파의 유형

증식형 (Propagative transmission)	병원체의 뚜렷한 형태적 변화 없이 수적 증식만 하여 전파 • 모기 : 일본뇌염, 황열, 뎅기열 • 벼룩 : 페스트, 발진열 • 이 : 재귀열, 발진티푸스
발육형 (Cyclo-developmental transmission)	증식은 하지 않고 형태적 변화를 동반하여 발육만 하여 전파 • 모기 : 사상충증
발육증식형 (Cyclo-propagative transmission)	곤충 내에서 병원체가 증식과 발육을 함께하여 전파 • 모기 : 말라리아 • 체체파리 : 수면병
배설형 (Fecal transmission)	곤충의 체내에서 증식 후 장관을 통해 배설되고, 숙주의 창상으로 침입하여 전파 • 이 : 발진티푸스 • 벼룩 : 페스트, 발진열
경란형 (Transovarian transmission)	병원체가 난소 내에서 증식, 생존하여 난자를 통해 다음 세대까지 전파 • 진드기 : 록키산 홍반열, 재귀열, 쯔쯔가무시

23

[2021 대구 의료기술]

다음 중 사균백신 예방접종에 해당하는 것은?

① B형간염
② MMR
③ 수두
④ BCG

정답 ①

요점 인공능동면역의 종류

① 생백신(활성화 백신, living vaccine)
   a. 독성을 약화시켜 병원성을 약화시킨 것
   b. 1회 접종으로 강한 면역 형성
   c. 장기간 지속되는 면역 효과
   예 두창, 탄저, 광견병, 결핵, 황열, 풍진, 유행성 이하선염, 수두, 홍역, 대상포진, 일본뇌염, 소아마비(sabin, OPV, 경구용), 인플루엔자 등

② 사백신(불활성화 백신, killed vaccine)
   a. 병원 미생물을 물리적·화학적 방법으로 죽인 것
   b. 충분한 면역을 위한 추가접종 필요
   c. 면역의 효과는 생백신에 비해 단기간 지속
   예 장티푸스, 파라티푸스, 콜레라, 백일해, 일본뇌염, A형 간염, B형 간염, 페스트, 일본뇌염, 소아마비(salk, IPV, 주사용), 인플루엔자 등

③ 톡소이드(순화독소, toxoid)
   a. 세균의 외독소를 변질시켜 약하게 만든 것
   b. 부작용이 적고 안전
   c. 추가 접종 필요, 면역의 효과가 가장 떨어짐
   예 디프테리아, 파상풍

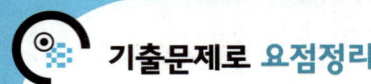

기출문제로 요점정리

24
[2021 부산]

당뇨에 대한 설명으로 옳지 않은 것은?

① 인슐린의 부족이나 저항성으로 인해 발생한다.
② 소변으로 당분이 빠져나가면서 많은 양의 수분을 함께 끌고 나가 다뇨 증상이 일어난다.
③ 인슐린 비의존성 당뇨인 제1형 당뇨는 소아에서 많이 발생한다.
④ 아침 공복 시 혈당 126mg/dL 이상이면 당뇨로 판정한다.

정답 ③

요점
① 췌장에서의 인슐린 분비 부족 또는 인슐린 작용의 부족에 의한 당대사 질환이다.
② 전형적인 3대 증상은 다뇨, 다음, 다식이며 그 외 증상으로는 공복감, 체중감소, 피로감, 전신 소양감, 탈수, 갈증, 상처치유 장애, 피부 감염 등이 있다.
③ 1형 당뇨병(인슐린 의존성 당뇨)은 췌장의 베타 세포 파괴, 인슐린 생성이 안되어 일어나는 질병으로 주로 젊은 연령(14세 이전)에서 많이 나타난다.
④ 8시간 이상 공복 후 측정한 혈당이 126mg/dL 이상이면 당뇨로 진단한다.

25
[2021 세종]

다음 중 어패류 감염 관련 기생충이 아닌 것은?

① 무구조충
② 광절열두조충
③ 아니사키스충
④ 간흡충

정답 ①

요점 기생충 매개물에 의한 분류

토양 매개	회충, 편충, 십이지장충, 동양모양선충
접촉 매개	요충, 트리코모나스
육류 매개	돼지고기(유구조충, 선모충), 쇠고기(무구조충), 선모충, 톡소포자충
어패류 매개	간흡충, 폐흡충, 광절열두조충, 아니사키스, 요코가와흡충, 유극악구충
절족(모기)매개	사상충, 말라리아
물, 채소 매개	회충, 편충, 요충, 십이지장충, 동양모양선충, 이질아메바

26　[2018 경기]

기생충의 생물행태학적 분류방법에 따른 연결이 옳은 것은?

① 원충류 – 말레이사상충, 이질아메바
② 선충류 – 편충, 요충
③ 흡충류 – 간흡충, 십이지장충
④ 조충류 – 유구조충, 말라리아원충

정답 ②

요점 기생충의 생물형태적 분류

원충류 (단세포 기생충)	・근족충류 : 이질 아메바, 대장아메바 ・편모충류 : 람불편모충, 장트리코모나스, 질트리코모나스 ・섬모충류 : 대장섬모충 ・포자충류 : 말라리아원충, 톡소플라스마 곤디
윤충류 (다세포 기생충)	・선충류 : 회충, 요충, 편충, 구충(십이지장충), 동양모양선충, 아니사키스, 선모충, 말레이사상충 ・흡충류 : 간흡충, 폐흡충, 요코가와흡충, 일본 주혈흡충 ・조충류 : 유구조충, 무구조충, 광절열두조충

27　[2021 군무원]

암의 종류별 검진주기와 연령 기준 중에서 검진연령이 가장 높은 암종은?

① 위암
② 자궁경부암
③ 대장암
④ 유방암

정답 ③

요점
① 위암 – 40세 이상
② 자궁경부암 – 20세 이상
③ 대장암 – 50세 이상
④ 유방암 – 40세 이상

・6대 검진권고 암

검진	검진대상	검진주기
위암	40세 이상 남녀	2년
유방암	40세 이상 여성	2년
자궁경부암	20세 이상 여성	2년
간암	40세 이상 남녀 중 간암 발생 고위험군	6개월
대장암	50세 이상 남녀	1년
폐암	54세 이상 74세 이하의 남녀 중 폐암 발생 고위험군	2년

– 간암 발생 고위험군 : 간경변증, B형 간염 바이러스 항원 양성, C형 간염 항체 양성, B 또는 C형 간염바이러스에 의한 만성간질환자
– 폐암 발생 고위험군 : 평균 하루 1갑씩의 담배를 30년이상 흡연 한 현재 흡연자와 폐암검진의 필요성이 높다고 보건복지부장관이 고시한 자

PART 5

학습 포인트

- 환경 오염의 역사적 사건
- 대기오염 물질
- 불쾌지수
- 공기의 자정작용
- 지구온난화
- 염소소독법
- 하수의 호기성 분해처리
- 소독제의 살균기전
- 국제 환경 협약
- 기온역전
- 태양광선
- 환경정책기본법
- 물의 여과
- 먹는 물 수질기준
- 방한력

환경위생

CHAPTER 01	환경과 건강
CHAPTER 02	기후와 건강
CHAPTER 03	공기와 건강
CHAPTER 04	물과 건강
CHAPTER 05	폐기물 처리
CHAPTER 06	주거환경 및 의복위생
CHAPTER 07	위생해충의 관리와 소독

CHAPTER 01 환경과 건강

1 환경과 환경오염

1 환경

(1) 개념: 인간을 둘러 싼 인간으로 하여금 계속적으로 변화하도록 하는 외계이며, 건강 수준에 영향을 주는 절대적인 요소

자연적 환경	물리·화학적 환경	공기, 토양, 광선, 물, 소리 등
	생물학적 환경	미생물, 설치류, 모기, 파리 등
사회적 환경	인위적 환경	의복, 식생활, 주택, 위생시설 등
	사회적 환경	정치, 경제, 종교, 교육 등

(2) 환경위생: 인간의 신체발육과 건강 및 생존에 유해한 영향을 미치거나 미칠 가능성이 있는 모든 환경요소를 관리·통제하는 것

(3) 환경 위생학의 발전

① 페텐코퍼(Max von Pettenkofer, 1818~1901)
  a. 독일의 위생학자이자 화학자
  b. 집, 통풍, 대기와 의복 등의 관계를 밝힘, 현대 위생학의 창시자
② 베르나르(Claude Bernard, 1813~1878)
  a. 프랑스의 생리학자, 근대 실험의학의 창시자
  b. 인간 내부환경의 항상성(Homeostasis) 개념 제시(인간 내부환경은 외부환경의 변화에 맞춰 변화함으로써 건강을 유지할 수 있음)
③ 스톡홀름 회의(유엔인간환경회의, 1972): 스톡홀름에서 113개국 정상들이 모여 '인간환경선언'을 선포, '단 하나뿐인 지구(The Only One Earth)'를 보전하자는 공동인식
④ 국제연합 환경계획 설립(UNEP. United Nations Environment Program, 1973)
  a. 환경에 관한 유엔의 활동을 조정하는 기구
  b. 스톡홀름에서 열린 '유엔인간환경회의'의 결정에 따라 1973년에 설립
⑤ 리우회의(1992)
  a. 정식 명칭은 환경 및 개발에 관한 유엔 회의(UNCED, United Nations Conference on Environment and Development)
  b. '리우 선언'과 '의제 21(Agenda 21)'을 채택, 지구환경보호 활동의 수준이 한 단계 높아지는 성과

○×로 확인

01 ○|×
페텐코퍼는 인간 내부환경의 항상성의 개념을 제시하였다.

○×로 확인 해설&정답

해설
01 페텐코퍼 → 베르나르

정답
01 ×

2 환경오염

(1) **환경오염의 개념** : 인간의 생활과 사업활동을 통해서 발생되는 대기, 수질, 토양, 해양, 방사능 오염으로 인해 인간생활에 불편을 주거나 건강상 피해, 동식물 환경에 피해를 주는 모든 현상

(2) **환경오염의 특성**
① 누적화 : 누적효과와 상승작용으로 피해의 대형화와 가속화
② 광역화 : 피해가 광범위하고 불특정 다수인에게 피해를 유발
③ 다발화 : 계속적이고 반복적인 환경오염 발생
④ 다양화 : 공해물질의 다양화
⑤ 생태학적 질서의 파괴

(3) **환경오염 사건**

사례(발생 지역)	발생 시기	주 원인물질	오염의 특성
뮤즈 계곡 사례 Meuse Valley	1930년 12월	SO_2, 황산, 불소화합물, CO, 미세입자 등	대기오염, 공장 배출물, 기온역전, 무풍, 계곡
이타이 이타이	1945년	카드뮴	일본 진즈강유역 수질오염, 아연의 채광 및 제련과정에서 배출
도노라 Donora(미국)	1948년 10월	SO_2, 황산	대기오염, 공장 배출물, 기온역전, 무풍, 분지
포자리카 Poza Rica(멕시코)	1950년 11월	황화수소가스	석유정제 공장에서 가스 누출
욧가이 천식	1950~1960년	SO_2, NO_2, 포름알데히드	대기오염, 석유종합공업단지, 기온역전
런던 스모그	1952년 12월	SO_2, 부유먼지	대기오염, 복사성 기온역전, 무풍, 연무발생, 겨울
미나마타병	1952년	수은 중독	질소 비료공장의 폐수
LA스모그 사건	1954년	탄화수소, 질소산화물, 오존, PAN	대기오염, 자동차 배기가스, 침강성 기온역전, 여름
가네미 사건	1968년	식용유 속 PCB,	가네미공장, PCB가 미강유에 혼입, 경구섭취
미국 러브 커넬 사건	1970년대	PCB, 다이옥신, 산업폐기물	토양오염, 1940년대 폐기물 매립, 1970년대 건강문제 제기
이탈리아 세베소 사건	1976년	염소가스, 환경호르몬의 하나인 TCDD	바젤협약 체결의 계기가 됨
인도 보팔 사건	1984년	농약 공장 메틸이소시안염(독가스) 다량 누출	살충제 공장 노동자 3천명 사상, 수십만명 피해
낙동강 페놀 오염	1991년	페놀	두산전자 페놀 낙동강 유출

OX 로 확인

02 O│X
1976년 (이탈리아 세베소) 삼염화페놀 생산공장에서 다량의 유독 물질이 대기로 창출되어 다이옥신의 하나인 TCDD로 인한 토양오염 사건이 발생, 이로 인해 바젤협약 체결의 계기가 되었다.

OX 로 확인

03 O│X
뮤즈계곡 사례, 도노라 사례, 보팔사건은 수질오염과 관련된 사건이다.

OX 로 확인 해설&정답

해설
03 수질오염 → 대기오염

정답
02 O   03 ×

충남 태안 원유 유출 사건	2007년	원유 유출	허베이스피릿호와 삼성1호 충돌로 인한 원유 유출, 태안 인근 해역 오염
가습기 살균제 사건	2011년	PGH, PHMG	가습기 살균제로 폐손상
후쿠시마 사건	2011년	방사능 물질 누출	지진으로 발생한 원자력 발전소 사고
구미 불산유출 사건	2012년	플루오린화수소 (불산) 가스 유출	불산 저장탱크 누출로 인한 사망 및 지역주민 피해

(4) 국내 환경오염 사건
① 1983년(1980년대) 울산 온산공단 오염으로 인한 온산병 사건
② 1991년 대구 페놀 유출사건(낙동강 페놀 오염사건)
③ 1994년 인천시 고잔동 유리섬유사건
④ 1996년 전남 여천공단 사건
⑤ 2004년 경남 고성군 폐금속광산사건
⑥ 2006년 이후 강원 영월군 시멘트공장 주변 주민 피해 사건
⑦ 2007년 충남 태안군 허베이스피리트호 원유 유출 사건
⑧ 2011년 가습기 살균제에 의한 폐손상 사건
⑨ 2012년 구미 불산가스 누출사건

3 환경호르몬

(1) 정의 : 성장, 생식 등에 관여하는 내분비 계통의 호르몬 생성과 작용에 영향을 주어 암수변화, 암, 호르몬 분비의 불균형, 생식기능 저하 및 생식기관 기형, 생장저해, 이상 면역반응 등을 유발하는 화학물질

(2) 내분비계 교란물질의 특징
① 생체내의 호르몬과 비슷하게 작용하여 극소량으로도 영향을 미침
② 다른 세대에게도 형질 발현
③ 잔류성이 높아 생체 내에 농축됨
④ 매우 안정적, 쉽게 분해되지 않아 수년간 잔류
⑤ 체내에서 정상 호르몬처럼 작용하며, 일단 체내에 들어오면 원상 회복 불가능
⑥ 정상 호르몬을 대신해 세포 물질과 결합하여 새로운 세포반응과 암 유발

(3) 대표적 환경 호르몬

비스페놀 A	플라스틱(합성수지) 용기, 음료캔, 병마개, 수도관 내장코팅제, 치과 치료에 사용되는 코팅제
프탈레이트	플라스틱 가소제, 플라스틱 용기, 접착제, 전기용품, 어린이 장난감, 의약품, 페인트, 아교, 프린트 잉크, 코팅제, 합성세제
알킬페놀	합성세제원료, 형광표백제

O×로 확인
04 O|X
환경호르몬인 내분비계 교란물질은 다른 세대에게도 형질이 발현되며, 잔류성이 낮고 매우 안정적이다.

O×로 확인 해설&정답
해설
04 낮고 → 높고
정답
04 ×

TBT(트리부틸주석)	선박 부스방지 페인트, 방충제, 선박 및 어망 등의 부착생물방지제, 살생제, PVC(polyvinyl chloride) 폴리머의 안정제
스티렌다이머, 트리머	컵라면 용기
과불화화합물	코팅 프라이팬, 포장지
수은	폐건전지
파라벤	화장품, 식품첨가물
다이옥신	소각장에서 주로 발생
DDT	농약, 합성 살충제
PCB(폴리염화비페닐)	변압기절연유

❶ 다이옥신
- 난용성, 지용성으로 인체나 동물의 지방조직에 축적
- 무색, 무취, 맹독성
- 염소화합물의 연소 시 발생
- 석탄, 석유, PCB등 플라스틱 소각시 발생

+PLUS 심화

❖ 내분비계 호르몬의 작용

① 호르몬 유사 작용 : 정상 호르몬과 유사하게 작용하여 정상 호르몬보다 강하거나 또는 약하게 신호를 전달해 내분비계를 교란시킴

② 호르몬 봉쇄 작용 : 호르몬 수용체 결합부위를 봉쇄하여 정상 호르몬이 수용체에 결합하는 것을 차단하는 작용

③ 호르몬 촉발 작용 : 내분비계 교란물질이 수용체와 작용하여 전혀 새로운 해로운 물질을 합성하는 작용

2 국제 환경 협약

주제	년도	협약	내용
인간환경보호, 지속가능 발전	1972	스톡홀름 회의 (유엔인간환경회의)	'인간환경 선언' 선포, '하나뿐인 지구'를 보전하자
	1992	유엔환경개발회의	브라질 리우데자네이루에서 열린 국제 회의, '리우 선언', '아젠다21' 채택
	2002	지속가능발전 세계정상회의	일명 Rio+10, 남아공 요하네스버그에서 개최, 지속가능발전의 구체적 이행방안에 관한 논의
오존층 파괴	1985	비엔나 협약	오존층 파괴방지, 냉매규제
	1987	몬트리올 의정서	오존층 파괴방지, 냉매규제, 무역규제
지구온난화방지	1992	리우 회의	지구온난화의 국제적 공동대응을 위한 기후변화협약 채택
	1997	교토의정서	온실가스 배출량 감축목표 설정
	2009	코펜하겐협정	지구 평균 기온 상승폭을 산업화 이전 대비 2℃로 제한
	2015	파리협정	지구 평균 기온 상승폭을 산업화 이전 대비 2℃보다 훨씬 적게 제한, 1.5℃까지 제한하기로 제안
멸종위기생물	1973	워싱턴 협약	멸종위기 야생 동식물 거래 규제
	1992	생물 다양성 협약	유엔환경개발회의(리우회의)에서 채택
	2010	나고야 의정서	생물학적 유전자원의 접근 및 이익공유에 대한 국제적인 강제 이행사항을 규정
해양오염	1972	런던협약	방사성폐기물 등 해양투기로 인한 해양오염 방지
유해폐기물	1989	바젤협약	유해 폐기물의 국가간 교역 규제
습지보호	1971	람사르협약	습지보호 및 지속가능한 이용에 관한 국제 조약
사막화 방지	1994	사막화 방지협약	사막화 방지를 통한 지구환경 보호

(1) 스톡홀름 회의(유엔인간환경회의, 1972) : 인간환경 선언의 4대 원칙

① 각국 정부 대표단이 참석한 세계 최초의 정부 차원 국제 환경회의

② 이 회의를 계기로 유엔 산하 환경 전문 기구인 유엔 환경계획(UNEP)이 설립됨

③ 인간환경 선언의 4대 원칙

　a. 인간은 좋은 환경에서 쾌적한 생활을 영위할 기본적 권리가 있다.

　b. 현재와 미래에 있어서 공기 · 물 등의 자연 생태계를 포함하여 지구의 천연 자원이 적절히 계획 · 관리되어야 한다.

　c. 유해물질 배출 등으로 생태계가 회복될 수 없는 상태로 악화되어서는 안 된다.

　d. 경제개발 · 사회개발 · 도시화 계획 등의 모든 계획은 환경의 보호와 양상을 고려하여 계획되어야 한다.

(2) 리우 회의(유엔환경개발회의, 1992)
   ① 리우 회의(Rio Summit) 또는 지구 정상 회의(Earth Summit)
   ② 1992년 6월 3일부터 6월 14일까지 브라질 리우데자네이루에서 열린 국제 회의
   ③ 전 세계 185개국 정부 대표단과 114개국 정상 및 정부 수반들이 참여하여 지구 환경 보전 문제를 논의한 회의
   ④ 정식 명칭 : 환경 및 개발에 관한 유엔 회의(UNCED, United Nations Conference on Environment and Development)
   ⑤ 채택된 선언
      a. 지구 헌장으로서 '환경과 개발에 관한 리우 선언'
      b. 환경보전 행동계획으로서 '아젠다21'
      c. 지구온난화 방지를 위한 '기후변화방지협약'
      d. 종의 보전을 위한 '생물학적 다양성 보전조약'
      e. 삼림보전을 위한 원칙
      f. 환경보전을 위한 자금 공급 방책 및 기술 이전 등

(3) 교토의정서(1997년)
   ① 리우 회의에서 채택된 선언인 지구온난화 방지를 위한 '기후변화방지협약'의 구체적인 이행 방안에 대한 국제 협약
   ② 온실가스 배출량 강제적 감축 의무 규정
   ③ 감축 대상 가스 : CO_2(이산화탄소), CH_4(메탄), N_2O(아산화질소), PFC(과불화탄소), HFC(수소불화탄소), SF_6(육불화황)
   ④ 1차 의무 감축 : 2008년~2012년, 선진국을 대상으로 온실가스 총 배출량을 1990년 대비 평균 5.2% 감축해야 함
   ⑤ 2차 의무 감축 : 2013년~2017년, 개도극을 대상으로 시행
   ⑥ 2001년 전 세계 이산화탄소 배출량의 28%를 배출하는 미국이 자국의 산업보호를 이유로 탈퇴

(4) 코펜하겐협정(2009년)
   ① 지구 평균 기온 상승폭을 산업화 이전 대비 2℃로 제한
   ② 교토의정서보다 강화된 목표 제시
   ③ 개도국에 대한 재정지원 합의 : 2010~2012년 300억 달러, 2020년까지 매년 1,000억 달러 지원

(5) 파리협정(2015년)
   ① 파리협정은 교토의정서가 만료되는 직후인 2021년 1월부터 적용
   ② 기후변화 대응을 위해 선진국과 개도국이 모두 참여
   ③ 지구 평균 기온 상승폭을 산업화 이전 대비 2℃보다 훨씬 낮은 수준으로 유지, 더 나아가 1.5℃까지 제한하기로 노력

05
교토의정서에서 감축하기로 한 온실가스는 CO_2(이산화탄소), CH_4(메탄), N_2O(아산화질소), PFC(과불화탄소), HFC(수소불화탄소), SF_6(육불화황)이다.

정답
05 ○

④ 개도국을 포함한 모든 국가가 자발적 온실가스 감축목표를 5년 단위로 제출, 이행하기로 합의
⑤ 기여방안을 의무 제출하되, 이행은 각 국이 자체 노력(제재조치 없음)
⑥ 2017년 미국 탈퇴 공식선언

	교토의정서	파리협정
목표	온실가스 배출량 감축 (1차:5.2%, 2차: 18%)	기후 상승폭 제한 (2℃목표, 1.5℃ 목표 달성 노력)
감축 의무국	선진국 (38개국)	모든 당사국(195개국)
목표설정 방식	하향식	상향식
불이행시 징벌 여부	징벌적(미달성량의1.3배를 다음 공약 기간에 추가하기로 함)	비징벌적

(6) 비엔나 협약(1985년)

① 오존층 보호를 위해 당사국에게 적절한 조치를 취할 의무를 부과
② 구체적으로 어떠한 적절한 조치를 취해야 하는지 그 의미에 대하여는 명확하게 밝히지 않음
③ 오존층 보호를 위한 구체적인 부속 의정서 채택에 필요한 법적 근거를 마련함

(7) 몬트리올 의정서(1987년)

① 오존층 파괴물질을 구체적으로 규정
② 협약 초기 염화불화탄소(CFCs,프레온)와 할론(염화불화탄소 중 브롬을 함유하고 있는 화합물이다. 프레온 가스보다 오존층 파괴지수가 10배 큼) 등 96종의 물질을 규제 대상 물질로 규정
③ 해당 물질의 생산과 소비를 1994년까지 1986년 수준의 80%까지 줄이고, 1999년까지는 1986년 수준의 50%까지 줄이는 것으로 설계함
④ 1989년 의정서 발효 이후로 사염화탄소와 트리클로로에탄(trichloroethane), 수소화플루오르화탄소(HFCs), 수소염화플루오르화탄소(HCFCs), 수소브로모플루오르카본(HBFCs), 브롬화메틸(methyl bromide), 그 외 다른 오존 파괴 물질들의 제조와 사용뿐만 아니라 염화불화탄소와 할론의 사용을 점차 줄이다가 전폐시키는 것으로 협약이 개정되어 옴

O X 로 확인

06
비엔나 협약, 몬트리올 의정서는 지구온난화방지에 관한 협약이다.

O X 로 확인 해설&정답

해설
06 지구온난화방지 → 오존층 보호

정답
06 ×

3 환경영향평가와 건강위해성평가

1 환경영향평가(EIA, Environmental Impact Assessment)

(1) **환경영향평가의 정의**: 대규모 개발사업, 특정 프로그램, 환경영향평가법에서 규정하는 대상사업으로부터 유발될 수 있는 모든 환경영향에 대해 사전에 조사·예측·평가하여 자연훼손과 환경오염을 최소화하기 위한 방안을 마련하려는 전략적인 종합 체계

(2) **환경영향평가의 목적**: 사업계획을 수립·시행함에 있어 해당사업의 경제성, 기술성, 환경성까지 종합적으로 고려하여 환경피해를 사전에 예방할 수 있도록 하기 위함

(3) **환경영향평가제도의 기능**
  ① 정책 결정자와 주민에게 정보를 제공하는 기능
  ② 사업에 대한 이득, 설득, 합의를 형성하고 촉진하는 기능
  ③ 정보 제공을 통해 친환경적인 계획을 수립하고 유도하는 기능
  ④ 환경오염과 훼손을 일으킬 수 있는 사업을 규제하는 기능

2 건강위해성평가(HRA ; Health risk assessment)

(1) **개념**
  ① 어떤 집단이나 사람들이 일정 기간 위험물질이나 위험한 환경에 노출되는 경우 이로 인한 건강 피해 확률을 추정하는 과학적인 과정
  ② 비교
    a. 위해성 평가 : 아직 발생하지 않거나 확인되지 않은 건강상 피해를 추정
    b. 역학연구 : 이미 발생한 사건으로 인한 건강 피해의 원인을 파악

(2) **평가의 4단계**
  ① 유해성 확인(위험성) : 대상 물질의 위험성 여부를 확인하는 정성적 평가 단계
  ② 용량 반응 평가 : 오염 물질의 단위 노출 또는 체내 용량에 대한 인체반응과의 상관관계를 정량화하는 과정
  ③ 노출 평가
    a. 인체 조직 내 독성물질에 대한 생체 모니터링
    b. 유해물질에 얼마나 노출되었는지를 결정하는 단계
  ④ 위해도 결정 : 특정 노출 수준에서의 초과위해도를 정량적으로 평가하는 것

> **+PLUS 심화**
>
> ◎ **위해성과 유해성**
> ① 위해성(risk) : 위험 물질에 노출 시 유해성이 발생할 수 있는 확률
> ② 유해성(hazard) : 위험 물질이 인간과 환경에게 유해한 작용을 일으킬 수 있는 잠재력
> ③ 유해성이 강한 물질이어도 노출량이 적으면 위해도는 낮고, 유해성이 낮은 물질이라도 노출량이 많으면 위해성이 높음
>
> $$위해성 = 유해성 \times 노출량$$

3 환경보건의 기본원칙(「환경보건법」 제4조, 기본이념)

(1) 사전주의 원칙 : 환경유해인자와 수용체의 피해 사이에 과학적 상관성이 명확히 증명되지 아니하는 경우에도 그 환경유해인자의 무해성이 최종적으로 증명될 때까지 경제적·기술적으로 가능한 범위에서 수용체에 미칠 영향을 예방하기 위한 적절한 조치와 시책을 마련하여야 함

(2) 취약·민감계층 보호 우선의 원칙 : 어린이 등 환경유해인자의 노출에 민감한 계층과 환경오염이 심한 지역의 국민을 우선적으로 보호하고 배려하여야 함

(3) 수용체 중심 접근의 원칙 : 수용체(환경정책의 최종 수요자인 사람의 건강 및 생태계) 보호의 관점에서 환경매체별 계획과 시책을 통합·조정하여야 함

(4) 참여와 알권리 보장의 원칙 : 환경유해인자에 따라 영향을 받는 인구집단은 위해성 등에 관한 적절한 정보를 제공받는 등 관련 정책의 결정 과정에 참여할 수 있어야 함

CHAPTER 02 기후와 건강

1 기후

1 기후의 정의
어떤 장소에서 매년 반복되는 정상상태에 있는 대기현상의 종합적인 상태

2 기후요소와 기후인자
(1) 기후요소
  ① 기후를 구성하는 각각의 요소
  ② 기온, 기습, 기류, 기압, 풍향, 풍속, 강우량, 강설, 복사량, 일조량 등
  ③ 기후의 3요소 : 기온, 기습, 기류
(2) 기후인자
  ① 기후요소에 영향을 미치어 기후에 변화를 일으키는 것
  ② 위도, 지형, 고도, 수륙분포, 해류 등

3 기후와 건강
(1) 기후순화 : 기후 변화에 적응하기 위해 인체가 변화의 과정을 가지는 것으로 조절이 안 될 경우 질병 발생
  ① 대상성 순화 : 새 환경조건에 세포, 기관 등 그 기능을 적응시키는 것
  ② 자극적 순화 : 저하된 기능이 새로운 환경자극에 의해 정상으로 회복되는 것
  ③ 수동적 순화 : 약한 개체가 최적의 환경조건을 찾아 적응하는 것
(2) 기후와 보건
  ① 기상병
    a. 기후상태에 따라 질병이 발생하거나 기존의 질병이 악화되는 것
    b. 류마티스관절염, 심근경색, 협심증, 기관지염, 천식 등
  ② 풍토병(Endemic disease)
    a. 어느 지역의 기후 때문에 그 지역에 주로 발생하는 질병
    b. 열대지방의 말라리아, 수면병, 콜레라 등
  ③ 계절병
    a. 계절에 따라 주로 발생하는 질병
    b. 봄 : 홍역, 결핵 등
    c. 여름 : 뇌염, 장티푸스, 이질, 장염, 말라리아 등
    d. 겨울 : 천식, 인플루엔자 등 호흡기계 질환

O X 로 확인

07 ○ X
기후의 3요소는 기온, 기습, 기압이다.

O X 로 확인

08 ○ X
어느 지역의 기후 때문에 그 지역에 주로 발생하는 질병을 풍토병이라 한다.

O X 로 확인 해설&정답

해설
07 기압 → 기류

정답
07 ✗   08 ○

4 기후형과 기후대

(1) 기후형 (Climatic Type): 세계 각지의 기후를 기후요소와 기후인자의 상호작용에 따라 구분한 것

① 대륙성기후: 주변이 육지로 둘러싸여 기온의 일교차와 연교차가 큼, 여름에는 기온이 상승하여 열대와 같이 더워지고 강수량이 많음, 겨울에는 심한 냉각으로 한대 대륙기단의 발생지가 되기도 함

② 해양성기후: 주변이 해양으로 둘러싸여 기온변화가 육지보다 적음, 습도·강우·자외선량·오존량이 높음

③ 사막기후: 대륙성기후의 극단기후적 특성을 지님

④ 산악기후: 고지대로 바람이 많고 자외선량과 오존량이 많음

⑤ 산림기후: 일교차가 적으나 습도가 비교적 높음

(2) 기후대(Climatic Zone): 위도와 태양의 복사량에 따라 비슷한 기후현상을 보이는데 이를 구분한 것을 기후대라 함

① 물리적 기후대: 위도를 기준으로 열대와 온대, 한대로 나눔

② 등온선 기후대: 물리적 기후대로는 기후가 일치하지 않기 때문에 실제적으로는 등온선을 기준으로 열대, 온대, 한대로 구분함, 연평균 기온 20℃를 기준으로 열대와 온대로 나누고, 가장 따듯한 달의 월평균 기온 10℃를 기준으로 온대와 한대로 나눔

2 온열요소

1 온열요소 정의

인간의 체온조절에 영향을 주는 외적인 요소(기온, 기습, 기류, 복사열)

2 기온

(1) 정의: 인간의 호흡선 위치인 지상에서 1.5m의 대기 온도

(2) 측정

① 실외: 백엽상에서 측정(직사광선, 복사열의 영향을 줄이기 위한 방법)

② 실내: 45cm 높이에서 측정

③ 하루 중 최저기온: 일출 전 30분, 최고기온: 오후 2시경(습도 최저)

④ 실내의 적정온도: 18±2℃, 침실 15±1℃, 병실 21±2℃

OX로 확인

09 ⓞⓧ

온열요소에는 기온, 기류, 기습, 복사열이 있다.

OX로 확인 해설&정답

정답

09 ○

(3) 기온역전(temperature inversion)

① 기온역전의 정의
　　a. 대류권에서는 고도가 올라갈수록(100m 상승시 마다 0.56℃ 하강) 기온이 내려가는데, 상부의 기온이 하부 기온보다 높아지는 현상
　　b. 일반적인 대기 상황 : 태양의 복사열로 대지 온도 상승 → 지표부근 공기 온도 상승 → 고도가 더 올라갈수록 공기 온도는 점점 낮아짐 → 지표면의 공기는 오염물질과 함께 상층으로 이동하는 대류 현상 발생 → 공기 깨끗해짐

② 기온역전의 영향 : 대기가 고도로 안정화되어 공기의 수직확산이 이루어지지 않아 대기 오염 증가

③ 기온역전의 종류
　　a. 복사성 역전
　　　• 추운 겨울 땅이 얼음으로 덮혀 있을 때 상층부보다 지표의 기온이 낮아진 경우 발생
　　　• 복사냉각 : 해가 진 후 땅이 대기보다 더 빨리 냉각되는 현상, 이로 인해 표층 공기가 냉각되어 역전층 발생
　　b. 침강성 역전 : 고기압 중심부에서 맑은 날 공기가 침강하여 단열압축을 받아 따뜻한 공기층을 형성(1,000m 내외의 고도에서 기온의 상승 현상 발생)
　　c. 전선성 역전 : 한랭전선이나 온난전선이 통과할 때 한랭전선의 넝기가 난기 밑으로 깔리는 현상

④ 기온역전으로 인한 사고

항목	런던 스모그	로스엔젤레스 스모그
기온역전의 종류	복사성 역전	침강성 역전
발생시 온도	−1~4℃	24~32℃
발생시 습도	85% 이상	70% 이하
풍속	무풍	5m/sec 이하
주 사용 연료	석탄과 석유계	석유계
주 성분	SO_x, CO, 입자상 물질	O_3, NO_2, CO, 유기물
반응 유형	열적	열적, 광화학적
화학적 반응	환원	산화
발생 시간	이른 아침	낮
인체 영향	기침, 가래, 호흡기계 질환	눈의 자극

(4) 일교차와 연교차

① 일교차
　　a. 하루의 최고기온(오후 2시 전·후)과 최저기온(일출 30분 전)의 차

O X 로 확인

10　　　　　　　　O | X
복사성 역전의 영향으로 로스엔젤레스 스모그 사건이 발생하였다.

O X 로 확인　해설&정답

해설
10 로스엔젤레스 스모그 사건 → 런던 스모그 사건

정답
10 ×

b. 일교차에 영향을 주는 요인 : 태양에 의한 일사량, 지면에서의 복사량, 대기 상태, 지표면 상태, 지리적 위치, 계절 등
c. 일교차가 큰 순서
- 지역에 따라 : 사막지역 > 산악 분지지역 > 내륙지역 > 해안지역 > 삼림지역
- 위도에 따라 : 고위도 > 저위도
- 기후에 따라 : 맑은 날 > 흐린 날, 건조지역 > 습윤지역

② 연교차
  a. 일년 중 최고기온과 최저기온의 차
  b. 연교차가 큰 순서 : 한대지방 > 온대지방 > 열대지방

3 기습

(1) 기습의 정의
① 기습 : 공기 중에 포함된 수증기의 양
② 포화습도 : $1m^3$가 함유할 수 있는 최대의 수증기의 양
③ 절대습도 : 현재 공기 $1m^3$ 중에 함유된 수증기량
④ 상대습도(비교습도) : 공기의 건·습 정도를 가장 잘 표시하는 것은 상대습도

$$상대습도 = \frac{절대습도}{포화습도} \times 100$$

(2) 기습의 특성
① 기온이 높을수록 포화습도는 커지고, 상대습도는 낮아짐
② 습도는 낮에는 태양의 열을 흡수해 대지의 과열을 방지, 밤에는 지중열의 복사를 방지해 온도의 급격한 변화를 막아줌
③ 하루 중 습도의 변화는 대체로 기온의 변화와 역관계

(3) 쾌적습도
① 표준습도의 범위 : 40~70%
② 15℃에서 70~80%, 18~20℃에서 60~70%, 24℃ 이상에서는 40~60%가 적절

(4) 측정도구
① 건습구 한란계, 아스만 통풍 건습계, 아우구스트 건습계, 노점 습도계, 자기습도계, 비색법 등
② 습구온도계 : 온도계의 구부가 젖은 거즈에 감싸여 있어 물의 증발에 따른 열 손실을 측정, 습구온도는 건구온도에 비해 낮게 나타나고, 주변 공기가 건조할수록 증발량이 많아지며 습구 온도는 더 내려감

O X 로 확인

11 O X
하루 중 습도의 변화는 대체로 기온의 변화와 비례관계이다.

O X 로 확인 해설&정답

해설
11 비례관계 → 역관계

정답
11 ×

4 기류

(1) 기류 : 기온과 기압의 차이에 의해 형성되는 공기의 흐름

(2) 기류의 강도
   ① 무풍 : 0.1m/sec 이하의 기류 상태
   ② 불감기류
      a. 0.5m/sec 이하의 감각할 수 없는 기류
      b. 실내와 의복 내에 항상 존재하며 인체의 신진대사를 촉진시킴
   ③ 쾌적기류 : 1m/sec 전·후(실외), 0.2~0.3m/sec(실내)

(3) 기류의 보건학적 의의
   ① 신체방열 작용의 촉진
   ② 신진대사 촉진
   ③ 자연 환기의 원동력
   ④ 공기 성분의 평등화
   ⑤ 기후변화의 원동력

(4) 기류 측정 도구
   ① 실내 : 카타온도계
      a. 알코올이 증발함에 따라 온도계 눈금이 100°F(37.8℃)에서 최하눈금 95°F(35℃) 선 까지 강하하는 시간을 4~5회 반복하여 측정한 평균
      b. 미세한 실내기류 측정 도구
   ② 실외 : 풍차속도계, 아네모메터, 피토트튜브 등

5 복사열

(1) 복사열 : 적외선에 의한 태양열, 난로 등 발열체로부터의 열
(2) 복사열의 영향 : 발열체부터 거리의 제곱에 비례하여 감소
(3) 측정도구 : 흑구온도계(15~20분 측정) – 온도계의 주위를 0.5mm 두께의 동판으로 둘러싸고 흑색의 에나멜 칠을 한 복사열의 측정도구

OX로 확인

12 O|X
카타한란계는 미세한 실내 기류를 측정하는 도구이다.

OX로 확인 해설&정답

정답
12 O

3 온열지수

온열요소를 이용해 실생활에 적용하기 위해 만들어진 지수

1 감각온도
(1) 기온, 기습, 기류가 종합하여 실제 인체에 주는 온감
(2) 100%인 포화습도, 무풍 상태에서 동일한 온감을 주는 기온을 의미

2 쾌감대
(1) 옷을 입은 안정상태에서 가장 쾌적하게 느끼는 기후 범위
(2) 작업량, 개인차, 습도, 의복의 착용 등에 따른 차이 발생
(3) 보통 착의 시 쾌감기류는 0.5m/sec, 쾌감온도는 17~18℃, 쾌감습도는 60~65%
(4) 기온이 높을 때는 습도가 높으면 더 덥고 기온이 낮을 때는 습도가 낮으면 더 춥게 느껴짐 → 쾌감대는 기온이 높은 경우 낮은 습도 영역에서 형성, 기온이 낮은 경우 높은 습도 영역에서 형성됨

3 최적온도(지적온도, Optimum Temperature)
(1) 최적온도 : 체온조절에 가장 적절한 온도
(2) 일반적 최적온도 : 여름(20~22℃), 겨울(18~21℃)
(3) 주관적 최적온도 : 감각적으로 가장 쾌적한 온도
(4) 생산적 최적온도 : 작업생산능률을 최고로 올릴 수 있는 온도
(5) 생리적 최적온도 : 최소한의 에너지 소모로 최대의 생리적 활동을 발휘하는 온도

> **참고**
>
> **체열의 생산과 방산**
>
> | | 부위 | cal | % | | 부위 | cal | % |
> |---|---|---|---|---|---|---|---|
> | 체열의 생산 | 골격근 | 1,000 | 59.5 | 체열의 방산 | 피부복사전도 | 1,792 | 73.0 |
> | | 간 | 368 | 21.9 | | 피부 증발 | 364 | 14.5 |
> | | 신장 | 74 | 4.4 | | 폐포증발 | 182 | 7.2 |
> | | 심장 | 60 | 3.6 | | 호흡 | 84 | 3.5 |
> | | 호흡 | 47 | 2.8 | | 분뇨 | 48 | 1.8 |
> | | 기타 | 131 | 7.8 | | | | |
> | | 계 | 1,680 | 100 | | 계 | 2,470 | 100 |

OX로 확인

13 ◯|✗
100%인 포화습도, 무풍 상태에서 동일한 온감을 주는 기온을 쾌감대라고 한다.

OX로 확인 해설&정답

해설
13 쾌감대 → 감각온도

정답
13 ✗

4 불쾌지수(DI, Discomfortable index)

(1) 불쾌지수 : 기후상태로 인해 인간이 느끼는 불쾌감을 나타내는 지수
(2) 기상 조건에 따른 공장, 사무실 등에서의 전력소비량을 예측하기 위해 고안됨
(3) 기온과 기습의 영향만을 고려하여 실내에서만 적용 가능
  ① $DI \geq 70$: 약 10% 사람이 불쾌감을 느낌
  ② $DI \geq 75$: 약 50% 이상의 사람이 불쾌감을 느낌
  ③ $DI \geq 80$: 거의 모든 사람이 불쾌감을 느낌
  ④ $DI \geq 85$: 모든 사람이 견딜 수 없을 정도의 불쾌감을 느끼는 상태

$$DI = (건구온도\ ℃ + 습구온도\ ℃) \times 0.72 + 40.6$$
$$= (건구온도\ ℉ + 습구온도\ ℉) \times 0.4 + 15$$

OX로 확인

14 　　　　　　　　　O|X
불쾌지수 $DI \geq 75$은 75% 이상의 사람이 불쾌감을 느낄 수 있는 정도이다.

5 습구흑구온도지수(WBGT, Wet Bulb Globe Temperature Index)

(1) 제2차 세계 대전 때 열대지방에서 작전하는 미군병사들의 고온 장애를 예방하기 위해 고안
(2) 옥외 환경을 평가하기 위해 고안, 고열의 작업장을 평가하는 지표로 사용
(3) 기온, 습도, 복사열을 적용함(기류를 고려하지 않음)

- 실내: $0.7WB + 0.3GT$
- 실외: $0.7WB + 0.2GT + 0.1DB$

(WB : 습구, GT : 흑구, DB : 건구온도)

6 카타냉각력

(1) 냉각력 : 온도, 습도, 기류가 종합하여 인체의 열을 빼앗는 힘
(2) 카타냉각력 : 단위 시간에 인체의 단위 면적에서 손실되는 열량
(3) 인간이 추위와 더위를 느끼는 것은 신체의 발열량에 의해 결정된다는 전제하에 인체 표면에서의 열손실 정도를 측정하는 것
(4) 카타온도계로 공기의 냉각력을 측정하고, 불감기류와 같은 미풍을 정확하게 측정할 수 있으므로 기류측정의 도구로 사용됨

기온 ↓, 기습 ↓, 기류 ↑ ➡ 인체 체온 방산량 증대

OX로 확인 해설&정답

해설
14 75% → 약 50%

정답
14 ×

4 태양광선

1 자외선

(1) 특징
  ① 4,000Å(옹스트롬) 이하의 복사선, 100~400nm의 파장
  ② 도르노선(건강선) : 2,900~3,100Å 인체에 유익
  ③ 살균선 : 2,500~2,800Å

(2) 자외선의 종류
  ① 근자외선(UV-A) : 320~400nm, 오존층을 뚫고 피부 깊숙이 침투
  ② 중자외선(UV-B) : 280~320nm, 일부는 오존층에 흡수되고 일부는 피부까지 도달 됨
  ③ 원자외선(UV-C) : 100~280nm, 파장이 짧아 오존층에 흡수 됨, 살균작용이 강해 살균선이라고 함

(3) 작용
  ① 긍정적 작용
    a. 치료작용 : 피부, 임파선, 골관절 결핵에 효과, 관절염 치료작용
    b. 창상에 대한 살균작용
    c. 성장과 신진대사, 적혈구·백혈구·혈소판 생성 촉진
    d. Vit.D 형성(구루병 예방)
    e. 혈압과 혈당 강하작용
  ② 부정적 작용
    a. 색소침착, 홍반, 피부암, 결막염, 백내장, 수포형성, 설안염
    b. 2,950~3,200Å : 각막에 흡수되지 않고 수정체까지 도달해 백내장 유발
    c. 2,950Å 이하 : 각막과 결막에 흡수되어 동통과 이물감을 동반한 결막염 유발

2 적외선

(1) 특징
  ① 파장 : 7,800Å 이상인 광선. 열선
  ② 온감을 주며 전기로, 난로 등의 발광체에서도 방사됨

(2) 작용
  ① 긍정적 작용 : 국소혈관의 확장, 혈액순환 촉진, 신진대사 원활, 진통작용
  ② 부정적 작용 : 피부장애(화상, 홍반) 초래, 일사병의 원인, 초자공성 백내장

3 가시광선

(1) 특징
  ① 파장 : 4,000~7,000Å
  ② 눈의 망막을 자극하여 명암과 색깔을 구별

(2) 작용 : 시력저하, 근시, 안정피로, 안구진탕증, 작업능률 저하

OX로 확인

15 O | X
자외선은 창상에 대한 살균작용, Vit.D 형성, 성장과 신진대사 촉진 작용을 한다.

OX로 확인 해설&정답

정답
15 O

CHAPTER 03 공기와 건강

1 공기의 구성과 자정작용

1 공기의 구성

(1) 질소
① 공기 중 약 78.1%를 차지
② 정상기압에서는 인체에 영향 없음
③ 고기압 상태에서 정상 기압으로 급격한 감압 시 → 흡수 및 배출되지 못한 질소 가스가 기포를 형성 → 모세혈관에 공기색전증을 일으켜 잠함병 유발
④ 3기압 시 : 자극 증상, 4기압 시 : 마취 작용, 10기압 시 : 의식 소실, 사망

(2) 산소
① 공기 중 약 20.93%를 차지
② 흡입된 산소는 Hb(헤모글로빈)와 결합, HbO_2 형태로 세포조직으로 산소를 운반
③ 저산소증 : 14% 이하 호흡수 증가, 맥박 증가, 중노동 곤란, 10% 이하 호흡 곤란, 7% 이하 정신착란, 감각둔화, 질식사
④ 고농도 시(21% 이상) : 산소 중독(oxygen poisoning)

(3) 이산화탄소
① 무색, 무취, 무미의 비독성 가스
② 실내 공기오염의 지표(대기오염의 지표 아님)
③ 군집독의 원인이 됨

> **❗ 군집독**
> 꽉 막힌 실내에 다수인이 밀집되어 이산화탄소의 농도는 높아지고 산소의 농도는 낮아져 생기는 두통, 현기증, 오심 등의 증상

④ 적외선의 복사열을 흡수해 온실효과를 발생시킴
⑤ 위생학적 허용기준(서한도) : 0.1%(=1,000ppm)

대기 중의 CO_2 농도	3% 이상	불쾌감, 호흡의 깊이 증가
	6% 이상	인체에 유해작용 → 호흡수 현저히 증가
	8% 이상	현저한 호흡곤란
	10% 이상	의식상실
	20% 이상	중추신경마비

[이산화탄소가 인체에 미치는 영향]

○× 로 확인

16 ○|×
산소의 농도 10% 이하에서 호흡 곤란 현상이 나타난다.

○× 로 확인

17 ○|×
이산화탄소는 지구온난화의 원인이며, 대기오염의 지표 중 하나이다.

○× 로 확인 해설&정답

해설
17 대기오염의 지표 → 실내 공기오염의 지표

정답
16 ○ 17 ×

구분	화학 성분	체적 백분율(%)	중량 백분율(%)
농도가 안정된 물질	산소 O_2	20.93	23.01
	질소 N_2	78.10	75.51
	이산화탄소 CO_2	0.03	0.04
	아르곤 Ar	0.93	1.286
쉽게 농도가 변하지 않는 물질	네온 Ne	0.0018	0.0012
	헬륨 He	0.0005	0.00007
	수소 H_2	미량	미량
쉽게 농도가 변하는 물질	오존 O_3	미량	미량

[공기의 화학 성분]

2 공기의 자정작용

(1) 세정작용 : 강우, 강설 등
(2) 탄소 동화작용 : 식물의 CO_2와 O_2의 교환작용
(3) 살균작용 : 자외선
(4) 침강작용 : 중력
(5) 산화작용 : 산소(O_2), 오존(O_3), 과산화수소(H_2O_2)에 의해 발생
(6) 희석작용

> @ 참고
>
> **대기의 층**
>
> | 구분 | 높이 | 특징 |
> |---|---|---|
> | 열권 | 80~500km | 대기 희박 |
> | 중간권 | 50~80km | 공기의 대류 작용이 일어남, 공기 희박, 기상현상이 일어나지 않음 |
> | 성층권 | 12~50km | 오존층이 존재하여 자외선을 흡수, 기상현상이 일어나지 않음 |
> | 대류권 | 지상 0~12km | 지표 오염물질의 확산과 이동에 영향을 주는 생활권, 기상현상이 일어남(100m 상승시 1℃ 하강) |

O×로 확인

18 O×
공기의 자정작용에는 세정작용과 탄소 동화작용이 있다.

O×로 확인 해설&정답

정답
18 O

2 실내 공기오염

1 군집독(Crowd Poisoning)
(1) 정의 : 다수인이 밀집한 강당이나 극장 등에서 실내공기의 화학적, 물리적 조성의 변화를 초래해 불쾌감, 두통, 권태, 현기증, 구토, 식욕부진 등이 일어나는 현상
(2) 유해인자 : 취기, 온도, 습도, 기류, 연소가스(CO, CO_2, SO_2 등), 이온, 분진
(3) 군집독 예방 및 해결 : 충분한 환기

2 빌딩 증후군
(1) 빌딩 내의 거주자가 명백한 원인이나 질환이 없이 급성으로 건강상의 문제나 불편감을 호소하는 것
(2) 실내·외에 있는 화학물질에 오염된 공기가 제대로 배출이 되지 않아 발생
(3) 증상 : 시력장애, 코와 목의 불편감, 피부 질환, 과민 반응 등

3 새집 증후군(SBS ; Sick Building Syndrome)
(1) 건물이나 집을 새로 지었을 때 건축자재, 벽지, 원목, 페인트 등에서 나오는 유해물질(포름알데히드, 클로로포름, 아세톤, 벤젠, 톨루엔, 스티렌 등)로 인해 건강에 좋지 않은 영향을 미치는 것

(2) 예방
① 공기정화용품 사용
② 실내공기 가열방법 사용(Bake Out)
③ 화학물질 마감재 대신 친환경 소재 사용
④ 적절한 환기, 온도와 습도 조절

4 헌집 증후군
(1) 오래된 집의 습기찬 벽지, 벽 안에 피는 곰팡이, 배수관에서 새어 나오는 각종 유해가스, 집먼지진드기 등으로 인해 거주하는 사람들이 여러 가지 피해를 입게 되는 경우에 발생
(2) 예방 : 하수관 교체, 침구류는 특수 커버 사용, 환풍장치, 습기제거

5 실내공기 오염물질
(1) 포름알데히드
① 새집 증후군을 일으키는 대표적인 실내 오염물질(자극성, 가연성, 폭발의 위험성을 가진 기체)
② 휘발성유기화합물의 일종, 눈과 코의 자극, 어지러움, 피부질환 등을 유발

OX로 확인

19 O|X
실내 산소의 양은 감소하고 이산화탄소의 양은 증가하여 발생하는 군집독의 가장 우선적인 해결방법은 산소공급이다.

OX로 확인 해설&정답

해설
19 산소공급 → 충분한 환기

정답
19 ×

③ 실내 농도 : 온도, 습도, 건축물의 수명, 실내 환기율에 따라 변화
④ 국제암연구기구(IARC)에서 인체발암물질로 분류

(2) 라돈

① 토양의 암석 중에 들어 있는 우라늄이 몇 단계의 방사선 붕괴과정을 거치며 생성
② 자연적으로 존재하는 암석이나 토양에서 발생하는 자연방사능 가스
③ 건물 균열, 배수관, 오수관, 연결부위, 전기, 가스, 상하수도 주변의 틈을 통해 실내 유입
④ 무색, 무취, 무미, 공기보다 9배 무거움
⑤ 미국 역학조사에서 담배에 이은 두 번째로 흔한 폐암의 원인으로 지목

(3) 오존

① 오존은 주로 성층권에 분포(90%), 대류권에는 소량(10%) 존재
② 실내공기 중의 오존 발생 : 사무실의 복사기, 레이저프린터, 팩스 등 높은 전압의 전기를 사용하는 사무용 기기에서 발생
③ 사무기기에서 배출되는 오존은 기기에 부착된 오존필터에 의해 제거, 필터가 제대로 기능을 하지 못할 경우 오존 배출량 증가

(4) 석면(asbestos)

① 자연계에서 산출되는 섬유상 광물의 총칭
② 내화성, 내마모성, 내약품성이 우수해 건축용 자재, 가정용품, 전기제품 등에 널리 사용되어 왔으나 석면폐증, 폐암 등의 원인으로 밝혀져 석면 사용을 규제하고 있음
③ 2009년부터 0.1% 이상 석면이 함유된 모든 제품을 대상으로 제조 · 수입 · 사용이 전면 금지됨

> **참고**
>
> **실내공기질 유지기준(「실내공기질 관리법 시행규칙」별표2)**
>
> | 다중이용시설 | 미세먼지 (PM-10) ($\mu g/m^3$) | 미세먼지 (PM-2.5) ($\mu g/m^3$) | 이산화탄소 (ppm) | 폼알데하이드 ($\mu g/m^3$) | 총부유세균 (CFU/m^3) | 일산화탄소 (ppm) |
> |---|---|---|---|---|---|---|
> | 가. 지하역사, 지하도상가, 철도역사의 대합실, 여객자동차터미널의 대합실, 항만시설 중 대합실, 공항시설 중 여객터미널, 도서관 · 박물관 및 미술관, 대규모 점포, 장례식장, 영화상영관, 학원, 전시시설, 인터넷컴퓨터게임시설제공업의 영업시설, 목욕장업의 영업시설 | 100 이하 | 50 이하 | 1,000 이하 | 100 이하 | — | 10 이하 |

O X 로 확인

20 O | X

휘발성유기화합물의 일종, 눈과 코의 자극, 어지러움, 피부질환 등을 유발하는 실내공기 오염물질은 라돈이다.

O X 로 확인 해설&정답

해설
20 라돈 → 포름알데히드

정답
20 ×

나. 의료기관, 산후조리원, 노인요양시설, 어린이집, 실내 어린이놀이시설	75 이하	35 이하		80 이하	800 이하	10 이하
다. 실내주차장	200 이하	—	—	100 이하	—	25 이하
라. 실내 체육시설, 실내 공연장, 업무시설, 둘 이상의 용도에 사용되는 건축물	200 이하	—	—	—	—	—

6개 물질에 대해 유지 기준을 설정. 위반할 경우 과태료 부과 등의 행정조치를 취함

3 대기오염

1 대기오염의 정의

(1) WHO의 정의 : 옥외의 대기 중에 오염물질이 혼입되어 그 양, 질, 농도, 지속시간이 상호작용하여 다수의 지역주민에게 불쾌감을 일으키거나 보건상에 위해를 끼치며, 인류의 생활이나 식물의 성장을 방해하는 상태

(2) 대기환경보전법의 용어 정의
  ① 가스 : 물질이 연소·합성·분해될 때에 발생하거나 물리적 성질로 인하여 발생하는 기체상물질
  ② 입자상물질 : 물질이 파쇄·선별·퇴적·이적될 때, 그 밖에 기계적으로 처리되거나 연소·합성·분해될 때에 발생하는 고체상 또는 액체상의 미세한 물질

2 대기오염 물질의 분류

(1) 생성과정에 따른 분류
  ① 1차 오염물질
    a. 공장의 굴뚝, 자동차의 배기관 등 오염원에서 직접 배출된 물질
    b. 일산화탄소, 황산화물, 질소산화물, 분진, 탄화수소 등
  ② 2차 오염물질
    a. 1차 오염물질이 대기 중에서 자외선에 의한 변화에 의해 생성된 물질(광화학 반응)
    b. 스모그, 케톤, PAN, 오존, 알데히드 등

(2) 성상에 따른 분류
  ① 가스상 물질(Gases) : 상온의 공기 중 액체나 고체의 물질이 기화된 상태로 존재하는 것
    a. 황화합물 : SO_2, SO_3, H_2SO_4, H_2S, 메르캅탄
    b. 질소화합물 : NO, NO_2, N_2O, HNO_2, HNO_3, NH_3

OX로 확인

21 ◯ⓧ
스모그, 케톤, PAN, 오존, 알데히드 등은 광화학 반응에 의해 생성된 2차 대기오염물질이다.

OX로 확인 해설&정답

정답
21 ◯

c. 산소화합물 : O_3, H_2O_2
d. 할로겐화합물 : F_2, Cl_2, HF, HCl
e. 유기화합물 : 탄화수소, 알데히드, 케톤, 유기산, VOC, 다이옥신

② 입자상 물질(PM, Paticulate Matter) : 대기 중 존재하는 미세한 크기의 고체 및 액체 입자

a. 분진(Dust)
- 강하분진(dust fall) : 비교적 무거워서 침강하기 쉬운 것, $10\mu m$ 이상
- 부유분진(suspended particles) : 가벼워서 장기간 공중에 부유하는 것, $0.1 \sim 10\mu m$

b. 매연(Smoke), 검댕(Soot), 연무(Mist), 흄(Fume)

> **참고**
>
> **입자상 오염물질**
>
> | Particulate matter 입자상 물질 | 대기중의 아주 작은 액체상 또는 고체상 물질의 부유물질 |
> |---|---|
> | Dust (분진) | · 고체물질이 파쇄, 분쇄, 연마, 마찰 등의 공정에 의해 공기 중으로 분산되어 떠다니는 고체미립자
· 강하분진(dust fall) : 비교적 무거워서 침강하기 쉬운 것, $10\mu m$ 이상
· 부유분진(suspended particles) : 가벼워서 장기간 공중에 부유하는 것, $0.1 \sim 10\mu m$ |
> | Smoke (매연) | 물질의 연소 시 완전히 타지 않고 남는 고체 물질로 $1\mu m$ 이하의 입자상 물질 |
> | Soot (검댕) | 물질의 연소 시 발생하는 유리탄소가 응결한 크기 $1\mu m$ 이상이 되는 입자상 물질 |
> | Aerosol | 기체상태의 매질 내에 미세한 고체 또는 액체 입자가 분산된 것 |
> | Fog (안개) | 가스상태이던 물질이 응결하여 액체 상태의 미립자가 된 것(눈에 보이는 에어로졸) |
> | Fume (훈연) | · 용해, 산화, 화학적 반응에 의해 증발한 가스가 대기 중에서 응축하여 생기는 고체입자(금속이 용해되어 액상물질이 됨 → 가스상 물질로 기화 → 다시 응축되어 발생하는 고체 미립자)
· $1\mu m$ 보다 현저히 작음($0.001 \sim 1\mu m$) |
> | Mist (연무) | · 공기중에서 떨어지기 충분한 크기의 액체상 물방울의 분산
· 가스나 증기의 응축에 의해 생긴 $2 \sim 200\mu m$의 크기 |
> | PM_{10} | $10\mu m$ 이하의 입자, 미세먼지 |
> | $PM_{2.5}$ | $2.5\mu m$ 이하의 입자, 초미세먼지 |

3 각 오염 물질의 특성

(1) 일산화탄소(CO)

① 발생 : 불충분한 산소 공급 상태에서 불완전 연소시 생성

② 성질
  a. 무색, 무취, 무미, 맹독성 가스
  b. 공기보다 가벼움
  c. 확산성과 침투성이 강함
  d. Hb와의 결합력이 산소보다 210배 강함, CO-Hb(Carboxy Hemoglobin) 형성
③ 중독증상 : 산소 결핍으로 두통, 현기증, 호흡곤란, 보행장애, 심장이상비대, 마비, 시야협소 등의 신경증상, 의식상실, 사망 등
④ 만성 중독증상 : 불면, 기억력 감소, 지각이상, 무력증, 진전, 운동실조, 후각마비
⑤ 중독 시 : 가장 먼저 신선한 공기 제공
⑥ 실내 공기오염의 허용기준 : 10ppm(0.001%) 이하
⑦ 대기 중 허용기준 : 1시간에 25ppm 이하, 8시간에 9ppm 이하

(2) 황산화물(SO_x : SO_2, SO_3, $MgSO_4$, H_2SO_4)
  ① 발생 : 석탄과 석유의 연소과정, 제련공장, 매연 등에서 발생
  ② 성질
    a. 무색의 자극성 기체로 공기보다 무거워 지표에 가까운 대기층에 체류해 대기를 오염시킴
    b. 액화성이 강해 점막과 피부 표면을 자극하고, 상기도를 자극해 호흡기 장애를 일으킴
    c. 공기 중에서 쉽게 황산가스(SO_3)로 산화하고 수분과 함께 황산(H_2SO_4)으로 변화
  ③ 산성비(Acid Rain)의 원인
  ④ 산성비의 영향 : 건축물 부식, 식물 피해, 하천·호수의 산성화를 일으킴

(3) 질소산화물(NOx)
  ① 연소공기 중에 포함된 질소 및 연료 중에 함유된 질소분이 연소온도에 영향을 받아 산소와 결합해 생성되는 질소산화물(NO, NO_2, 삼산화이질소N_2O_3, 아산화질소 N_2O, 사산화이질소N_2O_4, 삼산화질소NO_3)의 총칭
  ② 발생 : 주로 고온의 연소과정 중 생성, 자동차 배기가스 및 중유, 경유, 가솔린, 석탄 등의 연료를 사용하는 공장, 발전소, 대형건물에서 배출
  ③ 신체 영향 : 수용성이 낮아 주로 하부 기도 자극(작은 기도와 폐포 손상), 호흡기질환(기관지염, 폐기종, 폐렴 등), 고농도의 이산화질소에 노출시 급성폐부종으로 사망 가능
  ④ 일산화질소(NO)
    a. 무색, 무취, 농도가 높은 경우 신경 손상이나 마비, 경련을 일으킴
    b. 화석연료의 연소과정에서 이산화질소의 배출량보다 월등히 다량 배출됨
    c. Hb와의 결합력이 강함(Hb와의 결합력이 CO보다 수백 배 강함)

OX로 확인

22 O|X
무색, 무취, 무미, 맹독성 가스이며, Hb와의 결합력이 산소보다 210배 강해 중독의 경우 산소결핍으로 사망에 이르게 하는 기체는 아황산가스이다.

OX로 확인

23 O|X
아황산가스는 액화성이 강해 수분과 함께 황산(H_2SO_4)으로 변화되어 산성비의 원인이 된다.

OX로 확인 해설&정답

해설
22 아황산가스 → 일산화탄소

정답
22 ×   23 O

⑤ 이산화질소(NO_2)
  a. NO보다 7배 이상의 독성을 가짐
  b. 대기 중 일산화질소(NO)의 산화에 의해 발생하며, 대기 중 휘발성유기화합물(VOCs)과 반응해 오존(O_3)을 생성하는 전구물질 역할을 함
⑥ 아산화질소(N_2O) : 단시간의 수술 마취제(smile gas)로 사용되며 장시간 흡입 시 사망

(4) 탄화수소(HC)
① 발생 : 자연적 발생, 연료의 연소, 공업 공정 과정에서 발생
② 대기 중의 NO_x와 광화학적인 반응을 하여 2차 대기오염물질을 생성 → 시정장애, 눈병, 호흡기장애 등을 일으킴

> **참고**
> 「대기환경보전법 시행령」 제2조(대기오염경보의 대상 지역 등)
> ① 대기오염경보의 대상 지역은 특별시장·광역시장·특별자치시장·도지사 또는 특별자치도지사가 필요하다고 인정하여 지정하는 지역으로 한다.
> ② 대기오염경보의 대상 오염물질은 「환경정책기본법」에 따라 환경기준이 설정된 오염물질 중 다음 각 호의 오염물질로 한다.
>   1. 미세먼지(PM－10)
>   2. 초미세먼지(PM－2.5)
>   3. 오존(O3)
> ③ 대기오염경보 단계는 대기오염경보 대상 오염물질의 농도에 따라 다음 각 호와 같이 구분하되, 대기오염경보 단계별 오염물질의 농도기준은 환경부령으로 정한다.
>   1. 미세먼지(PM－10): 주의보, 경보
>   2. 초미세먼지(PM－2.5): 주의보, 경보
>   3. 오존(O3): 주의보, 경보, 중대경보

(5) 미세먼지
① ・미세먼지 (PM－10) : 입자 크기 $10\mu m$(미크론) 이하
   ・초미세먼지 (PM－2.5) : 입자 크기 $2.5\mu m$ 이하인 먼지
② 초미세먼지가 인체에 미치는 영향 : 기도에서 걸러지지 않고 폐포 깊숙이 침투, 폐를 통해 혈액 속으로 들어가 순환하여 조직에 노화, 염증 일으킴, 당뇨나 동맥경화 같은 만성질환 발생의 위험요소가 됨
③ 미세먼지 경보 발령기준(한국 환경 공단 에어코리아)

대상 물질	경보 단계	발령기준
미세먼지 (PM－10)	주의보	PM－10 시간당 평균농도가 $150\mu g/m^3$ 이상 2시간 이상 지속인 때
	경보	PM－10 시간당 평균농도가 $300\mu g/m^3$ 이상 2시간 이상 지속인 때
초미세먼지 (PM－2.5)	주의보	PM－2.5 시간당 평균농도가 $75\mu g/m^3$ 이상 2시간 이상 지속인 때
	경보	PM－2.5 시간당 평균농도가 $150\mu g/m^3$ 이상 2시간 이상 지속인 때

※ 경보 단계별 조치
- 주의보 : 실외활동 자제 요청, 자동차 사용 자제 요청 등
- 경보 : 주민의 실외활동 제한 요청, 자동차 사용 제한 요청, 사업장 연료 사용량 감축 권고 등

> **참고**
>
> **비상저감조치의 시행기준**
>
> 「미세먼지 저감 및 관리에 관한 특별법 시행규칙」 제7조
>
> | 비상저감조치가 필요한 경우 |
> |---|
> | · 당일 초미세먼지 평균 농도가 1세제곱미터당 50마이크로그램을 초과
· 다음 날의 초미세먼지 24시간 평균 농도가 1세제곱미터당 50마이크로그램을 초과할 것으로 예측 |
> | · 당일 초미세먼지 주의보 또는 경보 발령
· 다음 날의 초미세먼지 24시간 평균 농도가 1세제곱미터당 50마이크로그램을 초과할 것으로 예측 |
> | · 다음 날의 초미세먼지 24시간 평균 농도가 1세제곱미터당 75마이크로그램을 초과할 것으로 예측 |

(6) 오존 (O_3)

① 지구에 존재하는 전체 오존의 90%는 지상 약 10~50 km사이에 있는 성층권 내의 오존층에 밀집되어 존재

② 발생 : 1차 대기오염물질인 질소산화물(NO_x), 탄화수소류(HCs) 등이 강한 태양광선과 광화학 반응을 일으켜 생성되는 2차 대기 오염물질

③ 성질
  a. 무색, 무미의 자극성 있는 기체
  b. 공기보다는 약간 무겁고 물에는 잘 녹지 않음
  c. CFC에 의해 파괴
  d. 반감기 : 약 1시간
  e. 강한 산화력으로 살균이나 악취제거에 사용

④ 독작용
  a. 독성이 강해 소량이라도 장시간 흡입시 중독을 일으킴
  b. 눈, 코, 호흡기 자극, 호흡곤란, 천식 악화, 상기도 점막의 건조, 비출혈, 폐부종, 섬유화 유발

⑤ 오존의 농도는 일사량과 기온에 비례하여 증가, 상대습도와 풍속에 반비례하는 경향 있음

경보 단계	발령기준	주민행동요령
주의보	오존농도 0.12ppm 이상	실외활동 및 자동차 사용의 자제 요청 등
경보	오존농도 0.3ppm 이상	실외활동 제한 요청, 자동차 운행제한 및 사업장의 연료사용량 감축 권고 등
중대 경보	오존농도 0.5ppm 이상	실외활동 금지요청, 자동차의 운행금지 및 사업장의 조업시간 단축명령 등

[오존 경보 단계별 조치 사항, 「대기환경보전법 시행령」 제2조 제4항]

구분	기상 조건
풍속	지상 평균풍속 3.0 m/sec 미만, 약한 바람
기온	평년보다 높은 경우, 최고기온 25℃ 이상
습도	상대습도 75% 이하
일사량	일출 후 정오까지의 총 일사량이 6.4 Mj/m_2 이상으로 강한 경우
날씨	쾌청한 날씨
대기의 상태	대기가 안정되고, 침강성·전선성 역전이 존재할 경우

[오존이 발생하기 쉬운 기상 조건]

(7) 휘발성 유기화합물(VOCs, Volatile Organic Compound)

① 종류 : 벤젠, 클로로포름, 메탄올, 사염화탄소, 포름알데히드, 에틸렌, 톨루엔, 프로필렌, 스티렌, 자일렌, 부탄 등
② 자외선 흡수가 강한 물질로 O_3를 생성하거나, 광화학적 스모그를 유발시키는 오염물질
③ 페인트 등의 유기용제를 다루거나, 자동차 배기가스, 주유소에서 주유시 배출 가능
④ 증기압이 높아 대기 중으로 쉽게 증발되고, 온도가 높을수록 더 많은 양이 배출됨
⑤ 노출 시 증상 : 호흡기 자극, 현기증, 피부 자극, 고농도 노출시 의식상실, 마비, 사망
⑥ 벤젠, 포름알데히드는 IARC 1급 발암물질

구분	대기환경기준
아황산가스(SO_2)	· 연간평균치 0.02ppm 이하 · 24시간 평균치 0.05ppm 이하 · 1시간 평균치 0.15ppm 이하
일산화탄소(CO)	· 8시간 평균치 9ppm 이하 · 1시간 평균치 25ppm 이하
이산화질소(NO_2)	· 연간평균치 0.03ppm 이하 · 24시간 평균치 0.06ppm 이하 · 1시간 평균치 0.10ppm 이하
미세먼지(PM-10)	· 연간평균치 50$\mu g/m^3$ 이하 · 24시간 평균치 100$\mu g/m^3$ 이하
초미세먼지(PM-2.5)	· 연간평균치 15$\mu g/m^3$ 이하 · 24시간 평균치 35$\mu g/m^3$ 이하
오존(O_3)	· 8시간 평균치 0.06ppm 이하 · 1시간 평균치 0.1ppm 이하
납(Pb)	· 연간 평균치 0.5$\mu g/m^3$ 이하
벤젠	· 연간 평균치 5$\mu g/m^3$ 이하

[「환경정책기본법 시행령」 별표1]

4 대기오염으로 인한 영향

1 지구환경에 미치는 영향

(1) 지구온난화(=온실효과, The green house effect)
   ① 개념 : 대기의 탄산가스가 지표로부터 적외선을 흡수하여 열의 방출을 막음으로 지구의 기온이 상승
   ② 기여물질 : 이산화탄소(CO_2) > 메탄(CH_4) > 염화불화탄소(CFCs) > 아산화질소(N_2O) > 수소불화탄소(HFC_S)
   ③ 교토의정서 감축 대상 온실가스 : 이산화탄소(CO_2), 메탄(CH_4), 아산화질소(N_2O), 수소불화탄소(HFC_S), 육불화황(SF_6), 과불화탄소(PFC)
   ④ 지구온난화의 영향
      a. 말라리아 등 열대성 질환의 증가
      b. 식물의 수확량 감소
      c. 생태계의 변화와 파괴
      d. 기후변화, 각종 기상이변, 해수면 상승

> **PLUS 심화**
>
> ◉ **지구온난화 지수**(GWP, Global Warming Potential)
>   ① 온실가스 별 지구온난화 기여 정도를 나타내는 수치
>   ② 기준이 되는 온실가스인 이산화탄소(CO_2) 1kg과 비교하였을 경우, 각각의 온실가스가 대기 중으로 방출된 후 특정 기간 동안에 단위 무게당 가열 효과가 어느 정도인가를 나타내는 지수
>
> | 온실가스 | 지구온난화 지수 | 배출량 |
> |---|---|---|
> | 이산화탄소(CO_2) | 1 | 77% |
> | 메탄(CH_4) | 21 | 14% |
> | 아산화질소(N_2O) | 310 | 8% |
> | 수소불화탄소(HFC_S) | 140~11,700 | |
> | 과불화탄소(PFC) | 6,500~9,200 | 1% |
> | 육불화황(SF_6) | 23,900 | |
>
> [CO_2를 기준으로 한 온실가스별 지구온난화 지수]

(2) 열섬현상(heat island effect)
   ① 도심지역의 기온이 주변 지역보다 약 5℃ 정도 높아지는 현상
   ② 도심의 따뜻한 공기 상승 → 도심 주변 상공의 찬 공기에 눌려 움직이기 어려움 → 대기 오염물질이 도심 상공에 체류 → 오염농도 높아짐
   ③ 열섬현상의 인자
      a. 도심의 높은 인구밀도, 고층 건물 밀집

OX로 확인

24 O|X
지구온난화에 가장 기여도가 큰 물질은 메탄(CH_4)이다.

해설&정답

해설
24 메탄 → 이산화탄소

정답
24 ×

b. 도시 매연, 차량 등에서 방출되는 인공열
c. 열 보전 능력이 큰 아스팔트, 콘크리트 벽
d. 물 증발에 의한 열 소비량이 적음
e. 적은 바람

(3) 오존층 파괴

① 오존층: 성층권에 존재하며, 유해한 자외선 차단 역할
② 오존층 파괴 요인: 프레온가스(CFC_s), 이산화탄소(CO_2), 메탄가스(CH_4), 산화질소(N_2O) 등으로 오존층이 파괴되어 유해 자외선이 지구에 직접 도달, 피부암과 백내장 등을 유발
③ 오존층 보호를 위한 노력
   a. 비엔나 협약(1985년): 오존층을 보호하기 위한 최초의 보편적인 국제협약
   b. 몬트리올 의정서(1987년): 염화불화탄소(CFC_s), Halon 등 96종의 오존층 파괴물질을 규제 대상물질로 정하고 이 물질에 대해 생산과 소비를 줄이고 전폐시키기로 협약
   c. 1996년부터 CFC의 생산과 사용 금지

(4) 엘리뇨와 라니냐

① 엘리뇨
   a. 동태평양 페루 부근 적도 해역의 해수 온도가 평년보다 0.5℃ 이상 높게, 6개월 이상 지속되는 현상
   b. 주로 겨울에 2~7년마다 불규칙하게 발생
   c. 바다 수온 변화 → 대기 순환 변화 → 이상 기후 발생
② 라니냐
   a. 엘리뇨의 반대로 동풍인 적도 무역풍이 강해지면서 해수 온도가 0.5℃ 이상 낮아지는 현상
   b. 서태평양 부근에서는 극심한 장마, 페루 등 중남미에서는 가뭄이 발생

> **참고**
>
> **엘리뇨 현상의 이해**
> - 비 엘리뇨 상황: 동태평양에서 북쪽으로 흐르는 페루 한류와 남아메리카 서해안에서 북으로 부는 남풍의 영향, 동에서 서쪽으로 부는 적도 무역풍의 영향
>   → 따뜻한 바닷물이 서쪽으로 이동, 차가운 용승류 발생
>   → 페루 연안 서늘한 어장 형성
>   → 용승류로 인해 바다 깊숙한 곳에서 풍부한 영양염류가 올라와 좋은 어장을 형성
> - 엘리뇨 상황: 동에서 서쪽으로 부는 적도 무역풍이 약해짐
>   → 용승류가 발생하지 않고, 바닷물의 온도 상승
>   → 수개월 지속
>   → 동태평양 기온 올라가며 상승기류 형성
>   → 강우량 증가
>   → 반면 서태평양은 하강기류가 형성되어 고온과 가뭄 피해

O X 로 확인

25 O|X
엘리뇨 현상은 동태평양 페루 부근 해수 온도가 평년보다 0.5℃ 이상 높게 지속되는 현상으로 적도 무역풍의 강화로 인해 일어난다.

O X 로 확인 해설&정답

[해설]
25 강화 → 약화

[정답]
25 ×

(5) 산성비(Acid rain)
  ① 개념 : 공장이나 자동차 배기가스에서 배출된 황산화물과 질소산화물이 수증기에 녹아 공기 중의 산소와 결합한 pH 5.6 이하의 빗물
  ② 영향 : 호수, 하천의 산성화, 담수생태계 파괴, 농작물과 산림 황폐화, 토양오염, 건축물 부식 등
(6) 황사
  ① 개념 : 중국과 몽골지역에서 발생한 모래, 황토, 먼지가 강력한 편서풍에 의해 동쪽으로 날아오는 현상
  ② 영향 : 시정장애, 호흡기와 눈 장애(기관지염, 천식, 안질환), 정밀기기의 오작동, 식물의 생장장애(식물 잎의 기공을 막음), 기타 건물, 옷, 차량을 더럽힘

2 식물에 미치는 영향

(1) 식물에 영향을 미치는 독성 순서 : 불소화합물(HF) > 염소(Cl_2) > 아황산가스(SO_2) > 이산화질소(NO_2) > 일산화탄소(CO)
(2) 피해 식물의 증상
  ① 불소화합물(HF) : 잎의 가장자리가 갈색으로 고사됨
  ② 염소(Cl_2) : 잎맥 사이의 표백 현상, 잎의 끝 기관 탈리
  ③ 아황산가스(SO_2) : 잎맥 사이의 표백 현상, 회백색 반점
  ④ 이산화질소(NO_2) : 불규칙하게 흰색 또는 갈색으로 변화

5 대기오염 관리대책

1 발생원에 대한 대책
(1) 배출시설의 대체 또는 폐쇄
(2) 배출원의 설치지역 규제
(3) 공정과정 개선
(4) 방지시설의 설치

2 광화학 스모그 대책
NO_x, HC의 환경기준 강화

3 매연 대책
굴뚝의 높이를 건물 높이의 2.5배 이상, 살수장치 및 연료의 양질화를 통해서 경감

4 공공기관의 대책
도시계획의 합리화, 공해방지기술의 개발, 대기오염의 정확한 실태 파악, 대기오염방지의 강력한 법적 규제와 계몽, 대기오염의 측정기술 발전

CHAPTER 04 물과 건강

1 물의 자정작용

1 상수
마시기에 적합한 양질의 물로 식수 이외에도 공업용, 상업용, 가사용 등으로 사용이 가능한 물

> **참고**
> - **상수원** : 음용·공업용 등으로 제공하기 위하여 취수시설을 설치한 지역의 하천·호소·지하수·해수 등을 의미
> - **상수도** : 중앙급수를 통해 일정한 인구집단에게 공공적으로 양질의 물을 공급하기 위한 설비

(1) 수원(source of water)
① 천수(우수) : 열대지방이나 섬에서 많이 사용, 화학적으로 가장 순수, 대기오염이 심한 지역에서는 매연, 분진, 세균량이 많음
② 지표수 : 하천수나 호소수, 저수지 등으로 수원으로 가장 많이 쓰임
③ 지하수 : 빗물과 지표수가 지층을 통과해 지하에 존재하는 물
④ 해수 : 3%의 식염을 포함하고 있는 물, 해수의 담수화 과정을 거쳐 사용할 수 있으나 비용이 많이 듦

지표수	지하수
· 낮은 경도 · 미생물과 세균의 번식이 많음 · 오염되기 쉬움 · 용존산소가 많음 · 높은 유기물의 함량 · 상류보다 하류가 오염됨	· 높은 경도 · 수온의 변동이 적음 · 미생물과 유기물이 적으며 탁도가 낮음

2 물의 자정작용
(1) 자정작용의 이해 : 오염된 물이 스스로의 작용으로 다시 깨끗한 상태로 돌아가는 자연현상
① 물리적 작용 : 희석, 확산, 침전, 여과, 흡착, 응집 등
② 화학적 작용 : 산화, 환원
③ 생물학적 작용 : 미생물에 의한 유기물의 분해
④ 살균작용 : 자외선 살균

(2) 자정작용이 잘 이루어지는 환경

　① 호기성 세균에 의해 유기물이 잘 분해되는 곳

　② 수중식물이 많아 산소 공급이 잘 되는 곳

　③ 빠른 유속과 큰 낙차로 인해 용존산소가 증가하고, 희석이 빠른 곳

2 수질오염

1 수질오염 정의

도시하수, 생활하수, 공장폐수, 농축산폐수 등에 의한 이화학적 오염이나 생물학적 오염, 물의 자정작용 상실 또는 생물체에 유해작용할 수 있는 상태

2 수질오염 원인

(1) 생활하수(55%)

　① 가정하수(음식찌꺼기, 합성세제, 정화조 분뇨를 포함)와 도시하수

　② 다량의 무기물과 유기물, 미생물이 함유된 하수는 탁도 저하, 부영양화, 용존산소 부족현상 등을 일으킴

　③ 정화하지 않을 경우 하천이나 호수, 강물을 오염시켜 수질생태환경을 파괴

(2) 산업폐수(44%) : 공장에서 배출되는 중금속, 유기·무기물질, 산·알카리성, 난분해성 물질 등이 많아 수질오염의 주요 원인이 됨

(3) 축산폐수 : 축산으로 인해 배출되는 액체·고체성 오염물질로 부영양화의 주 원인

(4) 농업하수 : 다량의 농약과 비료사용으로 하천이 오염되어 수중생물 폐사

3 수질오염 물질의 배출원 형태

(1) 점 오염원

　① 가정하수와 산업폐수 등은 배출관을 통해 방류 → 오염원의 발생 지점 파악이 용이

　② 오염농도 매우 높고, 수질처리를 위해 한 곳으로 모으기가 쉬운편

(2) 비점 오염원

　① 도로, 농경지, 주차장 등에 쌓여 있던 비료, 농약, 먼지, 기름성분 등에 의해 오염된 빗물은 지표면을 따라 흘러감 → 오염원의 발생 지점이 분명하지 않음

　② 초기 빗물에는 오염도가 높지만 나중에는 농도가 떨어지고, 수질처리를 하기 위해 한곳으로 모으기가 매우 어려움

구분	점 오염원	비점 오염원
배출원	가정하수, 산업폐수, 축산폐수 등	도로, 농경지, 주차장, 골프장 등에 쌓여 있는 오염원
특징	・인위적 ・배출기능 가짐 ・배출지점 명확 ・한 지점에 집중적으로 배출 ・차집이 용이하고 처리효율이 높음	・인위적 및 자연적 ・배출기능과 흡수정화능력 있음 ・배출지점 불명확 ・희석, 확산되면서 넓은 지역으로 배출 ・차집이 어렵고 강우의 영향을 받아 처리효율이 일정치 않음

[점오염원과 비점오염원의 특성]

4 수질오염의 지표

(1) 용존산소(DO, Dissolved Oxygen)

① 물속에 용해되어 있는 산소량(mg/L로 표시), 높을수록 깨끗한 물

② 기압↑, 유속↑, 온도↓, 염분↓, 얕은 수심, 하천의 경사가 급할수록 ➡ DO↑

③ 용존산소의 부족 → 높은 오염도로 수중 어패류 질식 → 물속 유기물 분해로 인해 용존 산소 과다 소비(혐기성 상태) → 메탄(CH_4), 암모니아(NH_3), 황화수소(H_2S) 등 발생

④ 어류 생존 조건 : DO 5ppm 이상

(2) 생화학적 산소요구량(BOD, Biochemical Oxygen Demand)

① 물속의 유기물질이 호기성 미생물에 의해 생화학적으로 분해되는 데 필요한 산소의 양

② BOD↑ ➡ 오염도가 높음, DO↑ ➡ BOD↓

+PLUS 심화

◉ BOD 측정
① 2개의 시료를 채취
② 1개는 즉시 용존산소(DO) 측정
③ 다른 하나는 20℃에서 5일간 보관 후 DO 측정
④ BOD=②-③

◉ 1단계・2단계 BOD

1단계 BOD	・탄소계 BOD ・탄소화합물이 산화될 때 소비되는 산소량 ・20℃에서 5일간 소비된 산소의 양
2단계 BOD	・질소화합물 BOD ・질소화합물을 호기성 상태에서 미생물에 의해 분해시키는 데 소비되는 산소량 ・20℃에서 100일 이상 소요

O X로 확인

26 O X
용존 산소량은 수온이 낮을수록, 기압이 낮을수록, 유속이 빠를수록 올라간다.

27 O X
물속의 유기물질이 호기성 미생물에 의해 생화학적으로 분해되는 데 필요한 산소의 양을 화학적 산소요구량이라고 한다.

O X로 확인 해설&정답

해설
26 기압이 낮을수록 → 기압이 높을수록
27 화학적 → 생화학적

정답
26 × 27 ×

(3) 화학적 산소요구량(COD, Chemical Oxygen Demand)
  ① 물속의 유기물질과 산화성 무기물질을 산화제를 이용해 화학적으로 산화시킬 때 필요한 산소의 양
  ② 산화제의 종류 : 과망간산칼륨($KMnO_4$), 중크롬산칼륨($K_2Cr_2O_7$)
  ③ COD↑ ➡ 오염도가 높음, DO↑ ➡ COD↓, COD↑ ➡ BOD↑
  ④ 용도
    a. 미생물이 분해하지 못하는 독물을 포함한 공장폐수 등의 유기물도 측정 가능
    b. BOD 값을 모르는 폐수, 조류가 많은 수질 측정에 사용
  ⑤ 측정 : 산화제를 이용하여 20℃에서 2시간 작용시킬 때 필요한 산소량

(4) 수소이온농도(pH)
  ① 수중의 수소 이온의 양에 의해 물의 산성 또는 알카리성 정도를 알 수 있음
  ② 보통의 자연수 : pH 6.5~7.5
  ③ 낮은 pH는 산성에 가까워져 부식성이 강함

(5) 부유물질(SS, Suspended Solid)
  ① 물에 용해되지 않고 부유하는 무기·유기물질을 함유한 고형입자(크기 0.1μm 이상)
  ② 여과지에 걸러지는 부유물질을 105℃에서 2시간 건조시켜 무게를 측정
  ③ 물의 탁도를 증가시킴

(6) 미생물 검사
  ① 일반세균 : 생물학적으로 분해 가능한 유기물질의 농도를 알 수 있음
  ② 대장균군(E-Coli)
    a. 분변오염의 지표로 사용
    b. 대장균 자체의 위험성보다는 장내 세균으로 인한 수인성 질환의 간접 지표로의 의미 있음
    c. 매주 1회 이상 검사해야 하며, 검출방법이 간편하고 정확

(7) 색도(Color)
  ① 색도 1도 : 백금 1mg을 함유한 색도표준액을 정제수 1L에 용해시켰을 때 나타나는 색상
  ② 먹는 물 수질기준 : 5도 이하

(8) 탁도(Turbidity)
  ① 불순물에 의해 탁해지는 정도(점토, 콜로이드입자, 조류, 미생물, 부유물질 등)
  ② 탁도 1도 : 카올린 1mg을 정제수 1L에 혼합했을 때의 흐린 정도
  ③ 먹는 물 수질기준 : 1ntu이하(수돗물 : 0.5ntu이하)

OX로 확인

28
용존 산소량이 높을수록 화학적 산소요구량과 생화학적 산소요구량은 감소한다.

OX로 확인

29
일반세균은 분변오염의 지표이다.

OX로 확인 해설&정답

해설
29 일반세균 → 대장균군

정답
28 ○   29 ×

(9) 경도(Hardness)

① 물의 세기의 정도

② 물속 용해되어 있는 이산화칼슘, 이산화망간, 이산화철 등의 2가 양이온 함량을 탄산칼슘($CaCO_3$)으로 환산한 표시

③ 높은 경도의 물 : 쎈물, 비누의 효과가 안 좋음, 가정용수로 부적합

일시경수	· 가열시 경수의 특성이 사라지는 물 · $Ca(HCO_3)_2$ 중탄산칼슘, $Mg(HCO_3)_2$ 중탄산마그네슘을 함유하는 물을 끓이면 연수가 된다.
영구경수	· 가열해도 연수화 되지 않는 물 · $CaSO_4$ 황산칼슘, $MgSO_3$ 황산마그네슘 등의 황산염은 끓여도 연수가 되지 않는다.

(10) 산도 : 알카리성을 중화시킬 수 있는 능력

5 수질오염 현상

(1) 부영양화

① 생활하수, 합성세제, 가축 배설물, 공장폐수 등이 하천에 한꺼번에 많이 유입 → 호기물, 무기물이 증식하게 되는 현상

② 영양염류[질산염(N), 인산염(P), 탄산염(C) 등]의 증가로 물의 가치 상실

③ 식물성 플랑크톤의 이상 증식 → 수화 현상(Water Bloom)
조류의 번식에 필요한 물질 C(탄산염) : N(질산염) : P(인산염) 비 = 100 : 15 : 1

④ DO↓, BOD↑, COD↑

⑤ 부영양화 현상

  a. 물색 : 녹색 또는 갈색

  b. 투명도 5m 이하 : 플랑크톤과 그 사체에 의한 현탁물질 증가

  c. 주로 정체수역에서 발생

  d. 알카리화로 pH 높아짐

  e. 부유물질의 증가로 태양광선의 물 속 침투 감소

  f. 플랑크톤 사체의 산화로 인한 산소 소비량 증가

⑥ 방지 대책

  a. 사전 : 질소, 인 등의 영양원 공급 차단, 유입 하수의 고도처리, 인의 함량이 적은 세제(무린세제) 사용

  b. 사후 : 활성탄, 황산동 등의 화학약품 살포

(2) 적조현상
  ① 부영양화(식물성 플랑크톤의 이상증식) → 적조현상 유발(해수의 색이 붉음)
  ② 적조현상 촉진 요인
    a. 영양염류 다량 유입
    b. 수온 상승
    c. 적당한 염분 농도
    d. 해수 정체
    e. 조석 간만의 차가 큰 곳, 담수와 해수가 완만하게 교차되는 곳
    f. 수심이 얕고, 해안선이 복잡한 곳
  ③ 피해 : 플랑크톤 사체를 분해하는 데 사용되는 산소량의 증가로 물 속 용존산소(DO) 감소 → 유해물질 발생(황화수소, 부패독) → 어패류 폐사

(3) 녹조현상
  ① 부영양화(녹조류 등이 다량 번식) → 녹조현상 유발(호수의 색이 녹색)
  ② 예방 : 생활하수의 충분한 정화로 영양염류가 바다 또는 호수로 유입되지 않도록 함

(4) 성층현상
  ① 호수에서 물의 수심에 따른 수온의 차이 → 물의 밀도차 발생 → 물의 수직운동이 일어나지 않음 → 표층, 변천대, 정체층 등으로 층이 발생하는 현상 → 수질오염 심화
  ② 겨울과 여름에 주로 발생

(5) 전도현상
  ① 성층 현상과 반대 현상
  ② 봄과 가을에 호수에서 물의 온도 변화로 인한 밀도의 차이 발생 → 수직운동 가속화
  ③ 봄과 가을에 수표면의 기온이 4℃가 되어 물의 밀도가 최대 → 물의 하향 이동, 하부의 물은 상향 이동하여 물의 전도현상 발생
  ④ 전도현상으로 혐기화가 진행되는 하층의 물에 산소를 공급할 수 있음
  ⑤ 물이 전도되면서 바닥에 침전되어 있던 유기물 및 영양염류들이 물과 함께 표면으로 상승 → 표면의 녹조현상이 야기

3 물의 인공정화

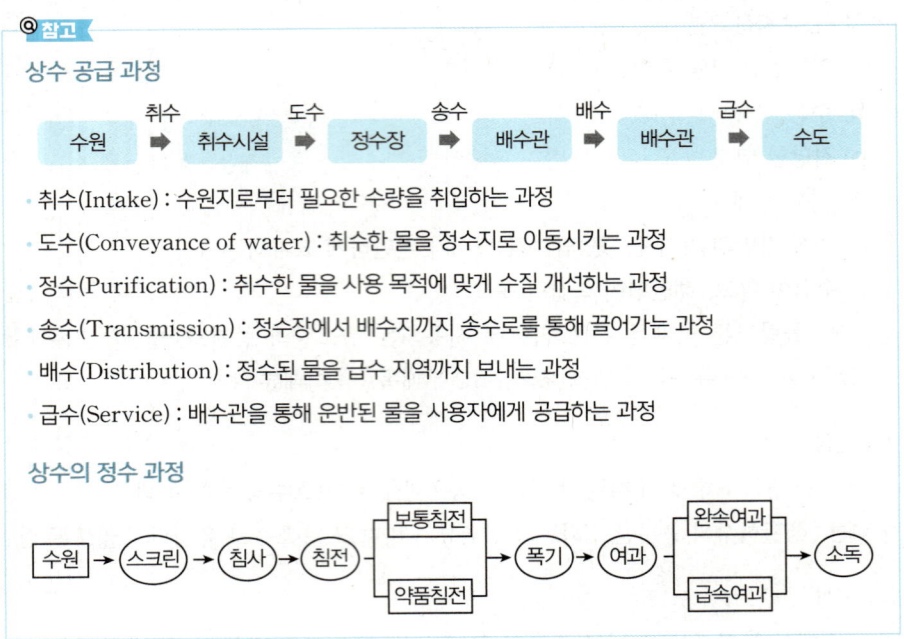

> **참고**
>
> **상수 공급 과정**
>
> 수원 →(취수) 취수시설 →(도수) 정수장 →(송수) 배수관 →(배수) 배수관 →(급수) 수도
>
> - 취수(Intake) : 수원지로부터 필요한 수량을 취입하는 과정
> - 도수(Conveyance of water) : 취수한 물을 정수지로 이동시키는 과정
> - 정수(Purification) : 취수한 물을 사용 목적에 맞게 수질 개선하는 과정
> - 송수(Transmission) : 정수장에서 배수지까지 송수로를 통해 끌어가는 과정
> - 배수(Distribution) : 정수된 물을 급수 지역까지 보내는 과정
> - 급수(Service) : 배수관을 통해 운반된 물을 사용자에게 공급하는 과정
>
> **상수의 정수 과정**
>
> 수원 → 스크린 → 침사 → 침전(보통침전/약품침전) → 폭기 → 여과(완속여과/급속여과) → 소독

1 스크린, 침사

2 침전(Sedimentation)

(1) 보통침전 : 유속을 늦춰 색도, 탁도, 세균수를 감소시키는 것, 주로 완속여과시 사용

(2) 약품침전
   a. 응집제를 사용해 부유물을 응집시켜 침전시키는 과정, 주로 급속여과시 사용
   b. 응집제 : 황산알루미늄(aluminum sulfate), 명반, 황산 제1철, 황산 제2철, 염화 제2철 등

3 폭기(Aeration)

(1) 물에 산소를 공급하여 산화작용과 호기성 세균에 의한 소화작용을 촉진

(2) O_2를 CO_2, CH_4, H_2S, NH_4 등과 교환하는 단계

(3) 폭기의 효과 : 맛·냄새, 휘발성 유기물, 철·망간, CO_2, CH_4, H_2S 제거, CO_2 감소로 pH 올라감

4 여과(Filtration)

(1) 자갈과 모래가 있는 층으로 오염된 물을 통과시켜 물 속의 부유물질과 미생물 등을 제거·감소시키는 과정

OX로 확인

31 오염된 상수를 여과하여 공급한 후 수인성 질환이 감소되는 현상을 물의 자정작용이라 한다. (O|X)

OX로 확인 해설&정답

해설
31 물의 자정작용 → 밀즈─라인케 현상

정답
31 ✕

(2) 밀즈-라인케(Mills-Reinke) 현상 : 물을 여과공급 → 수인성 질병 감소되고, 일반 사망률이 현저히 감소되는 현상
(3) 완속여과 : 여과제(모래층) 표면에 생기는 생물막(여과막)을 이용해 미생물(세균)과 유기물 등을 산화 분해시켜 제거하는 방법(표면 여과작용)
(4) 급속여과 : 약품침전을 마친 침전수를 모래여과하여 정화하는 방법(내부 여과작용)

구분	완속여과	급속여과
침전법	보통침전법 후	약품침전법 후
청소방법	상부 사면 교체	역류세척
여과 속도	3~4m/day	120m/day
사용 일수	20~60일(1~2개월)	12시간~2일(1일)
탁도와 색도가 높은 경우	–	좋다
이끼류의 발생이 쉬운 장소	–	좋다
수면이 동결되기 쉬운 장소	–	좋다
면적	넓은 면적 필요	좁은 면적
건설비	높은 건설비	낮은 건설비
유지비	낮은 유지비	높은 유지비
세균 제거율	98~99%	95~98%

O X 로 확인

32 O X

상수의 여과 방법 중 완속여과의 세균 제거율이 급속 여과의 세균 제거율보다 높다.

5 소독(Disinfection)

병원성 세균의 제거 및 감소 과정

(1) 오존 소독 : 오존 1.5~5g/m³의 양을 15분간 접촉시킴으로써 효과 발생

오존 소독	장점	· 강한 산화력 · 금속 부식을 일으키지 않음 · pH의 변화와 관계없이 강한 살균력 있음(바이러스 사멸) · 발암물질(트리할로메탄, THM) 미생성 · 공기와 전력만 있으면 쉽게 필요량을 만들 수 있음
	단점	· 잔류효과 없음 → 2차 오염의 위험 · 고도 기술 필요, 비싼 가격 · 짧은 반감기, 처리장에 오존발생기가 필요

(2) 염소 소독
① 소독제 : 염소(Cl_2), 이산화염소(ClO_2), 표백분, 액화염소(상수도에서 가장 많이 사용)
② 염소 소독의 장·단점

O X 로 확인 해설&정답

정답

32 O

염소소독	장점	강한 소독력(오존에 비해서는 약함), 강한 잔류효과, 간편한 조작, 경제적
	단점	· 강한 냄새, 금속부식 · 유기물의 다량 혼입으로 염소 소독 시에 이와 반응하여 총트리할로메탄 THM(trihalomethan)을 발생(발암 물질) · 부활현상이 나타남 · 바이러스를 죽이지 못함

③ 염소 소독의 수중 반응

$$H_2O(물) + Cl_2(염소) \rightarrow HCl(염산) + HOCl(차아염소산)$$
염소는 물에 들어가 가수분해를 하여 차아염소산이 된다.

$$H_2O + Cl_2 \rightarrow H^+ + Cl^- + HOCl(차아염소산)$$

$$HOCl \text{ 분해}: HOCl \rightarrow H^+ + OCl^-$$

- 이온화는 pH의 영향을 받아 pH 4(낮은 pH)에서는 HOCl(차아염소산)이 많고, pH 7(높은 pH)에서는 OCl^-이 증가한다.

유리잔류염소 (HOCl, OCl^-)	· 수중에 HOCl(차아염소산), OCl^-(차아염소산 이온) 형태로 존재하는 염소 · 강한 살균력과 냄새 · 수도꼭지 기준 0.1ppm 유지하도록 규정(병원미생물에 오염시 0.4ppm 이상 유지)
결합잔류염소 (클로라민)	· 유리잔류염소가 암모니아 또는 질소화합물과 반응하여 존재하는 형태, 대표적 형태가 클로라민 · 약한 살균력, 냄새 감소 · 잔류효과 증대 · 수도꼭지 기준 0.4ppm 유지하도록 규정

④ 염소 살균력
   a. 살균효과 : 반응시간이 길수록, 온도가 높을수록, pH가 낮을수록, 잔류염소가 많을수록 증가
   b. 살균력 : HOCl > OCl^- > 클로라민

⑤ 불연속점처리(Break Point Chlorination)
   a. 물에 유기물질(NH_3)이 없다면 주입 염소량에 비례해서 유리잔류염소량 (HOCl, OCl^-) 증가
   b. 물에 암모니아 같은 오염물이 있을 경우 염소가 암모니아와 결합해 결합잔류염소를 형성(chloramine) → 결합잔류염소량 증가

c. 파괴점(불연속점, Break Point) : 염소의 주입량의 증가와 더불어서 더 이상 암모니아가 없을 경우 염소가 클로라민을 형성한 것을 파괴해서 결합잔류염소량을 감소시키며 그 값이 0에 가까워지게 되는 포인트
d. 물의 염소요구량 : 불연속점까지의 주입 염소량
e. 불연속점처리법 : 불연속점 이상으로 염소를 주입하여 잔류염소가 검출되도록 염소를 주입하는 방법

⑥ 염소주입량 = 염소요구량 + 염소잔류량

> 염소주입량(수처리를 위해 처음 가한 염소량) − 염소잔류량 = 염소요구량

a. 염소요구량(Chlorine Demand)
- 수중의 유기물질을 산화시키는 데 필요한 염소량 + 살균에 필요한 염소량
- 불연속점 이전까지의 소요염소량
- 물에 염소 주입시 일정시간 접촉한 후 유리잔류염소를 나타내는 데 필요한 염소량
- 염소 소독을 할 때 미리 염소요구량을 측정하여 여기에 필요 잔류염소량을 더하면 적정 염소 주입량을 알 수 있음

b. 잔류염소(Residual Chloride) : 수중에 잔류염소를 유지시켜 수도관의 누수 또는 불완전한 급배수 시설에 의해 발생할 수도 있는 추가 오염에 대한 안전을 확보할 수 있음

⑦ 부활현상(after growth) : 염소소독 후 일정 시간이 지나 소독력이 감소했을 때 세균이 증가하는 현상

참고

잔류염소곡선

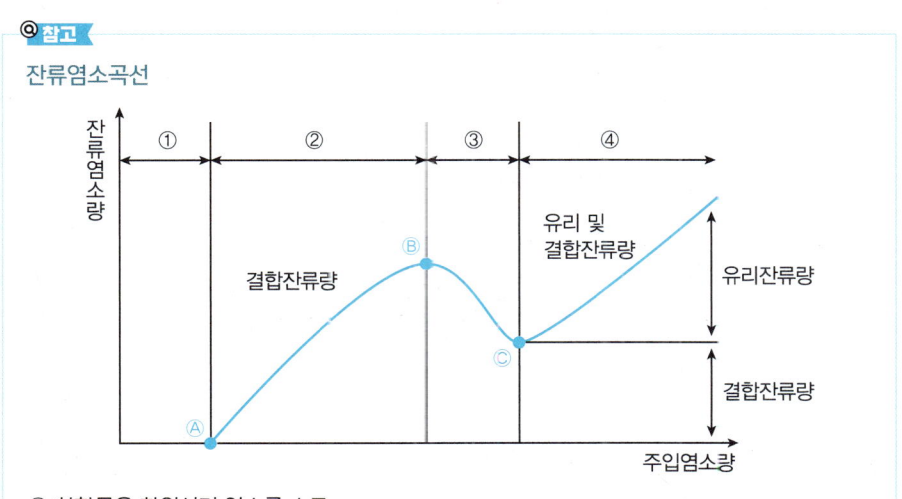

① 화합물을 환원시켜 염소를 소모
② 클로로 유기화합물과 클로라민류 형성
③ 클로로 유기화합물과 클로라민류 파괴
④ 유기염소를 형성하거나 아직 파괴되지 않은 클로로 유기화합물이 있음

OX로 확인

33 물을 소독하기 위한 염소의 주입은 불연속점까지 한다.

OX로 확인 해설&정답

해설
33 불연속점까지 → 불연속점 이상

정답
33 ×

4 먹는 물 수질기준

1 정수장 수질검사

(1) 일일 검사항목

검사 항목(6종)	기준
냄새(Odor)	무취
맛(Taste)	무미
색도(Color)	5° 이하
탁도(Turbidity)	0.5 NTU 이하
수소이온농도(pH)	5.8~8.5
유리잔류염소(Free Residual Chlorine)	4.0mg/L 이하

(2) 주간 검사항목

검사 항목(8종)	기준
일반세균(Total Colony Count)	100CFU/mL 이하
총대장균군(Total Coliforms), 대장균, 분원성 대장균군	불검출/100mL
암모니아성 질소(NH_3-N)	0.5mg/L 이하
질산성 질소(NO_3-N)	10mg/L 이하
과망간산칼륨 소비량(Consumption of $KMnO_4$)	10mg/L 이하
증발잔류물(Total solids)	500mg/L 이하

(3) 월간 검사항목

① 수도꼭지(5종) : 일반세균, 총 대장균군, 대장균 또는 분원성 대장균군, 잔류염소에 관한 검사

② 정수장별 수도관 노후지역 수도꼭지(10종) : 일반세균, 총 대장균군, 대장균 또는 분원성 대장균군, 암모니아성 질소, 동, 아연, 철, 망간, 염소이온 및 잔류염소에 관한 검사

2 음용수 수질검사

(1) 질소산화물 : 주로 하수, 공장 폐수, 분뇨 등의 혼입으로 나타남

분해 과정

단백질(Protein) ➡ 아미노산(Amino acid) ➡ 암모니아성 질소(NH_3-N) ➡ 아질산성 질소(NO_2-N) ➡ 질산성질소(NO_3-N)

○×로 확인

34 ○ ×

수도꼭지에서의 유리잔류염소는 0.1ppm(0.1mg/L), 결합잔류염소는 0.4ppm(0.4mg/L) 이상이 되도록 유지해야 하며, 정수장에서의 유리잔류염소는 4.0mg/L를 넘지 않아야 한다.

○×로 확인 해설&정답

정답

34 ○

① 암모니아성 질소(NH_3-N)
  a. 하수의 유기물 분해시 생성
  b. 유기물에의 오염이 최근임을 의미
② 질산성 질소(NO_3-N)
  a. 여러 질소화합물이 산화되어 생긴 최종 생성체
  b. 질산성 질소의 검출은 유기물에의 오염이 최근이 아니라는 것 의미
  c. 청색아(blue baby) 유발 : 질산성 질소를 함유한 물이나 음식 섭취시 메트헤모글로빈혈증(methemoglobinemia)을 일으킴

(2) 과망간산칼륨($KMnO_4$) 소비량
  ① 수중에서 산화하기 쉬운 유기성 물질에 의해 소비되는 과망간산칼륨의 양
  ② 의의 : $KMnO_4$의 소비량이 많을수록 유기물이 다량 존재함을 의미

(3) 일반세균
  ① 1mL 중 100CFU 이하여야 할 것
  ② 생물학적으로 분해가능한 유기물질의 농도를 알 수 있는 지표

(4) 대장균군(E-Coli)
  ① 검사 목적
    a. 분변오염의 지표로 사용
    b. 생물학적 오염의 지표로 사용
    c. 다른 병원성균에 비해 저항력이 비슷하거나 강해 수중에 대장균이 많을 경우 다른 병원성 세균의 존재를 추측할 수 있음
  ② 대장균 지수(Coli index) : 대장균을 검출한 최소 검수량의 역수
    예 10cc의 검수에서 대장균이 검출되었다. 대장균 지수는? → Coli index = 0.1
  ③ 최확수(MPN, Most Probable Number)
    a. 정량시험(얼마나 있는가)
    b. 검수 100cc 중 대장균의 최확수는 절대적 수치가 아닌 이론상 가장 많이 나올 수 있는 수치임
    예 MPN = 5의 의미 → 검수 100cc 중 대장균이 5개 있음

> **참고**
>
> **먹는 물의 수질 기준**
> (「먹는 물 수질 기준 및 검사 등에 관한 규칙」, 제2조 관련 별표 1)
>
> 1. 미생물에 관한 기준
>   가. 일반세균은 1mL 중 100CFU(Colony Forming Unit)를 넘지 아니할 것. 다만, 샘물 및 염지하수의 경우에는 저온일반세균은 20CFU/mL, 중온일반세균은 5CFU/mL를 넘지 아니하여야 하며, 먹는샘물, 먹는염지하수 및 먹는해양심층수의 경우에는 병에 넣은 후 4°C를 유지한 상태에서 12시간 이내에 검사하여 저온일반세균은 100CFU/mL, 중온일반세균은 20CFU/mL를 넘지 아니할 것

OX로 확인

35 OX
먹는 물 수질검사에서 일반세균은 100mL 중 검출되지 않아야 한다.

OX로 확인 해설&정답

해설
35 100mL 중 검출되지 않아야 → 1mL 중 100CFU를 넘지 않아야

정답
35 ✗

나. 총 대장균군은 100mL(샘물·먹는샘물, 염지하수·먹는염지하수 및 먹는해양심층수의 경우에는 250mL)에서 검출되지 아니할 것. 다만, 제4조제1항제1호나목 및 다목에 따라 매월 또는 매 분기 실시하는 총 대장균군의 수질검사 시료 수가 20개 이상인 정수시설의 경우에는 검출된 시료 수가 5퍼센트를 초과하지 아니하여야 한다.

다. 대장균·분원성 대장균군은 100mL에서 검출되지 아니할 것

라. 분원성 연쇄상구균·녹농균·살모넬라 및 쉬겔라는 250mL에서 검출되지 아니할 것

마. 아황산환원 혐기성 포자 형성균은 50mL에서 검출되지 아니할 것

바. 여시니아균은 2L에서 검출되지 아니할 것

2. 건강상 유해영향 무기물질에 관한 기준

가. 납은 0.01mg/L를 넘지 아니할 것

나. 불소는 1.5mg/L(샘물·먹는샘물 및 염지하수·먹는염지하수의 경우에는 2.0mg/L)를 넘지 아니할 것

다. 비소는 0.01mg/L(샘물·염지하수의 경우에는 0.05mg/L)를 넘지 아니할 것

라. 셀레늄은 0.01mg/L(염지하수의 경우에는 0.05mg/L)를 넘지 아니할 것

마. 수은은 0.001mg/L를 넘지 아니할 것

바. 시안은 0.01mg/L를 넘지 아니할 것

사. 크롬은 0.05mg/L를 넘지 아니할 것

아. 암모니아성 질소는 0.5mg/L를 넘지 아니할 것

자. 질산성 질소는 10mg/L를 넘지 아니할 것

차. 카드뮴은 0.005mg/L를 넘지 아니할 것

카. 붕소는 1.0mg/L를 넘지 아니할 것

타. 브롬산염은 0.01mg/L를 넘지 아니할 것

파. 스트론튬은 4mg/L를 넘지 아니할 것

하. 우라늄은 30μg/L를 넘지 않을 것

3. 건강상 유해영향 유기물질에 관한 기준

가. 페놀은 0.005mg/L를 넘지 아니할 것

나. 다이아지논 0.02mg/L를 넘지 아니할 것

다. 파라티온은 0.06mg/L를 넘지 아니할 것

라. 페니트로티온은 0.04mg/L를 넘지 아니할 것

마. 카바릴은 0.07mg/L를 넘지 아니할 것

바. 1,1,1-트리클로로에탄은 0.1mg/L를 넘지 아니할 것

사. 테트라클로로에틸렌은 0.01mg/L를 넘지 아니할 것

아. 트리클로로에틸렌은 0.03mg/L를 넘지 아니할 것

자. 디클로로메탄은 0.02mg/L를 넘지 아니할 것

차. 벤젠은 0.01mg/L를 넘지 아니할 것

카. 톨루엔은 0.7mg/L를 넘지 아니할 것

타. 에틸벤젠은 0.3mg/L를 넘지 아니할 것

파. 크실렌은 0.5mg/L를 넘지 아니할 것

하. 1,1-디클로로에틸렌은 0.03mg/L를 넘지 아니할 것

거. 사염화탄소는 0.002mg/L를 넘지 아니할 것

너. 1,2-디브로모-3-클로로프로판은 0.003mg/L를 넘지 아니할 것

더. 1,4-다이옥산은 0.05mg/L를 넘지 아니할 것

4. 소독제 및 소독부산물질에 관한 기준

가. 잔류염소(유리잔류염소를 말한다)는 4.0mg/L를 넘지 아니할 것

나. 총트리할로메탄은 0.1mg/L를 넘지 아니할 것

다. 클로로포름은 0.08mg/L를 넘지 아니할 것

라. 브로모디클로로메탄은 0.03mg/L를 넘지 아니할 것

마. 디브로모클로로메탄은 0.1mg/L를 넘지 아니할 것

바. 클로랄하이드레이트는 0.03mg/L를 넘지 아니할 것

사. 디브로모아세토니트릴은 0.1mg/L를 넘지 아니할 것

아. 디클로로아세토니트릴은 0.09mg/L를 넘지 아니할 것

자. 트리클로로아세토니트릴은 0.004mg/L를 넘지 아니할 것

차. 할로아세틱에시드는 0.1mg/L를 넘지 아니할 것

카. 포름알데히드는 0.5mg/L를 넘지 아니할 것

5. 심미적 영향물질에 관한 기준

가. 경도는 1,000mg/L(수돗물의 경우 300mg/L, 먹는염지하수 및 먹는해양심층수의 경우 1,200mg/L)를 넘지 아니할 것

나. 과망간산칼륨 소비량은 10mg/L를 넘지 아니할 것

다. 냄새와 맛은 소독으로 인한 냄새와 맛 이외의 냄새와 맛이 있어서는 아니될 것

라. 동은 1mg/L를 넘지 아니할 것

마. 색도는 5도를 넘지 아니할 것

바. 세제(음이온 계면활성제)는 0.5mg/L를 넘지 아니할 것

사. 수소이온 농도는 pH 5.8 이상 pH 8.5 이하이어야 할 것. 다만, 샘물, 먹는샘물 및 먹는물공동시설의 물의 경우에는 pH 4.5 이상 pH 9.5 이하이어야 한다.

아. 아연은 3mg/L를 넘지 아니할 것

자. 염소이온은 250mg/L를 넘지 아니할 것

차. 증발잔류물은 수돗물의 경우에는 500mg/L, 먹는염지하수 및 먹는해양심층수의 경우에는 미네랄 등 무해성분을 제외한 증발잔류물이 500mg/L를 넘지 아니할 것

카. 철은 0.3mg/L를 넘지 아니할 것

타. 망간은 0.3mg/L(수돗물의 경우 0.05mg/L)를 넘지 아니할 것

파. 탁도는 1NTU(Nephelometric Turbidity Unit)를 넘지 아니할 것. 다만, 지하수를 원수로 사용하는 마을상수도, 소규모급수시설 및 전용상수도를 제외한 수돗물의 경우에는 0.5NTU를 넘지 아니하여야 한다.

하. 황산이온은 200mg/L를 넘지 아니할 것. 다만, 샘물, 먹는샘물 및 먹는물공동시설의 물은 250mg/L를 넘지 아니하여야 하며, 염지하수의 경우에는 적용하지 아니한다.

거. 알루미늄은 0.2mg/L를 넘지 아니할 것

6. 방사능에 관한 기준(염지하수의 경우에만 적용한다)
가. 세슘(Cs-137)은 4.0mBq/L를 넘지 아니할 것
나. 스트론튬(Sr-90)은 3.0mBq/L를 넘지 아니할 것
다. 삼중수소는 6.0Bq/L를 넘지 아니할 것

> **참고**

환경정책기본법 시행령 [별표 1]
3 수질 및 수생태계
　가. 하천
　1) 사람의 건강보호 기준

항목	기준값(mg/L)
카드뮴(Cd)	0.005 이하
비소(As)	0.05 이하
시안(CN)	검출되어서는 안 됨(검출한계 0.01)
수은(Hg)	검출되어서는 안 됨(검출한계 0.001)
유기인	검출되어서는 안 됨(검출한계 0.0005)
폴리클로리네이티드비페닐(PCB)	검출되어서는 안 됨(검출한계 0.0005)
납(Pb)	0.05 이하
6가 크롬(Cr^{6+})	0.05 이하
음이온 계면활성제(ABS)	0.5 이하
사염화탄소	0.004 이하
1,2-디클로로에탄	0.03 이하
테트라클로로에틸렌(PCE)	0.04 이하
디클로로메탄	0.02 이하
벤젠	0.01 이하
클로로포름	0.08 이하
디에틸헥실프탈레이트(DEHP)	0.008 이하
안티몬	0.02 이하
1,4-다이옥세인	0.05 이하
포름알데히드	0.5 이하
헥사클로로벤젠	0.00004 이하

2) 생활환경 기준

등급		상태 (캐릭터)	기준								
			수소이온농도 (pH)	생물화학적 산소요구량 (BOD) (mg/L)	화학적 산소요구량 (COD) (mg/L)	총유기탄소량 (TOC) (mg/L)	부유물질량 (SS) (mg/L)	용존산소량 (DO) (mg/L)	총인 (total phosphorus) (mg/L)	대장균군 (군수/100mL)	
										총대장균군	분원성 대장균군
매우 좋음	Ia		6.5~8.5	1 이하	2 이하	2 이하	25 이하	7.5 이상	0.02 이하	50 이하	10 이하
좋음	Ib		6.5~8.5	2 이하	4 이하	3 이하	25 이하	5.0 이상	0.04 이하	500 이하	100 이하
약간 좋음	II		6.5~8.5	3 이하	5 이하	4 이하	25 이하	5.0 이상	0.1 이하	1,000 이하	200 이하
보통	III		6.5~8.5	5 이하	7 이하	5 이하	25 이하	5.0 이상	0.2 이하	5,000 이하	1,000 이하
약간 나쁨	IV		6.0~8.5	8 이하	9 이하	6 이하	100 이하	2.0 이상	0.3 이하		
나쁨	V		6.0~8.5	10 이하	11 이하	8 이하	쓰레기 등이 떠 있지 않을 것	2.0 이상	0.5 이하		
매우 나쁨	VI			10 초과	11 초과	8 초과		2.0 미만	0.5 초과		

비고

1. 등급별 수질 및 수생태계 상태

    가. 매우 좋음 : 용존산소(溶存酸素)가 풍부하고 오염물질이 없는 청정상태의 생태계로 여과·살균 등 간단한 정수처리 후 생활용수로 사용할 수 있음.

    나. 좋음 : 용존산소가 많은 편이고 오염물질이 거의 없는 청정상태에 근접한 생태계로 여과·침전·살균 등 일반적인 정수처리 후 생활용수로 사용할 수 있음.

    다. 약간 좋음 : 약간의 오염물질은 있으나 용존산소가 많은 상태의 다소 좋은 생태계로 여과·침전·살균 등 일반적인 정수처리 후 생활용수 또는 수영용수로 사용할 수 있음.

    라. 보통 : 보통의 오염물질로 인하여 용존산소가 소모되는 일반 생태계로 여과, 침전, 활성탄 투입, 살균 등 고도의 정수처리 후 생활용수로 이용하거나 일반적 정수처리 후 공업용수로 사용할 수 있음.

    마. 약간 나쁨 : 상당량의 오염물질로 인하여 용존산소가 소모되는 생태계로 농업용수로 사용하거나 여과, 침전, 활성탄 투입, 살균 등 고도의 정수처리 후 공업용수로 사용할 수 있음.

    바. 나쁨 : 다량의 오염물질로 인하여 용존산소가 소모되는 생태계로 산책 등 국민의 일상생활에 불쾌감을 주지 않으며, 활성탄 투입, 역삼투압 공법 등 특수한 정수처리 후 공업용수로 사용할 수 있음

    사. 매우 나쁨 : 용존산소가 거의 없는 오염된 물로 물고기가 살기 어려움.

    아. 용수는 해당 등급보다 낮은 등급의 용도로 사용할 수 있음..

자. 수소이온농도(pH) 등 각 기준항목에 대한 오염도 현황, 용수처리방법 등을 종합적으로 검토하여 그에 맞는 처리방법에 따라 용수를 처리하는 경우에는 해당 등급보다 높은 등급의 용도로도 사용할 수 있음.

나. 호소
1) 사람의 건강보호 기준 : 가목 1)과 같다.
2) 생활환경 기준

등급		상태 (캐릭터)	기준									
			수소이온농도 (pH)	화학적 산소요구량 (BOD) (mg/L)	총유기 탄소량 (TOC) (mg/L)	부유 물질량 (SS) (mg/L)	용존 산소량 (DO) (mg/L)	총인 (mg/L)	총질소 (total nitrogen) (mg/L)	클로로필 -a (Chl-a) (mg/m³)	대장균군 (군수/100mL)	
											총 대장균군	분원성 대장균군
매우 좋음	Ia		6.5~8.5	2 이하	2 이하	1 이하	7.5 이상	0.01 이하	0.2 이하	5 이하	50 이하	10 이하
좋음	Ib		6.5~8.5	3 이하	3 이하	5 이하	5.0 이상	0.02 이하	0.3 이하	9 이하	500 이하	100 이하
약간 좋음	II		6.5~8.5	4 이하	4 이하	5 이하	5.0 이상	0.03 이하	0.4 이하	14 이하	1,000 이하	200 이하
보통	III		6.5~8.5	5 이하	5 이하	15 이하	5.0 이상	0.05 이하	0.6 이하	20 이하	5,000 이하	1,000 이하
약간 나쁨	IV		6.0~8.5	8 이하	6 이하	15 이하	2.0 이상	0.10 이하	1.0 이하	35 이하		
나쁨	V		6.0~8.5	10 이하	8 이하	쓰레기 등이 떠 있지 않을 것	2.0 이상	0.15 이하	1.5 이하	70 이하		
매우 나쁨	VI			10 초과	8 초과		2.0 미만	0.15 초과	1.0 초과	70 초과		

비고
1. 총인, 총질소의 경우 총인에 대한 총질소의 농도비율이 7 미만일 경우에는 총인의 기준을 적용하지 않으며, 그 비율이 16 이상일 경우에는 총질소의 기준을 적용하지 않는다.
2. 등급별 수질 및 수생태계 상태는 가목2) 비고 제1호와 같다.
3. 상태(캐릭터) 도안 모형 및 도안 요령은 가목2) 비고 제2호와 같다.
4. 화학적 산소요구량(COD) 기준은 2015년 12월 31일까지 적용한다.

5 하수처리

1 하수 정의
생활에 의해 생기는 생활하수, 빗물, 공장에서 사용한 산업폐수 등

2 하수도의 분류
(1) 분류식 : 생활하수와 우수를 별도로 운반
(2) 합류식 : 생활하수와 우수를 같이 운반
(3) 혼합식 : 분류식에 우수의 일부를 혼합하는 방식

구분	분류식	합류식
장점	· 계획적인 우수량 산정이 가능 · 환경보건 측면에서 유리 · 일정 유량 유지 가능	· 건설비 적음 · 하수관이 크므로 청소, 수리가 용이 · 우기에 자연청소 가능
단점	· 많은 건설비용 · 환기 곤란으로 인한 폭발 위험 · 검사, 보수, 청소 등 관리의 불편함	· 우기 시 범람, 건기 시 악취발생 · 우수 사용 불가 · 하수량 증가시 처리비용 증가

> **참고**
>
> **하수도**
> 지하 방류 체계의 유형으로 가정이나 산업시설에서 기인하거나 부수되는 오수와 우수를 폐수처리장까지 이동시키는 배관
>
> 하수발생 ➡ 배수설비 ➡ 하수관로 ➡ 하수처리장

3 하수처리 과정
(1) 예비처리(물리적 처리방법)

스크린	큰 부유물질 걸러내는 방법	
침사	모래 제거, 유속 : 0.3m/sec	
침전	보통침전	물리적 침전으로 부유물을 침전제거
	약품침전	화학적 침전으로 황산알루미늄, 명반 등을 주입하여 침전

(2) 본처리(생물학적 처리방법)
　① 혐기성 처리
　　a. 혐기성균에 의한 부패처리
　　b. 최종산물 : CH_4, H_2O, CO_2, NH_3, H_2S

    c. 최종 생산물의 에너지 함량 높음(높은 BOD)
    d. 고농도의 폐수처리에 적합하며 심한 냄새 발생
    e. 동력이 필요없어 적은 유지비
② 호기성 처리
    a. 산소를 공급하여 호기성 균에 의해 처리하는 방식
    b. 최종산물 : H_2O, CO_2, 질산염, 황산염
    c. 최종 생산물의 에너지 함량 낮음(낮은 BOD)
    d. 저농도 폐수처리에 적합하며 냄새 발생 적음
    e. 폭기시 동력이 필요하여 유지비 발생

혐기성 처리	부패조 (Septic tank)	· 단순한 tank, 하수 중 가장 가벼운 것은 위로 떠올라 공기를 차단 · 악취 발생, 소규모 분뇨 및 하수처리에 사용
	임호프조 (Imhoff tank)	· Karl Imhoff가 부패조의 결점을 보완하여 고안(최초의 완전한 이층탱크의 소화조 형태) · 하나의 조를 칸막이로 분리해 부유물질을 침강시키는 침전실을 위쪽에, 침강 분리한 고형물을 혐기성 분해하는 오니소화실을 아래쪽에 배치(오수의 침전 작용을 각각 동시에 진행) → 액체, 고체의 분리와 부패작용(오니소화 작용), 냄새의 역류 방지
호기성 처리	활성오니법	· 가장 진보적인 방법 · 도시의 하수 처리 방법 · 오니와 호기성 미생물들을 혼합(활성오니를 하수량의 25% 첨가)하여, 폭기함으로써 생물학적으로 오니를 정화하는 방법 · 산화작용에 의해 상층에서 안정된 하수를 얻게 됨 · 슬러지 발생량이 비교적 많음(Sludge Bulking) · 기계 조작의 어려움, 숙련된 운전 필요
	산화지법 (안정지법, Oxidation pond)	· 하수를 연못 또는 웅덩이에 저장 → 자정작용에 의해 안정시키는 과정 · 자연적 처리이므로 소요 면적이 넓음 · 비용이 적게 들고, 처리효율은 낮음 · 안정지(stabilization pond)=호기성 미생물+생물학적, 화학적, 물리학적 자정작용
	살수여상법 (Trickling Filter)	· 산업폐수처리에 주로 사용 · 1차 침전지를 거친 하수를 미생물 막으로 덮힌 쇄석이나 매개층 등의 여재(큰 돌을 겹쳐 만든 여과조)위에 뿌림 → 미생물의 막과 폐수 중의 유기물 접촉 → 표면에서는 호기성 세균에 의한 정화, 여재의 내부에서는 혐기성 분해가 일어남 · 단점 : 여상 표면에 물 고임, 막힘, 파리 번식, 악취 발생, 겨울철 냉각, 높은 수압을 요구
	회전 원판법	· 원판의 일부(40%)가 수면에 잠기도록 원판을 설치 · 원판이 회전함에 따라 생물막 위의 하수막에 용해되는 공기중의 산소를 부착생물(호기성 미생물)이 흡수하여, 하수중의 유기물을 동화 작용 및 산화시켜 정화하는 방법

> **참고**
>
> **통성 혐기성**
> - 산소가 있는 환경에서 잘 증식하지만 산소가 없는 환경에서도 증식할 수 있음을 의미
> - 살수 여상법에서 표면의 미생물은 호기적 활동을 하고, 막의 저부에서는 단절된 산소 공급으로 혐기성 미생물에 의한 혐기성 분해가 일어나므로 통성 혐기성 처리라 할 수 있음

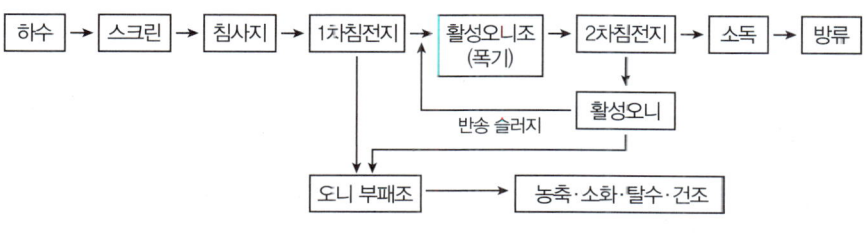

[활성 오니법 처리순서]

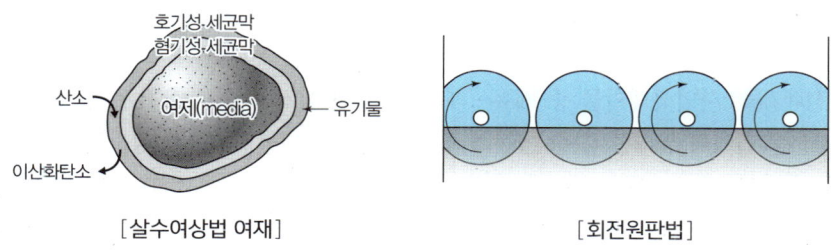

[살수여상법 여재]　　　　[회전원판법]

(3) 오니 처리(슬러지 처리, Sludge Disposal)

① 농축조 : 최초 침전지에서 침전된 생오니와 분뇨처리시설에서 보내진 분뇨를 혼합·농축하여 소화조로 보냄

② 소화조

   a. 1단 소화조 : 농축된 오니를 가온하여 혐기성 미생물을 이용하여 유기물질 분해 (오니의 안정화, 체적감소)

   b. 2단 소화조 : 슬러지를 약 15일 동안 고액분리하여 상등수는 침사지로, 농축된 소화 슬러지는 탈수기로 보냄

③ 탈수기 : 농축슬러지(소화슬러지와 잉여슬러지를 농축시킨 것)의 탈수효과를 증가시키기 위해 응집제(Polymer)를 공급해 함수율 80% 정도로 탈수

④ 운반 및 처분

CHAPTER 05 폐기물 처리

1 폐기물의 정의와 분류

1 폐기물의 정의
쓰레기, 연소재, 오니, 폐유, 폐산, 폐알칼리 및 동물의 사체 등으로서 사람의 생활이나 산업 활동에 필요하지 않게 된 물질

2 폐기물의 분류
(1) **생활폐기물** : 사업장폐기물 외의 폐기물
(2) **사업장폐기물** : 「대기환경보전법」, 「물환경보전법」 또는 「소음·진동관리법」에 따라 배출시설을 설치·운영하는 사업장이나 그 밖에 대통령령으로 정하는 사업장에서 발생하는 폐기물
(3) **지정폐기물** : 사업장폐기물 중 폐유·폐산 등 주변 환경을 오염시킬 수 있거나 의료폐기물 등 인체에 위해를 줄 수 있는 해로운 물질로서 대통령령으로 정하는 폐기물
(4) **의료폐기물** : 보건·의료기관, 동물병원, 시험·검사기관 등에서 배출되는 폐기물 중 인체에 감염 등 위해를 줄 우려가 있는 폐기물과 인체 조직 등 적출물, 실험 동물의 사체 등 보건·환경보호상 특별한 관리가 필요하다고 인정되는 폐기물

3 의료폐기물

의료폐기물의 종류(제4조 관련)		
격리 의료폐기물		감염병으로부터 타인을 보호하기 위하여 격리된 사람에 대한 의료행위에서 발생한 일체의 폐기물
위해 의료폐기물	조직물류 폐기물	인체 또는 동물의 조직·장기·기관·신체의 일부, 동물의 사체, 혈액·고름 및 혈액생성물(혈청, 혈장, 혈액제제)
	병리계 폐기물	시험·검사 등에 사용된 배양액, 배양용기, 보관균주, 폐시험관, 슬라이드, 커버글라스, 폐배지, 폐장갑
	손상성 폐기물	주사바늘, 봉합바늘, 수술용 칼날, 한방침, 치과용침, 파손된 유리재질의 시험기구
	생물·화학 폐기물	폐백신, 폐항암제, 폐화학치료제
	혈액오염 폐기물	폐혈액백, 혈액투석 시 사용된 폐기물, 그 밖에 혈액이 유출될 정도로 포함되어 있어 특별한 관리가 필요한 폐기물
일반 의료폐기물		혈액·체액·분비물·배설물이 함유되어 있는 탈지면, 붕대, 거즈, 일회용 기저귀, 생리대, 일회용 주사기, 수액세트

[비고]
1. 의료폐기물이 아닌 폐기물로서 의료폐기물과 혼합되거나 접촉된 폐기물은 혼합되거나 접촉된 의료폐기물과 같은 폐기물로 본다.
2. 채혈진단에 사용된 혈액이 담긴 검사튜브, 용기 등은 제2호가목의 조직물류폐기물로 본다.
3. 제3호 중 일회용 기저귀는 다음 각 목의 일회용 기저귀로 한정한다.
   가. 「감염병의 예방 및 관리에 관한 법률」 제2조 제13호부터 제15호까지의 규정에 따른 감염병환자, 감염병의사환자 또는 병원체보유자(이하 "감염병환자등"이라 한다)가 사용한 일회용 기저귀. 다만, 일회용 기저귀를 매개로 한 전염 가능성이 낮다고 판단되는 감염병으로서 환경부장관이 고시하는 감염병 관련 감염병환자등이 사용한 일회용 기저귀는 제외한다.
   나. 혈액이 함유되어 있는 일회용 기저귀

2 폐기물 관리

1 기본원칙 [「폐기물 관리법」 제3조의2]

(1) 사업자는 제품의 생산방식 등을 개선하여 폐기물의 발생을 최대한 억제하고, 발생한 폐기물을 스스로 재활용함으로서 폐기물의 배출을 최소화하여야 한다.
(2) 누구든지 폐기물을 배출하는 경우에는 주변 환경이나 주민의 건강에 위해를 끼치지 아니하도록 사전에 적절한 조치를 하여야 한다.
(3) 폐기물은 그 처리과정에서 양과 유해성을 줄이도록 하는 등 환경보전과 국민건강보호에 적합하게 처리되어야 한다.
(4) 폐기물로 인하여 환경오염을 일으킨 자는 오염된 환경을 복원할 책임을 지며, 오염으로 인한 피해의 구제에 드는 비용을 부담하여야 한다.
(5) 국내에서 발생한 폐기물은 가능하면 국내에서 처리되어야 하고, 폐기물의 수입은 되도록 억제되어야 한다.
(6) 폐기물은 소각, 매립 등의 처분을 하기보다는 우선적으로 재활용함으로써 자원생산성의 향상에 이바지하도록 하여야 한다.

2 폐기물의 처리과정

(1) 관리 순서

(2) 적환장 설치 이유
　① 매립지가 발생지에서 먼 경우
　② 폐기물 운반 차량이 소형일 경우
　③ 수거 밀도가 높거나 양이 많은 경우
　④ 압축장비가 없는 차량으로 수거 운반하는 경우

3 폐기물 관리 정책

1 폐기물 관리 3R
재활용(Recycle), 자원화(Reuse), 감량화(Reduce)

(1) 재활용(Recycle)
　① 분리수거
　② 생산자책임 재활용(EPR, Extended Producer Responsibility)
　　a. 제품 생산자나 포장재를 이용한 제품의 생산자에게 그 제품이나 포장재의 폐기물에 대하여 일정량의 재활용의무를 부여하여 재활용하게 하는 제도
　　b. 이를 이행하지 않을 경우 재활용에 소요되는 비용 이상의 재활용 부과금을 생산자에게 부과하는 제도

(2) 자원화(Reuse)
　① 공병보증금 제도
　② 리필제품 생산권고 : 포장재 사용을 줄이고 쓰레기를 절감하기 위해 리필제품 인센티브제를 도입, 리필제품 대상품목을 확대, 생산권고율 상향조정
　③ 알뜰시장 : 벼룩시장, 녹색가게

2 폐기물의 최소화 방안(감량화, Reduce)
(1) 생산단계에서의 최소화
　① 폐기물 부담금 제도 : 유해물질을 함유하고 있거나, 재활용이 어렵고 폐기물 관리상 문제를 일으킬 수 있는 제품·재료·용기의 제조업자 또는 수입업자에게 그 폐기물 처리에 드는 비용을 부담하도록 하는 제도
(2) 유통단계에서의 최소화 : 과대포장규제
(3) 소비단계에서의 최소화
　① 쓰레기종량제
　② 음식물 쓰레기 감량화
　③ 1회용품 사용 규제

4 폐기물 처리방법

1 소각법

(1) 쓰레기를 불에 태워 기체 중에 고온 산화시키는 폐기물 처리 방법

(2) 장점
① 매립법보다 부피는 95~99%, 무게는 80~85% 줄일 수 있어 매립 공간 절약
② 소각과정에서 발생하는 열에너지 재이용 가능
③ 가장 위생적 : 병원성 균, 부패성 유기물, 유독 성분의 위생적 처리 가능
④ 기후와 기상에 영향 받지 않음
⑤ 도심에 설치 가능, 운송비 감소

(3) 단점
① 대기오염의 문제 발생
② 건설비와 운영비가 비싼 단점
③ 소각 시설 부지 선정의 어려움(NIMBY 현상)

2 매립법

(1) 쓰레기를 투입하고 압축한 후 흙(복토)으로 덮는 방법

(2) 매립 방법에 따른 분류
① 단순매립 : 환경보호시설을 갖추지 않은 단순 투기형태의 비위생적 매립형태
② 위생매립
  a. 매립지 운영에 따른 환경피해를 최소화하기 위해 복토를 실시하고 침출수 차수와 처리기능을 갖춘 매립형태
  b. 복토 : 유해 해충, 동물의 서식지 제거, 폐기물의 바람에 의한 비산 방지, 악취 방지, 화재와 우수 방지를 위함
  c. 환경오염 방지시설 : 지하수와 토양 오염 방지를 위해 썩은 물을 모아 처리하는 침출수 처리 시설과 메탄(CH_4), 이산화탄소(CO_2) 등의 가스를 처리하는 가스처리 시설
③ 안전매립
  a. 유해 폐기물의 최종 처리방법
  b. 자연계와 폐기물을 완전히 자연계와 차단·격리(콘크리트 등의 구조물 이용)하는 방법

(3) 매립의 장점
① 간단하고 저렴한 처리 비용
② 배출가스를 포집해 연료화 가능
③ 일정 기간 지난 후 다른 용도로 토지 사용 가능(매립 후에는 최소 10년이 지나야 주택지로 사용 가능)

OX로 확인

38 OIX
폐기물 처리 방법 중 가장 위생적인 방법은 퇴비법이다.

OX로 확인 해설&정답

해설
38 퇴비법 → 소각법

정답
38 ×

(4) 매립의 단점
① 넓은 토지 면적 필요
② 위생해충, 악취, 가스(황산화물, 일산화탄소, 탄화수소화합물, 퓨란, 다이옥신 등) 발생
③ 침출수로 인한 지하수 오염

> **참고**
>
> 「폐기물관리법 시행규칙」 별표11, 최종 복토
> - 매립시설의 사용이 끝났을 때에는 최종복토층을 기울기가 2퍼센트 이상이 되도록 설치하여야 한다.
> - 이 경우 최종복토층은 하부로부터 다음과 같은 가스배제층(유기성폐기물을 매립하여 가스가 발생하는 경우만 해당)·차단층·배수층 및 식생대층을 차례대로 설치하여야 한다.
>
> | 식생대층 (가장위쪽) | 식물심기와 생장이 가능한 양질의 토양으로 60cm이상의 두께로 설치 |
> |---|---|
> | 배수층 | 모래, 재생골재 등으로 30cm 이상의 두께로 설치 |
> | 차단층 | • 점토·점토광물혼합토 등으로 45cm 이상으로 설치
• 점토·점토광물혼합토 등으로 30cm 이상으로 설치할 때는 그 위에 두께 1.5mm 이상의 합성고분자차수막 설치 |
> | 가스배제층 | • 두께 30cm 이상
• 매립시설에서 발생하는 가스를 발전·연료화 등에 재활용하기 위한 가스배제관이 설치된 경우에는 제외 |

3 퇴비법

(1) 유기물(음식 찌꺼기, 축산 폐기물, 낙엽, 하수처리장 슬러지 등)을 퇴적하여 호기성 미생물에 의해 산화·발효시켜 안정된 상태의 부식토로 변환시키는 생물학적 공정 방법

(2) 퇴비화 조건
① 호기성균 이용으로 산소 공급
② C/N비(=탄질비, 탄수화물과 질소의 비율)=30 내외
③ 최적 온도 : 60~70℃(병원성 미생물, 기생충 사멸)
④ 수분 : 50~70%
⑤ pH : 6~8

CHAPTER 06 주거환경 및 의복위생

1 주거와 위생

1 이상적인 주택의 구비조건

(1) 대지
　① 환경 : 공해, 소음, 진동 발생의 우려 없고 교통이 편리한 곳
　② 토양 : 건조, 쓰레기 등 유기물의 매립지가 아닌 지질이어야 함, 물의 침투성이 큰 곳
　③ 지하수위 : 건물을 짓기 전 자연적으로 지하층에 형성되어 있는 지하수층의 높이로 지표로부터 1.5m 이상, 보통 3m 정도
　④ 지형 : 지나친 저지대 또는 고지대가 아닌 곳, 작은 언덕의 중간, 남향 또는 동남향
　⑤ 상하수도 : 원활한 상수 공급과 하수처리

(2) 구조
　① 지붕과 벽 : 방서, 방한, 방수, 방음, 방화가 잘된 곳
　② 천장 높이 : 2.1m가 적당
　③ 마루 : 통기를 고려해 지면으로부터 45cm이상의 간격
　④ 방 배치 : 남향(거실, 침실, 어린이방), 북향(화장실, 부엌, 목욕탕)

2 환기

(1) 자연 환기(중력환기)
　① 실내·외 온도차 → 공기 밀도의 차이 → 압력의 차이 → 공기 이동
　② 환기량 : 실내·외 온도차가 크고, 중성대가 천장 가까이에 형성될수록 증가
　③ 중성대 : 실내로 들어오는 공기는 하부로 그리고 나가는 공기는 상부로 이동하게 되는데 그 중간에 압력이 '0'인 공간영역으로 천장(상부)가까이 형성될수록 환기량이 커짐
　④ 자연 환기를 위한 창의 면적 : 방바닥 면적의 1/20 이상이어야 함

(2) 인공 환기
　① 공기 조정법(Air Conditioning)
　　a. 공기의 온도, 습도, 기류를 인공적으로 조절하여 공급하는 방식
　　b. 배기의 오염물을 처리하는 여과시설이 있음
　　c. 보건학적으로 가장 이상적
　② 배기식 환기법(Exhaust Ventilation) : 선풍기나 팬(fan)에 의해 실내에서 실외로 냄새, 습도, 연기, 주방 연기 및 기타 오염 가스를 배출하는 방식

○×로 확인

39 ○│×

자연 환기를 위한 창의 면적은 바닥 면적의 1/7~1/5 정도가 적당하다.

○×로 확인 해설&정답

해설
39 1/7~1/5 정도 → 1/20 이상

정답
39 ×

③ 송기식 환기법(Plenum Ventilation)
  a. 선풍기나 팬(fan)에 의해 신선한 외부 공기를 불어넣는 방식
  b. 오염물 제거에는 효과없으나, 신선한 공기를 주입하여 오염물을 희석시키는 효과
④ 평형식 환기법(Balanced Ventilation)
  a. 배기식＋송기식 방법
  b. 위로부터 수평 흡입, 아래에서 수평 배출하는 방법

3 채광 및 조명

(1) 자연 조명
① 자연 조명 : 직사광선과 천공광에 의한 조명
② 거실 창의 면적 : 바닥 면적의 1/7～1/5, 동일한 창의 크기인 경우 세로로 긴 창이 가로로 긴 창보다 더 밝음
③ 일조시간 : 하루 최소 4시간 이상
④ 거실 안쪽의 길이 : 바닥에서 창틀 윗부분까지 높이의 1.5배 이하
⑤ 개각과 입사각
  a. 개각 : 창문 밖에 건물이 있을 때의 각도, 보통 4～5°가 좋음, 클수록 밝음
  b. 입사각 : 창문 밖에 건물이 없을 때의 각도, 28° 이상이 좋음, 클수록 밝음
⑥ 자연조명 장점
  a. 인공조명에 비해 연소율이 없음
  b. 경제적
  c. 조도의 균일화로 눈의 피로가 적음

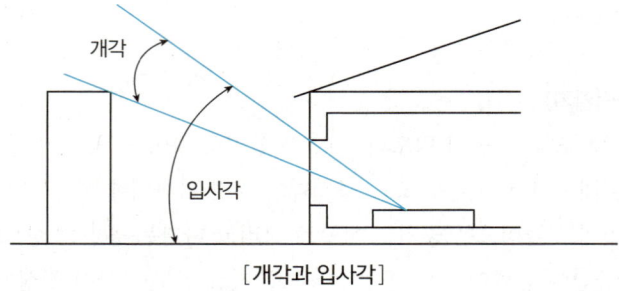

[개각과 입사각]

(2) 인공 조명
① 적당한 조도

표준 인공 조명	장소	표준조도(Lux)
	조리실	50～100
	세면장, 화장실	60～150
	대합실, 강당	150～300
	사무실, 학교 교실	300～600
	정밀 작업실, 도서실	600～1,500

② 인공 조명 방법

	직접 조명 (조명기구에서 직사광으로 비추는 조명)	간접 조명 (조명기구에서 반사광으로 비추는 조명)	반·간접 조명 (반사량과 직사량을 병행하는 조명)
장점	· 경제적 · 정밀작업에 좋음 · 조명의 효율이 큼(밝기↑)	· 균등한 조명 · 가장 이상적 · 온화한 느낌	· 눈에 가장 효율적인 방법 · 조도가 일정하고 눈부심 이 적은 편
단점	· 눈이 부심 · 강한 음영에 불편감	· 조명의 낮은 효율(밝기↓) · 비싼 유지비	

③ 인공 조명 구비조건
   a. 광원의 휘도가 낮고, 그림자가 생기지 않아야 함
   b. 폭발 또는 화재, 유해가스의 위험이 없어야 함
   c. 주광색(일광색)에 가까운 색
   d. 낮 : 200~1,000Lux, 야간 : 20~200Lux
   e. 가급적 간접 조명이 되도록 할 것
   f. 균등한 조명도 유지

④ 부적당한 실내 조명의 경우
   a. 가성근시 : 조도가 낮은 경우 모양근의 피로
   b. 안정피로
   c. 안구진탕증 : 낮은 조도에서 장기간 작업시 발생, 안구가 상하좌우로 움직이는 현상
   d. 작업 능률 저하, 재해발생 위험 증가

4 실내온도

(1) 적당한 실내온도 : 18±2℃(침실 15±1℃, 욕실 또는 병실 20~22℃)
(2) 실내·외 온도차 : 5~7℃ 이내(10℃ 이상일 경우 냉방병 발생)
(3) 적정 실내습도 : 40~70%(60±10%)
(4) 냉방 : 국소냉방(선풍기, 에어컨, 룸쿨러 등)과 중앙냉방(반송 방식, carrier system)으로 구분

2 의복위생

1 의복의 기능
(1) 체온조절 : 방한과 방서의 역할, 체온 발산과 신진대사 조절
(2) 신체의 청결과 보호 : 불량 환경(외상, 해충, 복사열 및 유해물질)으로부터 오염 방지, 신체 보호
(3) 사회생활 : 일상복, 작업복, 제복, 각종 의식에 사용되는 예복으로서의 목적 있음
(4) 미적 표현 : 아름다움을 표현하는 수단

2 의복기후
(1) 의복으로 체온조절이 가능한 외기의 온도 범위 : 10~26℃
(2) 10℃ 이하 난방, 26℃ 이상에서는 냉방 필요
(3) 안정 시 온도 : 32±1℃, 습도 50±10%, 기류 0.1m/sec
(4) 보행 시 온도 : 30±1℃, 습도 45±10%, 기류 0.4 m/sec

3 의복과 체온유지
(1) 열전도성
  ① 피복의 함기성과 반비례(열전도율이 낮아야 보온효과 올라감)
  ② 동물의 털 6.1, 견직물 19.2, 마직 29.5

(2) 방한력
  ① 의복의 단열수준을 설명
  ② CLO(열 차단 단위)
     a. 1CLO : 기온 21.1℃, 습도 50% 이하, 기류 10cm/sec에서 신진대사율이 50kcal/m^2/hr로 피부온도가 92℉(33.3℃)로 유지될 때의 의복의 방한력
     b. 1CLO는 보통 9℃ 정도의 보온력을 가짐
  ③ 방한력이 가장 좋은 것 : 4~4.5CLO
     a. 방한복 : 4CLO
     b. 방한화 : 2.5CLO
     c. 방한장갑 : 2CLO
     d. 보통 작업복 : 1CLO

(3) 함기성
  ① 함기량이 클수록 열전도율이 감소해 보온력이 커짐
  ② 모피 98%, 모직 90%, 면 70~80%, 마직 50%

(4) 통기성
  ① 통기성이 적으면 의복 안이 고온다습해져 땀과 지루의 분비로 악취발생
  ② 마직, 견직 > 모직, 면직

OX로 확인

41 ◯|✕
기온 21.1℃, 습도 50% 이하, 기류 10cm/sec에서 신진대사율이 50kcal/m^2/hr로 피부온도가 92℉(33.3℃)로 유지될 때의 의복의 방한력을 1CLO라 한다.

OX로 확인 해설&정답
[정답]
41 ◯

CHAPTER 07 위생해충의 관리와 소독

1 위생해충 이해

1 위생해충 매개질병

(1) 파리

| 파리의 생활사 | 알 →(0.1~1일)→ 유충 →(7~10일)→ 번데기 →(5~10일)→ 성충 |

구분	내용
소화기계 감염병	장티푸스, 파라티푸스, 이질, 콜레라, 식중독균 등
호흡기계 감염병	결핵, 디프테리아 등
기생충 질환	회충, 편충, 요충, 촌충 등의 충란을 운반
기타	소아마비, 화농균 등

(2) 모기

| 모기의 생활사 | 알 →(2~3일)→ 유충 →(약 7일)→ 번데기 →(약 3일)→ 성충 |

종류	매개질병
중국얼룩날개모기(Anopheles sinensis)	말라리아
작은빨간집모기(Culex tritaeniorhynchus)	일본뇌염
토고숲모기(Aedes Togoi)	사상충증
열대숲모기(Aedes Egypti)	황열, 뎅기열, 지카바이러스
빨간집모기	웨스트나일열

(3) 바퀴벌레

| 바퀴벌레의 생활사 | 알 →(30~40일)→ 유충 →(2~3개월 (6회 탈피))→ 성충 |

구분	내용
소화기계 감염병	장티푸스, 파라티푸스, 이질, 콜레라, 살모넬라, 유행성 간염, 소아마비 등
호흡기계 감염병	결핵, 디프테리아
기생충 질환	회충, 구충증, 아메바성이질

> **OX로 확인**
> **42** ○ X
> 말라리아는 열대숲모기가 전파하며, 일본뇌염은 작은빨간집모기가 병원체를 전파한다

> **해설&정답**
> 해설
> 42 열대숲모기 → 중국얼룩날개모기
> 정답
> 42 ✕

> **O×로 확인**
>
> **43** ⓞⅠⓧ
>
> 페스트, 렙토스피라, 쯔쯔가무시는 이를 매개로 하는 질병이다.

(4) 쥐 : 쥐 매개 질병

세균성 질병	페스트, 렙토스피라, 살모넬라 등
바이러스성 질병	유행성 출혈열, 라싸열 등
리케치아성 질병	쯔쯔가무시, 발진열, 발진티푸스 등
기생충 질환	아메바성 이질, 선모충증 등

(5) 이 : 발진티푸스, 재귀열

(6) 진드기 : 쯔쯔가무시증(양충병), 록키산홍반열

(7) 벼룩 : 발진열, 페스트

> **참고**
>
> **생물의 변태**
> - 완전변태 : 알 → 유충 → 번데기 → 성충(4단계)
>   예 모기, 파리, 벼룩 등
> - 불완전변태 : 알 → 유충 → 성충(3단계)
>   예 바퀴, 빈대, 진드기, 메뚜기 등

> **O×로 확인**
>
> **44** ⓞⅠⓧ
>
> 위생해충 구제의 가장 근본적인 방법은 천적을 이용한 생물학적 방법이다.

2 대처 방안

(1) 일반적 원칙
   ① 발생원 및 서식처 제거(가장 근본적인 대책으로 환경적 방법)
   ② 발생 초기에 실시
   ③ 생태 습성에 따라 실시
   ④ 동시에 광범위하게 실시

(2) 구체적 구제 방법
   ① 환경적 방법 : 발생원 및 서식처 제거
   ② 화학적 방법 : 살충제 분무
   ③ 생물학적 방법 : 천적 이용
   ④ 물리적 방법 : 각종 트랩, 끈끈이 등

> **O×로 확인 해설&정답**
>
> **해설**
> **43** 이 → 쥐
> **44** 천적을 이용한 생물학적 방법 → 발생원 및 서식처를 제거하는 환경적 방법
>
> **정답**
> 43 × 44 ×

2 농약

농약의 분류		
유기인제	종류	Parathion, Malathion, Diazinon, Ethion
	특성	· 빠른 살충효과 · 체내에서 분해가 용이함 · 대부분 급성중독 일으킴 · 혈액 내의 콜린에스테라제(cholinesterase) 효소의 활성을 억제(비가역적 차단)하여 체내에 아세칠콜린(Acetyl choline)을 축적함으로써 중독증상 일으킴
	중독증상	· 1단계(초기) : 전신 역화감, 구역, 구토, 위통, 설사, 현기증, 불안 · 2단계(경련기) : 두통, 감각이상, 의식 혼탁, 보행 장애, 지남력 상실, 간헐성·강직성 경련 · 3단계(마비기) : 실금, 폐수종, 호흡마비, 사망
	해독제	아트로핀(Atropine)
유기염소제	종류	DDT, Dieldrin, Lindane(BHC), Heptachlor
	특성	뛰어난 살충력, 급성독성은 적은편, 체내잔류의 문제, 만성 독성 일으킴, 내분비계 교란물질(1970년대를 전후로 대부분의 국가에서 사용금지 약품으로 규정)
	중독증상	· 급성 중독증상 : 구토, 수족떨림, 침흘림, 호흡곤란, 현기증, 중추신경계 흥분, 과민성, 지남력장애, 감각이상 등 · 만성 중독증상 : 암, 재생불량성 빈혈 발생 가능성
	해독제	없음
카바메이트계	종류	Aldicarb, Carbofuran, Methomyl
	특징	콜린에스테라제(cholinesterase)의 가역적 차단
	중독증상	· 급성 중독증상 : 유기인제와 유사, 독성 약하고 증상이 조기에 나타남 · 만성 중독증상 : 발암, 돌연변이 유발
	해독제	아트로핀(Atropine)

3 소독

1 소독의 정의

(1) **멸균(sterilization)** : 모든 미생물을 완전히 살균하여 무균상태로 만드는 방법

(2) **살균** : 미생물에 물리적·화학적 방법을 가해 단시간 안에 멸살시키는 것으로 멸균만큼 완전하지는 않음

(3) **소독(disinfection)** : 물체의 표면에 있는 세균의 아포를 제외한 미생물을 사멸하는 방법

(4) **방부(antiseptic)** : 병원성 미생물의 발육과 그 작용을 제지 또는 정지시켜 음식물 등의 부패나 발효를 방지하는 방법

> **참고**
>
> **아포(spore)**
> - 특정한 세균의 체내에 형성되는 원형 또는 타원형의 구조
> - 세균(세레우스균·웰시균·보툴리누스균 등)이 고온, 건조 등 생존하기 어려운 환경이 되면 아포를 형성시킴, 아포 형태로 휴면상태를 유지하고 있다가 세균이 자랄 수 있는 환경이 되면 아포에서 깨어나 다시 증식하게 됨
> - 고온, 건조, 동결, 방사선, 약품 등 물리·화학적 조건에 대해서 저항력이 강하고, 악조건 하에서도 오래 생존 가능
>
> **소독력의 강도**
> 멸균＞살균＞소독＞방부

2 소독의 방법

- **물리적 소독법** : 가열 처리(건열, 습열), 비가열 처리(자외선, 초음파, 방사선)
- **화학적 소독법** : 소독용 약제 사용(석탄산, 크레졸, 과산화수소수, 승홍수, 석회, 알코올, 계면활성제, 포르말린, 질산은, 붕산 등)

(1) 물리적 소독법

① 건열멸균법

화염멸균	· 알코올버너 또는 램프를 사용해 대상물에 약 20초간 가열하는 방법 · 금속류, 유리봉, 백금 루프, 도자기류 등의 멸균에 사용
건열멸균	· 건열멸균기를 이용해 160~170℃에서 1~2시간 처리해 미생물을 사멸시키는 방법 · 습열 침투가 어려운 물질에 사용(글리세린, 분말 등)

OX로 확인

45 ◯ⅠX

모든 미생물을 완전히 살균하여 무균상태로 만드는 방법을 살균이라 한다.

OX로 확인 해설&정답

해설
45 살균 → 멸균

정답
45 ×

② 습열멸균법

자비소독	• 100℃의 끓는 물에서 15~25분간 처리 • 완전멸균이 어렵고 아포형성균의 경우 내열성이 강해 부적당 • 식기, 도자기 류, 의류 등에 사용
고압증기멸균	• 아포형성균의 멸균에 가장 좋은 방법 • 고압증기멸균기(autoclave)를 사용 • 115.5℃(10Lbs)-30분, 121.5℃(15Lbs)-20분, 126.5℃(20Lbs)-15분간 처리(압력이 높아질수록 멸균에 걸리는 시간 감소) • 초자기구(유리로 된 실험기구)·고무·자기류·의류·거즈·약액 등 완전멸균이 가능
유통증기멸균 (상압증기멸균)	• 100℃의 유통증기를 30분~60분간 통과시키는 방법 • 고압증기멸균법이 부적당할 때 아포형성균의 멸균에 사용(내열성이 있는 포자는 1회의 상압증기멸균법을 버티고 하루 뒤 다시 영양세포로 성장 → 반복 실시하면 제거 가능) • 간헐증기멸균법(discontinuous steam sterilization) : 상압증기멸균법을 하루에 30분씩 3일간 실시하는 것
저온소독	• 포자를 형성하지 않는 세균(결핵균, 살모넬라균, 소 유산균)의 멸균에 사용 • 우유 : 63℃에서 30분 • 이외에도 아이스크림원료, 건조과일, 포도주 등에 사용
초고온순간멸균	우유 : 130~150℃에서 2초

③ 비가열 처리법

자외선	• 자외선 중 2,400~2,800Å 파장을 이용 • 수술실, 무균실, 제약실, 물, 공기, 식품, 기구, 용기 등의 소독에 이용 • 자외선은 고체 투과도가 낮기 때문에 주로 고체의 표면이나 물을 멸균하는데 이용
초음파	• 8,800Hz의 음파 : 살균력 있음 • 20,000Hz의 진동(초음파) : 강한 살균력 • 교반작용(Agitation) : 주파수가 높아지면서 생기는 진동으로 충체 파괴
방사선	• X선, 알파, 베타, 감마 선의 살균력 이용 • 플라스틱 제품, 장갑, 수혈세트 등에 사용 • 투과력이 강해 포장된 물품에도 사용 가능

(2) 화학적 소독법

① 화학적 소독제의 일반적 구비 조건

　a. 높은 석탄산 계수(소독력이 강할 것)
　b. 안전성(safety) : 인체 또는 인축에 무해·무독할 것
　c. 강한 침투력
　d. 높은 안정성(stability)과 용해성(solubility) : 물이나 알코올에 잘 녹을 것
　e. 가격이 저렴, 구입이 용이, 간단한 사용방법

46
아포형성균의 멸균에 가장 좋은 소독방법으로 린넨류, 초자기구, 고무, 자기류, 거즈, 약액등에 주로 이용되는 방법은 고압증기멸균이다.

정답
46 ○

f. 탈취력과 방취력이 있을 것
g. 물품의 표백 및 부식성이 없을 것
h. 환경오염을 일으키지 않을 것

> **참고**
>
> 역성비누
> - 일반적인 비누 : 물에 녹으면 마이너스 전기를 띠는 음이온의 성질을 가짐
> - 역성비누 : 보통의 비누와는 반대의 성질을 가져 역성비누라 함, 양이온의 성질을 가지고, 살균을 목적으로 만들어져 세정력은 부족

② 소독제의 살균 기전
   a. 균체 단백질의 응고작용 : 석탄산, 승홍, 알코올, 크레졸, 포르말린, 산, 알카리
   b. 산화작용(산화작용으로 바이러스의 단백질 등을 파괴하는 소독제로서 주로 염소 또는 산소계 성분으로 구성) : 과산화수소수H_2O_2, 과망간산칼륨$KMnO_4$, 오존O_3, 염소Cl_2, 표백분, 차아염소산
   c. 가수분해작용(화학 반응시 물과 반응하여 원래 하나였던 큰 분자가 여러 개의 이온이나 분자로 분해되는 반응) : 강산, 강알카리, 생석회, 석회유
   d. 균체의 효소 불활성화 작용 : 알코올, 석탄산, 중금속염, 역성비누
   e. 탈수작용 : 식염, 설탕, 포르말린, 알코올
   f. 균체막의 삼투압 변화 작용 : 염화물, 석탄산, 중금속염, 역성비누
   g. 균체 내 염의 형성작용 : 중금속염, 승홍, 질산은

③ 소독제의 살균력(석탄산 계수, phenol coefficient)
   a. 소독약의 살균력을 나타내는 지표
   b. 20℃에서 10분 이내 완전 멸균 가능한 석탄산의 희석 배수와 시험하려는 소독약의 희석배수의 비
   c. 시험균주 : 장티푸스균, 포도상구균
   d. 석탄산 계수가 높을수록 소독약의 살균력이 높음을 의미

$$석탄산\ 계수 = \frac{소독약의\ 희석\ 배수}{석탄산의\ 희석\ 배수}$$

OX로 확인

47 O|X
석탄산, 승홍, 알콜, 크레졸, 포르말린 등의 소독제는 산화작용에 의해 소독을 한다.

48 O|X
소독약의 살균력을 나타내는 지표인 석탄산 계수가 높을수록 소독약의 살균력이 높다.

OX로 확인 해설&정답

해설
47 산화작용 → 단백질의 응고작용

정답
47 × 48 O

④ 화학적 소독약의 종류

종류	내용
석탄산 (Phenol)	• 3% 용액 사용(방역용) • 안정된 살균력 (유기물에도 살균력이 약화되지 않기 때문에 소독력의 기준으로 사용) • 고온일수록 강한 소독효과, 금속 부식성, 냄새, 피부 점막 자극 • 소독 대상 : 배설물, 토사물, 환자의 오염된 의류 등
크레졸	• 석탄산 계수 : 2(석탄산보다 살균력 2배 강함) • 물에 난용성이 있어 비누액에 50%를 혼합한 비누액 크레졸을 3%수용액으로 만들어 사용 • 유기물에도 살균력이 약화되지 않음, 피부 자극성 없음, 강한 냄새 • 소독 대상 : 손, 식기, 오물, 객담 등
과산화수소수 (H_2O_2)	• 3% 용액 사용 • 적은 자극성, 포자를 형성하지 않는 균의 빠른 사멸에 유용 • 소독 대상 : 상처, 구내염, 인두염, 구강세척제로 사용
승홍수 (수은, Mercury Dichliride)	• 0.1% 1,000배 희석 • 맹독성으로 식기나 피부소독에 적합하지 않음 • 무색·무취, 색소첨가(푹신액, Fuchsine) 후 사용 • 강한 금속부식성으로 비금속류 소독에 사용 • 온도가 높을수록 강한 살균력
생석회 (CaO)	• 분말(수분과 반응해 열이 나면서 소독작용 일어남) • 소독 대상 : 습기가 있는 분변, 오물, 토사물 등, 재래식 화장실 소독 • 건조한 대상물에는 석회유를 만들어 사용(석회유＝수산화칼슘, 생석회분말 2 : 물 8의 비율) • 무포자균에 효과, 공기중 장시간 노출시 소독 효과 저하
알코올 (Alcohol)	• 에틸 70~75%(비교 : 메틸알코올-독성 강한 공업용) • 원액보다 70%로 희석한 것이 소독효과가 높음(알코올은 세균 표면의 막을 뚫고 들어가 그 세균의 단백질을 응고시켜 소독의 효과를 냄, 90% 이상의 알코올은 세균 표면의 단백질을 너무 신속하게 응고시켜 세균 내부로 침투하지 못하게 되어 소독 효과를 내기가 어려움) • 무포자균에 효과(포자형성균에 효과 없음) • 소독 대상 : 건강한 피부 및 기구 소독에 사용 • 상처, 눈, 비강 등의 점막에는 자극있어 사용하지 않음
머큐로크롬 (Mercurochrome)	• 2% 머큐로크롬 사용 • 자극성 없으나 살균력이 약함 • 소독 대상 : 점막, 상처에 사용
역성비누 (Invert Soap)	• 0.01~0.1% 용액 • 무독·무해·무미 무자극성이며 강한 침투력과 살균력 • 소독 대상 : 손소독, 식품소독, 조리기구, 식기류, 행주 등
포르말린	• 35% formaldehyde 수용액 • 세균단백질을 응고시켜 강한 살균력, 강한 자극성 • 소독 대상 : 병원이나 선박 등의 공간에 훈증소독의 방법으로 사용
표백분	• 유효염소 30% 이상 • 소독 대상 : 수영장, 목욕탕, 하수 등

⑤ 소독 대상별 소독 방법

대상	소독 방법
의류, 침구류, 섬유류 등	일광소독, 증기소독, 자비소독, 석탄산수, 크레졸수, 포르말린수 등
대소변, 토사물, 배설물	석탄산수, 크레졸수, 석화분말, 소각법 등
환자, 환자 접촉자	석탄산수, 크레졸수, 역성비누, 약용비누 등
병실	석탄산수, 크레졸수, 포르말린수 등
시체	· 입관전 : 알코올, 석탄산수, 크레졸수, 승홍수 등 · 관내 : 석회 살포
재래식 화장실, 하수구, 쓰레기통	석탄산수, 크레졸수, 포르말린수 등
초자기구, 목죽제품, 도자기	· 석탄산수, 크레졸수, 포르말린수, 승홍수 등 · 내열성 있는 것은 증기, 자비 소독 · 식기, 완구, 금속기구에는 승홍수 사용불가
피혁, 고무, 모피	· 석탄산수, 크레졸수, 포르말린수 등 · 증기, 자비 소독 불가

 # 기출문제로 요점정리

PART 5 환경위생

01
[2022 지방]

내분비계 교란물질(환경호르몬)과 오염 경로의 연결이 옳지 않은 것은?

① 다이옥신 – 폐건전지
② 프탈레이트 – 플라스틱 가소제
③ DDT – 합성살충제
④ 비스페놀A – 합성수지 원료

정답 ①

◉요점 **내분비계 교란물질**

비스페놀 A	플라스틱(합성수지) 용기, 음료캔, 병마개, 수도관 내장코팅제, 치과 치료제 사용되는 코팅제
프탈레이트	플라스틱 가소제, 플라스틱 용기, 접착제, 전기용품, 어린이 장난감, 의약품, 페인트, 아교, 프린트 잉크, 코팅제, 합성세제
알킬페놀	합성세제원료, 형광표백제
TBT (트리부틸주석)	선박 부식방지 페인트, 방충제, PVC (polyvinyl chlcride) 폴리머의 안정제, 살생제, 선박 및 어망 등의 부착·생물방지제
스티렌 다이머, 트리머	컵라면 용기
과불화화합물	코팅 프라이팬, 포장지
수은	폐건전지
파라벤	화장품, 식품첨가물
다이옥신	소각장에서 주로 발생
DDT	농약, 합성 살충제
PCB (폴리염화비페닐)	변압기절연유

02
[2021 서울]

인체의 체온유지에 중요한 온열요소의 종합작용에 대한 설명으로 가장 옳은 것은?

① 실외에서의 불쾌지수는 기온과 기습으로부터 산출한다.
② 계절별 최적 감각온도는 겨울이 여름보다 높은 편이다.
③ 쾌감대는 기온이 높은 경우 낮은 습도 영역에서 형성된다.
④ 기온과 습도가 낮고 기류가 커지면 체열 발산이 감소한다.

정답 ③

◉요점
① 불쾌지수(DI)는 기후상태로 인해 인간이 느끼는 불쾌감을 나타내는 지수로, 기온과 기습의 영향만을 고려하여 실내에서만 적용이 가능하다.
② 최적온도는 체온조절에 가장 적절한 온도로 일반적으로 여름 20~22℃, 겨울 18~21℃가 최적온도이다.
④ 기온과 기습이 낮고 기류가 높을 때 인체의 체온 방산량이 증대된다.

기출문제로 요점정리

03
[2021 서울]

수질 오염에 대한 설명으로 가장 옳은 것은?

① 물의 pH는 보통 7.0 전후이다.
② 암모니아성 질소의 검출은 유기성 물질에 오염된 후 시간이 많이 지난 것을 의미한다.
③ 물속에 녹아 있는 산소량인 용존산소는 오염된 물에서 거의 포화에 가깝다.
④ 생물화학적 산소요구량이 높다는 것은 수중에 분해되기 쉬운 유기물이 적다는 것을 의미한다.

정답 ①
요점
② 암모니아성 질소(NH_3-N) : 하수의 유기물 분해시 생성, 유기물에의 오염이 최근임을 의미한다.(질산성 질소의 검출은 유기물에의 오염이 최근이 아니라는 것을 의미)
③ 용존산소(DO) : 물속에 용해되어 있는 산소량으로, 높을수록 깨끗한 물이다.
④ 생화학적 산소요구량(BOD) : 물속의 유기물질이 호기성 미생물에 의해 생화학적으로 분해되는 데 필요한 산소의 양으로, 높을수록 유기물에 의해 오염된 물이다.

04
[2021 서울]

「환경정책기본법 시행규칙」에 의한 대기환경 기준에서 1시간 및 8시간 평균치만 설정되어 있는 대기오염물질은?

① 오존, 아황산가스
② 오존, 일산화탄소
③ 일산화탄소, 아황산가스
④ 아황산가스, 초미세먼지(PM-2.5)

정답 ②
요점 대기환경 기준

구분	대기환경기준
아황산가스(SO_2)	· 연간평균치 0.02ppm 이하 · 24시간 평균치 0.05ppm 이하 · 1시간 평균치 0.15ppm 이하
일산화탄소(CO)	· 8시간 평균치 9ppm 이하 · 1시간 평균치 25ppm 이하
이산화질소(NO_2)	· 연간평균치 0.03ppm 이하 · 24시간 평균치 0.06ppm 이하 · 1시간 평균치 0.10ppm 이하
미세먼지(PM-10)	· 연간평균치 50$\mu g/m^3$ 이하 · 24시간 평균치 100$\mu g/m^3$ 이하
초미세먼지(PM-2.5)	· 연간평균치 15$\mu g/m^3$ 이하 · 24시간 평균치 35$\mu g/m^3$ 이하
오존(O_3)	· 8시간 평균치 0.06ppm 이하 · 1시간 평균치 0.1ppm 이하
납(Pb)	· 연간 평균치 0.5$\mu g/m^3$ 이하
벤젠	· 연간 평균치 5$\mu g/m^3$ 이하

05   2022 지방

「환경정책기본법 시행령」상 환경기준의 대기 항목으로 옳지 않은 것은?

① 벤젠
② 미세먼지
③ 오존
④ 이산화탄소

정답 ④
요점 「환경정책기본법」, 대기환경기준
아황산가스(SO_2), 일산화탄소(CO), 이산화질소(NO_2), 미세먼지(PM-10), 초미세먼지(PM-2.5), 오존(O_3), 납(Pb), 벤젠

06   2020 서울

카드뮴(Cd) 중독으로 인한 일본의 환경오염 문제를 사회적으로 크게 부각시킨 것으로 가장 옳은 것은?

① 욧카이치 천식
② 미나마타병
③ 후쿠시마 사건
④ 이타이이타이병

정답 ④
요점 환경오염 사건

욧카이치 천식	1950~1960년	SO_2, NO_2, 포름알데히드	석유종합공업단지 지역에서 대기오염 발생
미나마타병	1952년	수은 중독	질소 비료공장의 폐수
후쿠시마 사건	2011년	방사능 물질 누출	지진으로 발생한 원자력 발전소 사고
이타이이타이	1945년	카드뮴	일본 진즈강 유역 수질오염, 아연의 채광 및 제련과정에서 배출

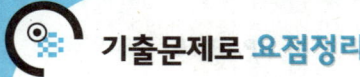

07

[2020 서울]

수질오염평가에서 오염도가 낮을수록 결과치가 커지는 지표는?

① 화학적 산소요구량(COD)
② 과망간산칼륨 소비량($KMnO_4$ demand)
③ 용존산소(DO)
④ 생화학적 산소요구량(BOD)

■정답 ③
◉요점 **오염도**
DO 높을수록, BOD 낮을수록, COD 낮을수록, 과망간산칼륨($KMnO_4$) 소비량이 낮을수록 물의 낮은 오염도를 의미한다.

08

[2020 서울]

기후변화(지구온난화)의 원인이 되는 온실가스 중 배출량이 가장 많은 물질은?

① 일산화탄소(CO)
② 메탄가스(CH_4)
③ 질소(N_2)
④ 이산화탄소(CO_2)

■정답 ④
◉요점
지구온난화 기여물질
이산화탄소(CO_2) > 메탄(CH_4) > 염화불화탄소(CFC_s) > 아산화질소(N_2O) > 수소불화탄소(HFC_s)

온실가스 배출량
이산화탄소 CO_2(77%) > 메탄 CH_4(14%) > 아산화질소 N_2O(8%) > 수소불화탄소 HFC_s, 과불화탄소 PFC, 육불화황 SF_6(1%)

09 [2019 서울]

런던 스모그(London smog)에 대한 설명으로 가장 옳지 않은 것은?

① 석유류의 연소물이 광화학 반응에 의해 생성된 산화형 스모그(oxidizing smog)이다.
② 주된 성분에는 아황산가스와 입자상 물질인 매연 등이 있다.
③ 기침, 가래와 같은 호흡기계 질환을 야기한다.
④ 가장 발생하기 쉬운 달은 12월과 1월이다.

정답 ①

요점
① 석유류의 연소물이 광화학 반응에 의해 생성된 환원형 스모그이다.

기온역전으로 인한 사고

항목	런던 스모그	로스엔젤레스 스모그
기온역전의 종류	복사성 역전	침강성 역전
발생 시 온도	$-1 \sim 4°C$	$24 \sim 32°C$
발생 시 습도	85% 이상	70% 이하
풍속	무풍	5m/sec 이하
주 사용 연료	석탄과 석유계	석유계
주 성분	SO_x, CO, 입자상 물질	O_3, NO_2, CO, 유기물
반응 유형	열적	열적, 광화학적
화학적 반응	환원	산화
발생 시간	이른 아침	낮
인체 영향	기침, 가래, 호흡기계 질환	눈의 자극

10 [2019 서울]

2020년 이후 선진, 개도국 모두 온실가스 감축에 동참하는 신기후체제 근간을 마련하여 기존 교토의정서를 대체하는 협정을 체결한 기후변화협약 당사국 총회는?

① 제19차 당사국 총회(폴란드 바르샤바)
② 제20차 당사국 총회(페루 리마)
③ 제21차 당사국 총회(프랑스 파리)
④ 제22차 당사국 총회(모로코 마라케시)

정답 ③

요점 파리협정(2015년)
- 파리협정은 교토의정서가 만료되는 직후인 2021년 1월부터 적용
- 기후변화 대응을 위해 선진국과 개도국이 모두 참여
- 지구 평균 기온 상승폭을 산업화 이전 대비 2°C보다 훨씬 낮은 수준으로 유지, 1.5°C까지 제한하기로 노력
- 개도국을 포함한 모든 국가가 자발적 온실가스 감축목표를 5년 단위로 제출, 이행하기로 합의(제재조치 없음)

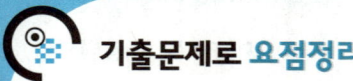

기출문제로 요점정리

11 [2018 서울]

염소소독의 장점으로 가장 옳지 않은 것은?

① 소독력이 강하다.
② 잔류효과가 약하다.
③ 조작이 간편하다.
④ 경제적이다.

12 [2017 서울]

다음 중 물의 염소소독 시에 발생하는 불연속점의 원인은?

① 유기물
② 클로라민(chloramine)
③ 암모니아
④ 조류(aglae)

■정답 ②
◉요점 **염소소독의 장·단점**

장점	· 강한 소독력, 강한 잔류효과 · 간편한 조작, 경제적
단점	· 강한 냄새, 금속부식 · 유기물의 다량 혼입으로 염소 소독 시에 이와 반응하여 총트리할로메탄THM(trihalomethan)을 발생(발암 물질) · 바이러스를 죽이지 못함

■정답 ③
◉요점 **파괴점(불연속점, Break Point)**
· 물에 암모니아 같은 오염물이 있을 경우 염소가 암모니아와 결합 → 결합잔류염소를 형성(클로라민, chloramine)
· 염소의 주입량의 증가와 더불어서 더 이상 암모니아가 없을 경우 염소가 결합잔류염소(클로라민, chloramine)을 형성한 것을 파괴해서 결합잔류염소량을 감소시키며 그 값이 0에 가까워지게 되는 포인트

13 [2016 서울]

정수방법 중 여과법에 대한 설명으로 옳은 것은?

① 완속여과의 여과속도는 3m/day이고, 급속여과의 여과속도는 120m/day 정도이다.
② 급속여과의 생물막 제거법은 사면교체이고, 완속여과의 생물막 제거법은 역류세척이다.
③ 원수의 탁도·색도가 높을 때는 완속여과가 효과적이다.
④ 완속여과에 비해 급속여과의 경상비가 적게 든다.

정답 ①

요점 여과

구분	완속여과	급속여과
침전법	보통침전법 후	약품침전법 후
청소방법	상부 사면 교체	역류세척
여과 속도	3~4m/day	120m/day
사용 일수	20~60일(1~2가월)	12시간~2일(1일)
탁도와 색도가 높은 경우	—	좋다
이끼류의 발생이 쉬운 장소	—	좋다
수면이 동결되기 쉬운 장소	—	좋다
면적	넓은 면적 필요	좁은 면적
건설비	높은 건설비	낮은 건설비
유지비	낮은 유지비	높은 유지비
세균 제거율	98~99%	95~98%

14 [2021 경기]

수질오염에 의한 현상 중 블루베이비의 원인이 되는 오염물질은 무엇인가?

① 질산성질소
② 메틸수은
③ 카드뮴
④ 페놀

정답 ①

요점 질소산화물

- 주로 하수, 공장 폐수, 분뇨 등의 혼입으로 나타남

> 분해 과정: 단백질(Protein) ➡ 아미노산(Amino acid) ➡ 암모니아성 질소(NH_3-N) ➡ 아질산성 질소(NO_2-N) ➡ 질산성질소(NO_3-N)

- 질산성질소(NO_3-N : 청색아 blue baby) 유발, 질산성질소를 함유한 물이나 음식 섭취시 메트헤모글로빈혈증(methemoglobinemia)을 일으킴, 질산성질소의 검출은 유기물에의 오염이 최근이 아니라는 것을 의미

15
[2023 지방]

먹는물 수질기준 및 검사 등에 관한 규칙 상 건강상 유해영향 무기물질에 관한 기준으로 옳은 것은?

① 암모니아성 질소는 1.0 mg/L를 넘지 아니할 것
② 납은 0.1 mg/L를 넘지 아니할 것
③ 비소는 0.001 mg/L를 넘지 아니할 것
④ 질산성 질소는 10 mg/L를 넘지 아니할 것

정답 ④

요점 먹는 물의 수질 기준
① 암모니아성 질소는 0.5mg/L를 넘지 아니할 것
② 납은 0.01mg/L를 넘지 아니할 것
③ 비소는 0.01mg/L(샘물·염지하수의 경우에는 0.05mg/L)를 넘지 아니할 것
④ 질산성 질소는 10mg/L를 넘지 아니할 것

참고 「먹는 물 수질 기준 및 검사 등에 관한 규칙」, 제2조 관련 별표 1
1. 미생물에 관한 기준
2. 건강상 유해영향 무기물질에 관한 기준
3. 건강상 유해영향 유기물질에 관한 기준
4. 소독제 및 소독부산물질에 관한 기준
5. 심미적 영향물질에 관한 기준
6. 방사능에 관한 기준(염지하수의 경우에만 적용한다)

16
[2023 지방]

다음에 해당하는 하수처리 방법은?

> 1차 침전지를 거친 폐수를 미생물 막으로 덮인 자갈이나 쇄석, 기타 매개층 등 여재 위에 뿌려서 폐수가 여재 사이를 흘러내리며 미생물과 접촉하면서 오염물질이 분해·처리된다.

① 살수여상법
② 활성오니법
③ 산화지법
④ 임호프조

정답 ①

요점 하수처리 방법 : 살수여상법
- 산업폐수처리에 주로 사용
- 1차 침전지를 거친 하수를 미생물 막으로 덮힌 쇄석이나 매개층 등의 여재(큰 돌을 겹쳐 만든 여과조)위에 뿌림
  → 미생물의 막과 폐수 중의 유기물 접촉
  → 표면에서는 호기성 세균에 의한 정화, 여재의 내부에서는 혐기성 분해가 일어남
- 단점 : 여상 표면에 물 고임, 막힘, 파리 번식, 악취 발생, 겨울철 냉각, 높은 수압을 요구

17 [2023 지방]

다음에 해당하는 오염물질은?

- 2차 오염물질로 산화력이 매우 강하다.
- 대기환경보전법령상 대기오염경보 대상이다.
- 질소산화물이 자외선과 광화학 반응을 일으키는 과정에서 생성된다.

① 오존
② 스모그
③ 라돈
④ 폼알데하이드

■정답 ①

◉요점 오존
- 자동차 배기가스에서 발생하는 질소산화물(NOx)과 탄화수소, 휘발성유기화합물(VOCs)이 자외선에 의한 촉매반응(광화학 반응)을 하여 생성되는 2차 오염물질
- 성층권 내 오존(지상 25km 부근)은 자외선을 막아주지만 지표 근처 오존은 인간과 생태계에 나쁜 영향을 줌
- 고농도 오존은 햇빛이 강한 여름철 낮시간에 습도가 낮고, 풍속이 약한 안정적인 기상조건하에서 발생
- NO_2 : 대기 중의 이산화질소(NO_2)가 광화학 반응시 산소원자(O)가 분리되며, 이 산소원자가 대기 중의 산소(O_2)와 결합하여 오존(O_3) 생성
- VOCs : 휘발성유기화합물(VOCs)은 광분해된 일산화질소(NO)를 이산화질소(NO_2)로 되돌려서 오존이 지속적으로 생성되도록 함
- 무색·무미의 자극성 있는 기체이며, 공기보다는 약간 무겁고 물에는 잘 녹지 않는 성질을 가지고 있으며 음료수, 하수등의 살균 및 탈취제로 이용
- 오존경보제
  주의보 - 오존농도가 0.12ppm이상일 때
  경보 - 오존농도가 0.3ppm이상일 때
  중대경보 - 오존농도가 0.5ppm이상일 때

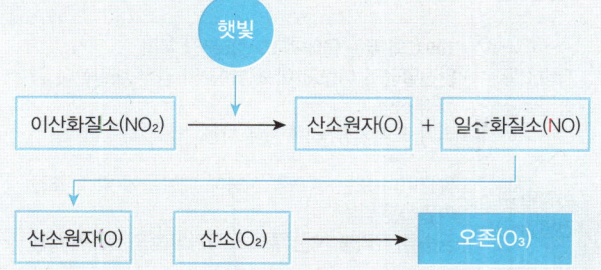

18 [2023 지방]

새집증후군의 원인 물질인 휘발성유기화합물(VOCs)이 아닌 것은?

① 일산화탄소(CO)
② 벤젠(benzene)
③ 톨루엔(toluene)
④ 스티렌(styrene)

■정답 ①

◉요점
새집 증후군(SBS ; Sick Building Syndrome)
건물이나 집을 새로 지었을 때 건축자재, 벽지, 원목, 페인트 등에서 나오는 유해물질(VOCs)로 인해 건강에 좋지 않은 영향을 미치는 것

휘발성 유기화합물(VOCs, Volatile Organic Compound)
- 대기 중에서 질소산화물(NOx)과 함께 광화학반응으로 오존 등 광화학산화제를 생성하여 광화학스모그를 유발
- 종류 : 벤젠, 아세톤, 클로로포름, 메탄올, 톨루엔, 스티렌, 사염화탄소, 포름알데히드 등
- 발생장소 : 주로 석유화학, 정유, 도료 도장공장의 제조와 저장과정, 자동차 배기가스, 페인트나 접착제 등 건축자재, 주유소의 저장탱크 등에서 발생

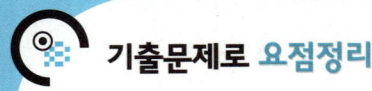

PART 5 환경위생

19 [2021 경북]

태양광선 중 가시광선에 대한 설명으로 옳은 것은?

① 생물학적 작용이 강하다하여 생명선 또는 도르노선이라고 한다.
② 인체에 흡수되어 국소혈관을 확장시켜 혈액순환을 촉진 시킨다.
③ 망막을 자극하여 명암과 색채를 구별하게 한다.
④ 복사열을 만들어 내서 온열작용과 온실효과를 유발한다.

정답 ③
요점
① 자외선
② 적외선
④ 적외선

태양광선
- 자외선
  - 4,000Å(옴스트롬) 이하의 복사선, 100~400nm의 파장
  - 도르노선(건강선) : 2,900~3,100Å 인체에 유익
  - 살균선 : 2,500~2,800Å
  - 긍정적 작용 : 피부결핵, 결핵 중 임파선, 골관절의 결핵에 효과적, 창상에 대 한 살균작용, 성장과 신진대사, 적혈구·백혈구·혈소판 생성 촉진, Vit.D 형성(구루병 예방), 혈압과 혈당강하작용, 관절염 치료
  - 부정적 작용 : 색소침착, 홍반, 피부암, 결막염, 백내장, 수포형성
- 적외선
  - 파장 : 7,800Å 이상인 광선, 열선
  - 온감을 주며 전기로, 난로 등의 발광체에서도 방사됨
  - 긍정적 작용 : 국소혈관의 확장, 혈액순환 촉진, 신진대사 원활, 진통작용
  - 부정적 작용 : 피부장애(화상, 홍반) 초래, 일사병의 원인, 백내장
- 가시광선
  - 파장 : 4,000~7,000Å
  - 눈의 망막을 자극하여 명암과 색깔을 구별
  - 작용 : 시력저하, 근시, 안정피로, 안구진탕증, 작업능률 저하

20 [2021 제주]

소독방법에 대한 설명으로 옳지 않은 것은?

① 자비소독법 : 금속류, 유리봉, 백금 루프, 도자기류 등의 소독을 위하여 100℃ 끓는물에서 15~20분간 처리한다.
② 유통증기멸균법 : 포자형성균의 멸균을 위해 간헐멸균을 실시할 수 있다.
③ 저온살균법 : 우유, 아이스크림 원료, 알코올, 건조과실 등의 살균에 주로 사용된다.
④ 고압증기멸균법 : 포자형성균의 멸균에 가장 좋은 방법으로, 초자기구, 의류, 고무제품, 자기류, 거즈 및 약액 등에 주로 사용된다.

정답 ①
요점
① 금속류, 유리봉, 백금루프, 도자기류 등의 소독은 건열멸균법 중 화염멸균법이 적당하다.

자비소독 (습열멸균)	• 100℃의 끓는 물에서 15~25분간 처리 • 완전멸균이 어렵고 아포형성균의 경우 내열성이 강해 부적당 • 식기, 도자기류, 의류 등에 사용
화염멸균 (건열멸균)	• 알콜버너 또는 램프를 사용해 대상물에 약 20초간 가열하는 방법 • 금속류, 유리봉, 백금 루프, 도자기류 등의 멸균에 사용

PART 6

학습 포인트

- 보건의료의 사회·경제적 특성
- 보건복지부 소속기관·산하기관
- 보건소의 기능 및 업무
- 5대 사회보험의 비교
- 건강보험의 특성
- 보수지불제도
- 보건의료체계 하부 구성 요소

보건행정과 사회보장

| CHAPTER 01 | 보건행정 |
| CHAPTER 02 | 사회보장 |

CHAPTER 01 보건행정

1 보건의료의 이해

1 보건의료의 정의

(1) 질병을 치유·예방하고 인간의 건강을 유지·보호·증진하는 여러 가지 활동을 의미

> 좁은 의미 : Medical Care(진료 = 진단＋치료)
>
> ⬇
>
> 넓은 의미 : Health Care(보건의료 = 예방에서 재활에 이르는 건강관리의 개념)

(2) 보건의료기본법 제3조의 정의
  ① 보건의료 : 국민의 건강을 보호·증진하기 위하여 국가·지방자치단체·보건의료기관 또는 보건의료인 등이 행하는 모든 활동을 의미
  ② 보건의료서비스 : 국민의 건강을 보호·증진하기 위하여 보건의료인이 행하는 모든 활동을 의미

2 보건의료의 사회·경제적 특성

(1) 수요와 공급의 시간적 불일치 : 보건의료시장에서 필요한 수요에 맞추어 적절한 시점에 공급을 하지 못하는 현상이 나타남

(2) 치료와 산출의 불확실성 : 치료의 명확한 결과 측정이 어려움

(3) 외부효과 : 적절한 보건의료서비스를 통해 건강을 관리하면 질병의 파급을 줄이게 되며, 그 혜택은 당사자 뿐 아니라 그 가족 혹은 사회 전체에 돌아가게 됨
  예) 예방접종, 마스크 착용

(4) 질병의 불확실성, 불규칙성
  ① 언제, 어디에서, 누구에게 발생할지 예측 어려움
  ② 건강보험을 통해 질병 발생의 예측 불가능에 대한 위험을 미리 대비할 수 있음

(5) 공공재적 성격
  ① 보건의료는 국민 건강을 지키는 필수 서비스로, 보편적 의료이용의 보장을 위해 공공보건의료가 필요
  ② 보건의료서비스는 모든 소비자에게 골고루 편익이 돌아가는 재화여야 함

OX 로 확인

01 O|X
개인의 예방접종이나 치료를 통해 건강을 관리하면 질병의 파급을 줄이게 된다는 보건의료의 특성을 생활필수품으로서의 보건의료라 한다.

OX 로 확인 해설&정답

해설
01 생활필수품으로서의 보건의료
  → 외부효과

정답
01 ×

(6) 생활필수품으로서의 보건의료 : 건강은 인간의 기본적 권리이며, 차별받아서는 안되는 건강 형평성의 개념이 중요함
(7) 비영리성 : 국민의 생명과 건강을 책임지는 특성을 갖기 때문에 영리추구에 우선을 두지 않는 비영리성이 강조됨
(8) 정보의 비대칭성(소비자의 무지)
  ① 소비자는 보건의료에 대한 지식이 부족하여 서비스 공급자에게 의존할 수 밖에 없음
  ② 의료 시장에는 소비자와 공급자 간의 정보가 불균형적으로 분포되어 있음
(9) 경쟁제한(공급의 독점 및 비탄력성)
  ① 의료 공급은 면허를 가진 자만 할 수 있으므로 공급의 독점력을 가짐
  ② 불건강자에게 의료는 필수품으로 작용하기 때문에 의료가격의 변화에 크게 영향을 받지 않음
(10) 우량재(가치재)
  ① 의식주, 기초교육, 의료서비스 등과 같은 인간의 생존에 필수적인 재화
  ② 모든 국민에게 필수적이므로 형평성 실현을 위해 국가가 개입해야 함
(11) 노동집약적 인적 서비스
  ① 보건의료서비스는 서비스이므로 재고가 존재하지 않으며, 공급이 독점적이고 대량 생산이 불가능
  ② 대부분의 의료서비스는 인적 서비스이며 자동화에 한계가 있음
(12) 공동생산물로서의 보건의료와 교육 : 의료의 제공, 의학연구, 의료 교육이 모두 동시에 생산됨

3 양질의 보건의료서비스 구성요소

(1) 접근 용이성 : 시간적, 공간적, 재정적, 사회문화적 측면에서 대상자가 쉽게 접근하여 언제든 이용 가능해야 함
(2) 질적 적절성 : 가능한 범위 안에서 최신 의과학 지식과 기술을 보건의료에 적용해야 함
(3) 지속성 : 예방, 진단, 치료, 재활에 이르는 포괄적인 보건의료서비스의 제공을 의미, 의사나 의료기관 간의 긴밀한 협조를 통한 일관된 서비스를 제공해야 함
  ① 개인적 차원 : 신체적인 치료와 더불어 정신적인 안도감을 갖게 하는 '전인적 의료'를 지속적으로 제공 받음
  ② 지역사회 수준의 차원 : 의료기관들이 유기적인 관계를 가지고 협동하여 보건의료서비스 기능을 수행해야 함
(4) 효율성 : 목적 달성을 위해 투입되는 최소화된 자원의 양, 일정한 자원의 투입으로 최대의 목적을 달성할 수 있어야 함
  예 보험제도를 통해 개인의 의료비 부담을 분산시킴, 진료 예약을 통해 의사와 환자의 시간을 절약함, 적정 인력 활용을 통해 업무 효율을 증진시킴

O× 로 확인

02 O|×
양질의 보건의료서비스 구성요소에는 접근성, 수용가능성, 주민의 참여, 지불 부담능력이 있다.

O× 로 확인 해설&정답

해설
02 접근성, 수용가능성, 주민의 참여, 지불 부담능력 → 접근성, 질적 적정성, 지속성, 효율성

정답
02 ×

4 도나베디언의 의료의 질 평가(Donabedian A, 1919~2000)

(1) 구조적 평가(Structure)
① 보건의료 서비스 제공 과정에 들어오는 투입물에 대한 평가
   a. 인적자원 : 의료 종사자의 수와 자질
   b. 물적자원 : 시설, 장비, 재원
   c. 조직구조 : 진료비 보상방법, 진료비 심사제도, 의료진의 조직
② 사전적 평가 방법, 간접적 평가 방법
③ 의료기관 신임제도(의료기관이 정부 또는 민간 조직이 제시한 평가 항목을 충족하고 있는지 평가하고 인정하는 것), 자격·면허증 제도, 의료기관 인증제도

(2) 과정적 평가(Process)
① 의료진의 진료 활동을 대상으로 치료의 과정이나 의사결정 과정을 평가
② 의료의 질 평가에서 주요한 관심 영역이며, 가장 직접적인 평가방법
③ 의료이용도 조사(적절한, 필요한, 적정수준의 의료서비스가 제공되었는가), 임상진료 지침(표준화된 진료서비스가 제공되었는가), 보수교육, 의료감사(의무기록을 정기적·조직적으로 검토하여 환자진료의 질을 평가하고 문제점을 해결하기 위한 방법), 동료심사, 진료의 본질 행위(환자에게 바람직한 태도를 취하였는가)

(3) 결과적 평가(Outcome)
① 제공되어진 의료서비스에 의해 변화된 건강수준을 평가
② 사망률, 합병증률, 감염률, 재발률, 환자 만족도 조사
③ 의료의 질을 포괄적으로 알아볼 수 있음
④ 건강상태 변화에 대한 측정이 곤란할 수 있고, 의료서비스와 건강상태의 변화를 명확하게 관련지을 수 없음, 시간과 비용이 많이 듦

> • 의료의 질 평가가 용이한 순서 : 구조적 평가 > 과정적 평가 > 결과적 평가
> • 의료의 질과 직접적 관련성이 큰 순서 : 과정적 평가 > 결과적 평가 > 구조적 평가

참고

보건의료서비스의 분류와 구분
• 예방 개념에 따른 분류
  - 1차 예방 서비스 : 질병 발생 전, 건강증진, 질병예방 활동
  - 2차 예방 서비스 : 조기진단, 조기치료활동
  - 3차 예방 서비스 : 적절한 치료를 통한 신체적·정신적·사회적 기능의 복구, 재활, 사회복귀
• 보건의료서비스 단계별 구분
  - 1차 의료단계
    ·대상자가 최초로 보건의료인과 접촉, 비교적 간단하고 기본적인 보건의료서비스를 제공받는 단계
    ·외래환자 중심(의원, 치과의원, 한의원, 약국, 보건소, 보건지소, 보건진료소 등)
  - 2차 의료단계 : 1차 의료단계의 보건의료서비스 제공기관에서 해결하기 어려운 환자를 의뢰받아 입원 서비스 등 제공

O×로 확인

03 O│X
도나베디언의 의료의 질 평가에서 의료기관 신임제도, 자격·면허증 제도는 과정적 평가에 해당한다.

O×로 확인 해설&정답

해설
03 과정적 → 구조적

정답
03 ×

- 3차 의료단계 : 다양한 전문과목, 고도로 전문화된 의학기술 제공, 대형의료기관을 중심으로 제공(대형종합병원, 대학병원 등)

> **+PLUS 심화**
>
> ◎ **의료기관인증제도**
>   ① 목적 : 의료기관으로 하여금 환자안전과 의료의 질 향상을 위한 자발적이고 지속적인 노력을 유도하여 의료소비자에게 양질의 의료서비스를 제공하기 위한 제도
>   ② 의료기관 인증기준 및 방법
>   a. 환자의 권리와 안전
>   b. 의료기관의 의료서비스 질 향상 활동
>   c. 의료서비스의 제공과정 및 성과
>   d. 의료기관의 조직·인력관리 및 운영
>   e. 환자 만족도
>   ③ 인증 신청자
>   a. 의료기관 인증을 받고자 하는 의료기관의 장은 보건복지부장관에게 신청할수 있음
>   b. 요양병원의 장은 보건복지부장관에게 인증을 신청해야 함
>   ④ 인증전담기관 : 의료기관평가인증원
>   ⑤ 인증 결과
>   a. 인증등급 : 인증, 조건부인증(일부 영역에서 인증기준에 미치지 못하는 부분을 향후 노력으로 인증 받을 수 있도록 함, 재인증 받아야 함), 불인증
>   b. 인증의 유효기간 : 4년, 조건부인증 유효기간 : 1년

2 보건행정

1 보건행정의 의의

(1) 행정 : 조직의 목적을 달성하기 위하여 정책을 결정하고 집행 및 이행하기 위한 활동

(2) 보건행정
① 지역사회 주민의 건강을 유지·증진시키고 정신적 안녕 및 사회적 효율을 도모할 수 있도록 하기 위한 공적인 행정활동
② 스마일리(W.G.Smillie) : 공공기관 또는 민간의 사적기관이 사회복지를 위해서 공중보건의 원리와 기법을 응용하는 것

2 보건행정의 특성

(1) 공공성과 사회성 : 보건행정은 사회 전체 구성원을 위한 사회성, 보건의료 서비스는 사회·경제적 특성상 공공재적 성격의 서비스임
(2) 보건의료에 대한 가치의 상충 : 서비스에 대한 무한한 욕구를 충족하려는 개인적 가치와 서비스를 분배해야 하는 '형평성'이라는 사회적 가치의 상충
(3) 행정 대상의 양면성 : 국민의 보건을 위한 규제와 보건의료산업 보호를 위한 자율

(4) 과학성과 기술성
(5) 봉사성
(6) 조장성 및 교육성 : 건강한 환경을 조성, 건강행위 실천을 위한 교육의 중요성

> **참고**
>
> **공공재적 성격**
> - 사유재 : 사용하기 위해서는 비용을 지불, 비용을 지불하지 않는 사람들에게는 그 재화의 사용을 막을 수 있음
> - 공공재 : 비용을 지불하지 않고도 사용할 수 있고 그 재화의 사용을 막을 수 없음
> - 공공재적 성격 : 국가에서 제공하는 재화나 서비스는 순수한 의미의 공공재는 아니지만 넓은 의미의 공공재적인 성격을 갖고 있음
>   예) 국방서비스, 의료서비스, 사회복지서비스

3 보건행정의 관리 요소

(1) 행정의 4대요소 : 조직, 인사, 예산, 법규
(2) 페욜(H.Fayol)의 5가지 행정의 과정(POCCC) : 기획(planning), 조직(organizing), 명령(commanding), 조정(coordinating), 통제(controlling)
(3) 귤릭(L.H.Gulick)의 행정의 7요소 : 페욜의 이론에 기초해 최고관리자에게 필요한 요소로 '포스드코르브'(POSDCoRB)를 제시함

① 기획(P ; planning)
  a. 행동을 하기 전 무엇을 어떻게 할지 결정하는 미래 예측 행위
  b. 기획의 순서

  문제인지 → 목표설정 → 상황분석 → 대안작성 및 선택 → 수행 → 평가

② 조직(O ; organization) : 목표 성취를 위한 공식적 권한의 구조를 설정, 분업을 행하고 각 직위의 직무 내용을 확정하는 행동

> **참고**
>
> **조직의 원칙**
> - 계층제의 원칙 : 권한과 책임의 정도에 따라 직무를 등급화 함으로써 상하 계층간의 직무상의 지휘, 복종관계가 이루어져야 함
> - 통솔범위의 원칙 : 한 사람의 상급자가 효과적으로 감독할 수 있는 이상적인 하위자의 수에 대한 설정이 이루어져야 함
> - 명령통일의 원칙 : 한 사람의 하위자는 오직 한 사람의 상급자에 의해서만 지시나 명령을 받아야 한다는 원칙
> - 분업화의 원칙 : 업무를 전문화하여 분업화 시킴으로써 전문성과 정확성, 신속성을 기할 수 있다는 원칙
> - 조정의 원칙 : 중복성, 낭비 배제, 혼선을 방지하여 공동목표를 달성할 수 있도록 업무를 조정해야 한다는 원칙(행동 통일의 수단이자 과정)
> - 목적의 원칙 : 모든 사업은 장·단기 목적이 설정되어야 함
> - 일치의 원칙(책임과 권한의 일치) : 권한이 남용되지 않도록 책임과 일치되어야 함

OX로 확인

04 O|X
행동을 하기 전 무엇을 어떻게 할지 결정하는 미래 예측 행위를 기획이라 한다.

OX로 확인 해설&정답

정답
04 O

③ 인사(S ; staffing) : 직원의 채용과 훈련 및 근무조건의 개선
④ 지휘(D ; directing) : 관리자의 의사결정에 따라 각종 명령을 발하는 행위
⑤ 조정(Co ; coordination) : 공동의 목적 달성을 위한 협의, 회의, 토의를 통해 행동을 통일하는 집단적 노력
⑥ 보고(R ; reporting) : 보고하고 보고 받는 과정
⑦ 예산(B ; budgeting) : 예산 편성, 관리 및 집행의 통제 활동

3 보건의료체계의 이해

1 개념과 목적
국가나 사회가 가용자원을 최대한 활용하여 양질의 보건의료를 구성원에게 형평성 있고 효율적으로 제공하기 위해 마련한 보건의료 관련 제반 법률 및 제도

2 구성요소

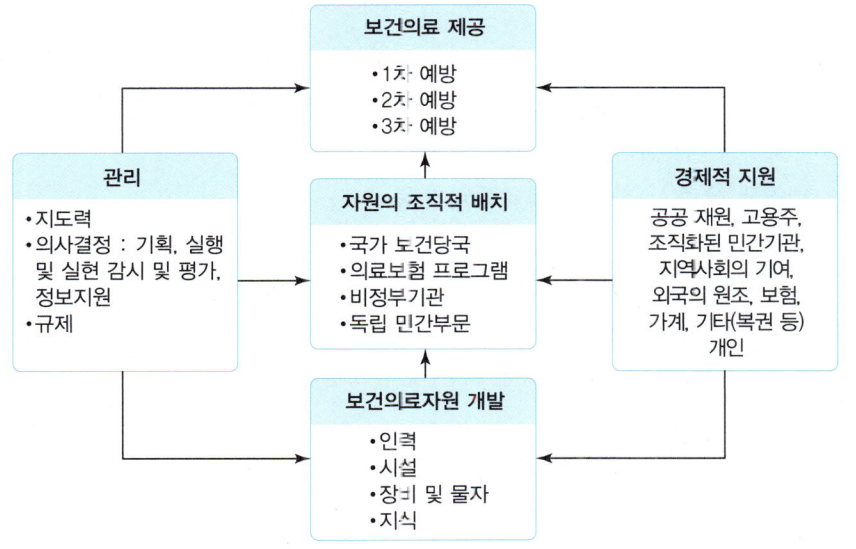

[국가보건의료체계 하부구조의 주요 구성요소들]

> **참고**
>
> **경제적 지원의 종류**
> - 공공재원 : 정부기관, 의료보험기구, 지방자치단체
> - 고용주 : 의료보험의 일부를 부담하거나 보건의료서비스를 직접 제공
> - 조직화된 민간기관 : 자선단체, 임의보험
> - 지역사회의 기여 : 기부, 자원봉사활동
> - 외국의 원조 : 정부 또는 자선단체 차원의 원조
> - 개별 가계의 의료비
> - 기타 가능 재원들 : 복권, 기부금

OX로 확인

05 O|X
공동의 목적 달성을 위한 협의, 회의, 토의를 통해 행동을 통일하는 집단적 노력을 지휘라 한다.

OX로 확인

06 O|X
보건의료자원에는 인력, 시설, 장비 및 물자, 지식, 경제적 지원이 있다.

OX로 확인 해설&정답

해설
05 지휘 → 조정
06 경제적 지원 → 경제적 지원 제외

정답
05 ✕ 06 ✕

3 보건의료전달체계의 유형 : 정치·경제 체계에 따른 분류
– 프라이(J. Fry)의 분류방식

(1) 자유방임형
  ① 의료서비스 제공이 민간부문에 의해 자율적으로 이루어지는 형태로, 개인의 책임 아래 보건의료를 공급받음
  ② 미국, 독일, 프랑스, 일본, 한국 등
  ③ 장점
     a. 개개인의 능력과 자유를 최대한 존중
     b. 정부의 통제나 간섭은 극소화
     c. 민간주도 의료기관 우세
     d. 의료서비스의 내용과 질적 수준이 높음
  ④ 단점
     a. 시설의 지역적 편중
     b. 국민의료비 상승(가장 큰 문제)
     c. 의료자원의 비효율적 활용(중복에 따른 자원의 낭비)
     d. 의료서비스의 포괄성 저하(치료에 집중)

(2) 사회보장형
  ① 개인의 자유 존중, 정부가 보건의료자원의 효율적 활용을 유도하는 정부주도형, 세금을 이용한 무료 의료서비스 제공
  ② 영국, 호주, 뉴질랜드, 북유럽 국가 등
  ③ 장점
     a. 예방을 중시하는 경향(인두제)
     b. 의료이용과 의료비의 통제 가능(세금)
     c. 보건의료서비스의 균등한 이용(혜택) 보장(형평성)
  ④ 단점
     a. 정부 재정상태 변동에 따른 불안정(국가 재정 부담)
     b. 의료수준의 저하 및 효율성 저하
     c. 행정체계의 복잡성으로 의료서비스 공급이 비효율적(관료주의적 병폐)

(3) 사회주의형
  ① 시장경제 원리에 따른 접근 방법 부정, 개인의 선택 제한, 의료자원과 서비스의 균등한 분포가 기본적 목표
  ② 중국, 북한 등 공산주의 국가
  ③ 장점
     a. 보건의료서비스 이용의 차별 배제
     b. 질병예방 중시 정책
     c. 의료산업의 독점자본주의화 방지

---

07 O│X
자유방임형 보건의료전달체계에서는 예방을 중시하는 경향이 나타난다.

08 O│X
사회보장형 보건의료전달체계는 개인의 자유를 존중하고, 세금을 이용해 무료 의료서비스를 제공하는 제도이다.

해설&정답

해설
07 예방을 중시하는 경향 → 의료서비스의 포괄성 저하 경향

정답
07 ×   08 O

           d. 중앙집권화로 의료체계에 대한 관리와 통제의 용이
        ④ 단점
           a. 경직된 의료체계
           b. 의료의 질 저하
           c. 국민의 보건의료서비스 이용의 자유선택권 박탈

기준	자유방임형(미국)	사회보장형(영국)	사회주의형(중국)
의료서비스의 질	++	+	-
의료서비스 포괄성	-	++	+
의료자원의 균등한 배분	-	++	++
선택의 자유	++	+	-
형평성	-	++	++
의료비 절감	-	++	++

[보건의료 전달 체계 유형의 장·단점 비교]　(++ : 매우 바람직, - : 바람직하지 않음)

4 우리나라 보건의료체계

1 우리나라 보건의료전달체계의 이해

(1) 프라이(Fry) 분류 : 자유방임형, 예방보다 치료에 치중

(2) 보건복지부와 행정안전부의 통제에 의한 다원적인 보건행정관리체계
　　① 보건복지부 : 기술에 대한 지도 감독 권한
　　② 행정안전부 : 인사, 예산권

(3) 의료서비스 수준에 따른 1차, 2차, 3차 의료기관 분류
　　① 1차 의료기관
　　　　a. 외래 환자에 대한 기본적인 진료,
　　　　b. 기초적·포괄적인 서비스(질병 상담, 2차·3차 의료기관 안내 등) 제공
　　② 2차 의료기관
　　　　a. 입원, 분만, 수술, 진단 등의 진료에 대한 책임
　　　　b. 필요시 3차 의료기관 의뢰
　　③ 3차 의료기관
　　　　a. 진료+교육+연구
　　　　b. 다양한 전문과목, 고도로 전문화된 의학기술 제공

(4) 실제 의료서비스 이용은 2단계의 의료전달 체계를 시행하고 있음

> **참고**
> **우리나라의 2단계 의료전달 체계**
>
> | 1단계 진료 | 상급의료기관에서의 진료가 필요한 경우 요양급여의뢰서 → | 2단계 진료 |
> |---|---|---|
> | 지역에 관계없이 1, 2차 의료기관 우선 이용 | | 3차 의료기관 이용 상급종합병원에서의 진료 |
>
> - 단, 분만, 응급환자, 치과, 재활의학과, 가정의학과진료, 상급종합병원에 근무하는 가입자가 해당 기관에서 진료받는 경우, 혈우병환자가 혈우병진료를 받는 경우에는 요양급여의뢰서 없이 2단계 진료를 받을 수 있다.

2 우리나라 보건의료전달체계의 특징과 문제

(1) 국민의료비의 지속적인 증가 : 국민건강보험의 보장성 강화에 따른 의료이용률 증가, 대형병원으로의 환자 집중
(2) 민간 위주의 의료공급체계, 공공보건의료 취약
(3) 대형병원 및 전문의료 위주의 의료정책 : 1차 의료에 대한 불신
(4) 보건의료공급자 간 기능의 미분화, 무질서한 경쟁 : 전문의와 일반의의 역할 구분 불분명, 대형 병원에 외래파트 존재
(5) 포괄적인 의료서비스의 부재 : 치료위주 의료서비스
(6) 의료기관 및 의료인력의 지역 간 불균형적 분포
(7) 공공의료분야의 다원화 : 보건복지부, 교육부, 행정안전부, 국방부, 고용노동부 등에 보건의료 기획과 집행, 책임과 권한 분산

3 국민의료비 증가요인과 억제방안

(1) 국민의료비 증가요인
  ① 소비자 측면
    a. 노인인구 증가
    b. 핵가족화(가족지지체계 약화로 사회적 부담 증가)
    c. 소득수준의 향상
    d. 의료의 접근성 용이
    e. 사회보장 영역의 확대
    f. 삶의 질 향상에 대한 국민의 의식
  ② 공급자 측면
    a. 의료기술과 장비의 개발
    b. 공급자 수 증가와 전문화
    c. 정보의 비대칭성(소비자 무지)
    d. 행위별수가제

e. 자유방임형 보건의료체계

　　　f. 공공보건의료의 기능 취약(민간의료, 치료위주의 의료 발달)

(2) 국민의료비 억제방안

　① 수요 억제

　　　a. 본인 부담률 인상

　　　b. 보험 급여 범위 축소 : 의료에 대한 과잉 수요를 줄임

　　　c. 1단계 의료 이용 강화 및 공공의료 이용 강화

　② 공급 억제

　　　a. 의료 수가제 개편 및 의료 수가 상승 억제 : 인두제, 포괄수가제 시행

　　　b. 의료 인력과 장비의 통제

　　　c. 건강관리기구 : 가입자에게 포괄적 의료 제공

　　　d. CON(Certificate of Need) : 시설 중복 투자와 고가 의료 장비 도입의 확산을 방지하기 위한 방법으로 병원의 자본 투자에 대해 필요증명서(CON)를 발부 받도록 하는 제도

　　　e. 진료 시설의 표준화

5 우리나라 보건행정 조직

1 중앙 보건행정 조직

(1) 보건복지부 : 보건정책 결정기관, 지방보건의료조직에 대한 기술지도 및 협조의 업무

(2) 행정안전부 : 지방보건의료조직의 일반 행정지도 및 조직구성, 인사권, 예산집행권이 있음

> **참고**
>
> **보건복지부 소속기관과 산하기관**
>
> | | | |
> |---|---|---|
> | 소속
기관 | | • 오송생명과학단지지원센터, 국립장기조직혈액관리원 및 국립망향의동산관리원
• 건강보험분쟁조정위원회 사무국
• 첨단재생의료 및 첨단바이오의약품 심의위원회 사무국
• 국립정신건강센터, 국립나주병원, 국립부곡병원, 국립춘천병원, 국립공주병원 국립소록도병원 및 국립재활원 |
> | 산하
기관 | 준정부
기관
(9) | • 국민건강보험공단 : 건강보험 급여관리·비용지급, 보험료 부과·징수, 노인장기요양보험 등
• 국민연금공단 : 국민연금 기금관리, 보험료 부과, 연금 급여 결정 지급
• 건강보험 심사평가원 : 요양급여비용 심사, 요양급여 적정성 평가
• 한국보건산업진흥원 : 보건산업의 육성·발전과 보건서비스 향상
• 한국노인인력개발원 : 노인일자리의 개발 및 보급, 노인일자리사업 종사자 교육 훈련
• 한국사회보장정보원 : 보건·복지 분야 관련 정보시스템 구축 및 운영
• 한국보건복지인력개발원 : 보건복지분야 공무원 및 민간종사자 교육훈련
• 한국보육진흥원 : 어린이집 평가인증, 보육교직원 자격관리 등 보육관련 사업 수행
• 한국건강증진개발원 : 지역보건기관·건강증진사업 정책개발 및 지원사업 수행 |

기타 공공 기관 (18)	· 국립암센터 : 암에 대한 전문적 연구, 진료, 국가암관리사업 지원, 교육 · 대한적십자사 : 국내외 재난자, 취약계층구호 등 인도주의 실현을 위한 사업 · 한국보건의료인국가시험원 : 보건의료인 국가시험업무 시행, 시험문제 개발 · 한국장애인개발원 : 장애인복지정책개발·연구, 인증·평가사업, 국가·지자체가 위탁하는 사업 · 한국국제보건의료재단 : 개도국·북한·재외동포 등의 보건의료지원사업 수행 · 한국사회복지협의회 : 사회복지에 관한 조사·연구, 교육·홍보, 정책건의, 기관·단체 연계·협력 · 국립중앙의료원 : 감염병, 노인성질환, 희귀난치성질환 등 예방 및 관리, 공공의료기관 기술 지원 · 한국의료분쟁조정중재원 : 의료사고피해구제 및 의료분쟁 조정 · 한국보건의료연구원 : 의약품·의료기기·보건의료기술의 안전성, 유효성 등에 대한 분석 및 평가 · 오송첨단의료산업진흥재단 : 의료연구개발 및 연구 성과의 상품화 촉진 · 대구경북첨단의료산업진흥재단 : 의료연구개발 및 연구 성과의 상품화 촉진 · 한국장기조직기증원 : 장기·인체조직 기증 연계망·관리체계 구축 및 기증자·유가족 예우사업 · 한국한의약진흥원 : 한의약 육성을 위한 기반조성과 한의약 기술개발 및 산업진흥 · 의료기관평가인증원 : 의료기관 인증, 의료기관 컨설팅 제공, 환자안전관리체계 구축 등 · 국가생명윤리정책원 : 생명윤리정책 조사, 연구, 교육, 연명의료결정제도 관련 사항 관장 등 · 한국공공조직은행 : 조직기증지원기관에서 발굴한 인체조직의 채취, 가공처리 및 분배 · 아동권리보장원 : 아동정책 및 아동복지 관련 사업을 종합적·효율적으로 수행하여 아동의 권리를 보장 · 한국자활복지개발원 : 수급자, 차상위자 등 취약계층의 자활촉진을 위한 자활사업 지원, 교육 등

2 지방 보건행정 조직

(1) 시·도 보건행정 조직 : 중앙행정조직인 보건복지부와 사업 수행 단위 기관인 시·군·구의 보건행정 조직을 지휘하고 감독하는 기능을 함

(2) 시·군·구 보건행정 조직 : 시·도에서 위임된 업무와 자치업무를 하며, 보건행정 조직의 최일선 사업 수행 조직은 보건소임

(3) 지역보건의료계획
　① 계획의 수립
　　a. 시·도지사 또는 시장·군수·구청장은 4년마다 수립
　　b. 시·도지사 또는 시장·군수·구청장은 매년 연차별 시행계획 수립
　② 지역보건의료계획의 의의
　　a. 지방자치단체가 주도적으로 계획을 작성하여 시행하는 하의상달 방식
　　b. 각계각층이 계획수립에 참여함으로써 보건의료에 대한 인식을 제고
　　c. 지역 특성에 맞는 보건의료계획 수립이 가능

> **참고**
>
> **지역보건의료계획의 공통사항(「지역보건법」 제7조 제1항)**
> 1. 보건의료 수요의 측정
> 2. 지역보건의료서비스에 관한 장기·단기 공급대책
> 3. 인력·조직·재정 등 보건의료자원의 조달 및 관리
> 4. 지역보건의료서비스의 제공을 위한 전달체계 구성 방안
> 5. 지역보건의료에 관련된 통계의 수집 및 정리
>
> **지역보건의료계획의 세부 내용 (「지역보건법 시행령」 제4조)**
>
> | | |
> |---|---|
> | 시·도와 시·군·구 지역보건의료계획의 공통 세부내용 | 1. 지역보건의료계획의 달성 목표
2. 지역현황과 전망
3. 지역보건의료기관과 보건의료 관련기관·단체 간의 기능 분담 및 발전 방향
4. 보건소의 기능 및 업무의 추진계획과 추진현황
5. 지역보건의료기관의 인력·시설 등 자원 확충 및 정비 계획
6. 취약계층의 건강관리 및 지역주민의 건강 상태 격차 해소를 위한 추진계획
7. 지역보건의료와 사회복지사업 사이의 연계성 확보 계획 |
> | 시·도 지역보건의료 계획의 추가 내용 | 8. 의료기관의 병상의 수요·공급
9. 정신질환 등의 치료를 위한 전문치료시설의 수요·공급
10. 특별자치시·특별자치도·시·군·구 지역보건의료기관의 설치·운영 지원
11. 시·군·구 지역보건의료기관 인력의 교육훈련
12. 지역보건의료기관과 보건의료 관련기관·단체 간의 협력·연계 |

3 지역보건의료기관의 설치

(1) 보건소

① 설치기준

　a. 「지역보건법」, 시·군·구 별로 1개소 씩 설치

　b. 추가 설치 → 해당 지방자치단체의 장은 보건복지부장관과 미리 협의
　　• 해당 시·군·구의 인구가 30만 명을 초과하는 경우
　　• 보건의료 여건과 아동·여성·노인·장애인 등 보건의료 취약계층의 보건의료 수요 등을 고려하여 보건소를 추가로 설치할 필요가 있다고 인정되는 경우

② 보건소장

　a. 보건소에 보건소장 1명을 두되 의사면허가 있는 사람 중에서 보건소장을 임용

　b. 의사면허 소지자의 임용이 어려운 경우: 보건, 식품위생, 의료기술, 의무, 약무, 간호, 보건진료 직렬의 공무원을 보건소장으로 임용할 수 있음(최근 관련된 업무 5년이상 근무)

　c. 보건소장 임무
　　• 시장, 군수, 구청장의 지휘 감독을 받아 보건소의 업무 관장
　　• 소속공무원 지휘·감독
　　• 관할보건지소, 건강생활지원센터, 보건진료소의 직원 및 업무에 대한 지도·감독

OX로 확인

09 O|X

보건소는 행정안전부 소속이며, 보건복지부는 보건소에 대한 기술지도 및 협조의 업무를 한다.

OX로 확인

10 O|X

보건소는 시·군·구 별로 1개소씩 설치한다.

OX로 확인 해설&정답

정답
09 O　10 O

③ 보건소의 발전과정

1946년	보건소 시초인 모범 보건소(서울시립보건소) 설립
1956년	「보건소법」 제정
1962년	「보건소법」 전면 개정
1977년	보건소를 일차보건의료기관으로 지정
1980년	「농어촌 등 보건의료를 위한 특별조치법」 제정으로 보건진료소 설치근거 마련
1995년	「보건소법」이 「지역보건법」으로 전환
2014년	건강생활지원센터 사업 시작

④ 보건소의 기능 및 업무
   a. 건강 친화적인 지역사회 여건의 조성
   b. 지역보건의료정책의 기획, 조사, 연구 및 평가
   c. 보건의료인 및 보건의료기관 등에 대한 지도 · 관리 · 육성과 국민보건 향상을 위한 지도 · 관리
   d. 보건의료 관련기관 · 단체, 학교, 직장 등과의 협력체계 구축
   e. 지역주민의 건강증진 및 질병예방 · 관리를 위한 다음의 지역보건의료서비스의 제공
      • 국민건강증진 · 구강건강 · 영양관리사업 및 보건교육
      • 감염병의 예방 및 관리
      • 모성과 영유아의 건강유지 · 증진
      • 여성 · 노인 · 장애인 등 보건의료 취약계층의 건강유지 · 증진
      • 정신건강증진 및 생명존중에 관한 사항
      • 지역주민에 대한 진료, 건강검진 및 만성질환 등의 질병관리에 관한 사항
      • 가정 및 사회복지시설 등을 방문하여 행하는 보건의료 및 건강관리사업
      • 난임의 예방 및 관리

⑤ 보건의료원
   a. 보건소 중 병원의 요건을 갖춘 보건소
   b. 의료시설이 부족하고 지역적으로 열세에 있는 군과 시를 통합하여 1개씩의 보건의료원을 설치

(2) 보건지소
① 설치기준 및 법적근거 : 「지역보건법」에 의해 읍 · 면마다 1개씩 설치(보건소가 설치된 읍 · 면 제외)
② 보건지소장은 보건소장의 지휘 · 감독을 받아 보건지소의 업무를 관장, 소속 직원을 지휘 · 감독하며, 보건진료소의 직원 및 업무에 대해 지도 · 감독
③ 보건지소에 보건지소장 1명을 두되, 지방의무직공무원 또는 임기제공무원을 보건지소장으로 임용

(3) 보건진료소
① 설치기준 및 법적근거
　a. 「농어촌 등 보건의료를 위한 특별조치법」에 근거
　b. 의료 취약지역을 인구 5천 명 미만을 기준으로 구분한 하나 또는 여러 개의 리·동을 관할구역으로 하여 주민이 편리하게 이용할 수 있는 장소에 설치
② 목적 : 보건의료 취약지역 주민에게 1차 보건의료서비스를 효율적으로 제공함으로 보건의료서비스의 균형과 건강수준의 향상(일차보건의료제공자 역할)
③ 보건진료전담공무원의 자격·업무
　a. 간호사·조산사 면허를 가진 사람, 보건복지부장관이 실시하는 24주 이상의 직무교육을 받은 자
　b. 보건진료 전담공무원은 근무지역으로 지정받은 의료 취약지역에서 대통령령으로 정하는 경미한 의료행위를 할 수 있다(법 제19조).

(4) 건강생활지원센터(지역사회 밀착형 건강관리 전담기관)
① 설치기준 : 읍·면·동(보건소가 설치된 읍·면·동은 제외)마다 1개씩 설치
② 업무 : 보건소의 업무 중 지역주민의 만성질환 예방 및 건강한 생활습관(금연, 절주, 영양, 신체활동) 형성을 지원

> **참고**
>
> **세계보건기구(WHO ; World Health Organization, 1948)**
> - 세계보건기구의 목적
>   - 국제보건활동에 대한 지휘·조정기구로서 국제보건·의료사업 지도, 조정, 연구를 통한 질병 없는 세계를 구현
>   - 각국의 보건의료부문의 발전을 위한 재정지원, 기술훈련 및 자문활동
> - 가입시기
>   - 한국 : 65번째 가입, 1949년
>   - 북한 : 138번째 가입, 1973년
> - 세계보건기구의 6개 지역 사무소
>   - 동지중해 지역사무소 : 이집트 카이로
>   - 동남아시아 지역사무소(북한 소속) : 인도 뉴델리
>   - 서태평양지역사무소(한국 소속) : 필리핀 마닐라
>   - 미주 지역사무소 : 미국 워싱턴 D.C.
>   - 유럽 지역사무소 : 덴마크 코펜하겐
>   - 아프리카 지역사무소 : 콩고 브라자빌

OX로 확인

11 ○|×
보건진료소의 설치 근거가 되는 법은 「지역보건법」이다.

12 ○|×
보건진료소에서는 보건소의 업무 중 지역주민의 만성질환 예방 및 건강한 생활습관 형성을 지원한다.

OX로 확인 해설&정답

해설
11 「지역보건법」 → 「농어촌 등 보건의료를 위한 특별조치법」
12 보건진료소 → 건강생활지원센터

정답
11 × 　 12 ×

CHAPTER 02 사회보장

1 사회보장의 개요

1 사회보장의 정의
질병·장애·노령·실업·사망 등의 사회적 위험으로부터 모든 국민을 보호하고 빈곤을 해소하며 국민생활의 질을 향상시키기 위하여 제공되는 사회보험·공공부조·사회복지서비스(「사회보장기본법」 제3조 제1호)

2 사회보장의 기능
(1) 최저 생활의 보장기능 : 모든 국민이 인간으로서의 존엄을 보장받음
(2) 경제적 기능 : 산업자본 형성, 국민경제 성장, 경제변동 완화
(3) 소득재분배 기능 : 동일 소득계층 내에서 수평적 소득 재분배, 소득계층 간의 수직적 소득 재분배, 세대 간 소득 재분배
(4) 사회통합 기능 : 국민 생활 안정으로 지역사회에 소속감 느끼며 계층 간 갈등 완화

3 사회보장의 역기능
(1) 과다한 사회보장으로 국가재정 상태 악화 우려
(2) 저축의욕 감소, 자발적 실업의 증가
(3) 사회보장으로 인해 일반 국민에게 재정이 풀림으로써 인플레이션의 원인

4 사회보장의 역사
(1) 세계의 사회보장의 역사
① 1601년 영국 엘리자베스의 구빈법(Elizabethan Poor Law) : 사회보장제도의 효시
② 독일의 비스마르크(Bismarck)의 3대 보험을 기본으로 근대적 형태의 사회보장제도가 만들어짐(1883년 질병보험법, 1884년 산업재해보상법, 1889년 노령폐질보험법)
③ 미국의 루즈벨트(Roosevelt) 대통령이 뉴딜정책에서 'Social Security'라는 용어를 사용 → 1935년 관련법의 통과로 세계 최초의 사회보장법(Social Security Act)이 마련됨
④ 1938년 뉴질랜드에서 사회보장법 제정
⑤ 1945년 영국에서 '베버리지 보고서'에 입각한 사회보장제도 실시
⑥ 1952년 제35회 국제노동기구(ILO)총회에서 '사회보장의 최저기준에 관한조약' 채택

OX로 확인

13 O X
세계 최초의 사회보장제도는 1935년 미국에서 시작되었다.

OX로 확인 해설&정답

해설
13 1935년 미국 → 1883년 독일

정답
13 ×

2 사회보장제도

1 사회보장의 유형

사회보장	사회보험	• 산업재해 보상보험(1964년 도입) • 관련법 : 「산업재해보상법」(1963) • 관리운영 : 근로복지공단 • 주무부처 : 고용노동부 • 보험료 징수 : 국민건강보험공단	소득·의료 보장
		• 국민건강보험(1977년 도입) • 관련법 : 「국민건강보험법」(1999) • 관리운영 : 국민건강보험공단 • 주무부처 : 보건복지부 • 보험료 징수 : 국민건강보험공단	의료보장
		• 국민연금(1988년 도입) • 관련법 : 「국민연금법」(1986) • 관리운영 : 국민연금공단 • 주무부처 : 보건복지부 • 보험료 징수 : 국민건강보험공단	소득보장
		• 고용보험(1995년 도입) • 관련법 : 「고용보험법」(1993) • 관리운영 : 고용노동부 • 주무부처 : 고용노동부 • 보험료 징수 : 국민건강보험공단	소득보장
		• 노인장기요양보험(2008년도입) • 관련법 : 「노인장기요양보험법」(2007) • 관리운영 : 국민건강보험공단 • 주무부처 : 보건복지부 • 보험료 징수 : 국민건강보험공단	의료보장
	공공부조	기초생활보장	소득보장
		의료급여	의료보장
	사회 서비스	• 노인복지 • 아동복지 • 장애인복지 • 가정복지	

(1) 사회보험 : 국민에게 발생하는 사회적 위험을 보험방식에 의하여 대처함으로써 국민건강과 소득을 보장하는 제도
① 5대 사회보험
   a. 산재보험 : 업무상의 재해에 관한 보상 제공
   b. 연금보험 : 노령, 폐질, 사망의 경우 연금 지급
   c. 고용보험 : 근로자가 실업한 경우 생활에 필요한 급여 제공
   d. 건강보험 : 질병, 부상, 분만 등으로 인한 경제적 부담을 경감시켜주는 제도

OX로 확인

14 O|X
사회보장제도 중 소득보장과 함께 의료보장이 되는 것은 노인장기요양보험이다.

OX로 확인

15 O|X
우리나라 5대 보험 중 산업재해보상보험이 가장 먼저 도입되었다.

OX로 확인 해설&정답

해설
14 노인장기요양보험 → 산업재해보상보험

정답
14 ×　15 O

e. 노인장기요양보험 : 65세 이상 노인과 65세 미만 노인성 질병을 가진 자로서 일상생활을 혼자서 수행하기 어려운 노인 등에게 급여 제공
② 사회보험의 보험료 징수 : 국민건강보험공단
③ 사회보험의 재원 : 기여금
④ 사전적 성격 : 빈곤의 문제 발생하지 않도록 미리 예방

(2) 공공부조
① 「사회보장기본법」 제3조 제3호 공공부조 : "국가 및 지방자치단체의 책임 아래 생활유지능력이 없거나 생활이 어려운 국민의 최저 생활을 보장하고 자립을 지원하는 제도"
② 공공부조의 재정 : 일반 조세
③ 종류 : 의료급여, 기초생활보장, 재해구호, 보훈사업 등
④ 사후적 성격 : 빈곤의 문제를 해결하는 사회안전망(Social Safety Net)
⑤ 공공부조의 특징
  a. 선별적 프로그램 : 엄격한 자산조사를 거쳐 대상자 선별
  b. 보충적 제도 : 1차적 사회 안전망은 사회보험, 2차적 사회안전망은 공공부조
  c. 구분 처우 : 근로 능력의 유무로 의료급여 대상자를 구분
  d. 사회불안의 통제 역할
  e. 빈곤의 함정

구분	사회보험	공공부조
재원	능력에 따른 부과(기여금)	조세수입(국가재정)
대상	· 자조 능력이 있는 자 · 모든 참여자	· 자조능력이 없다고 판단되는 자 · 일정 기준 해당자
성격	빈곤 방지를 위한 사전적 성격	사후적 성격
자산조사	불필요	필요

O×로 확인

16 O|X
공공부조는 엄격한 자산조사를 통해 대상자로 선별된다.

O×로 확인 해설&정답

정답
16 O

3 의료보장

1 의료보장의 유형 : 제도적 배열에 의한 분류
재원조달, 의료서비스 공급, 의료서비스 이용에 있어서의 제한 정도 등을 고려한 구분

(1) 국가보건서비스 유형(NHS ; National Health Service) - 조세방식, 베버리지 방식
① 일반조세를 재정으로 하여 국민에게 보건의료서비스를 무료로 제공
② 영연방국가 대부분, 이탈리아 등
③ 정부가 의료서비스 제공자 역할을 하며 강력한 규제 권한 가짐, 의료비 증가의 통제가 가능
④ 의료의 질 저하, 정부의 복지비용 부담 증가

(2) 사회보험 유형(NHI ; National Health Insurance) – 비스마르크 방식
   ① 개인의 책임 형태로 재원 조달(기여금), 보험자는 마련된 재원의 운용을 통해 의료를 보장
   ② 한국, 독일, 프랑스, 일본, 대만 등
   ③ 소득 수준에 따른 정률제 적용, 직장에 고용되거나 부담능력이 없는 사람은 고용주와 국가가 공동으로 분담하기도 함
   ④ 양질의 의료제공 가능, 보험료 부과의 형평성 부족, 의료비 증가 억제 기능 취약

(3) 민간보험 유형(Consumer Sovereignty Model) : 임의가입, 민간주도 운영, 높은 개인부담, 보험 종류에 따른 보장의 격차 발생

구분	사회보험 유형(NHI)	국가보건서비스유형(NHS)
적용대상	보험료 납부자에게만 적용 (극빈자는 별도 구분)	전 국민 일괄 적용
재원	보험료, 국고 일부	일반 조세
국민의료비	국민의료비 억제에 취약	의료비 통제효과 강함
진료보수 산정방법	주로 행위별 수가제	· 일반 개원의 : 인두제 · 병원급 : 봉급제
의료의 질	양질의 의료제공	의료의 질 저하 초래
관리 운영	보험자 중심의 자율 운영 (국민건강보험공단)	정부가 직접 관리 운영

[NHI와 NHS의 비교]

OX로 확인

17 OX
의료보장의 유형 중 사회보험 유형은 국가보건서비스 유형에 비해 의료비 증가 억제 기능이 강하다.

2 보험급여의 지급형태

(1) 현금배상형(=현금급여형)
   ① 피보험자가 의료기관 이용 후 진료비 영수증을 보험자(공단)에게 제출 후 현금을 보험급여로 상환
   ② 단점 : 의료기관 이용시 현금이 있어야 함(저소득층의 의료이용 제약)
   ③ 프랑스 등

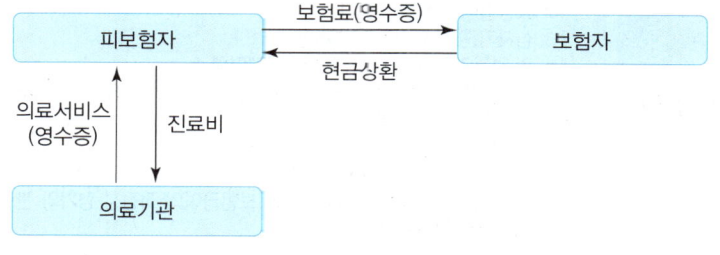

[현금배상형 건강보험]

OX로 확인 해설&정답

해설
17 강하다 → 취약하다

정답
17 ×

> **○×로 확인**
>
> **18** ○│×
> 보험급여의 지급형태 중 제3자 지불제는 진료비 심사에 대한 공단과 의료기관의 갈등이 있을 수 있다.

(2) 제3자 지불제형

① 피보험자가 본인 일부부담액을 의료기관에 납부, 나머지 금액은 제3자인 보험자(공단)가 부담하는 유형
② 한국, 독일, 일본 등
③ 단점 : 부당청구, 과잉진료, 진료비 심사에 대한 공단과 의료기관의 갈등

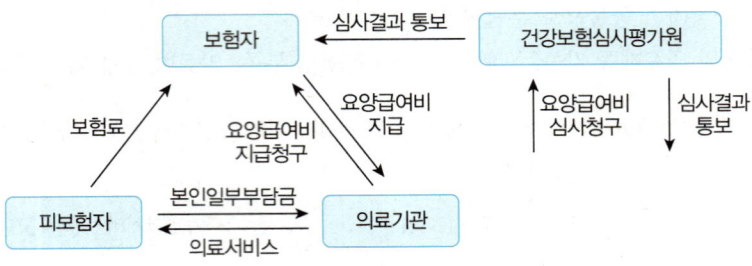

[제3자 지불형 건강보험]

(3) 변이형

① 보험자가 의료기관을 직접 소유하거나 타 의료기관과 계약하여 피보험자에게 포괄적인 의료서비스를 제공하는 유형
② 우리나라의 국민건강보험공단에서 운영하는 일산병원

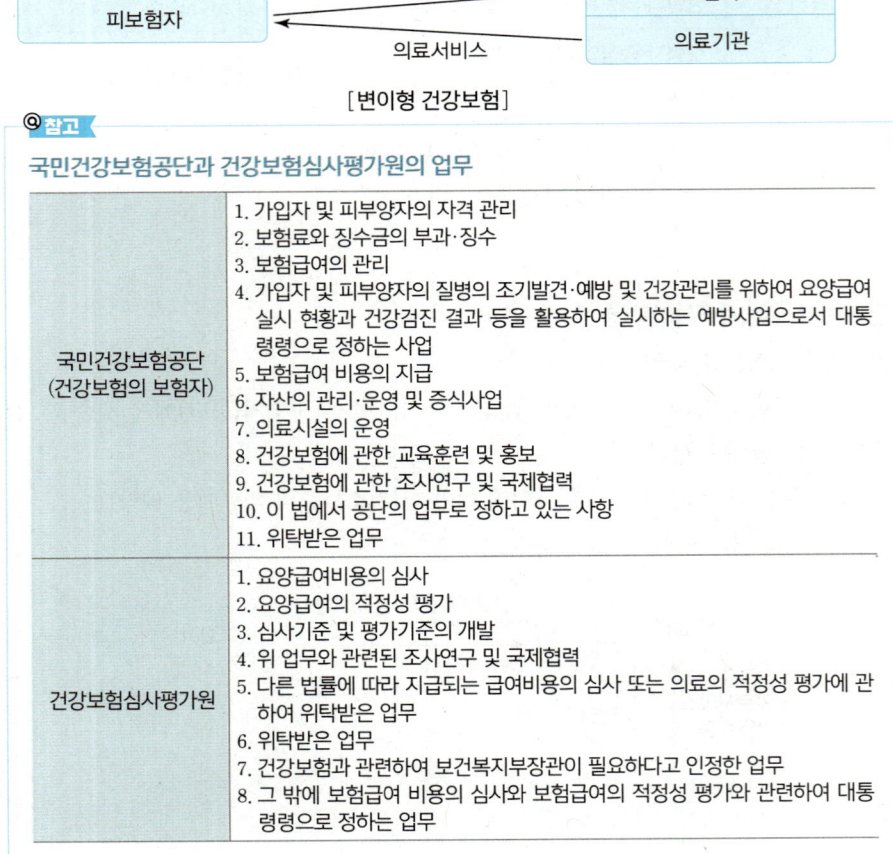

[변이형 건강보험]

> **@ 참고**
>
> **국민건강보험공단과 건강보험심사평가원의 업무**
>
> | | |
> |---|---|
> | 국민건강보험공단
(건강보험의 보험자) | 1. 가입자 및 피부양자의 자격 관리
2. 보험료와 징수금의 부과·징수
3. 보험급여의 관리
4. 가입자 및 피부양자의 질병의 조기발견·예방 및 건강관리를 위하여 요양급여 실시 현황과 건강검진 결과 등을 활용하여 실시하는 예방사업으로서 대통령령으로 정하는 사업
5. 보험급여 비용의 지급
6. 자산의 관리·운영 및 증식사업
7. 의료시설의 운영
8. 건강보험에 관한 교육훈련 및 홍보
9. 건강보험에 관한 조사연구 및 국제협력
10. 이 법에서 공단의 업무로 정하고 있는 사항
11. 위탁받은 업무 |
> | 건강보험심사평가원 | 1. 요양급여비용의 심사
2. 요양급여의 적정성 평가
3. 심사기준 및 평가기준의 개발
4. 위 업무와 관련된 조사연구 및 국제협력
5. 다른 법률에 따라 지급되는 급여비용의 심사 또는 의료의 적정성 평가에 관하여 위탁받은 업무
6. 위탁받은 업무
7. 건강보험과 관련하여 보건복지부장관이 필요하다고 인정한 업무
8. 그 밖에 보험급여 비용의 심사와 보험급여의 적정성 평가와 관련하여 대통령령으로 정하는 업무 |

> **○×로 확인 해설&정답**
>
> 정답
>
> **18** ○

3 보수지불제도(진료비 보상제도)

(1) 행위별수가제 – 사후 결정방식
  ① 진료에 소요되는 약제 또는 재료비를 별도로 산정, 의료인의 진료행위에 하나하나 항목별로 가격을 책정하여 진료비를 지급하는 제도
  ② 자유경쟁 시장주의 국가인 한국, 미국, 일본 등에서 채택
  ③ 장점
    a. 의료의 양과 질 확대
    b. 의사의 생산성 증가
    c. 첨단의료의 발달
    d. 의료인의 재량권, 자율권 보장
  ④ 단점
    a. 과잉진료를 막기위해 행정적으로 복합적인 문제 발생
    b. 의료남용과 의료비 상승의 우려
    c. 의료인과 보험자간 갈등
    d. 예방보다 치료에 집중

(2) 인두제 – 사전 결정방식
  ① 의사가 맡고 있는 환자 수, 즉 자신의 환자가 될 가능성이 있는 일정 지역의 주민 수에 일정금액을 곱해 이에 상응하는 보수를 지급하는 방식
  ② 영국, 덴마크, 이탈리아 등
  ③ 장점
    a. 치료보다는 예방에 집중
    b. 진료의 계속성 증대
    c. 의료남용을 줄일 수 있고 상대적으로 저렴
  ④ 단점
    a. 과소치료의 경향
    b. 환자의 선택권 제한
    c. 상급병원으로 환자 후송, 의뢰의 증가 경향(고위험·고비용 환자 기피)

(3) 봉급제 – 사전 결정방식
  ① 서비스의 양과 관계없이 일정 기간 행해진 의료활동에 대한 보수를 지급하는 방식
  ② 주로 사회주의 국가에서 채택
  ③ 장점
    a. 의사의 직장 보장, 수입안정
    b. 불필요한 경쟁 억제
    c. 행정적 관리 용이

OX로 확인

19 O | X
우리나라 진료비 보상방식은 포괄수가제를 원칙으로 한다.

OX로 확인 해설&정답

해설
19 포괄수가제를 원칙 → 행위별수가제를 기본으로 포괄수가제를 시행

정답
19 ×

④ 단점
   a. 진료의 관료화, 형식화
   b. 진료의 질적 수준 저하

(4) 포괄수가제 – 사전 결정방식
① 환자에게 제공되는 의료 서비스의 양과 질에 상관없이 환자의 요양일수별 혹은 질병별로 보수단가를 설정하여 미리 정해진 진료비를 의료기관에 지급하는 제도
② 장점
   a. 과잉 진료 억제, 총 진료비 억제
   b. 행정적 간편함(진료비 청구 및 심사의 간소화)
   c. 의료기관의 생산성 증대(입원기간 단축 → 병상회전율 증가)
③ 단점
   a. 서비스 양의 최소화, 규격화 → 의료의 질 저하 우려
   b. 진단코드 조작을 통한 부당청구의 가능성
   c. 합병증의 증가 및 발생시 적용 곤란
   d. 신 의료기술의 적용 어려움

4개 진료과	7개 질병군
안과	수정체 수술(백내장)
이비인후과	편도 및 아데노이드 수술
산부인과	제왕절개 분만, 자궁 및 자궁 부속기 수술
일반외과	충수 절제술, 항문 및 항문 주위 수술, 서혜 및 대퇴부 탈장 수술

(5) 총액계약제 – 사전 결정방식
① 보험자 측(지불자)과 의사단체(의료공급자) 간에 국민에게 제공되는 의료서비스에 대한 진료비 총액을 결정하여 미리 지급하는 방식
② 장점
   a. 진료보수 총액의 효율적 이용
   b. 과잉진료 억제, 의료비 절감
③ 단점
   a. 매년 진료비 계약 교섭의 어려움
   b. 비용절감을 위해 비용이 적게 드는 치료로 대치하는 부작용

4 우리나라 의료보장

1 우리나라 의료보장제도 특징
(1) 사회보험과 공공부조 방식으로 제공(국민건강보험, 산재보험, 노인장기요양보험, 의료급여)
(2) 보험료 부담능력이 없는 저소득층에게는 국가 재정을 이용한 의료급여를 제공
(3) 소비자 측면에서의 의료비증가 억제를 위해 본인일부부담금을 적용
(4) 우리나라의 보험자는 국민건강보험공단이며 건강보험과 노인장기요양보험을 통합하여 관리, 재정은 분리운영함

2 국민건강보험의 특징(사회보험)
(1) 강제 가입 및 적용 : 본인 의사와 관계없이 누구나 적용
(2) 보험료의 차등부과 : 소득수준 등 보험료 부담능력에 따른 차등적 부담
  ① 직장가입자 보험료 부과 방식 : 보수월액에 따른 정률제
  ② 지역가입자 보험료 부과 방식 : 소득과 자산에 따른 보험료부과점수당 금액으로 산정한 정액제
(3) 보험급여의 균등한 수혜(형평성) : 개인이 부담하는 보험료와 관계없이 필요에 따른 균등 급여를 받음
(4) 제3자 지불제 : 급여 시행자(의사), 급여 수령자(환자), 비용지급자(국민건강보험공단)
(5) 보험료 분담원칙 : 근로자, 사용자 및 국가
(6) 현물급여의 원칙
(7) 수익자 부담 원칙 : 건강보험의 비용은 수익자가 부담하고, 이익도 수익자에게 환원됨
(8) 급여우선의 원칙 : 보험급여는 인간의 생명과 직결되므로 발생과정이나 요인에 상관없이 급여 시행을 우선으로 해야 함
(9) 적정급여의 원칙 : 생명과 직결되므로 가장 필요하고 적정한 급여가 제공되어야 함
(10) 사후 치료의 원칙 : 건강보험은 질병 예방이 아닌 사후 치료적 영역에 속함
(11) 발생주의 원칙 : 건강보험 대상자의 자격취득과 상실은 발생주의에 입각

> **참고**
> **우리나라 의료보험제도 연혁**
> - 1963. 의료보험법 제정(300인 이상 사업장 조합 임의 설립)
> - 1977. 500인 이상 사업장 근로자 의료보험 실시
> - 1979. 공무원 및 사립학교교직원 의료보험 실시
> - 1988. 농어촌지역 의료보험 실시
> - 1989. 도시지역 의료보험 실시(전국민 의료보험)
> - 1999. 국민건강보험법 제정
> - 2000. 의료보험 조직 통합
> - 2003. 직장·지역 가입자 재정 통합 운영
> - 2007. 노인장기요양보험법 제정

O X 로 확인

20 O│X
우리나라 건강보험의 원칙 중 하나는 사전예방의 원칙이 있다.

O X 로 확인 해설&정답

해설
20 사전예방의 원칙 → 사후 치료의 원칙

정답
20 ×

3 보험급여의 형태

구분	종별	법정/부가
요양급여	현물급여	법정급여
건강검진		
요양비	현금급여	법정급여
임신·출산진료비		부가급여
장애인보조기기급여비		법정급여

(1) 현물급여 : 요양기관 등으로부터 본인이 직접 제공받는 의료서비스
  ① 요양급여
    a. 가입자와 피부양자의 질병, 부상, 출산 등에 대하여 요양급여를 실시
    b. 급여 내용 : 진찰·검사, 약제·치료재료의 지급, 처치·수술 및 그 밖의 치료, 예방·재활, 입원, 간호, 이송
  ② 건강검진

(2) 현금급여 : 가입자 및 피부양자의 신청에 의해 공단에서 현금으로 지급
  ① 요양비 : 공단은 긴급하거나 그 밖의 부득이한 사유로 요양기관과 비슷한 기능을 하는 기관에서 질병·부상·출산 등에 대하여 요양을 받거나 요양기관이 아닌 장소에서 출산한 경우에는 그 요양급여에 상당하는 금액을 가입자나 피부양자에게 요양비로 지급
  ② 임신·출산진료비
  ③ 장애인보조기기급여비

> **참고**
> - 법정급여 : 법률에 의해서 의무적으로 지급되는 급여
> - 부가급여 : 법률로 정한 급여 외에 대통령령에 의하여 공단이 지급하는 급여

4 의료급여제도

(1) 개념 : 생활유지 능력이 없거나 생활이 어려운 저소득 국민의 의료문제를 국가가 세금으로 보장하는 공공부조

(2) 의료급여기관(3단계)
  ① 제1차 의료급여기관 : 의원, 치과의원, 한의원, 조산원, 보건소·보건의료원 및 보건지소, 보건진료소, 약국 한국희귀·필수의약품센터
  ② 제2차 의료급여기관 : 종합병원·병원·치과병원·한방병원·요양병원 또는 정신병원
  ③ 제3차 의료급여기관 : 상급종합병원

O×로 확인

21 O|X
우리나라 보험급여의 형태 중 현물급여에는 요양비와 건강검진이 있다.

22 O|X
우리나라 보험급여 중 요양급여는 가입자와 피부양자의 질병, 부상, 출산 등에 대한 요양급여를 실시한다.

해설&정답

해설
21 요양비 → 요양급여

정답
21 ×   22 O

(3) 의료급여 대상자

1종 수급권자	1. 「국민기초생활 보장법」에 따른 의료급여 수급자 2. 이재민 3. 「의사상자 등 예우 및 지원에 관한 법률」에 따라 의료급여를 받는 사람 4. 「국내 입양에 관한 특별법」에 따라 입양된 18세 미만의 아동 5. 독립유공자 국가유공자 보훈보상대상자와 그 가족 6. 국가무형문화재의 보유자와 그 가족 7. 「북한이탈주민의 보호 및 정착지원에 관한 법률」의 적용을 받고 있는 사람과 그 가족 8. 「5·18 민주화 운동 관련자 보상 등에 관한 법률」에 따라 보상금 등을 받은 사람과 그 가족 9. 노숙인 10. 생활유지 능력이 없거나 생활이 어려운 사람
2종 수급권자	국민기초생활 보장 수급권자 중 의료급여 1종 수급권자 기준에 해당하지는 않는 사람

(4) 수급권자의 질병·부상·출산 등에 대한 의료급여의 내용

① 진찰·검사
② 약제·치료재료의 지급
③ 처치·수술과 그 밖의 치료
④ 예방·재활
⑤ 입원
⑥ 간호
⑦ 이송과 그 밖의 의료목적 달성을 위한 조치

기출문제로 요점정리

01 `2022 지방`

국민의 70%가 코로나19 예방접종으로 집단면역이 형성된다면 나머지 30%는 접종하지 않아도 코로나19 감염으로부터 안전할 수 있다는 보건의료서비스의 특성으로 옳은 것은?

① 정보의 비대칭성
② 수요의 불확실성
③ 치료의 불확실성
④ 외부효과성

02 `2022 지방`

우리나라 국민건강보험제도의 유형으로 옳은 것은?

① 변이형
② 현금배상형
③ 관리의료형
④ 제3자 지불제형

■정답 ④
◉요점
① 정보의 비대칭성 : 의료 시장에는 소비자와 공급자 간의 정보가 불균형적으로 분포되어 있음(소비자의 무지)
② 수요의 불확실성 : 언제, 어디에서, 누구에게 발생할지 예측 어려움
③ 치료의 불확실성 : 치료의 명확한 결과 측정이 어려움
④ 외부효과성 : 적절한 보건의료서비스를 통해 건강을 관리하면 질병의 파급을 줄이게 되며, 그 혜택은 당사자 뿐 아니라 그 가족 혹은 사회 전체에 돌아가게 됨
  예 예방접종, 마스크 착용

■정답 ④
◉요점 제3자 지불제형
• 피보험자가 본인 일부부담액을 의료기관에 납부, 나머지 금액은 제3자인 보험자(공단)가 부담하는 유형
• 한국, 독일, 일본 등
• 단점 : 부당청구, 과잉진료, 진료비 심사에 대한 공단과 의료기관의 갈등

03
[2021 서울]

우리나라 국민건강보험의 특성에 해당하지 않는 것은?

① 강제 적용
② 보험료 차등 부담
③ 차등 보험 급여
④ 단기 보험

정답 ③
요점
③ 차등 보험 급여(×) → 보험급여의 균등한 수혜(형평성) : 개인이 부담하는 보험료와 관계없이 필요에 따른 균등 급여를 받음

04
[2021 서울]

우리나라 보건행정조직에 대한 설명으로 가장 옳지 않은 것은?

① 「지역보건법」에 기반하여 보건소와 보건지소가 설치되어 있다.
② 「보건소법」은 1995년 「지역보건법」으로 개정되었다.
③ 보건진료소는 보건의료 취약지역에 설치되며, 보건진료소장은 보건진료 전담공무원이 맡는다.
④ 건강생활지원센터는 시·군·구 단위로 설치되고 감염병 관리 및 치료 기능을 담당하고 있다.

정답 ④
요점 건강생활지원센터(지역사회 밀착형 건강관리 전담기관)
- 설치기준 : 읍·면·동(보건소가 설치된 읍·면·동은 제외)마다 1개씩 설치
- 업무 : 보건소의 업무 중 지역주민의 만성질환 예방 및 건강한 생활습관(금연, 절주, 영양, 신체활동) 형성을 지원

기출문제로 요점정리

05　　　　　　　　　　　　　　　　　2020 서울
사회보험(social insurance)에 대한 설명으로 가장 옳은 것은?

① 보험료는 지불능력에 따라 부과한다.
② 주로 저소득층을 대상으로 한다.
③ 가입은 개인이 선택하는 임의가입 방식이다.
④ 급여는 보험료 부담수준에 따라 차등적으로 제공한다.

정답 ①

요점
② 주로 저소득층을 대상으로 한다. → 보험료 부담능력이 있는 전국민을 가입 대상으로 한다.
③ 가입은 개인이 선택하는 임의가입 방식이다. → 본인 의사와 관계없이 누구나 적용되는 강제 가입 방식이다.
④ 급여는 보험료 부담수준에 따라 차등적으로 제공한다. → 개인이 부담하는 보험료와 관계없이 필요에 따른 균등 급여를 받는다.

06　　　　　　　　　　　　　　　　　2019 서울
보건의료체계의 개념과 구성요소에 대한 설명으로 가장 옳지 않은 것은?

① 보건의료체계는 국민에게 예방, 치료, 재활 서비스 등 의료서비스를 제공하기 위한 종합적인 체계이다.
② 자원을 의료 활동으로 전환시키고 기능화시키는 자원 조직화는 정부기관이 전담하고 있다.
③ 보건의료체계의 운영에 필요한 경제적 지원은 정부재정, 사회보험, 영리 및 비영리 민간보험, 자선, 외국의 원조 및 개인 부담 등을 통해 조달된다.
④ 의료자원에는 인력, 시설, 장비 및 물자, 의료 지식 등이 있다.

정답 ②

요점
② 자원을 조직화시키는 기능은 정부, 의료보험조직, 기타 정부기관, 민간단체에 의해 이루어지고 있다.

07 [2019 서울]

「지역보건법」상 보건소의 기능에 해당하지 않는 것은?

① 건강 친화적인 지역사회 여건의 조성
② 지역보건의료정책의 기획, 조사·연구 및 평가
③ 보건의료기관의 평가인증
④ 지역주민의 건강증진 및 질병예방·관리를 위한 각종 지역보건의료서비스의 제공

정답 ③

요점 보건소의 기능 및 업무
- 건강 친화적인 지역사회 여건의 조성
- 지역보건의료정책의 기획, 조사, 연구 및 평가
- 보건의료인 및 보건의료기관 등에 대한 지도·관리·육성과 국민보건 향상을 위한 지도·관리
- 보건의료 관련기관·단체, 학교, 직장 등과의 협력체계 구축
- 지역주민의 건강증진 및 질병예방·관리를 위한 다음의 지역보건의료서비스의 제공

08 [2018 서울]

진료비 지불제도에 대한 설명으로 가장 옳은 것은?

① 행위별수가제는 행정적 비용이 상대적으로 적게 든다.
② 총액예산제는 사후보상제도의 대표적인 예이다.
③ 진료단위가 포괄화될수록 보험자의 재정적 위험이 줄어드는 경향이 있다.
④ 인두제에서는 위험환자를 회피하려는 유인이 적다.

정답 ③

요점
① 행위별수가제는 행정적 비용이 상대적으로 적게 든다. → 진료에 소요되는 약제 또는 재료비를 별도로 산정, 의료인의 진료행위에 하나하나 항목별로 가격을 책정하여 진료비를 지급하는 제도로 행정적 비용이 많이 든다.
② 총액예산제는 사후보상제도의 대표적인 예이다. → 보험자 측(지불자)과 의사단체(의료공급자)간에 국민에게 제공되는 의료서비스에 대한 진료비 총액을 결정하여 미리 지급하는 방식으로 사전결정방식이다.
④ 인두제에서는 위험환자를 회피하려는 유인이 적다. → 의사가 맡고 있는 환자 수, 즉 자신의 환자가 될 가능성이 있는 일정지역의 주민 수에 일정금액을 곱해 이에 상응하는 보수를 지급하는 방식으로 고위험·고비용 환자를 기피하는 현상이 나타날 수 있다.

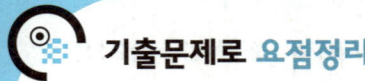

기출문제로 요점정리

09 [2019 경기 의료기술]

의료의 질 평가에서 구조적 평가에 해당 사항을 모두 고른 것은?

㉠ 의료기관 신임제도	㉡ 면허제도
㉢ 자격증 제도	㉣ 임상진료 지침여부

① ㉠, ㉡
② ㉡, ㉢, ㉣
③ ㉠, ㉡, ㉢
④ ㉠, ㉡, ㉢, ㉣

■ 정답 ③
◎ 요점 도나베디언의 의료의 질 평가

구조적 평가	보건의료 서비스 제공 과정에 들어오는 투입물에 대한 평가 예 의료기관 신임제도, 자격·면허증 제도, 의료기관 인증제도
과정적 평가	의료진의 진료 활동을 대상으로 치료의 과정이나 의사결정 과정을 평가 예 의료이용도 조사, 임상진료 지침, 보수교육, 의료감사, 동료심사, 진료의 본질 행위
결과적 평가	제공되어진 의료서비스에 의해 변화된 건강수준을 평가 예 사망률, 합병증률, 감염율, 재발율, 환자 만족도 조사

10 [2023 지방]

다음에서 설명하는 조직의 원리는?

> 조직의 공동목적을 달성하기 위하여 행동통일 및 업무수행을 조화롭게 배열하는 집단적 노력

① 조정의 원리
② 계층제의 원리
③ 명령통일의 원리
④ 통솔범위의 원리

■ 정답 ①
◎ 요점 조직의 원리
- 계층제의 원칙 : 권한과 책임의 정도에 따라 직무를 등급화 함으로써 상하 계층간의 직무상의 지휘, 복종관계가 이루어져야 함
- 통솔범위의 원칙 : 한 사람의 상급자가 효과적으로 감독할 수 있는 이상적인 하위자의 수에 대한 설정이 이루어져야 함
- 명령통일의 원칙 : 한 사람의 하위자는 오직 한 사람의 상급자에 의해서만 지시나 명령을 받아야 한다는 원칙
- 분업화의 원칙 : 업무를 전문화하여 분업화 시킴으로써 전문성과 정확성, 신속성을 기할 수 있다는 원칙
- 조정의 원칙 : 중복성, 낭비 배제, 혼선을 방지하여 공동목표를 달성할 수 있도록 업무를 조정해야 한다는 원칙(행동 통일의 수단이자 과정)
- 목적의 원칙 : 모든 사업은 장·단기 목적이 설정되어야 함
- 일치의 원칙(책임과 권한의 일치) : 권한이 남용되지 않도록 책임과 일치되어야 함

11
[2023 지방]

다음에서 설명하는 보건의료서비스의 사회경제적 특성은?

> • 일반인들은 의료전문가에 비해 보건의료에 대한 전문지식이 적다.
> • 공급자에 의해 수요가 창출된다.

① 가치재
② 정보의 비대칭성
③ 노동집약적
④ 소비재인 동시에 투자재

정답 ②

요점 보건의료서비스의 사회경제적 특성
① 가치재(우량재) : 사람이 살아가는데 반드시 필요한 재화나 서비스(주택이나 교육처럼 소득의 수준과는 관계없이 누구에게나 필요한 재화), 인간다운 삶의 전제 조건 중 일부
② 정보의 비대칭성(소비자의 무지) : 공급자와 소비자간의 정보의 불균형, 보건의료서비스에서의 소비자는 공급자에게 절대적 의존, 의사의 유인수요 → 공급자에 의한 도덕적 해이
③ 노동집약적 : 보건의료서비스는 서비스이므로 재고가 존재하지 않으며, 공급이 독점적이고 대량 생산이 불가능
④ 소비재인 동시에 투자재 : 환자가 보건의료 서비스를 이용하는 것이 소비이고, 기업 입장에서 보건의료 서비스를 투자하면 근로자들이 건강해져서 생산성이 높아지는 투자재로도 볼 수 있음

12
[2023 지방]

보건 관련 지방행정조직에 대한 설명으로 옳지 않은 것은?

① 보건진료소의 설치 근거 법령은 농어촌 등 보건의료를 위한 특별조치법이다.
② 보건소 중 의료법 상 병원의 요건을 갖춘 보건소는 보건의료원이라는 명칭을 사용할 수 있다.
③ 보건지소에 보건지소장 1명을 두되, 지방의무직공무원 또는 임기제공무원을 보건지소장으로 임용한다.
④ 시·도지사 또는 시장·군수·구청장은 지역보건의료시행계획을 4년마다 수립하여야 한다.

정답 ④

요점 「지역보건법」 제7조(지역보건의료계획의 수립 등)
① 시·도지사 또는 시장·군수·구청장은 지역주민의 건강 증진을 위하여 지역보건의료계획을 4년마다 수립하여야 한다.
② 시·도지사 또는 시장·군수·구청장은 매년 지역보건의료계획에 따라 연차별 시행계획을 수립하여야 한다.

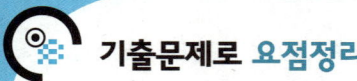

기출문제로 요점정리

13 [2023 지방]

국민건강보험법 상 국민건강보험공단의 업무 범위에 해당하지 않는 것은?

① 보험료의 부과·징수
② 보험급여 비용의 지급
③ 가입자 및 피부양자의 자격관리
④ 요양급여의 적정성 평가

■ 정답 ④
◉ 요점
④ 요양급여의 적정성 평가는 건강보험심사평가원의 업무에 해당한다.

「국민건강보험법」 제14조(공단의 업무 등)
1. 가입자 및 피부양자의 자격 관리
2. 보험료와 그 밖에 이 법에 따른 징수금의 부과·징수
3. 보험급여의 관리
4. 가입자 및 피부양자의 질병의 조기발견·예방 및 건강관리를 위하여 요양급여 실시 현황과 건강검진 결과 등을 활용하여 실시하는 예방사업으로서 대통령령으로 정하는 사업
5. 보험급여 비용의 지급
6. 자산의 관리·운영 및 증식사업
7. 의료시설의 운영
8. 건강보험에 관한 교육훈련 및 홍보
9. 건강보험에 관한 조사연구 및 국제협력
10. 이 법에서 공단의 업무로 정하고 있는 사항
11. 「국민연금법」, 「고용보험 및 산업재해보상보험의 보험료징수 등에 관한 법률」, 「임금채권보장법」 및 「석면피해구제법」에 따라 위탁받은 업무
12. 그 밖에 이 법 또는 다른 법령에 따라 위탁받은 업무
13. 그 밖에 건강보험과 관련하여 보건복지부장관이 필요하다고 인정한 업무

14 [2022 세종 경력]

국민보건서비스방식(NHS)의 특징에 대한 설명으로 옳지 않은 것은?

① 의료비에 대한 통제 효과가 강하다.
② 국민의 정부 의존을 최소화할 수 있다.
③ 모든 국민에게 균등한 의료를 보장한다.
④ 장기간 진료대기 환자가 급증할 수 있다.

■ 정답 ②
◉ 요점
① NHS는 정부가 의료서비스 제공자 역할을 하며 강력한 규제 권한을 가짐, 의료비 증가의 통제가 가능하다.
② NHS는 정부의 복지 비용이 증가되며, 국민의 정부 의존이 높다.
③ NHS는 일반조세를 재정으로 하여 국민에게 보건의료서비스를 무료로 제공하여 의료의 형평성이 높다.
④ 1차 의료기관 개원의는 환자를 2차 의료기관으로 의뢰하는 경우가 많아져 2차 의료기관의 대기환자가 증가할 수 있다.

의료보장의 유형
- 의료보험방식 (National Health Insurance)
  - 비스마르크(Bismarck)형 의료제
  - 개인의 기여를 기반으로 한 보험료를 주재원으로 하는 제도
  - 사회보험의 낭비를 줄이기 위하여 수진 시에 본인 일부 부담금을 부과하는 것이 특징
  - 한국, 독일, 프랑스, 일본 등
- 국가보건서비스방식 (National Health Service)
  - 조세방식, 비버리지(Beveridge)형 의료제도
  - 국민의 의료문제는 국가가 책임져야 한다는 관점에서 조세를 재원으로 모든 국민에게 국가가 직접 의료를 제공하는 의료보장방식
  - 부담의 형평이라는 측면에서는 사회 보험형 보다 우수하지만, 의료의 질 저하 및 관리 운영상의 비효율이 나타날 수 있음
  - 영연방국가 대부분, 이탈리아 등

15
[2017 광주]

보건진료소 설치 운영기준으로 옳은 것은?

① 조산사나 간호사, 혹은 전담공무원이 24주의 교육 이수 후 소장이 되며 관련 설치 근거법은 지역보건법이다.
② 보건진료전담공무원은 의료취약지역에서 대통령령으로 정하는 경미한 의료행위를 할 수 있다.
③ 보건진료소의 설치권자는 시·도지사이며 시장, 군수, 구청장이 보건의료 취약지역의 주민에게 보건의료를 제공하기 위하여 운영한다.
④ 의료 취약지역을 인구 5,000명 이상(도서지역은 3,000명 이상) 10,000명 미만을 기준으로 구분한 하나 또는 여러 개의 리·동을 관할구역으로 하여 주민이 편리하게 이용할 수 있는 장소에 설치한다.

■정답 ②
◎요점
① 설치 근거법은 「농어촌 등 보건의료를 위한 특별조치법」이다. 보건진료 전담공무원은 간호사·조산사 면허를 가진 사람으로서 보건복지부장관이 실시하는 24주 이상의 직무교육을 받은 사람이어야 한다.
② 보건진료 전담공무원은 근무지역으로 지정받은 의료 취약지역에서 대통령령으로 정하는 경미한 의료행위를 할 수 있다.
③ 의사가 배치되어 있지 아니하고 계속하여 의사를 배치하기 어려울 것으로 예상되는 의료 취약지역에서 보건진료 전담공무원으로 하여금 의료행위를 하게 하기 위하여 시장·군수가 설치·운영하는 보건의료시설을 말한다.
④ 보건진료소는 의료 취약지역을 인구 5천명 미만을 기준으로 구분한 하나 또는 여러 개의 리·동을 관할구역으로 하여 주민이 편리하게 이용할 수 있는 장소에 설치한다.

16
[2017 경기]

의료기관 인증기준에 포함되지 않는 것은?

① 환자만족도
② 환자의 권리와 안전
③ 의사 중 전문의 채용 수
④ 의료기관의 의료서비스 질 향상활동

■정답 ③
◎요점 의료기관인증제도
- 목적 : 의료기관으로 하여금 환자안전과 의료의 질 향상을 위한 자발적이고 지속적인 노력을 유도하여 의료소비자에게 양질의 의료서비스를 제공하기 위한 제도
- 의료기관 인증기준 및 방법
  - 환자의 권리와 안전
  - 의료기관의 의료서비스 질 향상 활동
  - 의료서비스의 제공과정 및 성과
  - 의료기관의 조직·인력관리 및 운영
  - 환자 만족도
- 인증 신청자
  - 의료기관 인증을 받고자 하는 의료기관의 장은 보건복지부장관에게 신청할 수 있음
  - 요양병원의 장은 보건복지부장관에게 인증을 신청해야 함
- 인증전담기관 : 의료기관평가인증원
- 인증 결과
  - 인증등급 : 인증, 조건부인증(일부 영역에서 인증기준에 미치지 못하는 부분을 향후 노력으로 인증받을 수 있도록 함, 재인증 받아야 함), 불인증
  - 인증의 유효기간 : 4년
    조건부인증 유효기간 : 1년

17
[2023 전북 경력]

다음 중 국민건강보험제도의 연혁을 순서대로 바르게 나열한 것은?

ㄱ. 의료보험법 제정
ㄴ. 공무원 및 사립학교교직원 의료보험 시행
ㄷ. 전국민 의료보험 시행
ㄹ. 국민건강 보험법 제정

① ㄱ－ㄴ－ㄷ－ㄹ
② ㄴ－ㄱ－ㄹ－ㅁ
③ ㄱ－ㄴ－ㄹ－ㄷ
④ ㄷ－ㄱ－ㄴ－ㄹ

정답 ①

요점 우리나라 건강보험의 역사

연도	내용
1963년	의료보험법 제정(300인 이상 사업장 조합 임의 적용)
1977년	500인 이상 사업장 근로자와 공업단지 근로자 강제 적용
1979년	공무원 및 사립학교 교직원 의료보험 실시
1988년	농어촌지역 의료보험 제도 실시
1989년 7월	의료보험 전국민 확대 실시, 도시지역 의료보험 실시
1989년 10월	약국의료보험 실시
1998년	1차 의료보험 조직 통합(공무원 및 사립학교 교직원 의료보험과 지역의료보험 통합)
1999년	국민건강보험법 제정
2000년	2차 의료보험 조직 통합(국민의료보험공단 및 직장 조합의 통합) → 국민건강보험공단 및 건강보험 심사평가원 업무 개시, 국민건강보험법 시행
2003년	3차 의료보험 조직 통합(직장·지역가입자 재정 통합 운영)

18
[2022 서울]

「국민건강보험법」상 요양급여비용의 산정에서 요양급여비용을 계약하는 사람을 옳게 짝지은 것은?

① 보건복지부장관과 시·도지사
② 대통령과 의약계를 대표하는 사람들
③ 보건복지부장관과 국민건강보험공단의 이사장
④ 국민건강보험공단의 이사장과 의약계를 대표하는 사람

정답 ④

요점

「국민건강보험법」제45조(요양급여비용의 산정 등)
① 요양급여비용은 공단의 이사장과 대통령령으로 정하는 의약계를 대표하는 사람들의 계약으로 정한다. 이 경우 계약기간은 1년으로 한다.
② 제1항에 따라 계약이 체결되면 그 계약은 공단과 각 요양기관 사이에 체결된 것으로 본다.

「국민건강보험법 시행령」제20조(요양급여비용계약의 당사자)
대한병원협회의 장, 의사회의 장, 치과의사회의 장, 한의사회의 장, 조산사회 또는 간호사회의 장 중 1명, 대한약사회의 장, 보건소·보건의료원 및 보건지소와 보건진료소 중 보건복지부장관이 지정하는 사람

PART 7

학습 포인트

- 노인의 건강 상태 평가
- 노인장기요양보험제도
- 정신보건의 역사
- 정신보건 사업의 10가지 원칙

노인보건과 정신보건

| CHAPTER 01 | 노인보건 |
| CHAPTER 02 | 정신보건 |

CHAPTER 01 노인보건

1 노인보건의 이해

1 노인의 정의
(1) 국제노인학회(1951) : "인간의 노화과정에서 생리적, 심리적, 환경적, 행동적 변화가 복합적으로 상호작용하는 과정에 있는 사람"
(2) 간접적 노인의 정의 : "노인학대관련범죄", 「사회적 복지제도 현황법」, 「노인복지법」 등에서 65세 이상을 노인이라고 규정

2 노인보건의 특징
(1) 노인인구의 상대적, 절대적 증가

지표	2013	2014	2015	2016	2017	2018	2019	2020	2021	2022
고령인구비율 (65세 이상)(%)	11.9	12.4	12.8	13.2	13.8	14.3	14.9	15.7	16.6	17.5

(2) 노인질병의 유병률 및 발생률 증가
(3) 노인보건 대상자 및 노인의료비의 현저한 증가
(4) 가족구조의 변화에 따른 노인부양비의 증가
(5) 노인의 사회복지서비스 확대에 따른 재정지출의 증가

> **참고**
> **UN에서 제시한 전체인구 중 65세 이상 노인인구 비율에 따른 정의**
> - 고령화사회 : 총인구 대비 65세 이상 인구 비율이 7% 이상
> - 고령사회 : 총인구 대비 65세 이상 인구 비율이 14% 이상
> - 초고령사회 : 총인구 대비 65세 이상 인구 비율이 20% 이상

3 노화에 따른 변화
(1) 신체적 변화
  ① 신경계
     a. 뇌세포의 노화로 운동, 감각, 반응시간 지연 : 사고 발생 위험성 증가
     b. 통증의 역치 증가
  ② 근골격계 변화
     a. 뼈밀도 감소로 골연화증, 골다공증, 병리적 골절 증가
     b. 연골의 마모

O×로 확인

01 O|X
노인복지법에서 우리나라 노인의 기준을 65세 이상 인구로 정하고 있다.

02 O|X
65세 이상 노인이 전체인구에서 차지하는 비중이 20% 이상인 나라를 고령사회라고 한다.

해설 & 정답

해설
02 고령사회 → 초고령사회

정답
01 O 02 ×

            c. 근력의 저하로 근육위축
            d. 추간판 얇아지고 간격 좁아짐, 척추압박으로 키 작아짐
        ③ 심맥관계
            a. 동맥경화증 : 에스트로겐 분비 저하로 혈관 탄력성 감소, 콜레스테롤 축적
            b. 고혈압, 심박출량 감소, 관상동맥질환, 울혈성심부전, 부정맥, 심근 비후
            c. 정맥판막기능 저하 → 정맥류
            d. 혈전성 정맥염, 특히 하지 심부정맥(복제정맥)
        ④ 호흡기계
            a. 폐기능 감소 : 폐활량 감소, 섬모운동 저하, 폐포의 대식세포 기능 감소, 기관 내 분비물 제거능력 감소, 호흡근 약화, 가스교환 표면적 감소, 폐동맥압 증가
            b. 특이항체(Ig A) 감소, 흉벽의 경직, 기침능력 감소, 호흡 수 16~25회/분으로 증가
            c. 폐렴, 폐결핵, 만성폐쇄성 폐질환, 폐암 호발
        ⑤ 위장계
            a. 식욕감퇴, 미각변화 : 신맛과 쓴맛 증가, 단맛과 짠맛 감소
            b. 소화액 분비 감소, 식도연동운동 감소, 식도하부괄약근의 부적절한 이완으로 인한 위산 역류 : 소화불량, 가슴앓이
            c. 비타민 B, 칼슘, 철분의 흡수장애
        ⑥ 비뇨생식기계
            a. 요관과 방광근 허약으로 요실금, 빈뇨, 요정체, 잔뇨량 증가
            b. 신혈류, 사구체 여과율, 크레아틴 청소율 감소 등 신기능 저하
            c. 남성 전립선비대증과 전립선염 : 배뇨곤란, 불편
            d. 여성 : 질 분비물 감소로 질 건조, 질소양증, 질산도 저하, 성교통, 요실금, 긴급뇨 등
        ⑦ 피부
            a. 피부 얇고 건조 : 피하지방층 소실, 수분 손실, 탄력성 감소(피부의 피하지방은 감소, 근육량 감소로 인해 체구성 성분 중 지방 조직의 양은 증가)
            b. 손발톱이 쉽게 부서지고 두꺼워짐
            c. 체모의 감소
            d. 모발색 변화 : 멜라닌 색소 감소
            e. 노인성 반점(senile spot), 피부각질(keratosis), 피부암
        ⑧ 감각계
            a. 안검 하수, 눈물 감소로 안구건조, 동공의 크기, 시야의 감소 : 백내장 및 녹내장 발생 증가
            b. 수정체 기능 감소 : 밝은 조명 사용
            c. 청신경 변화로 노인성난청 발생, 고음에 대한 청각 감퇴

    (2) 인지적 측면
        ① 지능의 지속적 감소
        ② 학습능력 및 기억력의 변화
        ③ 창의성 및 문제해결능력 : 개인 간에 차이 발생

(3) 사회·정서적 측면
　① 수동성 및 내향성 : 외부 자극에 대한 반응보다는 자기 자신의 사고나 감정에 따라 판단하는 경향이 높아짐
　② 경직성 : 익숙한 습관이나 태도, 방법 고수
　③ 우울증 : 무기력과 절망감을 특징으로 함
　④ 의존성

4 노인성 질환의 특징

(1) 증상이 거의 없거나 비전형적이며 서서히 시작하여 만성화 됨
(2) 초기 진단이 어렵고 질병의 예후를 예측하기 어려움
(3) 두 가지 이상의 질병이 함께 발생
(4) 관절경축과 욕창을 수반하기 쉬우며 만성적으로 퇴행
(5) 경과가 길고 재발이 빈번, 합병증 다발
(6) 근골격계의 질환이 가장 많고 다음으로 순환기계 질환의 발생이 많음

5 노인의 건강상태 평가지표

(1) 일상생활 수행 능력(ADL ; Activities of Daily Living)
　① 노인의 건강을 기능수준에 기초해 건강상태를 평가하는데 적합
　② 평소 일상생활을 하는데 꼭 필요한 기본동작들을 대상자가 혼자 힘으로 수행할 수 있는 능력을 의미
　③ 3점 척도로 구성됨(7점~21점)
　　a. 도움없이 혼자 가능하다(완전자립 1점)
　　b. 부분적으로 도움을 받는다(부분의존 2점)
　　c. 전적으로 도움을 받는다(완전의존 3점)
　④ 7개 문항 : 옷 입기, 세수하기, 목욕하기, 식사하기, 이동, 화장실 사용, 대소변 조절

(2) 수단적 일상생활 수행 능력(IADL ; Instrumental ADL)
　① ADL보다 높은 차원의 기능상태를 평가
　② 입원 후 퇴원하려는 환자의 사회 복귀 가능성을 확인할 때에도 사용
　③ 총 10문항으로 구성
　　a. 3점척도 : 1 완전자립, 2 부분의존, 3 완전의존
　　　7항목 : 몸단장, 집안일, 식사 준비, 빨래하기, 근거리 외출, 금전관리, 약 챙겨먹기
　　b. 4점척도 : 1 완전자립, 2, 3 부분의존, 4 완전의존
　　　3항목 : 교통수단 이용, 물건 사기, 전화사용

2 노인장기요양보험제도

1 정의
(1) 고령이나 노인성 질병 등의 사유로 일상생활을 혼자서 수행하기 어려운 노인 등에게 신체활동 또는 가사활동 지원 등의 장기요양급여를 사회적 연대원리에 따라 제공하는 사회보험
(2) 2007년 4월 「노인장기요양보험법」 제정, 2008년 7월 노인장기요양보험제도 시행
(3) 장기요양보험사업 관장 : 보건복지부장관
(4) 장기요양보험사업 보험자 : 국민건강보험공단

2 대상자 및 등급판정기준
(1) 65세 이상의 노인 또는 65세 미만이지만 노인성 질병(치매, 중풍, 뇌졸중, 파킨슨 등)을 가진 자
(2) 6개월 이상의 기간 동안 일상생활(ADL)을 혼자서 수행하기 어렵다고 인정되는 경우 정도에 따라 등급 판정

등급			
1등급	일상생활에서 다른 사람의 도움이 필요한 자	전적으로	95점 이상
2등급		상당 부분	75점 이상 95점 미만
3등급		부분적으로	60점 이상 75점 미만
4등급		일정 부분	51점 이상 60점 미만
5등급	노인성 치매환자		45점 이상 51점 미만
인지지원등급	신체기능과 상관없이 치매진단 받은 노인		45점 미만

3 노인장기요양보험 이용 절차

장기요양인정신청 및 의사소견서 제출	국민건강보험공단
↓	
방문조사	공단소속직원 직접방문
↓	
장기요양인정 및 등급판정	등급판정위원회
↓	
장기요양인정서·표준장기요양 이용계획서 송부	국민건강보험공단
↓	
장기요양급여 이용계약 및 장기요양급여 제공	장기요양기관

O×로 확인

03   O|X
노인장기요양보험사업은 국민건강보험공단이 관장한다.

O×로 확인 해설&정답

해설
03 국민건강보험공단 → 보건복지부장관

정답
03 ×

O×로 확인

04 O|X

장기요양급여의 내용 중 단기보호는 시설급여에 해당한다.

4 장기요양급여의 종류

(1) 재가급여

① 방문요양 : 요양보호사의 방문으로 신체활동 및 가사활동 등 지원

② 방문목욕 : 목욕 제공

③ 방문간호 : 간호사 등이 의사, 한의사 또는 치과의사의 방문간호지시서에 따라 간호, 진료의 보조, 요양에 관한 상담, 구강위생 등 제공

④ 주·야간보호 : 수급자를 하루 중 일정한 시간 동안 장기요양기관에 보호하여 신체활동 지원 및 심신기능의 유지·향상을 위한 교육·훈련 등 제공

⑤ 단기보호 : 수급자를 일정 기간(1회 9일 이내, 연간 4회) 동안 장기요양기관에 보호하여 신체활동 지원 및 심신기능의 유지·향상을 위한 교육·훈련 등 제공

⑥ 기타 재가급여 : 필요한 용구 제공, 가정방문을 통한 재활에 관한 지원 등 제공

(2) 시설급여 : 장기요양기관에 장기간 입소한 수급자에게 신체활동 지원 및 심신기능의 유지·향상을 위한 교육·훈련 등을 제공하는 장기요양급여

> **참고**
>
> **노인복지시설의 종류**
>
> | 노인주거
복지시설 | · 양로시설(양로원)
· 노인공동생활가정
· 노인복지주택(실버타운, 타운하우스) | 재가노인
복지시설 | · 방문요양서비스
· 주·야간 보호서비스
· 단기보호서비스
· 방문목욕서비스
· 방문간호서비스 |
> |---|---|---|---|
> | 노인의료
복지시설 | · 노인요양시설
· 노인요양 공동생활가정 | 노인보호
전문기관 | · 중앙노인보호전문기관
및 지방노인보호전문
기관 |
> | 노인여가
복지시설 | · 노인복지관
· 경로당
· 노인교실 | 노인일자리지원기관 | 노인일자리 지원 |
> | | | 학대피해노인 전용쉼터 | |
>
> **노인의료복지시설**
> · 노인성질환(치매·중풍) 등 심신의 상당한 장애로 요양이 필요한 65세 이상의 노인이 입소하여 급식·요양 그 밖의 일상생활에 필요한 편의를 제공받는 시설
> · 노인의료복지시설에 요양병원은 해당하지 않음
> · 요양병원은 등급을 받지 않더라도 요양을 필요로 하는 자라면 누구나 입원이 가능한 의료기관임
> (노인요양시설 → 노인장기요양보험 적용, 요양병원 → 국민건강보험 적용)

(3) 특별현금급여

① 가족요양비 : 가족으로부터 방문요양에 상당한 장기요양급여를 받은 때 지급되는 현금급여(도서·벽지 등 장기요양기관이 현저히 부족한 지역, 천재지변, 수급자의 신체·정신·성격상의 사유)

② 특례요양비 : 수급자가 장기요양기관이 아닌 노인요양시설 등의 기관 또는 시설에서 재가 또는 시설급여에 상당한 장기요양급여를 받은 경우 수급자에게 지급되는 현금급여

O×로 확인 해설&정답

해설
04 시설급여 → 재가급여

정답
04 ×

③ 요양병원간병비 : 수급자가 요양병원에 입원한 때 지급되는 현금급여

> **참고**
>
> 「노인장기요양보험법 시행령」 제2조(가족요양비 지급 기준)
> "신체·정신 또는 성격 등 대통령령으로 정하는 사유"
> 1. 「감염병의 예방 및 관리에 관한 법률」에 따른 감염병환자로서 감염의 위험성이 있는 경우
> 2. 「장애인복지법」에 따라 등록한 장애인 중 정신장애인인 경우
> 3. 신체적 변형 등의 사유로 대인과의 접촉을 기피하는 경우

5 노인장기요양보험의 재원

(1) 장기요양보험료(60~65%)

① 노인장기요양보험과 국민건강보험의 가입자는 동일 : 건강보험료와 노인장기요양보험료를 통합하여 징수(재정은 독립회계로 관리)

② 건강보험료율 대비 장기요양보험료율의 비율을 곱하여 산정

③ 장기요양보험료와 건강보험료는 구분하여 고지

(2) 국가지원(20%)

(3) 본인일부부담금(15~20%)

OX로 확인

05 ○|×
노인장기요양보험과 국민건강보험의 가입자는 동일하고, 보험료를 통합하여 징수하고, 같은 회계로 운영한다.

6 노인장기요양보험과 국민건강보험의 비교

구분	노인장기요양보험	국민건강보험
수급자	65세 이상 노인 또는 65세 미만 노인성 질환자	전 국민
이용절차	요양인정신청서 제출 → 요양등급판정을 받아야 함	건강보험증 지참 후 의료기관 방문
본인일부부담	• 시설급여 20%, 재가급여 15% • 국민기초생활수급권자는 무료	본인일부부담금 20%
관리·운영	국민건강보험공단	

OX로 확인 해설&정답

해설
05 같은 회계로 운영 → 독립회계로 관리

정답
05 ×

CHAPTER 02 정신보건

1 정신보건의 이해

1 정신건강사업의 개념 및 정의
(1) 기본개념 : "지역사회 내에서 발생하는 정신건강문제를 지역사회 내의 자원을 활용하여 해결하자"
(2) 정의 : 정신보건은 지역주민 전체를 대상으로 하여 치료보다는 예방과 포괄적인 정신건강증진을 위한 일련의 활동을 모두 포함한다.

2 정신건강사업의 변화

구분	과거	현재 변화
정책 대상	정신질환자 + 고위험군	전 국민 대상
지원 내용	정신과적 치료	예방, 조기발견, 사회복귀, 재활에 초점
정책 주체	· (공공) 부처·지자체 분절적 대응 · (민간) 정신의료기관	· (공공) 범정부적 대응 · (민간) 정신의료기관 + 지역사회

3 정신보건의 목적
(1) 정신장애의 예방
(2) 건전한 정신기능의 유지 및 증진
(3) 정신질환자의 조기발견 및 조기치료
(4) 정신질환자의 사회통합 촉진과 삶의 질 향상
(5) 재가환자의 지도와 치료

4 정신보건의 예방
(1) 일차 예방
  ① 목적 : 지역사회 정신건강 증진, 새로운 정신장애 발생 감소
  ② 역할 : 성숙위기(예방이 가능한 발달위기)에 대처할 수 있도록 상담, 교육 제공, 상황위기에 처한 대상자에게 지지와 격려

(2) 이차 예방
  ① 목적 : 조기발견, 신속한 치료를 통한 정신장애의 기간 감소, 유병률 감소
  ② 역할 : 응급전화, 위기중재, 치료

(3) 삼차 예방
  ① 목적 : 정신적 잔여 결함과 사회적 장애 감소
  ② 역할 : 일상기능 회복으로 빠른 시간 내에 사회에 적응할 수 있도록 도움, 재발 방지를 위한 연속적 간호 제공

5 정신보건 사업의 필요성

(1) 질병구조의 변화 : 노인성 질환, 알코올 및 약물 중독, 정신질환 등의 증가
(2) 직업과 관련된 정신적 스트레스 증가
(3) 인구의 과밀화(도시화)
(4) 가족기능 약화 : 핵가족화, 여성의 경제활동 증가

6 정신보건 사업의 10가지 원칙(G. Caplan, 1967)

(1) 지역주민에 대한 책임 : 지역정신보건센터가 진료권 내의 전체 인구를 책임지게 됨
(2) 환자의 가정과 가까운 곳에서 진료
(3) 포괄적 서비스 : 입원, 응급, 부분입원, 외래, 자문, 교육 등 포괄적 서비스 제공
(4) 여러 전문 인력 간의 팀 접근 : 정신건강의학과 의사, 간호사, 사회사업가, 임상심리사, 작업요법사 등의 참여
(5) 진료의 지속성(일관성, 통일성) : 정신질환에 대한 장기적인 치료과정에서 치료자의 일관됨이 중요
(6) 주민 참여 : 주민 참여를 통해 보건인력들이 주민의 신뢰를 받을 수 있고, 주민의 요구를 반영할 수 있음
(7) 사업의 평가와 연구 : 정신보건사업에 대한 평가는 정신보건프로그램의 개발, 정신보건 사업의 모형을 개발하는 데 중요함
(8) 예방 : 정신보건사업 또한 치료보다는 예방적 접근이 중요
(9) 정신보건 자문 : 정신건강과 관련된 문제에 대해 같은 분야 또는 다른 분야의 전문가가 조언이나 논의를 해주는 것을 의미
(10) 보건의료서비스와 사회복지 서비스의 연계 : 정신질환자의 사회복귀와 적응을 위해 사회 복지서비스와의 연계가 필요

2 정신보건의 이념과 역사

1 정신보건사업의 3가지 이념
(1) 최소한의 규제
 ① 정신질환의 치료와 재활에 전인적인 접근을 강조
 ② 격리와 수용을 통한 치료 → 자유롭고 친근한 환경에서의 치료·보호·재활
(2) 정상화(Normalization) : 정신장애인이 비정신장애인과 다르지 않게 차별없이 동등한 대우를 받고 기회를 보장받는 것(생활리듬의 보통화, 성장경험의 보통화, 정서와 욕구의 보통화, 주거의 보통화)
(3) 사회통합(Social integration) : 정신장애인이 지역사회 내에 거주지를 가지고, 사회적 상호작용을 자연스럽게 하고, 지역사회 자원과 활발하게 교류하는 상태

2 정신건강증진법 제2조(기본이념)
(1) 모든 국민은 정신질환으로부터 보호받을 권리를 가진다.
(2) 모든 정신질환자는 인간으로서의 존엄과 가치를 보장받고, 최적의 치료를 받을 권리를 가진다.
(3) 모든 정신질환자는 정신질환이 있다는 이유로 부당한 차별대우를 받지 아니한다.
(4) 미성년자인 정신질환자는 특별히 치료, 보호 및 교육을 받을 권리를 가진다.
(5) 정신질환자에 대해서는 입원 또는 입소가 최소화되도록 지역 사회 중심의 치료가 우선적으로 고려되어야 하며, 정신건강증진시설에 자신의 의지에 따른 입원 또는 입소가 권장되어야 한다.
(6) 정신건강증진시설에 입원 등을 하고 있는 모든 사람은 가능한 한 자유로운 환경을 누릴 권리와 다른 사람들과 자유로이 의견교환을 할 수 있는 권리를 가진다.
(7) 정신질환자는 원칙적으로 자신의 신체와 재산에 관한 사항에 대하여 스스로 판단하고 결정할 권리를 가진다. 특히 주거지, 의료행위에 대한 동의나 거부, 타인과의 교류, 복지서비스의 이용 여부와 복지서비스 종류의 선택 등을 스스로 결정할 수 있도록 자기결정권을 존중받는다.
(8) 정신질환자는 자신에게 법률적·사실적 영향을 미치는 사안에 대하여 스스로 이해하여 자신의 자유로운 의사를 표현할 수 있도록 필요한 도움을 받을 권리를 가진다.
(9) 정신질환자는 자신과 관련된 정책의 결정과정에 참여할 권리를 가진다.

3 세계 정신보건의 역사
(1) 원시
 ① 도덕규범을 어긴 죄인들에 대한 저주와 처벌
 ② 정신병을 악령에 의한 것으로 봄

(2) 그리스, 로마
   ① 정신질환에 대해서도 관찰과 실험적 탐구가 시작됨
   ② 히포크라테스(Hippocrates)
      a. 정신장애가 신의 벌이 아닌 신체적 질병과 같은 질병이라고 생각함
      b. 정신질환을 최초로 분류, 처음으로 정신신체(Psychosomatic)라는 용어 등장

(3) 15세기
   ① 로마 멸망 이후 정신의학 쇠퇴, 정신질환자 인권 무시, 마법 성행(마녀사냥)
   ② 1409년 : 스페인 발렌시아에 최초의 정신병원 설립

(4) 17~18세기(정신의학 탄생)
   ① 계몽사상과 휴머니즘의 영향으로 정신질환자에 대한 인간적 대우 시작
   ② 상류층 정신질환자 : 개인주치의 딸린 민간 정신병원에서 치료
   ③ 정신보건의 1차혁명 : 필립 피넬(Philippe Pinel, 1745~1826) – 편안하고 위생적인 공간을 마련해 주어 개방치료를 시도 → 인도주의적 치료에 공헌(쇠사슬로부터 해방)
   ④ 튜크(W.E.Tuke, 1732~1822) : 비인간적 치료에 대한 반감, 공공기관에서 정신질환자에 대한 인간적인 처우 기준을 설정

(5) 19~20세기(역동정신의학)
   ① 의학의 발달로 정신질환의 생물학적 원인이 점차 규명되기 시작
   ② 정신보건의 2차혁명 : 지그문트 프로이트(Sigmund Freud)의 정신분석을 토대로 정신분석요법을 이용한 정신질환의 치료가 이루어짐
   ③ 마이어(Adolf Meyer) : 정신생물학의 창시자, 역동정신의학을 주장
   ④ 비어스(Clifford Beers) : 미국 정신위생운동의 선구자 → 현대 정신보건사업의 발전에 기여

(6) 1946년 : 제2차 세계대전 이후 미국 연방정부에서 정신보건법 제정

(7) 1950년대
   ① 정신보건의 3차혁명(1952) : 항정신병약물(클로로프로마진) 개발
      a. 정신질환자의 입원 필요성 감소 → 퇴원율 증가
      b. 대상자의 삶의 질 향상
      c. 탈원화의 출발점
   ② 정신질환 치료 방법의 혁명적 개선, 정신질환의 생화학적 원인 규명에 공헌

(8) 1960년대
   ① 지역사회 중심의 정신보건체계로 전환
   ② 정신보건의 4차혁명(1963) : 케네디 대통령 – 정신보건센터법

O X 로 확인

06 O|X
정신보건의 역사중 1차혁명은 프로이트의 정신분석요법을 이용한 환자의 치료이다.

O X 로 확인 해설&정답

해설
06 1차 → 2차

정답
06 ✕

3 정신보건 관련 질환

1 조현병

(1) 정의 : 뇌의 기질적 장애로 인한 사고, 감정, 지각, 행동, 사회활동 등에서 특이한 와해를 나타내는 질환(병식의 결여)

(2) 주요 증상
① 양성증상
   a. 정상인에게는 없지만 환자에게는 있는 것(+)
   b. 환각, 망상, 와해된 사고, 와해된 행동
   c. 인지하기 쉽고, 약물에 의해 빠르게 호전
② 음성증상
   a. 정상인에게는 있지만 환자에게는 없는 것(-)
   b. 정상적으로 나타나는 정신기능의 소멸, 결핍, 감소
   c. 감소된 정서 표현, 실어증, 사회성 부족, 주의력 결핍

2 조울증(양극성장애)과 우울증

(1) 양극성 Ⅰ형 (bipolar Ⅰ disorder) : 조증 + 주요우울의 교대 반복되는 조증의 상태(조증이 주됨)
(2) 양극성 Ⅱ형 (bipolar Ⅱ disorder) : (조증보다 가벼운)경조증 삽화 + 주요우울 삽화(우울증이 주됨)
(3) 우울증 : 우울한 감정이 장기적으로 지속되어 일상생활에 지장을 주는 경우

3 공황장애

(1) 갑자기 죽을 것 같은 극도의 두려움
(2) 증상 : 심계항진, 발한, 무서움에 떠는 증상, 흉통, 오심, 어지럽고 불안정한 느낌, 비현실적 이인감, 사지저림, 죽을 것 같은 느낌

4 정신건강증진시설

1 정신건강증진시설

(1) 정신재활시설
   ① 정신질환자의 사회적응을 위한 각종 훈련과 생활지도를 하는 시설
   ② 종류 : 생활시설, 재활훈련시설, 종합시설, 중독자 재활시설 등

(2) 정신요양시설
   ① 대상 : 만성 정신질환자 요양·보호
   ② 정신질환자를 입소시켜 요양서비스를 제공하는 시설

(3) 정신의료기관
　① 대상 : 급성 정신질환자
　② 종류 : 정신과 의원, 정신병원 병원급 의료기관의 정신건강의학과

2 정신건강전문요원

(1) 「정신건강증진 및 정신질환자 복지서비스 지원에 관한 법률」 제17조(정신건강전문요원의 자격 등) : 보건복지부장관은 정신건강 분야에 관한 전문지식과 기술을 갖추고 보건복지부령으로 정하는 수련기관에서 수련을 받은 사람에게 정신건강전문요원의 자격을 줄 수 있다.
(2) 정신건강전문요원 : 정신건강임상심리사, 정신건강간호사, 정신건강사회복지사 및 정신건강작업치료사

3 정신건강전문요원의 업무범위(시행령 별표2)

(1) 공통업무
　① 정신재활시설의 운영
　② 정신질환자 등의 재활훈련, 생활훈련 및 작업훈련의 실시 및 지도
　③ 정신질환자 등과 그 가족의 권익보장을 위한 활동 지원
　④ 진단 및 보호의 신청
　⑤ 정신질환자 등에 대한 개인별 지원계획의 수립 및 지원
　⑥ 정신질환 예방 및 정신건강복지에 관한 조사·연구
　⑦ 정신질환자 등의 사회적응 및 재활을 위한 활동
　⑧ 정신건강증진사업 등의 사업 수행 및 교육
　⑨ 그 밖에 가목부터 아목까지의 규정에 준하는 사항으로 보건복지부장관이 정하는 정신건강증진 활동
(2) 개별업무
　① 정신건강임상심리사
　　a. 정신질환자 등에 대한 심리 평가 및 심리 교육
　　b. 정신질환자 등과 그 가족에 대한 심리 상담 및 심리 안정을 위한 서비스 지원
　② 정신건강간호사
　　a. 정신질환자 등의 간호 필요성에 대한 관찰, 자료수집, 간호 활동
　　b. 정신질환자 등과 그 가족에 대한 건강증진을 위한 활동의 기획과 수행
　③ 정신건강사회복지사
　　a. 정신질환자 등에 대한 사회 서비스 지원 등에 대한 조사
　　b. 정신질환자 등과 그 가족에 대한 사회복지서비스 지원에 대한 상담·안내
　④ 정신건강작업치료사
　　a. 정신질환자 등에 대한 작업 수행 평가, 정신질환자 등의 신체적·정신적 기능 향상을 위한 작업치료
　　b. 정신질환자 등과 그 가족에 대한 작업치료 교육과 작업치료 서비스 기획·수행

기출문제로 요점정리

01 [2022 지방]

정신보건사업의 목적으로 옳지 않은 것은?

① 정신질환자의 격리
② 건전한 정신기능의 유지증진
③ 정신장애의 예방
④ 치료자의 사회복귀

02 [2021 서울]

정신건강과 관련된 내용에 대한 설명으로 가장 옳지 않은 것은?

① 세계보건기구는 정신건강증진을 긍정적 정서를 함양하고 질병을 예방하며 역경을 이겨내는 회복력(resilience)을 향상시키는 것이라고 정의하였다.
② 「정신건강증진 및 정신질환자 복지서비스 지원에 관한 법률」에서 정신건강증진사업을 규정하고 있다.
③ 정부는 정신건강을 위한 다양한 정책, 제도, 법률 서비스 개발을 강화하고 실행하여야 한다.
④ 지역사회 기반의 정신건강 서비스는 입원을 강화하도록 하고, 병원이 중심이 되어야 한다.

■정답 ①
◉요점 정신보건의 목적
• 정신장애의 예방
• 건전한 정신기능의 유지 및 증진
• 정신질환자의 조기발견 및 조기치료
• 정신질환자의 사회통합 촉진과 삶의 질 향상
• 재가환자의 지도와 치료

■정답 ④
◉요점
④ 지역사회 기반의 정신건강 서비스는 입원을 강화하도록 하고, 병원이 중심이 되어야 한다. → 지역사회 내에서 발생하는 정신건강 문제를 지역사회 내의 자원을 활용하여 해결하도록 노력해야 한다.

03
[2019 서울]

「정신건강증진 및 정신질환자 복지서비스 지원에 관한 법률」상 정신건강증진의 기본이념으로 가장 옳지 않은 것은?

① 모든 정신질환자는 인간으로서의 존엄과 가치를 보장받고, 최적의 치료를 받을 권리를 가진다.
② 정신질환자의 입원 또는 입소가 최소화되도록 지역 사회 중심의 치료가 우선적으로 고려되어야 한다.
③ 정신질환자는 원칙적으로 자신의 신체와 재산에 관한 사항에 대하여 보호자의 동의가 필요하다.
④ 정신질환자는 자신과 관련된 정책의 결정과정에 참여할 권리를 가진다.

정답 ③

요점
③ 정신질환자는 원칙적으로 자신의 신체와 재산에 관한 사항에 대하여 보호자의 동의가 필요하다. → 정신질환자는 원칙적으로 자신의 신체와 재산에 관한 사항에 대하여 스스로 판단하고 결정할 권리를 가진다.

04
[2017 서울]

다음의 정신장애에 대한 설명에 해당하는 것은?

- 현실에 대한 왜곡된 지각
- 망상, 환각, 비조직적 언어와 행동
- 20~40세 인구에서 호발하며, 만성적으로 진행
- 부모 중 한명이 이환된 경우 자녀의 9~10%에서 발병

① 조울병(manic depressive psychosis)
② 신경증(neurosis)
③ 인격장애(personality disorder)
④ 정신분열증(schizophrenia)

정답 ④

요점 조현병(schizophrenia)
- 뇌의 기질적 장애로 인한 사고, 감정, 지각, 행동, 사회활동 등에서 특이한 와해를 나타내는 질환(병식의 결여)
- 주요 증상 : 환각, 망상, 와해된 사고, 와해된 행동, 감소된 정서 표현, 실어증, 사회성 부족, 주의력결핍 등

기출문제로 요점정리

05 [2014 대구]

노인장기요양보험제도에 관한 설명으로 옳지 않은 것은?

① 대상은 65세 이상 노인이다.
② 보험자는 국민건강보험과 동일하다.
③ 보험료 납부자는 국민건강보험과 동일하다.
④ 사회보험방식을 통해 대상자의 일상생활을 지원한다.

정답 ①

요점 노인장기요양보험 대상자 및 등급판정기준
- 65세 이상의 노인 또는 65세 미만이지만 노인성 질병(치매, 중풍, 뇌졸중, 파킨슨 등)을 가진 자
- 6개월 이상의 기간 동안 일상생활(ADL)을 혼자서 수행하기 어렵다고 인정되는 경우 정도에 따라 등급 판정

06 [2021 경기]

「노인장기요양보험법」에 따른 급여의 내용에 해당하지 않는 것은?

① 야간보호
② 단기보호
③ 노인성 질환 치료비
④ 요양병원 간병비

정답 ③

요점 장기요양급여의 종류

재가급여	방문요양, 방문목욕, 방문간호, 주·야간보호, 단기보호, 기타 재가급여
시설급여	노인복지법에 따른 노인의료복지시설 등에 장기간 입소(시설 입소 시 장기요양인정서 필요)
특별현금급여	가족요양비, 특례요양비, 요양병원간병비

07
[2018 경기 의료기술]

노화로 인한 신체변화의 특성으로 옳지 않은 것은?

① 수분 함량은 감소된다.
② 척추가 후굴되고, 추간판이 두꺼워진다.
③ 혈관의 탄력성은 저하된다.
④ 환기량이 감소된다.

정답 ②

◉요점 **노화로 인한 근골격계 변화**
- 뼈밀도 감소로 골연화증, 골다공증, 병리적 골절 증가
- 연골의 마모
- 근력의 저하로 근육위축
- 추간판 얇아지고 간격 좁아짐, 척추압박으로 키 작아짐

08
[2019 경북 의료기술]

노인장기요양보험에 대한 설명으로 옳은 것은?

① 현물급여와 시설급여를 우선적으로 제공한다.
② 건강보험과 회계를 통합하여 운영한다.
③ 장기요양등급은 1~3등급으로 구분한다.
④ 노인장기요양보험에 가입한 45세 치매환자는 요양급여의 혜택을 받을 수 있다.

정답 ④

◉요점 **노인장기요양보험**
① 장기요양급여의 종류에는 재가급여, 시설급여, 특별현금급여가 있으며 재가급여를 우선적으로 제공한다.
② 노인장기요양보험과 국민건강보험의 가입자는 동일하며, 건강보험료와 노인장기요양 보험료를 통합하여 징수하지만 재정은 독립회계로 관리한다.
③ 장기요양등급은 1~5등급과 인지지원등급으로 구분한다.
④ 65세 미만이지만 노인성 질병(치매 중풍 뇌졸중 파킨슨 등)을 가진 자 또한 요양급여의 혜택을 받을 수 있다.

기출문제로 요점정리

09 [2023 지방]

「정신건강증진 및 정신질환자 복지서비스 지원에 관한 법률」상 '정신건강증진시설'에 해당하는 것만을 모두 고르면?

> ㄱ. 정신건강복지센터
> ㄴ. 정신요양시설
> ㄷ. 정신재활시설
> ㄹ. 정신의료기관

① ㄱ, ㄴ
② ㄱ, ㄷ, ㄹ
③ ㄴ, ㄷ, ㄹ
④ ㄱ, ㄴ, ㄷ, ㄹ

■정답 ③
◉요점 **정신건강증진시설**
- 정신재활시설
  - 정신질환자의 사회적응을 위한 각종 훈련과 생활지도를 하는 시설
  - 종류 : 생활시설, 재활훈련시설, 종합시설, 중독자 재활 시설 등
- 정신요양시설
  - 대상 : 만성 정신질환자 요양·보호
  - 정신질환자를 입소시켜 요양서비스를 제공하는 시설
- 정신의료기관
  - 대상 : 급성 정신질환자
  - 종류 : 정신과 의원, 정신병원, 병원급 의료기관의 정신건강의학과

10 [2023 서울 보건연구사]

우리나라 노인 보건의료에 대한 설명으로 가장 옳지 않은 것은?

① 요양병원의 진료비 지불방식은 행위별수가를 기본으로 한다.
② 노인인구의 의료비 지출은 1인당 의료비 지출과 노인 인구의 비중이 크게 영향을 미친다.
③ 노인 보건의료의 특수한 수요로는 호스피스 서비스 등이 있다.
④ 사회적 제도에는 재가급여가 포함된다.

■정답 ①
◉요점
① 요양병원, 보건기관은 정액수가제를 실시하고 있다.

진료비 지불방식
- 우리나라는 행위별수가제를 근간으로 행위별수가제의 단점을 보완하고 의료자원의 효율적 활용을 위하여 질병군별포괄수가제(DRG)와 정액수가제(요양병원, 보건기관)를 병행해 실시하고 있다.
- 행위별수가제는 진료에 소요되는 약제 또는 재료비를 별도로 산정하고, 의료인이 제공한 진료행위 하나하나 마다 항목별로 가격을 책정하여 진료비를 지급하도록 하는 제도이다.
- 정액수가제는 입원환자의 질병, 기능상태에 따라 입원 1일당 정액수가를 적용하는 제도이다.
④ 노인장기요양보험제도에서 제공받을 수 있는 서비스 (재가 급여, 시설 급여, 특별 현금급여)에 해당한다. 재가 급여는 요양보호사나 간호사가 일상생활이 혼자서는 어려운 등급을 받은 노인 가정을 방문해 간호서비스를 제공하는 형식이다. 시설 급여는 노인을 노인전문요양시설(시설)에 입소시켜 병간호를 해주는 방식이다. 특별 현금급여는 요양시설이 없는 도서벽지에 사는 해당자나 가족에게 현금을 지원하는 형태이다.

11
[2020 경북 의료기술]

다음 중 「노인복지법」에 따른 노인주거복지시설에 해당하는 것은?

① 양로시설
② 단기보호시설
③ 요양병원
④ 노인요양시설

정답 ①

요점 「노인복지법」 제31조(노인복지시설의 종류)

- 노인주거복지시설
  - 양로시설 : 노인을 입소시켜 급식과 그 밖에 일상생활에 필요한 편의를 제공함을 목적으로 하는 시설
  - 노인공동생활가정 : 노인들에게 가정과 같은 주거여건과 급식, 그 밖에 일상생활에 필요한 편의를 제공함을 목적으로 하는 시설
  - 노인복지주택 : 노인에게 주거시설을 임대하여 주거의 편의·생활지도·상담 및 안전관리 등 일상생활에 필요한 편의를 제공함을 목적으로 하는 시설
- 노인의료복지시설
  - 노인요양시설 : 치매·중풍 등 노인성질환 등으로 심신에 상당한 장애가 발생하여 도움을 필요로 하는 노인을 입소시켜 급식·요양과 그 밖에 일상생활에 필요한 편의를 제공함을 목적으로 하는 시설
  - 노인요양공동생활가정 : 치매·중풍 등 노인성질환 등으로 심신에 상당한 장애가 발생하여 도움을 필요로 하는 노인에게 가정과 같은 주거여건과 급식·요양, 그 밖에 일상생활에 필요한 편의를 제공함을 목적으로 하는 시설
- 노인여가복지시설
  - 노인복지관 : 노인의 교양·취미생활 및 사회참여활동 등에 대한 각종 정보와 서비스를 제공하고, 건강증진 및 질병예방과 소득보장·재가복지, 그 밖에 노인의 복지증진에 필요한 서비스를 제공함을 목적으로 하는 시설
  - 경로당 : 지역노인들이 자율적으로 친목도모·취미활동·공동작업장 운영 및 각종 정보교환과 기타 여가활동을 할 수 있도록 하는 장소를 제공함을 목적으로 하는 시설
  - 노인교실 : 노인들에 대하여 사회활동 참여욕구를 충족시키기 위하여 건전한 취미생활·노인건강유지·소득보장 기타 일상생활과 관련한 학습프로그램을 제공함을 목적으로 하는 시설
- 재가노인복지시설 : 방문요양서비스, 주·야간보호서비스, 단기보호서비스, 방문 목욕 서비스
- 노인보호전문기관
- 노인일자리지원기관
- 학대피해노인 전용쉼터

12
[2022 서울]

지역사회 주민을 대상으로 한 정신보건 예방관리사업에서 3차 예방 수준의 사업 내용은?

① 우울증 예방에 대한 홍보 책자 배포
② 우울증 위험군을 대상으로 정기적 선별검사 시행
③ 지역 내 사업장의 직무 스트레스 관리 프로그램 운영, 지원
④ 정신병원 퇴원 예정자를 대상으로 사회생활 적응 프로그램 운영

정답 ④

요점
① 1차 예방
② 2차 예방
③ 1차 예방

정신보건의 예방
- 1차 예방
  - 목적 : 지역사회 정신건강 증진, 새로운 정신장애 발생 감소
  - 역할 : 성숙위기(예방이 가능한 발달위기)에 대처할 수 있도록 상담, 교육 제공, 상황위기에 처한 대상자에게 지지와 격려
- 2차 예방
  - 목적 : 조기발견, 신속한 치료를 통한 정신장애의 기간 감소, 유병률 감소
  - 역할 : 응급전화, 위기중재, 치료
- 3차 예방
  - 목적 : 정신적 잔여 결함과 사회적 장애 감소
  - 역할 : 일상기능 회복으로 빠른 시간 내에 사회에 적응할 수 있도록 도움, 재발 방지를 위한 연속적 간호 제공

13
[2020 부산]

정신건강의학사의 1~4차 혁명을 연결한 것으로 옳지 않은 것은?

① 1차 혁명 – 셀수스(Celsus)의 「데 메디키나(De Medicina)」 저술
② 2차 혁명 – 지그문트 프로이드(Sigmund Freud)의 정신분석학
③ 3차 혁명 – 항정신성약물의 개발
④ 4차 혁명 – 지역사회 정신보건

■정답 ①
◎요점
① 셀수스 : 최초의 의학교과서 「데 메디키나」 저술, 정신질환의 치료는 쇼크 치료법이 유용하다고 주장

정신보건의 1차 혁명
필립 피넬(Philippe Pinel, 1745~1826) : 쇠사슬에서 해방, 인도주의적 심리치료 시행(현대 정신의학의 선구자)

14
[2019 인천]

다음 글에 해당하는 정신질환은?

> 사고, 감정, 행동 등에 장애가 생기는 정신질환으로, 특히 감정과 사고를 조절하고 통합하는 뇌기능 장애가 심한 질병이기 때문에 '통합실조증'이라고 부른다.

① 조현병
② 조울증
③ 신경증
④ 인격장애

■정답 ①
◎요점 조현병
뇌의 기질적 장애로 인해 사고, 감정, 지각, 행동, 사회활동 등에서 특이한 와해를 나타내는 질환(병식의 결여)으로 양성증상과 음성증상이 나타난다.
• 양성증상
 - 정상인에게는 없지만 환자에게는 있는 것(+)
 - 환각, 망상, 와해된 사고, 와해된 행동
 - 인지하기 쉽고, 약물에 의해 빠르게 호전
• 음성증상
 - 정상인에게는 있지만 환자에게는 없는 것(-)
 - 정상적으로 나타나는 정신기능의 소멸, 결핍, 감소
 - 감소된 정서 표현, 실어증, 사회성 부족, 주의력 결핍

PART 8

학습 포인트

- 맬서스주의
- 적정인구론
- 인구 피라미드 유형
- 부양비와 노령화지수
- 모자보건의 중요성
- 모자보건의 주요 용어
- 임신중독증

인구보건 및 모자보건

CHAPTER 01　인구보건
CHAPTER 02　모자보건

CHAPTER 01 인구보건

1 인구의 개념

1 인구의 정의
인구란 어떤 특정 시간에 일정 지역에 거주하고 있는 사람의 집단을 의미

2 인구의 종류
(1) 이론적 인구: 인구 현상 및 인구와 관련된 이론을 분석하기 위해 설정된 인구
① 폐쇄인구: 인구의 전입과 전출이 없는 상태로 단순히 출생과 사망만 있는 인구
② 안정인구: 폐쇄인구에서 남·녀의 연령별 사망률과 출생률이 일정하게 유지되면서 일정한 자연 증가율을 보이는 인구(인구의 구조는 변함 없이 인구의 규모만 변함)
③ 정지인구: 안정인구 중 출생률과 사망률이 같아서 성장률이 '0'인 인구
④ 적정인구
    a. 주어진 여러 조건 아래 가능한 최고의 생활을 실현시킬 수 있을 때의 인구
    b. 1인당 소득이나 생산성이 최대가 될 수 있는 인구 규모
    c. 캐넌(E. Cannan)에 의해 이론화 됨

(2) 실제적 인구: 인구집단을 시간과 지역 등의 속성으로 분류한 것으로, 교통문제, 도시계획 등 정책의 기초자료로 활용
① 현재인구: 인구조사 당시 해당 지역에 현존하는 인구
② 상주인구: 인구조사 시점에서 해당 지역에 거주하는 인구(일시적 현재자를 제외하고, 일시적 부재자를 포함한다)
③ 법적인구: 본적지 인구, 유권자 인구, 납세인구 등 어떤 법적 관계에 입각하여 특정한 인간집단을 특정지역에 귀속시킨 인구
④ 종업지인구: 어떤 일에 종사하는 장소에 결부시켜 분류한 인구

3 인구이론
(1) 인구론
① 존 그랜트(J. Graunt)
    a. 인구학의 시조
    b. 출생과 사망에 대한 인구의 수량적 분석의 최초 시도(보건통계학 최초의 논문 발표)

② 맬서스주의(Malthusism, 1766~1834)
   a. 인구의 증가는 기하급수적인 데 반해 식량의 증가는 못 미치고 있으며, 인구 증가는 사회악이므로 인구증가를 억제해야 한다고 주장
   b. 인구억제 방법 : 도덕적 억제인 만혼과 금욕을 방법으로 제시, 적극적 억제책인 피임법은 종교적 이유로 반대함
   c. 맬서스 이론의 3가지 원리
      · 규제의 원리 : 인구는 식량에 의해 구제된다.
      · 증식의 원리 : 식량이 증가하면 인구도 증가한다.
      · 인구파동의 원리 : 인구는 증식과 규제의 상호작용에 의해 파동을 반복한다.
   d. 이론의 한계 : 인구이론을 인구와 식량에만 국한, 만혼주의를 택함으로써 여러 가지 사회범죄, 사회악을 초래

③ 신맬서스주의(Neo-Malthusism)
   a. 맬서스의 인구론에 입각하여 인구 증가 억제를 위한 산아 제한의 필요성 인정
   b. 그 방법으로 만혼 반대, 피임에 의한 산아제한 주장
   c. 프란시스 플레이스(Francis Place, 1771~1854) : 맬서스의 인구론을 지지하면서 피임을 적극 권장한 신맬서스주의의 대표

④ 적정인구론(Optimum Population Theory)
   a. 캐난(E. Cannan, 1861~1935)에 의해 이론화
   b. 신맬서스주의에서 발전
   c. 적정인구에 대한 기준을 생활수준에 둔 이론으로, 주어진 여건속에서 최고의 생활수준을 유지할 수 있는 인구를 정적인구로 정의
   d. 1인당 소득, 1인당 생산성을 최대화시킬 수 있는 인구의 규모를 의미함

(2) 인구변천이론(인구전환이론=인구이행론) : 인구의 변화과정을 분석한 이론
① 노테슈타인(Notestein)과 톰슨(Thompson)의 분류 : 여러 나라의 인구성장을 공업화 정도에 따라 3단계로 분류
   a. 1단계(고잠재적 성장단계) : 다산다사
      • 고출생, 고사망, 높은 영아사망률이 특징
      • 공업화되지 못한 국가에서 주로 관찰됨
      • 향후 인구증가가 예측됨
   b. 2단계(과도기적 성장단계) : 다산소사
      • 고출생, 저사망(생활수준의 향상)으로 급속한 인구증가가 나타남
      • 개발도상국과 같은 공업화된 국가에서 주로 관찰됨
   c. 3단계(인구감소단계) : 소산소사
      • 저출생, 저사망
      • 선진공업국가에서 주로 관찰

OX로 확인

01 　　　　　　　　　OX
존 그랜트는 맬서스의 인구론에 입각하여 산아 제한의 필요성 인정하고 그 방법으로 피임법을 적극 권장하였다.

OX로 확인

02 　　　　　　　　　OX
적정인구론에 의한 적정인구는 1인당 소득과 생산성을 최대화시킬 수 있는 인구의 규모를 의미한다.

OX로 확인

03 　　　　　　　　　OX
노테슈타인과 톰슨의 인구변천이론은 인구성장을 공업화 정도에 따라 분류하였다.

OX로 확인 해설&정답

해설
01 존 그랜트 → 프란시스 플레이스

정답
01 ✕ 02 ○ 03 ○

② 블레커(C.P.Blacker)의 분류 : 인구의 성장단계를 농경사회에서 현대사회로의 변천 과정에 따라 5단계로 분류

  a. 1단계(고위정지기)
- 고출생, 고사망으로 인구성장이 정지된 상태
- 후진국에서 주로 관찰

  b. 2단계(초기확장기)
- 고출생, 저사망으로 인구증가 지속
- 경제개발국가에서 관찰

  c. 3단계(후기확장기)
- 저출생, 저사망으로 인구성장의 둔화
- 산업의 발달과 핵가족화 경향

  d. 4단계(저위정지기)
- 출생률과 사망률이 최저로 인구성장이 정지된 형태
- 이탈리아, 구소련, 중동 등의 인구형태

  e. 5단계(감퇴기)
- 출생률보다 사망률이 높아 인구가 감소되는 형태
- 일본, 북아메리카, 북유럽 등의 인구형태

2 인구통계

1 정태통계(State of Population)

(1) 정태통계
  ① 끊임없이 변동하는 인구를 어떤 정지된 시점에서 관찰하는 것
  ② 전수조사에 의한 자료

(2) 시점조사
  ① 자연적(성별, 연령별)
  ② 사회적(국적별, 배우 관계별)
  ③ 경제적(직업별, 사업별)

(3) 종류 : 국세조사(5년마다 우리나라 총 인구를 파악하는 인구총조사, Census), 사후표본조사, 연말인구조사, 호적부, 주민등록부조사

2 동태통계(Movement of Population)

(1) 동태통계
  ① 인구의 크기와 구조에 변동을 일으키는 요인인 출생·사망·이동·결혼·이혼 등의 발생 수를 일정기간 내에 조사한 것
  ② 신고에 의한 자료

O×로 확인

04 O│X
인구동태통계는 일정 기간에 인구가 변동하는 상황을 나타내는 통계로 전수조사에 의한 시점조사이다.

O×로 확인 해설&정답

해설
04 전수조사에 의한 시점조사 → 신고에 의한 기간조사

정답
4 ×

(2) 기간조사
(3) 종류 : 매월 행정기관 신고 자료를 기초로 한 인구동향조사(출생률, 사망률, 전·출입률, 혼인·이혼률 등)

3 인구증가=자연증가(출생-사망)+사회증가(유입인구-유출인구)

$$인구증가율 = \frac{자연\ 증가 + 사회\ 증가}{인구} \times 1000$$

$$연간\ 인구증가율 = \frac{연말\ 인구 - 연초\ 인구}{연초\ 인구} \times 100$$

3 인구구조와 인구문제

1 성 구조

(1) 성비의 정의
 ① 일정지역 내 남녀별 구성비를 표시하는 방법
 ② 여자 100명에 대한 남자인구비

$$성비 = \frac{남자\ 수}{여자\ 수} \times 100$$

(2) 성비의 구분
 ① 1차 성비 : 태아의 성비(남 > 여)
 ② 2차 성비 : 출생 시의 성비, 장래 인구를 추정하는 자료가 됨(남 > 여)
 ③ 3차 성비 : 현재 인구의 성비(고령에서는 남 < 여)

2 부양비와 노령화지수

(1) 부양비
 ① 경제활동 연령인구에 대한 비경제활동연령 인구의 비
 ② 총부양비가 높을수록 경제활동 연령인구가 부양해야 하는 경제적 부담 높음
 ③ 유년부양비 : 개발도상국이 높다.
 ④ 노년부양비 : 선진국이 높다

- 총부양비 $= \dfrac{15세\ 미만\ 인구 + 65세\ 이상\ 인구}{15 \sim 64세\ 인구} \times 100$
- 유년부양비 $= \dfrac{15세\ 미만\ 인구}{15 \sim 64세\ 인구} \times 100$
- 노년부양비 $= \dfrac{65세\ 이상\ 인구}{15 \sim 64세\ 인구} \times 100$

OX로 확인

05 ○|×
총부양비는 15~64세 인구와 65세 이상 인구의 비로 나타낸다.

OX로 확인 해설&정답

해설
05 총부양비 → 노년부양비

정답
05 ×

(2) 노령화지수

① 노인인구의 증가에 따른 노령화 정도를 나타내는 지표

② 저출산과 고령화를 한꺼번에 나타내는 인구지표 → 노령화지수는 유소년 인구 중 노인의 비율이므로 저출산의 경우 노령화지수 올라간다. 즉, 저출산과 고령화 둘 다 알 수 있는 지표가 된다.

$$노령화지수 = \frac{65세\ 이상\ 인구(노년인구)}{0\sim14세\ 인구(유년인구)} \times 100$$

- 고령화 사회: 전체 인구 중 65세 이상 인구 비율이 7% 이상
- 고령 사회: 전체 인구 중 65세 이상 인구 비율이 14% 이상
- 초고령 사회: 전체 인구 중 65세 이상 인구 비율이 20% 이상

우리나라는 2017년 고령화 사회에서 고령사회가 되었고(2022년 9월 기준 17.8%), 2024년 하반기(전체 인구 대비 노인 인구 구성비는 20.0%)쯤 초고령사회에 도달할 것으로 전망한다.

3 인구 피라미드 유형

(1) 피라미드형(Pyramid Form)

① 다산다사, 고출생, 고사망 → 인구 지속적 증가

② 0~14세 인구가 65세(50세) 이상의 2배를 초과

③ 저개발국가형, 유년부양비의 증가 및 아동복지와 교육에 대한 정책 필요

(2) 종형(Bell Form)

① 출생률·사망률이 모두 낮음 → 인구 정지

② 0~14세 인구가 65세(50세) 이상 인구의 2배

③ 노령화 현상으로 노인복지 문제가 대두되기 시작

(3) 항아리형(Pot Form)

① 출생률이 사망률보다 매우 낮음 → 인구 감소

② 0~14세 인구가 65세(50세) 이상 인구의 2배에 미치지 못함

③ 유소년층의 비율이 낮아 국가경쟁력 약화 우려

(4) 기타형(Guitor Form) – 농촌형, 유출형, 호로형

① 15~49세 인구가 전체 인구의 50% 미만

② 청장년층의 유출에 의한 출산력 저하로 유년층의 비율이 낮음

(5) 별형(Star Form) – 도시형, 유입형

① 15~49세 인구가 전체 인구의 50%를 넘음

② 출산연령에 해당하는 청장년층의 높은 비율

OX로 확인

06 O | X
항아리형은 유년부양비의 증가로 아동복지와 교육에 대한 정책이 필요하다.

OX로 확인 해설&정답

[해설]
06 항아리형 → 피라미드형

[정답]
06 ✕

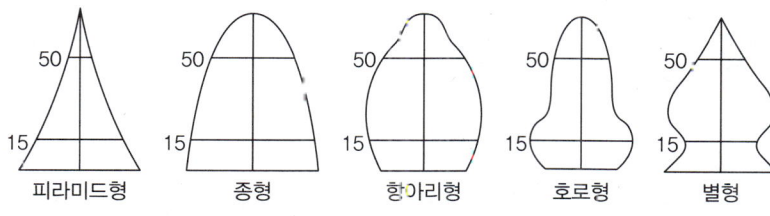

[인구피라미드의 유형]

4 인구문제

(1) 인구증가

① 증가요인 : 보건 의료기술의 발달로 인한 평균수명의 연장, 건강에 대한 관심과 건강 서비스의 증가, 전반적 생활수준(영양, 안전, 위생환경)의 향상, 영아 사망률 감소 등

② 인구 증가에 따른 문제점 : 환경오염, 빈곤 – 식량부족과 자원 부족, 인구 역도태 현상 초래

> **참고**
>
> **인구 증가에 따른 문제**
> - 3P : 인구(population), 빈곤(poverty), 환경오염(pollution)
> - 3M complex : 영양부족(malnutrition), 질병이환(morbidity), 사망(mortality)
> - 인구 역도태 현상
>   - Lenz가 주장한 인구의 자질 저하 현상
>   - 상류층은 인구정책을 수용하고, 하류층은 수용 안함으로써 발생

(2) 인구감소

① 감소요인 : 저출산

    a. 저출산의 원인 : 결혼 및 출산연령의 지연, 결혼가치관 변화, 경기침체, 양육비 및 교육비 부담의 증가, 불임의 증가, 여성의 사회참여 증대 등

② 인구 감소에 따른 문제점 : 국가 경쟁력 약화, 노동력 부족, 생산력 인구의 감소, 부양비 증가 등

5 인구정책

현재의 인구현상이 그 사회의 존속과 발전에 적합하지 못할 경우에 인구와 관련된 대비책을 세우고 사업계획을 벌이는 정부의 노력과 수단

(1) 인구조정정책 : 출생, 사망, 인구이동을 국가가 인위적으로 개입하여 인구상태를 바람직한 방향으로 유도하는 정책

① 출산조절정책 : 가족계획 사업을 통해 인구를 통제·제한하는 정책

② 인구자질 향상정책 : 보건의료와 교육수준 등의 향상을 통해 인구의 질적 향상을 이루려는 정책

③ 인구분산정책 : 수도권 인구분산정책, 이민장려 등 인구를 이동시키는 것

(2) 인구대응정책 : 인구와 관련된 문제를 해결하기 위해 식량, 주택, 교육, 고용, 소득, 자원개발, 사회복지 등에 대한 인구정책

CHAPTER 02 모자보건

1 모자보건의 개념

1 모자보건의 정의
모성 및 영유아의 생명과 건강을 보호하고 건전한 자녀의 출산과 양육을 도모하는 것

2 모자보건의 대상

(1) 모성 : 임산부와 가임기 여성
　① 협의 : 임신, 분만, 산욕기, 수유기의 여성
　② 광의 : 초경에서 폐경까지의 모든 여성, 보통 15~49세의 가임 여성을 의미

(2) 영유아 : 출생 후 6년 미만인 사람
　① 협의 : 생후부터 학령 전 아동
　② 광의 : 출생에서 사춘기에 이르는 남녀

> **참고**
>
> 「모자보건법」제2조 정의
> - 임산부 : 임신 중이거나 분만 후 6개월 미만인 여성
> - 모성 : 임산부와 가임기 여성
> - 영유아 : 출생 후 6년 미만인 사람
> - 신생아 : 출생 후 28일 이내의 영유아
> - 미숙아 : 신체의 발육이 미숙한 채로 출생한 영유아
> - 선천성이상아 : 선천성 기형 또는 변형이 있거나 염색체에 이상이 있는 영유아
> - 인공임신중절수술 : 태아가 모체 밖에서는 생명을 유지할 수 없는 시기에 태아와 그 부속물을 인공적으로 모체 밖으로 배출시키는 수술
> - 모자보건사업 : 모성과 영유아에게 전문적인 보건의료서비스 및 그와 관련된 정보를 제공하고, 모성의 생식건강 관리와 임신·출산·양육 지원을 통하여 이들이 신체적·정신적·사회적으로 건강을 유지하게 하는 사업
> - 산후조리업 : 산후조리 및 요양 등에 필요한 인력과 시설을 갖춘 곳에서 분만 직후의 임산부나 출생 직후의 영유아에게 급식·요양과 그 밖에 일상생활에 필요한 편의를 제공하는 업
> - 난임 : 부부가 피임을 하지 아니한 상태에서 부부간 정상적인 성생활을 하고 있음에도 불구하고 1년이 지나도 임신이 되지 아니하는 상태
> - 보조생식술 : 임신을 목적으로 자연적인 생식과정에 인위적으로 개입하는 의료행위

3 모자보건의 중요성
(1) 넓은 대상층 : 전체 인구의 60~70% 차지
(2) 적은 비용으로 건강증진에 기여

(3) 모성과 아동의 건강은 다음 세대의 인구자질에 영향
(4) 지속적 건강관리와 질병예방사업에의 큰 효과
(5) 임산부와 영·유아는 질병에 쉽게 이환되고 이환 시에 후유증도 큼
(6) 임산부와 영유아는 건강 취약 대상이며, 포괄적인 모자보건 사업에 대한 흡수성이 높음

> **OX로 확인**
> **07** O X
> 임산부와 영·유아는 질병에 쉽게 이환되고 이환 시에 후유증도 커 질병예방사업에 효과가 적다.

2 모자보건사업의 이해

1 모자보건사업의 정의

모성과 영유아에게 전문적인 보건의료서비스 및 그와 관련된 정보를 제공하고, 모성의 생식건강관리와 임신·출산·양육지원을 통하여 이들이 신체적·정신적·사회적으로 건강을 유지하게 하는 사업을 말함

2 모성보건사업의 내용

(1) 산전관리
① 임신에서 분만에 이르는 과정 동안 임부와 태아의 건강 상태를 주기적으로 살펴 그들의 건강을 유지·증진하도록 하는 것
② 임산부 정기 건강 검진(모자보건법에 의한 산전관리 횟수)
  a. 임신 7개월까지 : 4주에 한 번
  b. 임신 8~9개월 : 2주에 한 번
  c. 임신 10개월 : 매주 한 번
③ 임산부 철분제, 엽산제 지원
  a. 철분제 : 임신 16주 이상 등록 임산부(분만 전까지 5개월분 무료 지원)
  b. 엽산제 : 임신 전·후 3개월까지 지원(비타민 B_9, 적혈구와 DNA 생성에 중요한 역할, 엽산 부족 시 신경관 결손으로 유산·사산·기형아 출산 가능성)

> **참고**
> **임신과 관련된 건강문제**
> • 임신성 고혈압 : 임신 기간 중의 혈압이 140/90mmHg 이상이고, 단백뇨를 동반하지 않으며, 분만 후 12주 이내에 정상 혈압이 되는 상태
> • 임신중독증
>   - 임신과 합병된 고혈압성 질환으로 임신 20주 이후에 새로이 고혈압이 발견되고 출산 후에 정상화되는 경우를 말함
>   - 발생기전은 정확히 밝혀지지 않음
>   - 3대 주요증상 : 부종, 단백뇨, 고혈압
> • 자궁외 임신 : 수정란이 착상을 하는 장소인 자궁 내부가 아닌 다른 부위에 착상되는 임신
>   - 증상 : 출혈, 하복부 통증
>   - 자궁외 임신이 된 부위(흔히 난관)가 태아의 크기를 견디지 못해서 파열 → 다량의 출혈 → 사망 가능성

> **OX로 확인**
> **08** O X
> 임신 초기부터 36주까지는 4주에 한 번 산전 건강진단을 실시한다.

> **OX로 확인**
> **09** O X
> 임신중독증의 3가지 주 증상은 부종, 당뇨, 고혈압이다.

> **OX로 확인** **해설&정답**
> **해설**
> **07** 적다 → 크다
> **08** 36주 → 28주
> **09** 부종, 당뇨, 고혈압 → 부종, 단백뇨, 고혈압
>
> **정답**
> 07 X   08 X   09 X

모성 사망
임신, 분만, 출산과 관련된 질병과 합병증으로 인해 발생되는 사망
- 직접 모성사망
  - 임신, 분만, 출산 과정의 합병증이나 치료결과 등과 직접 연관된 사망
  - 산과적 색전증, 고혈압성 질환, 출혈성 질환, 자궁외 임신, 감염(패혈증, 산욕열) 등
- 간접 모성사망
  - 산과적 원인과는 다르게 임신 전의 질환 또는 임신, 분만, 출산 시 발생한 질환이 악화되어 일어난 것
  - 임신으로 인한 신장 질환, 심장 질환, 악성종양의 악화

조산
- 37주 미만 출생아
- 조산아 4대 관리 원칙 : 호흡관리, 체온보호, 영양공급, 감염방지

WHO 임신기간에 따른 분만의 분류
- 조산아(Premature infant) : 37주 미만 출생아
- 정상 기간 출생아(Term infant) : 37주 이상~42주 미만 출생아
- 과숙 출생아(Post term infant) : 42주 이상 출생아

몸무게 기준에 따른 분류
- 미숙아(Immature infant) : 2,500g 미만
- 과숙아(Exceptionally large baby) : 4,500g 이상

(2) 산후관리
① 산욕기 : 임신과 분만으로 인한 신체의 이상 상태가 정상으로 돌아가는 회복기(분만 후 6~8주 정도의 기간)
② 산욕기 관리 : 안정, 목욕, 산후 운동, 산후 피임 등
③ 산욕열 : 감염에 의해 38.5℃ 이상의 고열, 오한이 나타나는 현상
④ 산후 우울증 : 출산 후 호르몬 변화와 육아에서 오는 스트레스로 인한 우울증

3 영·유아 보건사업의 내용

(1) 건강진단 실시기준(모자보건법)

영유아	미숙아
· 신생아 : 수시 · 출생 후 1년 이내 : 매달 1회 · 출생 후 1년 초과 5년 이내 : 매 6월 1회	· 분만 의료기관 퇴원 후 7일 이내 : 1회 · 1차 건강진단 시 건강에 이상이 있는 경우 : 최소 1주 2회 · 건강에 이상 없는 경우 : 영·유아 기준에 따름

(2) 예방접종

구분	시기				
DPT		2, 4, 6		15~18	4~6세
MMR			12~15		4~6세
POLIO		2, 4, 6			4~6세
Hib		2, 4, 6	12~15		
폐렴구균		2, 4, 6	12~15		
수두			12~15		
결핵(BCG)	4주 이내				
B형 간염	0, 1, 6개월				
그룹 A형 로타 바이러스		2, 4, 6(5가 백신, 로타텍) 2, 4(1가 백신, 로타릭스)			

(3) 안전사고 예방 : 통계청 0~14세 사망원인 1위는 운수사고(교통사고)

(4) 영양관리

(5) 보건소 영·유아실 관리 : 관내 거주 영·유아를 등록시켜 정기적 건강관리와 예방접종 실시
   ① 건강진단 : 모자보건수첩 지참
   ② 미숙아와 선천성이상아 등록관리
   ③ 선천성 대사이상 검사 및 환아관리 : 생후 48시간 이후부터 7일 이내에 검사

(6) 선천성 난청 검사 및 보청기 지원 : 난청의 조기발견으로 재활치료 및 인공와우이식 등을 연계

(7) 미숙아 및 선천성이상아 등록관리 및 의료비 지원사업 : 정부 전액 지원 무료 6종 선천성 대사이상검사 — 페닐케톤뇨증, 갑상선기능저하증, 호모시스틴뇨증, 단풍당뇨증, 갈락토스혈증, 선천성부신과형성증

(8) 취학전 아동 실명예방 사업 : 저시력아동 시각 홍보 및 교육·재활, 개안 수술비 지원 등

4 모자보건사업의 추진방향

(1) 난임시술에 대한 질 관리 강화 및 난임부부 심리·정서 지원 강화
   ① 수요자 중심 난임 관련 정보제공 및 서비스 접근성 강화
   ② 보건소 난임시술비 등 지원 시 난임·우울증 상담센터 적극 연계, 난임·우울증상담센터 미설치 지역 대상자에 대한 비대면 서비스 활성화

(2) 임신·출산에 대한 사회적 지원 강화
　① 청소년 산모 임신·출산 관련 의료비 지원
　② 생애 초기 건강관리 시범사업 : 보건소 등록 임산부 및 만 2세 미만 영아 가정에 대해 전문적·맞춤형 건강관리 서비스를 지원
　③ 미숙아 지속관리 시범사업 : 미숙아가 퇴원 이후에도 병원을 지속 방문하여 성장, 발달 관련 상담, 검사, 치료를 받도록 추적 관리 지원

(3) 산후조리원 안전 및 품질관리 강화
　① 산후조리원 질 제고를 위한 컨설팅 사업 실시 : 간호사, 소방관 등 민간전문가를 활용하여 감염·안전 등 운영 전반에 대한 컨설팅 제공
　② 감염 예방 등에 관한 교육자료 개발·배포

기출문제로 요점정리

PART 8 인구보건 및 모자보건

01
[2022 지방]

일정한 지역 내 인구의 연령과 성별 구성을 나타내는 인구피라미드에 대한 설명으로 옳지 않은 것은?

① 남자의 인구 수는 왼쪽에, 여자의 인구 수는 오른쪽에 표시한다.
② 종형은 출생률과 사망률이 모두 낮은 인구정지형이다.
③ 항아리형은 19세 이하 인구가 65세 이상 인구의 2배 이하인 인구구조이다.
④ 호로형은 생산연령 인구가 많이 유출되는 농촌형이다.

정답 ③
요점
③ 항아리형은 19세 이하 인구가 65세 이상 인구의 2배 이하인 인구구조이다. → 항아리형은 출생률이 사망률보다 매우 낮아 0~14세 인구가 65세(50세) 이상 인구의 2배에 미치지 못하고, 유소년층의 비율이 낮아 국가경쟁력 약화가 우려된다.

02
[2021 서울]

〈보기〉에서 설명하는 인구구조로 가장 옳은 것은?

보기
감소형 인구구조로서 출생률이 사망률보다 낮은 인구구조를 말한다. 주로 평균수명이 높은 선진국에 나타나는 모형이다.

① 종형(bell form)
② 항아리형(pot form)
③ 피라미드형(pyramid form)
④ 별형(star form)

정답 ②
요점 인구 피라미드 유형

피라미드형	다산다사, 고출생, 고사망 → 인구 지속적 증가
종형	출생률·사망률이 모두 낮음 → 인구 정지
항아리형	출생률이 사망률보다 매우 낮음 → 인구 감소
기타형(농촌형, 유출형, 호로형)	15~49세 인구가 전체 인구의 50% 미만
별형(도시형, 유입형)	15~49세 인구가 전체 인구의 50%를 넘음

기출문제로 요점정리 373

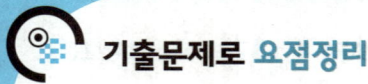

기출문제로 요점정리

03 [2021 서울]

인구구조 지표에 대한 설명으로 가장 옳은 것은?

① 부양비는 경제활동연령 인구에 대한 비경제활동연령 인구의 비율로 표시된다.
② 노년부양비는 0~14세 인구에 대한 65세 이상 인구의 비율로 표시된다.
③ 노령화지수는 15~64세 인구에 대한 65세 이상 인구의 비율로 표시된다.
④ 1차 성비는 출생 시 여자 100명에 대한 남자 수로 표시된다.

■정답 ①

◎요점

성비의 구분
- 1차 성비 : 태아의 성비(남>여)
- 2차 성비 : 출생 시의 성비, 장래 인구를 추정하는 자료가 됨 (남>여)
- 3차 성비 : 현재 인구의 성비(고령에서는 남<여)

부양비와 노령화지수
- 총부양비 $= \dfrac{15세\ 미만\ 인구 + 65세\ 이상\ 인구}{15\sim64세\ 인구} \times 100$
- 유년부양비 $= \dfrac{15세\ 미만\ 인구}{15\sim64세\ 인구} \times 100$
- 노년부양비 $= \dfrac{65세\ 이상\ 인구}{15\sim64세\ 인구} \times 100$
- 노령화지수 $= \dfrac{65세\ 이상\ 인구(노년\ 인구)}{0\sim14세\ 인구(유년\ 인구)} \times 100$

04 [2020 서울]

「모자보건법」에 따른 모자보건 대상에 대한 정의로 가장 옳지 않은 것은?

① "영유아"란 출생 후 6년 미만인 사람을 말한다.
② "모성"이란 임산부와 가임기(可姙期) 여성을 말한다.
③ "임산부"란 임신 중이거나 분만 후 8개월 미만인 여성을 말한다.
④ "신생아"란 출생 후 28일 이내의 영유아를 말한다.

■정답 ③

◎요점

③ "임산부"란 임신 중이거나 분만 후 8개월 미만인 여성을 말한다. → 임신 중이거나 분만 후 6개월 미만인 여성

PART 8 인구보건 및 모자보건

05 [2020 서울]

<보기>와 같은 인구구조를 가진 지역사회의 노년부양비는?

보기

연령(세)	인구(명)
0~14	200
15~44	600
45~64	400
65~79	110
80 이상	40

① 11.1%
② 13.3%
③ 15%
④ 25%

정답 ③

요점 노년부양비

- 노년부양비 = $\dfrac{65세 \text{ 이상 인구}}{15\text{~}64세 \text{ 인구}} \times 100 = \dfrac{110+40}{600+400} \times 100 = 15(\%)$

06 [2018 서울]

2017년 영아 사망자 수가 10명이고 신생아 사망자 수가 5명일 때 당해연도 $\alpha-\text{index}$ 값은?

① 0.2
② 0.5
③ 1
④ 2

정답 ④

요점 $\alpha - \text{index}$

- $\alpha-\text{index}$가 1에 근접할수록 그 지역의 건강수준이 높은 것을 의미
- $\alpha-\text{index}$ 값이 클수록 신생아기 이후의 영아 사망률이 높기 때문에 영아 사망에 대한 예방대책 필요
- $\alpha-\text{index}$는 1보다 작을 수는 없음
- $\alpha-\text{index}$가 1인 경우 그 해 사망한 영아는 모두 생후 28일 이내에 사망했음을 의미
- $\alpha-\text{index} = \dfrac{\text{같은 연도의 영아 사망 수}}{\text{어떤 연도의 신생아 사망 수}}$

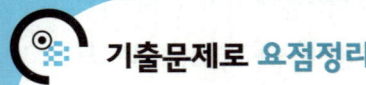

기출문제로 요점정리

07
[2016 울산 의료기술]

블레커(C.P.Blacker)의 인구 성장 단계로 옳은 것은?

① 1단계 – 고위 정지기
② 2단계 – 후기 확장기
③ 3단계 – 저위 정지기
④ 4단계 – 감소기

■정답 ①

◎요점 **블레커(C. P. Blacker)의 분류**

1단계 (고위정지기)	· 고출생, 고사망으로 인구성장이 정지된 상태 · 후진국에서 주로 관찰
2단계 (초기확장기)	· 고출생, 저사망으로 인구증가 지속 · 경제개발국가에서 관찰
3단계 (후기확장기)	· 저출생, 저사망으로 인구성장의 둔화 · 산업의 발달과 핵가족화 경향
4단계 (저위정지기)	출생률과 사망률이 최저로 인구성장이 정지된 형태
5단계(감퇴기)	출생률보다 사망률이 높아 인구가 감소되는 형태

08
[2020 경기]

3차 성비가 110인 경우 의미하는 바로 옳은 것은?

① 출생 시 여자 100명당 남자가 110명이다.
② 출생 시 남자 100명당 여자가 110명이다.
③ 현재 여자 100명당 남자가 110명이다.
④ 현재 남자 100명당 여자가 110명이다.

■정답 ③

◎요점 **성비**

· 여자 100명에 대한 남자인구비
· 1차 성비 : 태아의 성비(남 > 여)
· 2차 성비 : 출생 시의 성비(남 > 여)
· 3차 성비 : 현재 인구의 성비(고령에서는 남 < 여)

09 [2021 대구]

인구 25만 명인 지역의 연령별 인구구성이 14세 이하 인구 4만 명, 15~64세 인구 20만 명일 때, 총부양비를 구하면 얼마인가?

① 10%
② 15%
③ 20%
④ 25%

정답 ④
요점

$$총부양비 = \frac{15세\ 미만\ 인구 + 65세\ 이상\ 인구}{15 \sim 64세\ 인구} \times 100$$

$$= \frac{4만 + 1만}{20만} \times 100$$

$$= 25(\%)$$

10 [2021 광주.전남.전북]

인구변천이론에서 인구가 급증하는 시기의 인구학적 요인 중 영향이 가장 큰 것은?

① 출생
② 사망
③ 이동
④ 혼인

정답 ②
요점 인구변천이론(인구전환이론 = 인구이행론) 중 노테슈타인(Notestein)과 톰슨(Thompson)의 분류

여러 나라의 인구성장을 공업화 정도에 따라 3단계로 분류한다.
- 1단계(고잠재적 성장단계) : 다산다사
  - 고출생, 고사망, 높은 영아사망률이 특징
  - 공업화되지 못한 국가에서 주로 관찰됨
  - 향후 인구증가가 예측됨
- 2단계(과도기적 성장단계) : 다산소사
  - 고출생, 저사망(생활수준의 향상)으로 급속한 인구 증가가 나타남
  → 출생이 많아도 사망이 많으면 인구의 증가가 일어나지 않으나 사망이 줄면 급속하게 인구가 증가하게 되므로 가장 큰 영향은 사망이다.
  - 개발도상국과 같은 공업화된 국가에서 주로 관찰됨
- 3단계(인구감소단계) : 소산소사
  - 저출생, 저사망
  - 선진공업국가에서 주로 관찰

기출문제로 요점정리

PART 8 인구보건 및 모자보건

11 [2019 광주,전남,전북]

어느 마을의 연령별 인구구성이 다음과 같을 때, 다음 중 틀린 것은?

- 14세 이하 인구 : 1,250명
- 15~64세 인구 : 7,500명
- 65세 이상 인구 : 1,450명

① 항아리형(pot form)이다.
② 총부양비는 36%이다.
③ 고령화사회이다.
④ 노령화지수는 116%이다.

12 [2021 강원 의료기술]

모성사망의 주요 원인으로 옳지 않은 것은?

① 양수과다증
② 임신중독증
③ 색전증
④ 출혈

■정답 ③

◎요점

① 0~14세 인구가 65세 이상 인구의 2배에 미치지 못하므로 항아리형에 해당한다.

- 피라미드형 : 0~14세 인구가 65세(50세) 이상의 2배를 초과
- 종형 : 0~14세 인구가 65세(50세) 이상 인구의 2배
- 항아리형 : 0~14세 인구가 65세(50세) 이상 인구의 2배에 미치지 못함

② 총부양비 $= \dfrac{15세\ 미만 + 65세\ 이상\ 인구}{15\sim64세\ 인구} \times 100$

$= \dfrac{1{,}250 + 1{,}450}{7{,}500} \times 100 = \dfrac{2{,}700}{7{,}500} \times 100 = 36(\%)$

③ 노인인구비 $= \dfrac{65세\ 이상\ 인구}{전체\ 인구} \times 100$

$= \dfrac{1{,}450}{1{,}250 + 7{,}500 + 1{,}450} \times 100$

$= 14.215\ldots\ldots$

노인 인구가 전체 인구의 14% 이상이므로 고령사회이다.

④ 노령화지수 $= \dfrac{노년\ 인구}{유년\ 인구} \times 100 = \dfrac{1{,}450}{1{,}250} \times 100 = 116(\%)$

■정답 ①

◎요점 모성사망

임신, 분만, 출산과 관련된 질병과 합병증으로 인해 발생되는 사망

- 직접 모성사망
  - 임신, 분만, 출산 과정의 합병증이나 치료결과 등과 직접 연관된 사망
  - 산과적 색전증, 임신중독증(임신성고혈압), 출혈, 자궁외 임신, 감염(패혈증, 산욕열) 등
- 간접 모성사망
  - 산과적 원인과는 다르게 임신 전의 질환 또는 임신, 분만, 출산 시 발생한 질환이 악화되어 일어난 것
  - 임신으로 인한 신장 질환, 심장 질환, 악성종양의 악화

PART

9

학습 포인트

- 학교보건의 중요성
- 학교장의 권한과 의무
- 보건교사의 직무
- 학교 환경위생 기준
- 보건교육의 방법

학교보건 및 보건교육

CHAPTER 01	학교보건
CHAPTER 06	보건교육

CHAPTER 01 학교보건

1 학교보건의 이해

1 학교보건의 정의
(1) 학생, 가족, 교직원, 보건의료전문가가 참여하여 보건서비스와 환경관리, 보건교육을 제공, 자기건강관리능력을 향상시켜 안녕 상태에 이르도록 하는 포괄적인 건강사업
(2) 대상
   ① 학교인구 : 학생과 교직원
   ② 학교보건 대상 : 학교인구를 포함한 학부모, 가족 및 학교가 속해 있는 지역사회 주민을 포함
(3) 1967년 「학교보건법」 제정, 2002년 양호교사 명칭이 '보건교사'로 변경

2 학교보건의 중요성
(1) 학생의 교육에 대한 수용성이 높아 교육의 효과가 큼
(2) 광범위한 대상 인구 : 전체인구의 $\frac{1}{3} \sim \frac{1}{4}$ 정도 차지
(3) 고정된 장소에 밀집되어 집단교육 실시 용이, 체계화된 보건교육 가능
(4) 학생은 보건교육의 대상으로 가장 능률적이고, 가족·지역사회까지 파급효과가 일어남
   → 학생은 건강습관의 형성기, 학습의 효과가 높은 시기
(5) 학교는 지역사회의 중심, 교직원은 지역사회 내 지도자 위치에 있기에 지역사회에 미치는 영향이 큼
(6) 질병을 조기 발견하여 장애를 예방하고, 적은 경비로 큰 성과를 거둘 수 있음

3 WHO 학교건강증진의 내용
(1) 학교보건정책
(2) 학교의 물리적 환경
(3) 학교의 사회적 환경
(4) 지역사회와의 연계
(5) 개인 건강기술과 활동능력
(6) 학교보건 서비스 및 건강증진

O X 로 확인

01 O | X
학생은 건강습관의 형성기이며 학습의 효과가 높은 시기이므로 학교보건은 중요하다.

O X 로 확인 해설&정답
[정답]
01 O

4 질병통제예방센터(CDC)의 학교보건지침

(1) 건강한 식습관과 신체 활동(Healthy eating and physical activity)
(2) 학교 환경(School environments)
(3) 양질의 급식(Quality school meal program)
(4) 포괄적 체육 활동(Comprehensive physical activity program)
(5) 보건 교육(Health education)
(6) 신체·심리·사회적 건강 지원서비스(Health, mental health, and social services)
(7) 가정-지역 사회 연계 협력(Partner with families and community members)
(8) 교직원 건강 지원(School employee wellness program)
(9) 인증 및 자격을 갖춘 전문 인력 확보(Certified and qualified staff)

5 건강증진 학교(WHO, Health Promoting School) : "교육과 건강"

(1) 목적
   ① 자기관리 능력과 건강정보를 갖고 의사결정 할 수 있는 능력 향상
   ② 긍정적인 건강태도 강화
   ③ 건강증진 행위를 지원하는 사회적, 환경적 분위기 조성
   ④ 성장과 자아실현 촉진
   ⑤ 건강과 안녕에 해로운 환경과 문화에 대하여 민감하게 반응
   ⑥ 성공적인 대처를 증가시키는 긍정적 생활기술을 학습

(2) 건강증진학교의 6개 영역

학교보건정책	학교보건위원회 구성, 학교 내 금연운동, 건강상담 제공, 응급처치교육
학교의 물리적환경	양치질 습관 조성, 학교환경 위생관리, 휠체어 전용통로 설치
학교의 사회적환경	학부모 건강교육, 어린이 건강클럽 운영, 사회성 증진 프로그램, 정신건강 교육
지역사회 유대관계	물리적 지원환경(교육청, 구청 연계), 아동안전지킴이(지역사회주민), 학교 주변 담배판매업소 설치 제한, 학교보건요원(의사, 약사 등)
개인건강기술	음주 및 흡연 예방교육, 올바른 식생활 교육, 손씻기 교육
학교보건서비스	학생 및 교직원 건강검진, 예방접종 안내, 건강검사

6 학교보건인력

(1) 보건교사 직무
   ① 학교보건계획 수립
   ② 학교 환경위생의 유지·관리 및 개선에 관한 사항

③ 학생과 교직원에 대한 건강진단의 준비, 실시에 관한 협조
④ 각종 질병의 예방처치 및 보건지도
⑤ 학생과 교직원의 건강관찰, 학교의사의 건강상담, 건강평가 등의 실시에 관한 협조
⑥ 신체가 허약한 학생에 대한 보건지도
⑦ 보건지도를 위한 학생가정 방문
⑧ 교사의 보건교육 협조와 필요시의 보건교육
⑨ 보건실의 시설 · 설비 및 약품 등의 관리
⑩ 보건교육자료의 수집 · 관리
⑪ 학생건강기록부의 관리
⑫ 다음의 의료행위(간호사 면허를 가진 사람만 해당)
　a. 외상 등 흔히 볼 수 있는 환자의 치료
　b. 응급을 요하는 자에 대한 응급처치
　c. 부상과 질병의 악화를 방지하기 위한 처치
　d. 건강진단결과 발견된 질병자의 요양지도 및 관리
　e. a부터 d까지의 의료행위에 따르는 의약품 투여
⑬ 그 외 학교의 보건관리

(2) 학교의사 직무
① 학교보건계획의 수립에 관한 자문
② 학교 환경위생의 유지 · 관리 및 개선에 관한 자문
③ 학생과 교직원의 건강진단과 건강평가
④ 각종 질병의 예방처치 및 보건지도
⑤ 학생과 교직원의 건강상담
⑥ 그 외 학교보건관리에 관한 지도

(3) 학교약사 직무
① 학교보건계획의 수립에 관한 자문
② 학교 환경위생의 유지관리 및 개선에 관한 자문
③ 학교에서 사용하는 의약품과 독극물의 관리에 관한 자문
④ 학교에서 사용하는 의약품 및 독극물의 실험 · 검사
⑤ 그 외 학교보건관리에 관한 지도

(4) 학교장의 직무 : 행정적인 총 책임자
① 환경위생 및 식품위생 유지 관리
② 학생과 교직원에 대한 건강검사, 건강검사기록
③ 감염병 우려 또는 발생 시 등교중지, 휴교조치 취할 수 있음
④ 학생의 보건 및 안전관리, 교직원의 보건관리
⑤ 예방접종 완료 여부의 검사 : 초등학교, 중학교 입학한 날부터 90일 이내에 완료 여부 검사 후 교육정보시스템에 기록

O X 로 확인

02
학생과 교직원에 대한 건강검사의 의무는 학교의사에게 있다.

O X 로 확인 해설&정답

해설
02 학교의사 → 학교장

정답
02 ×

⑥ 치료 및 예방조치 : 감염병 예방과 학교의 보건에 필요하면 휴업을 할 수 있음
⑦ 감염병 발생 시 현황 등을 즉시 교육감을 거쳐 교육부장관에게 보고, 보건소에 신고 해야 함
⑧ 학생건강증진계획 수립·시행 : 건강검사의 결과를 평가하여 이를 바탕으로 학생건강증진계획을 수립·시행하여야 함
⑨ 보호구역의 관리 : 학교의 장은 해당 학교의 보호구역 내 교육환경에 대한 현황 조사 및 보호구역 내 금지행위의 방지 등을 위한 계도 등을 함(학교가 개교하기 전까지의 관리는 보호구역을 설정한 자가 해야 함)

> **참고**
> 건강검사 실시의 책임은 학교장, 건강진단·건강평가·건강상담은 학교의사, 건강진단 실시에 관한 협조는 보건교사의 직무이다.

(5) **학교 설립자, 경영자** : 학교보건 시설의 구비 및 설치 의무

(6) **교육감**
① 교육환경보호구역 설정
② 학생건강증진 시행계획의 수립·시행 : 기본계획에 따라 매년 지역의 여건 및 특색을 고려하여 학생의 신체 및 정신건강 증진을 위한 학생건강증진 시행계획을 수립·시행하여야 함

(7) **시·도지사** : 교육환경보호구역에서의 금지행위 및 시설의 방지조치 및 철거명령

(8) **교육부장관**
① 감염병예방대책 마련
② 감염병대응매뉴얼 작성·배포
③ 학생의 신체 및 정신건강 증진을 위한 기본계획을 수립·시행 : 5년마다
④ 등교중지 명령 : 감염병으로 인하여 주의 이상의 위기경보가 발령되는 경우 질병관리청장과 협의하여 등교를 중지시킬 것을 학교의 장에게 명할 수 있음

(9) **시장·군수·구청장** : 학교의 학생 또는 교직원에게 감염병의 필수 또는 임시 예방접종 실시

OX로 확인
03 O X
교육환경보호구역 설정·고시의 의무는 교육감에게 있다.

2 학생건강관리

1 학생건강검사 종류
(1) 신체의 발달상황, 건강조사, 건강검진, 신체의 능력, 정신건강상태검사
(2) 학교의 장이 학생과 교직원에 대한 건강검사를 시행

OX로 확인
04 O X
학생건강검사 종류에는 신체의 발달상황, 건강조사, 건강검진, 신체의 능력, 정신건강상태검사가 있다.

OX로 확인 해설&정답
정답
03 O 04 O

2 학생건강검사의 내용

건강검사	대상학년	실시기관	비고
신체의 발달상황	초 1, 4/ 중 1/ 고1	검진기관	키, 몸무게, 비만도 측정
	초 2, 3, 5, 6/ 중 2, 3/ 고 2, 3	학교	
건강조사	초 1, 4/ 중 1/ 고 1	검진기관	병력, 식생활, 건강생활 행태 등에 대해 실시
	초 2, 3, 5, 6/ 중 2, 3/ 고 2, 3	학교	
건강검진	초 1, 4/ 중 1/ 고 1(종합건강검진)	검진기관	병원방문검진
	초 2, 3, 5, 6(구강검진)	치과병·의원, 보건소 등	병원방문 및 출장검진 가능
신체의 능력	초 5, 6/ 중 1, 2, 3/ 고 1, 2, 3	학교	체력요소 평가
정신건강 상태검사	초 1,4/ 중1/ 고1	학교	정신상태, 사회성 및 정신건강 조사

(1) 신체 발달상황 검사
　① 대상
　　 a. 검진기관 : 초등학교 1, 4학년, 중학교 1학년, 고등학교 1학년
　　 b. 학교 : 초등학교 2, 3, 5, 6학년, 중학교 2, 3학년, 고등학교 2, 3학년
　② 키 측정시 검사 방법
　　 a. 검사대상자의 자세
　　　 • 신발을 벗은 상태에서 발꿈치를 붙일 것
　　　 • 등·엉덩이 및 발꿈치를 측정대에 붙일 것
　　　 • 똑바로 서서 두 팔을 몸 옆에 자연스럽게 붙일 것
　　　 • 눈과 귀는 수평인 상태를 유지할 것
　　 b. 검사자는 검사대상자의 발바닥부터 머리끝까지의 높이를 측정
　③ 몸무게 측정시 검사 방법 : 옷을 입고 측정할 경우 옷의 무게를 뺄 것
(2) 건강조사
　① 대상
　　 a. 검진기관 : 초등학교 1,4학년, 중학교 1학년, 고등학교 1학년
　　 b. 학교 : 초등학교 2, 3, 5, 6학년, 중학교 2, 3학년, 고등학교 2, 3학년
　② 조사 항목(설문지 작성)
　　 • 예방접종/병력
　　 • 위생관리
　　 • 학교생활/가정생활
　　 • 안전의식
　　 • 성 의식
　　 • 건강상담
　　 • 식생활/비만
　　 • 신체활동
　　 • 텔레비전·인터넷·음란물의 이용
　　 • 흡연·음주·약물의 사용
　　 • 사회성/정신건강
　　 • 학교폭력

(3) 건강검진
① 목적 : 질병예방, 질병 또는 신체적 이상 발견시 적절한 조치·지도·건강상담 등의 대책을 강구하기 위해 실시(건강검진 비용은 학교예산으로 지원)
② 대상 / 검진기관 : 초등학교 1, 4학년, 중학교 1학년, 고등학교 1학년(초등학교 2, 3, 5, 6은 구강검진만 실시)
③ 결과 통보 : 건강검진을 실시한 기관은 검진 후 30일 이내에 검사결과를 해당 학생 또는 학부모와 해당 학교의 장에게 통보하여야 함

[건강검진항목 중 병리검사 대상 학생]

검진 항목	실시 대상
· 혈당(식전에 측정) · 총콜레스테롤 · 고밀도지단백(HDL) 콜레스테롤 · 중성지방 · 저밀도지단백(LDL) 콜레스테롤 · 간 세포 효소(AST·ALT)	초등학교 4학년, 중학교 1학년, 고등학교 1학년 중 '비만 학생'
혈색소	고등학교 1학년 여학생
결핵	중학교 1학년, 고등학교 1학년 학생

(4) 신체능력검사
① 대상 : 초등학교 5, 6학년, 중학교 1, 2, 3학년, 고등학교 1, 2, 3학년
② 심장질환 등 신체허약자와 지체부자유자는 실시대상에서 제외 가능
③ 필수검사 항목

심폐지구력	왕복오래달리기, 오래달리기-걷기, 스텝검사
유연성	앉아 윗몸 앞으로 굽히기, 종합유연성 검사
근력, 근지구력	팔굽혀펴기(남), 무릎대고 팔굽혀펴기(여), 윗몸달아올리기, 악력
순발력	50미터달리기, 제자리 멀리 뛰기
비만	체질량지수(BMI)

(5) 정신건강상태검사
① 대상 : 초등학교 1, 4학년(학부모), 중학교 1학년(학생), 고등학교 1학년(학생)
② 설문조사 등의 방법으로 실시
③ 학교의 장은 정신건강상태를 검사하려는 경우 검사의 관련 내용을 학부모에게 미리 알려야 함
④ 예외 : 필요시 학부모의 동의 없이 실시할 수 있으나, 검사사실을 지체없이 학부모에게 통보해야 함

(6) 건강검사 결과 기록·관리
① 고등학교 장은 당해 학생이 고등학교를 졸업할 때 학생건강기록부를 본인에게 교부

② 학생이 휴학, 퇴학, 중·고등학교 미진학시 최종적으로 재적된 학교에서 학생건강기록부를 5년간 보존
③ 학교의 장은 건강검사 등의 실시 결과에 따라 소속 학생 및 교직원에 대한 건강상담, 예방조치 및 체력증진 등 적절한 보호 또는 양호의 대책을 강구해야 함

> **+PLUS 심화**
>
> ○ **응급 건강문제와 응급처치**
> ① 응급상황 시 보건교사의 역할
>   a. 신속하고 침착한 대처, 사고원인, 환자상태 파악, 생명을 위협하는 위급상황은 즉시 사정 후 해결
>   b. 가까운 의료기관으로 이송
>   c. 이송 중 환자를 살펴 가능한 손상 발견
> ② 응급처치 교육(「학교보건법 시행규칙」 제10조)
>   a. 학교의 장이 교직원을 대상으로 심폐소생술 등 응급처치에 관한 교육을 실시하는 경우 응급처치교육의 계획·내용 및 시간 등은 별표 9와 같다.
>   b. 학교의 장은 응급처치교육을 실시한 후 해당 학년도의 교육 결과를 다음 학년도가 시작되기 30일 전까지 교육감에게 제출하여야 한다.
>   c. 학교의 장은 공공기관, 학교, 연수원 중 교육감이 설치한 연수원 또는 의료기관에서 교직원으로 하여금 응급처치교육을 받게 할 수 있다.
>
> [응급처치교육의 내용·시간] — 「학교보건법 시행규칙」 제10조, 별표 9
>
> | 내용 | | 시간 |
> | --- | --- | --- |
> | 이론 교육 | · 응급상황 대처요령 · 응급의료 관련 법령
· 심폐소생술 등 응급처치 시 주의사항 | 2시간 |
> | 실습 교육 | · 심폐소생술 등 응급처치 | 2시간 |

3 학교환경관리

1 교육환경보호구역 설정

(1) 학생의 보건, 위생, 안전, 학습과 교육환경 보호를 위해 교육감이 교육환경보호구역을 설정·고시

(2) 절대보호구역 : 학교출입문으로부터 직선거리로 50미터까지인 지역

(3) 상대보호구역 : 학교경계 등으로부터 직선거리로 200미터까지인 지역 중 절대보호구역을 제외한 지역

> **참고**
>
> 「교육환경 보호에 관한 법률」 제8조 및 9조
> ① 교육감은 학교설립예정지가 통보된 날부터 30일 이내에 교육환경보호구역을 설정·고시하여야 한다.

② 학생의 보건·위생, 안전, 학습과 교육환경 보호를 위하여 교육환경보호구역에서는 법에서 정한 규정된 행위 및 시설을 하여서는 안 된다.

③ 상대보호구역에서는 규정된 행위 및 시설 중 교육감이나 교육감이 위임한 자가 지역위원회의 심의를 거쳐 학습과 교육환경이 나쁜 영향을 주지 아니한다고 인정하는 행위 및 시설은 제외한다.

2 교육환경보호구역 관리

(1) 보호구역 내 학교의 장이 관리

(2) 학교 간에 보호구역이 서로 중복되는 경우
   ① 상급학교 / 하급학교 → 하급학교가 관리
   ② 상급학교 / 하급학교(유치원인 경우) → 상급학교가 관리
   ③ 같은 급의 학교 간 보호구역 중복의 경우 → 학생 수가 많은 학교가 관리
   ④ 절대보호구역과 상대보호구역이 서로 중복되는 경우 → 절대보호구역이 설정된 학교가 관리

> **참고**
>
> 「교육환경 보호에 관한 법률」제9조(교육환경보호구역에서의 금지행위 등)
>
> 누구든지 학생의 보건·위생, 안전, 학습과 교육환경 보호를 위하여 교육환경보호구역에서는 다음 각 호의 어느 하나에 해당하는 행위 및 시설을 하여서는 아니 된다. 다만, 상대보호구역에서는 제14호부터 제27호까지 및 제29호에 규정된 행위 및 시설 중 교육감이나 교육감이 위임한 자가 지역위원회의 심의를 거쳐 학습과 교육환경에 나쁜 영향을 주지 아니한다고 인정하는 행위 및 시설은 제외한다.

	구분		초·중·고		유치원·대학		관련법
			절대구역	상대구역	절대구역	상대구역	
법제9조	제1호	대기오염배출시설	×	×	×	×	대기환경보전법
	제2호	수질오염배출시설/폐수종말처리시설	×	×	×	×	수질 및 수생태계 보전에 관한 법률
	제3호	가축분뇨배출시설, 처리시설, 공공처리시설	×	×	×	×	가축분뇨의 관리 및 이용에 관한 법률
	제4호	분뇨처리시설	×	×	×	×	하수도법
	제5호	악취배출시설	×	×	×	×	악취방지법
	제6호	소음진동배출시설	×	×	×	×	소음·진동관리법
	제7호	폐기물처리시설	×	×	×	×	폐기물관리법
	제8호	가축사체, 가축전염병오염물건, 가축방역상 수입금지 물건의 소각·매몰지	×	×		×	가축전염병 예방법
	제9호	화장시설/봉안시설	×	×	×	×	장사 등에 관한 법률
	제10호	도축업시설	×	×	×	×	축산법 위생관리법

OX로 확인

05 O|X
교육환경보호구역이 상급학교와 하급학교 사이에 서로 중복되는 경우 상급학교가 관리한다.

OX로 확인 해설&정답

해설
05 상급학교 → 하급학교

정답
05 ×

제11호	가축시장	×	×	×	×	축산법
제12호	제한상영관	×	×	×	×	영화 및 비디오물의 진흥에 관한 법률
제13호	청소년유해업소(전화방, 화상대화방, 유사성행위업, 인형방, 성인PC방, 성기구취급·판매업)	×	×	×	×	청소년 보호법
제14호	고압·도시·액화석유가스(제조, 충전, 저장)	×	△	×	△	·고압가스안전관리법 ·도시가스사업법 ·액화석유가스의 안전관리 및 사업법
제15호	폐기물수집·보관·처분장소	×	△	×	△	폐기물관리법
제16호	총포·화약류 제조소, 저장소	×	△	×	△	총포·도검·화약류 등의 안전관리에 관한 법률
제17호	감염병(격리소·요양소·진료소)	×	△	×	△	감염병의 예방 및 관리에 관한 법률
제18호	담배자동판매기	×	△	—	—	담배사업법
제19호	게임제공업(청소년·일반)/인터넷컴퓨터게임시설제공업(PC방)/복합유통게임제공업	×	△	—	—	게임산업진흥에 관한 법률
제20호	게임물시설(미니게임기, 인형뽑기 등)	×	△	× 대학제외	△	게임산업진흥에 관한 법률
제21호	당구장/무도학원/무도장	× 초등제외	△	—	—	체육시설의 설치 이용에 관한 법률
제22호	경마장 및 장외발매소/경륜(자전거)/경정(모터보트)/경주장 및 장외매장	×	△	×	△	·한국마사회법 ·경륜·경정법
제23호	사행행위영업	×	△	×	△	사행행위 등 규제 및 처벌 특례법
제24호	노래연습장업	×	△	—	—	음악산업진흥에 관한 법률
제25호	비디오감상실업/복합영상물제공업의 시설	×	△	—	—	영화 및 비디오물의 진흥에 관한 법률
제26호	단란주점영업/유흥주점영업	×	△	×	△	식품위생법
제27호	숙박업(일반,생활)/호텔업	×	△	×	△	·공중위생관리법 ·관광진흥법
제28호	만화대여업	×	△	—	—	청소년 보호법
제29호	사고대비물질취급시설	×	△	×	△	화학물질관리법

[교내 환경위생관리] – 「학교보건법 시행규칙」, 별표 2

구분	내용	표준
교실환경	환기	• 환기용 창 등을 수시 개방, 기계 환기설비 수시 가동 • 1인당 환기량이 시간당 21.6m³ 이상
	채광 (자연조명)	• 천공광에 의한 옥외 수평조도와 실내조도와의 비가 평균 5% 이상으로 하되, 최소 2% 미만이 되지 않도록 할 것 • 최대조도와 최소조도의 비율이 10대 1을 넘지 않게 할 것 • 교실 바깥의 반사물로부터 눈부심이 발생되지 않게 할 것
	조도 (인공조명)	• 교실의 조명도는 책상면을 기준으로 300럭스(Lux) 이상이 되도록 할 것 • 최대조도와 최소조도의 비율이 3 : 1을 넘지 않게 할 것 • 인공조명에 의한 눈부심이 발생되지 않게 할 것
	실내온도 및 습도	• 실내온도 : 18℃ 이상~28℃ 이하 • 난방온도 : 18℃ 이상~20℃ 이하 • 냉방온도 : 26℃ 이상~28℃ 이하로 할 것 • 비교습도 : 30% 이상~80% 이하로 할 것
	소음	• 교사 내의 소음은 55dB(A) 이하로 할 것

[공기 질 등의 유지·관리기준] – 「학교보건법 시행규칙」, 별표 4의 2

오염물질		기준(이하)	적용시설
교사 내 공기질	미세먼지 PM 2.5	35μg/m³	교사 및 급식시설
	미세먼지 PM 10	75μg/m³	교사 및 급식시설
		150μg/m³	체육관 및 강당
	이산화탄소	1,000ppm (0.1%)	교사 및 급식시설
	일산화탄소	10ppm	개별 난방 교실 및 도로변 교실
	이산화질소	0.05ppm	개별 난방 교실 및 도로변 교실
	라돈	148Bq/m³	기숙사(건축 후 3년이 지나지 않은 기숙사로 한정), 1층 및 지하의 교사
	석면	0.01개/cc	석면건축물에 해당하는 학교
	오존	0.06ppm	교무실 및 행정실, 적용 시설 내에 오존을 발생시키는 사무기기(복사기 등)가 있는 경우로 한정

O×로 확인

06 O|X

학교 교사 내 소음은 55dB(A) 이하로 한다.

O×로 확인 해설&정답

정답

06 O

CHAPTER 02 보건교육

1 보건교육의 이해

1 보건교육의 정의
(1) 적정기능 수준의 건강을 유지하는 데 필요한 지식, 태도, 행위 등을 바람직한 방향으로 변화시켜 놓는 것
(2) 「국민건강증진법」 제2조 보건교육의 정의 : 개인 또는 집단으로 하여금 건강에 유익한 행위를 자발적으로 수행하도록 하는 교육
(3) 개인, 집단, 지역사회를 대상으로 건강에 관한 지식 및 경험, 건강에 관련된 긍정적인 태도를 가지고 건강에 유익한 행위를 자발적으로 할 수 있도록 돕는 계획된 학습활동

2 보건교육의 일반적 원리
(1) 보건교육 요구사정 단계에서 보건교육자는 교육대상자와 함께 그가 속한 조직과 지역의 요구와 동기를 파악해야 함
(2) 학습대상자의 요구 또는 흥미에 따른 실시가 효과적임
(3) 단편적 지식이나 기술이 아닌 일상생활에서 응용될 수 있어야 함
(4) 보건교육은 모든 연령층을 대상으로 하며 형제, 동료, 친구 사이에서도 이루어짐
(5) 건강에 관한 지식, 태도, 행동의 바람직한 변화를 이끌어내는데 목적이 있음
(6) 보건교육은 실제 경험하는 환경과 비슷한 학습환경에서 이루어질 때보다 효과적임
(7) 대상자의 여러 수준(경제, 신체적 준비, 교육, 연령 등)에 맞는 교육이 이루어져야 함

3 WHO 보건교육의 기본목표
(1) 지역사회 구성원의 건강은 지역사회발전에 중요한 자산임을 인식시키기
(2) 개인이나 지역사회 구성원들이 자신의 건강을 스스로 관리할 능력을 갖도록 하기
(3) 지역사회가 자신의 건강문제를 인식하고 해결하여 건강을 증진시키기
(4) 지역사회 건강자원을 활용하고 건강자원의 개발을 촉진하기

4 국민건강증진법에서 제시한 보건교육의 내용(17조)
(1) 금연·절주 등 건강생활의 실천에 관한 사항
(2) 만성퇴행성질환 등 질병의 예방에 관한 사항
(3) 영양 및 식생활에 관한 사항
(4) 구강건강에 관한 사항
(5) 공중위생에 관한 사항

(6) 건강증진을 위한 체육활동에 관한 사항
(7) 그 밖에 건강증진사업에 관한 사항

2 보건교육과정

보건교육 요구사정 → 우선순위 설정 → 보건교육 계획(학습주제 선정) → 학습목표 설정 → 학습내용 선정 → 보건교육 방법 선정 → 학습시간 배정 → 교육보조자료 및 매체 선정 → 평가계획 → 수행 → 평가

1 교육요구 사정

(1) 보건교육 요구의 4가지 유형(Bradshow, 1972)
  ① 규범적 요구 : 보건의료전문가의 판단에 의한 요구
  ② 내면적 요구 : 말이나 행동으로 나타나기 전 교육의 필요성과 의문을 품은 상태
  ③ 외향적 요구 : 내면적 요구에서 비롯되어 말이나 행동으로 나타난 상태의 요구
  ④ 상대적 요구 : 다른 대상자와의 비교를 통해 나타나는 요구

(2) 학습자의 준비성 확인을 위한 4가지 검토사항
  ① 신체적 준비 정도 : 기능정도, 건강상태, 연령, 과업의 복잡한 정도 등
  ② 정서적 준비 정도 : 불안 수준, 동기화 정도, 발달단계, 지지체계 등
  ③ 경험적 준비 정도 : 문화적 배경, 과거 대처기전, 지향점, 성공의 경험 등
  ④ 지식적 준비 정도 : 현재 지식 정도, 학습장애, 학습유형 등

2 보건교육 계획

(1) 계획 과정에서 고려해야 할 사항
  ① 보건교육의 목적을 구체적으로 설정하여 계획하기
  ② 대상자의 입장에서 계획하기
  ③ 지역사회의 공중보건 사업과 병행하여 계획하기
  ④ 매체를 잘 활용할 수 있도록 계획하기
  ⑤ 참여하는 보건요원들의 팀워크가 잘 발휘될 수 있도록 계획하기
  ⑥ 실제적이고 구체적인 계획하기
  ⑦ 일방적 교육이 아닌 토론, 상의, 협력 등의 방법을 잘 활용할 수 있는 계획하기
  ⑧ 참여하는 인원과 예산을 파악하여 계획하기
  ⑨ 교육사업의 성패 또는 사업의 진행정도를 측정할 수 있는 척도를 마련하여 계획하기

OX로 확인

07 O|X
보건교육과정의 첫 단계는 학습자의 보건교육에 대한 요구를 사정하는 것이다.

OX로 확인

08 O|X
브레드쇼의 보건교육 요구 유형에서 보건의료전문가의 판단에 의한 요구는 상대적 요구이다.

OX로 확인 해설&정답

해설
08 상대적 요구 → 규범적 요구

정답
07 O   08 X

(2) 교육계획에 포함되어야 할 주요사항
　① 교육 대상, 장소, 시간
　② 교육 주제, 교육자, 단원 목표
　③ 교육 단계(도입, 전개, 정리) 및 소요 시간
　④ 교육 방법과 교육 매체, 교육 평가, 참고문헌

3 학습목표 설정

(1) 학습목표 진술 시 고려할 사항
　① 행동용어로 기술
　② 구체적 용어로 일관성 있게 기술
　③ 하나의 문장 안에 하나의 성과만 기술
　④ 교육자가 아닌 학습자 위주로 기술
　⑤ 과정기술이 아닌 최종 행위변화를 기술

(2) 목표설정의 4가지 구성요소
　① 행동용어 : 교육 후 대상자에게 나타나는 변화의 구체적인 행위
　② 변화내용 : 변화하고자 하는 내용
　③ 조건 : 어떤 상태에서 어떤 행동이 나타나기를 기대하는지 조건이 제시되어야 함
　④ 변화기준 : 대상자가 도달해야 할 변화의 정도를 제시해야 함

4 학습내용 선정

(1) 학습내용 선정기준
　① 타당성 : 건강 향상에 중요한 내용이어야 함
　② 영속성 : 다양한 상황에 활용할 수 있어야 함
　③ 넓이와 깊이의 균형 : 지나치게 광범위 또는 제한된 내용이 아니어야 함
　④ 학습목표와의 관련성
　⑤ 참신성 : 식상한 것이 아닌 새로운 것
　⑥ 유용성 : 현재와 미래의 건강에 기여하는 내용
　⑦ 사회적 현실에의 적절성 : 대상자의 현실에서 요구되는 내용

(2) 보건교육 진행방향 : 쉬운 것 → 어려운 것 / 과거 → 최신 내용 / 구체적 → 추상적 / 단순 → 복잡 / 친숙한 것 → 낯선 것

5 교육 방법 및 매체 선정

(1) 매체 : 효과적인 교수활동을 위하여 교육자와 학습자 간에 사용되는 모든 교육자료
(2) 보건교육 방법 선정에 영향을 주는 요소
　① 교육 대상자의 수
　② 학습 목표의 난이도

O×로 확인

09 O|X
학습 목표 진술시 행동용어를 사용해 구체적으로 설정하고, 과정을 기술해야 한다.

O×로 확인 해설&정답

해설
09 과정 → 최종 행위변화

정답
09 ×

③ 대상자들의 교육정도
④ 교육 장소와 시설
⑤ 학습에 배정된 시간
⑥ 교육자의 학습 지도 능력

6 보건교육 수행

(1) 보건교육 단계

① 도입 : 주의집중, 학습동기와 흥미유발, 학습목표 제시
② 전개 : 핵심적인 학습내용 제시. 다양한 학습방법 및 매체 사용(전체 교육의 65~70% 차지), 학습자의 참여 유도
③ 종결 : 전체 내용 종합적 요약, 중요한 부분 반복, 질문, 토의, 정리, 전반적 학습 평가

(2) 보건교육 방법의 종류

① 개별교육

　a. 보건사업 현장에서 가장 많이 사용되는 방법
　b. 개인별 특성과 능력에 맞는 교육이 가능, 노인층·저소득층에 적합
　c. 교육의 효과가 높은 방법이지만, 많은 인원과 시간이 소요되어 비경제적임

종류		
	면접	두 사람 사이에서 공공목적 도달을 위해 언어를 도구로 하여 기술적으로 진행되는 전문직업적인 대면관계에 활용 · 장점 : 시간·장소에 구애받지 않고 자연스러운 유도 가능 · 단점 : 집단 상호작용 불가능, 비경제적
	상담	대상자와의 직접적인 대화를 통해 스스로 문제 해결 방안을 찾아 변화하도록 돕는 방법 · 주의점 : 대상자의 부정적 감정 수용하기, 현재의 문제에만 초점 맞추기, 설득·충고·훈계는 피하기, 신뢰관계 형성이 중요

② 집단교육

　a. 강의(Lecture)

특징	· 교육 대상자가 교육 내용에 대해 기본 지식이 없을 때 · 대상자 수가 많아 다른 교육 방법을 적용하기 어려울 때 · 일방적 교육 방법에 해당
장점	· 단시간에 많은 양의 지식 전달이 가능 · 같은 시간 내에 다수의 대상에게 실시 가능 · 학습자의 교육에 대한 긴장감이 다른 교육방법보다 적음
단점	· 많은 양의 지식을 전부 기억하기 어려움 · 교사의 일방적 지식 전달로 학습자는 수동적 · 학습자의 이해도를 교육자가 인지하기 어려움 · 학습자의 개인차를 고려하기 어려워 모든 대상자를 만족시킬 수 없음

OX로 확인

10　　OIX
강의는 짧은 시간에 다수의 학습자에게 지식을 전달하는 왕래식 교육방법이다.

OX로 확인 해설&정답

해설
10 왕래식 → 일방적

정답
10 ×

b. 토의(Discussion)

종류		
	배심토의 (Panel Discussion, 패널토의)	· 어떤 주제에 대해 상반된 견해를 가진 소수의 전문가들이 다수의 청중 앞에서 그룹토의하는 방법 · 발표자는 전문가, 청중은 일반인 · 장점 : 제한된 시간 안에 다양한 의견을 들을 수 있음, 문제를 다각도 측면에서 분석할 수 있음, 타인의 의견을 듣고 비판하는 능력 배양 가능 · 단점 : 전문가 초청 비용 부담, 자칫 일방적인 의견의 제시로 끝낼 수 있음
	심포지엄 (Symposium)	· 일정한 주제로 2~5명의 연사가 10~15분간 발표를 한 후 발표된 내용을 중심으로 토의하여 문제를 해결하는 방법 · 발표자와 청중 모두 전문가 · 장점 : 특정 주제에 대한 밀도 있는 접근 가능 · 단점 : 발표내용 중복 가능
	분단토의 (Buzz session)	· 전체를 소그룹으로 나누어서 토의를 하게 하고, 다시 전체 회의에서 종합하는 방법 · 장점 : 참석 인원이 많아도 분단으로 나누므로 진행이 가능하며 전체의 의견 교환가능 · 단점 : 소란스러운 분위기 형성으로 진행이 어려울 가능성
	집단토론(Group Discussion)	· 참가자들이 특정 주제에 대하여 자유롭게 상호의견을 교환하고 결론을 내리는 방법 · 잘못된 결론이 내려진 경우에 사회자는 결론 수정이 가능 · 장점 : 능동적인 참여를 통해 상호 협동적, 민주적 회의 능력을 배울 수 있는 기회 · 단점 : 많은 대상자가 참여할 수 없음, 소극적인 참여자 발생
	브레인스토밍 (Brainstorming)	· 구성원이 자유로운 분위기에서 다양한 아이디어를 제시하고, 가장 최상의 아이디어를 선택하는 방법 · 장점 : 아이디어의 생산 활발, 창조적 문제 해결의 자질 향상 · 단점 : 최종적 판단이나 답을 필요로 할 때는 적당하지 않음, 운영이 원활하지 않으면 시간낭비가 될 수도 있음

c. 시범(Demonstration) : 말이나 토의로 불가능한 기술의 습득인 경우 실제 물건이나 자료를 가지고 실시해 보임으로써 따라하게 하는 방법
　· 장점 : 흥미 유발, 이론과 실제의 적용, 학습목표 도달이 용이, 행동실천에 용이
　· 단점 : 소수에게만 적용됨, 교육 준비에 많은 시간 소요

d. 역할극(Role play) : 학습자들이 직접 실제 상황 중의 한 인물로 등장하여 그 상황을 이해·분석하며 문제해결 방안을 모색하는 방법

e. 프로젝트 방법(Project method : 대상자에게 학습목표를 제시하면 목표달성을 위해 대상자 스스로 계획, 자료를 수집, 수행하는 자기주도형 방법(지식, 태도, 기술 동시 학습 가능)

OX로 확인

11 ◯ ✕
2~5명의 전문가가 각자 10~15분간 동일한 주제에 대해 전문적인 지식을 발표하고 청중과 토의하는 방식을 패널토의라 한다.

OX로 확인 해설&정답

해설
11 패널토의 → 심포지엄

정답
11 ✕

- 장점 : 능동적 참여, 협동심, 책임감, 문제발견 능력, 의사결정 능력 개발
- 단점 : 의존적, 수동적 학습에 익숙한 대상자에게는 목적 달성이 쉽지 않음

f. 모의실험(simulation)
- 학습자에게 실제와 유사한 상황이나 중요한 요소만을 선별하여 제공해주는 것
- 재난상황에서의 대처법 훈련에 적용

g. 캠페인(campaign) : 건강관리에 필요한 지식·기술의 향상을 위해 새로운 정보를 빠른 시일 내에 많은 사람들에게 반복적으로 전달하는 방법

> **참고**
>
> **세미나와 포럼, 심포지엄**
> - 세미나(Seminar)
>   - 권위있는 전문가 또는 연구자들이 공동으로 토론·연구하는 교육방법(고도의 전문성)
>   - 학회 등에서 지명된 몇 회원의 연구발표를 토대로 전회원이 토론하는 연구활동
> - 포럼(Forum)
>   - 사회자의 지도 아래 한 사람 또는 여러 사람이 간략한 발표를 한 다음, 청중이 그에 대하여 질문하면서 토론하는 방식
>   - 토론자 간, 청중과 토론자 간에 활발한(의견거진, 의견충돌, 협의) 공개토론이 이루어짐
> - 심포지엄(Symposium)
>   - 그리스어의 심포시아(symposia, 함께 술을 마시는 것)에서 유래
>   - 특정한 주제에 대해 2명 또는 그 이상의 사람들이 각자의 견해를 발표하는 화기애애한 분위기에서 진행되는 학술적인 토론회

3 보건교육 평가

1 평가 단계

1단계	평가대상 및 기준설정	무엇을 평가할 것인지, 목표달성 여부를 어떤 기준으로 평가할지 결정
2단계	관련 자료 수집	평가를 위한 관련 자료 수집
3단계	결과 해석	수집된 자료를 분석해 설정된 목표에의 도달 정도를 확인 후 원인 분석
4단계	재계획의 반영	원인 해결을 위한 방법을 다음 보건교육에 반영

○×로 확인

12 ○ ×
교육 평가의 첫 단계는 관련된 자료의 수집이다.

○×로 확인 해설&정답

해설
12 관련된 자료의 수집 → 평가대상 및 기준설정

정답
12 ×

2 보건교육 평가의 원칙

(1) 명확한 목적 아래 시행되어야 함
(2) 측정 기준이 명시되어야 함
(3) 교육을 하기 전, 교육을 진행하는 중간, 교육이 끝난 후 계속적으로 이루어져야 함
(4) 평가는 가능한 객관적이어야 하며, 장점 뿐 아니라 단점도 언급되어야 함
(5) 평가의 결과는 다른 보건교육사업의 기초자료로 활용되어질 수 있음
(6) 평가는 그와 관련된 이해당사자(기획과 관련된, 사업에 참여한, 평가에 영향을 받게 될 사람들)에 의해 행해져야 함
(7) 평가지는 누구든지 쉽게 사용되도록 해야 함

3 평가의 유형

(1) 평가 시기에 따른 평가

진단평가	· 교육 시작 전 대상자들의 교육에 대한 이해 정도를 파악 · 계획 수립시 무엇을 교육할지를 알아보기 위해 실시
형성평가	· 교육이 진행되는 동안 학습의 진행 정도를 파악 · 교육방법 또는 내용을 향상시키기 위해 실시
총괄평가	일정한 교육이 끝난 후 목표도달 여부를 알아보는 평가

(2) 평가성과에 따른 분류

과정평가 (Process)	보건교육 프로그램이 계획한 대로 진행되었는가를 평가 예 과정의 적절성, 난이성, 과정의 수, 과정의 진행 시간, 참석자의 수, 대상자의 참여율 등
영향평가 (Impact)	· 보건교육 프로그램을 투입한 결과로 단기적으로 나타난 바람직한 변화를 평가 · 목적 : 지식, 태도, 신념, 가치관, 기술, 행동의 변화를 사정 · 평가지표 : 위험요인의 감소, 효과적인 대처 · 즉각적 평가, 단기평가 예 금연 프로그램 제공 후 흡연에 대한 생각과 금연율을 평가
성과평가 (Outcome)	· 보건교육을 통해 나타난 장기적인 효과의 평가 · 건강이나 사회적 요인들이 얼마나 개선되었는지를 평가 예 흡연으로 인한 폐암 발생률의 감소를 사정

(3) 투입-산출 모형(사업 과정)에 따른 평가

구조평가	투입되어지는 자원에 대한 적정성 평가
과정평가	사업의 진행 단계에서 투입 자원이 계획대로 실행되어지고 있는지 평가
결과평가	사업의 종료시 사업의 효과를 측정

OX로 확인

13　　　　　　　OIX
보건교육 프로그램 투입의 결과로 나타난 바람직한 단기적인 변화를 평가하는 것은 영향평가이다.

OX로 확인 해설&정답

정답
13 O

4 평가 도구의 종류

(1) 구두질문법
① 교육자가 말로 질문 후 대상자의 대답을 듣고 얼마나 이해했는지를 평가
② 대상자의 이해정도를 즉시 알 수 있음

(2) 질문지법
① 문제에 대해 작성된 일련의 질문을 서면화하여 피시험자에게 응답하게 하는 방법
② 지적 영역의 학습을 평가하는 데 적합

(3) 관찰법
① 학습 활동을 관찰하여 학습의 변화량을 측정
② 대상자가 관찰되고 있음을 알지 못할 때 정확한 측정이 가능

(4) 자가보고법(자기감시법)
① 개방식 질문지, 척도법 설문지, 진술슨의 자가보고서
② 정의적 영역(태도, 가치, 흥미, 자존감 등)의 학습목표를 평가하는 데 유용
③ 자가보고서이므로 외부의 관찰 자료와 다를 수 있음

기출문제로 요점정리

01 2020 서울

「교육환경 보호에 관한 법률」상 교육환경보호구역 중 절대보호구역의 기준으로 가장 옳은 것은?

① 학교 출입문으로부터 직선거리로 50미터까지인 지역
② 학교 출입문으로부터 직선거리로 100미터까지인 지역
③ 학교 출입문으로부터 직선거리로 150미터까지인 지역
④ 학교 출입문으로부터 직선거리로 200미터까지인 지역

■정답 ①
◎요점 교육환경보호구역 설정
• 교육감이 교육환경보호구역을 설정·고시
• 절대보호구역 : 학교출입문으로부터 직선거리로 50미터까지인 지역
• 상대보호구역 : 학교경계등으로부터 직선거리로 200미터까지인 지역 중 절대보호구역을 제외한 지역

02 2022 경북.의료기술

보건교육을 계획하는 과정에서 고려해야 할 사항으로 옳지 않은 것은?

① 보건교육의 목적을 구체적으로 설정해야 한다.
② 대상자 입장에서 계획하여야 한다.
③ 보건교육의 평가방법이나 측정기준에 대한 내용은 넣지 않아도 된다.
④ 보건교육에 참여하는 인원과 예산을 정확하게 파악하고 계획하여야 한다.

■정답 ③
◎요점
보건교육 계획단계에서 교육사업의 성패 또는 사업의 진행 정도를 측정할 수 있는 척도를 마련해야 하고, 무엇을 평가할 것이며, 어떠한 방법으로 평가할지를 계획해야 한다.

교육계획에 포함되어야 할 주요사항
① 교육 대상, 장소, 시간
② 교육 주제, 교육자, 단원 목표
③ 교육 단계(도입, 전개, 정리) 및 소요 시간
④ 교육 방법과 교육 매체, 교육 평가, 참고문헌

03
[2021 전북 의료기술]

다음 중 보건교육 평가원칙으로 옳지 않은 것은?

① 평가의 결과는 다음 번 계획에 반영되어야 한다.
② 장점과 단점을 지적하여야 한다.
③ 계획에 관련된 사람, 사업에 참여한 사람, 평가에 의하여 영향을 받게 될 사람들은 배제하여야 한다.
④ 계획 평가, 진행 평가, 결과 평가가 수행되어야 한다.

정답 ③

요점 보건교육 평가의 원칙
- 평가의 결과는 다른 보건교육사업의 기초자료로 활용되어질 수 있음
- 평가는 가능한 객관적이어야 하며, 장점 뿐 아니라 단점도 언급되어야 함
- 평가는 그와 관련된 이해당사자(기획과 관련된, 사업에 참여한, 평가에 영향을 받게 될 사람들)에 의해 행해져야 함
- 교육을 하기 전, 교육을 진행하는 중간, 교육이 끝난 후 계속적으로 이루어져야 함
- 명확한 목적 아래 시행되어야 함
- 측정 기준이 명시되어야 함
- 평가지는 누구든지 쉽게 사용되도록 해야 함

04
[2023 지방]

학교보건법 시행령 상 보건교사의 직무가 아닌 것은?

① 학교보건계획의 수립
② 보건교육자료의 수집·관리
③ 각종 질병의 예방처치 및 보건지도
④ 학생 및 교직원의 건강진단과 건강평가

정답 ④

요점
④ 학생 및 교직원의 건강진단과 건강평가 → 학교의사 직무

보건교사 직무	① 학교보건계획 수립
	② 학교 환경위생의 유지·관리 및 개선에 관한 사항
	③ 학생과 교직원에 대한 건강진단의 준비, 실시에 관한 협조
	④ 각종 질병의 예방처치 및 보건지도
	⑤ 학생과 교직원의 건강관찰, 학교의사의 건강상담, 건강평가 등의 실시에 관한 협조
	⑥ 신체가 허약한 학생에 대한 보건지도
	⑦ 보건지도를 위한 학생가정 방문
	⑧ 교사의 보건교육 협조와 필요시의 보건교육
	⑨ 보건실의 시설·설비 및 약품 등의 관리
	⑩ 보건교육자료의 수집·관리
	⑪ 학생건강기록부의 관리
	⑫ 다음의 의료행위(간호사 면허를 가진 사람만 해당)
	  a. 외상 등 흔히 볼 수 있는 환자의 치료
	  b. 응급을 요하는 자에 대한 응급처치
	  c. 부상과 질병의 악화를 방지하기 위한 처치
	  d. 건강진단결과 발견된 질병자의 요양지도 및 관리
	  e. 1)부터 4)까지의 의료행위에 따르는 의약품 투여
	⑬ 그 밖에 학교의 보건관리

학교의사 직무	① 학교보건계획의 수립에 관한 자문 ② 학교 환경위생의 유지·관리 및 개선에 관한 자문 ③ 학생과 교직원의 건강진단과 건강평가 ④ 각종 질병의 예방처치 및 보건지도 ⑤ 학생과 교직원의 건강상담 ⑥ 그 밖에 학교보건관리에 관한 지도

기출문제로 요점정리

05 [2023 경북 의료기술]

다음 중 학교의 환경위생 기준으로 적절하지 않은 것은?

① 조도는 책상면을 기준으로 200Lux 이상이 되도록 할 것
② 비교습도는 30~80%로 유지할 것
③ 1인당 환기량은 시간당 21.6m³ 이상 되도록 할 것
④ 교사 내 소음은 55dB(A)이하로 할 것

06 [2021 대구 의료기술]

「학교보건법」상 학교의사의 직무로 옳지 않은 것은?

① 학교보건계획의 수립에 관한 자문
② 학생과 교직원의 건강진단과 건강평가
③ 학교 환경위생의 유지·관리 및 개선에 관한 자문
④ 학교에서 사용하는 의약품과 독극물의 관리에 관한 자문

정답 ①

요점

교내 환경위생관리

채광 (자연조명)	· 천공광에 의한 옥외 수평조도와 실내조도와의 비가 평균 5% 이상으로 하되, 최소 2% 미만이 되지 않도록 할 것 · 최대조도와 최소조도의 비율이 10대 1을 넘지 않게 할 것 · 교실 바깥의 반사물로부터 눈부심이 발생되지 않게 할 것
조도 (인공조명)	· 교실의 조명도는 책상면을 기준으로 300럭스(Lux) 이상이 되도록 할 것 · 최대조도와 최소조도의 비율이 3:1을 넘지 않게 할 것 · 인공조명에 의한 눈부심이 발생되지 않게 할 것

정답 ④

요점

④ 학교약사의 직무이다.

학교의사 직무

① 학교보건계획의 수립에 관한 자문
② 학교 환경위생의 유지·관리 및 개선에 관한 자문
③ 학생과 교직원의 건강진단과 건강평가
④ 각종 질병의 예방처치 및 보건지도
⑤ 학생과 교직원의 건강상담
⑥ 그 외 학교보건에 관한 지도

07　　2021 강원

「학교보건법」상 학교에서 감염병에 감염되었거나 감염된 것으로 의심되거나 감염될 우려가 있는 학생 및 교직원에 대하여 등교를 중지시킬 수 있는 사람은?

① 보건교사
② 학교의사
③ 학교장
④ 학교약사

■정답 ③

◎요점 **학교장의 직무**
① 환경위생 및 식품위생 유지 관리
② 학생과 교직원에 대한 건강검사, 건강검사기록
③ 감염병 우려 또는 발생 시 등교중지, 휴교조치 취할 수 있음
④ 학생의 보건 및 안전관리, 교직원의 보건관리
⑤ 예방접종 완료 여부의 검사 : 초등학교, 중학교 입학한 날부터 90일 이내에 완료여부 검사 후 교육 정보시스템에 기록
⑥ 치료 및 예방조치 : 감염병 예방과 학교역 보건에 필요하면 휴업을 할 수 있음
⑦ 감염병 발생 시 현황 등을 즉시 교육감을 거쳐 교육부장관에게 보고, 보건소에 신고 해야 함
⑧ 학생건강증진계획 수립·시행 : 건강검사의 결과를 평가하여 이를 바탕으로 학생건강증진계획을 수립·시행하여야 함
⑨ 보호구역의 관리 : 학교의 장은 해당 학교의 보호구역 내 교육환경에 대한 현황 조사 및 보호구역 내 금지행위의 방지 등을 위한 계도 등을 함(학교가 개교하기 전까지의 관리는 보호구역을 설정한 자가 해야 함)

08　　2021 제주 의료기술

「학교건강검사규칙」상 건강검진에서 "초등학교 4학년과 중학교 1학년 및 고등학교 1학년 학생 중 비만인 학생"에 대해서 실시하는 검진항목이 아닌 것은?

① 혈색소
② 혈당
③ 간 세포 효소(AST · ALT)
④ 저밀도지단백(LDL) 콜레스테롤

■정답 ①

◎요점
① 혈색소 검사는 고등학교 1학년 여학생을 대상으로 실시한다.

건강검진 항목 중 병리 검사 대상 학생

검진 항목	실시 대상
· 혈당(식전에 측정) · 총콜레스테롤 · 고밀도지단백(HDL) 콜레스테롤 · 중성지방 · 저밀도지단백(LDL) 콜레스테롤 · 간 세포 효소(AST·ALT)	초등학교 4학년, 중학교 1학년, 고등학교 1학년 중 '비만학생'
혈색소	고등학교 1학년 여학생
결핵	중학교 1학년, 고등학교 1학년 학생

 기출문제로 요점정리

09 [2020 교육청]
학교보건의 효과로 옳지 않은 것은?

① 간접적으로 가정에도 건강지식이나 정보를 전달할 수 있다.
② 학교보건 대상 인구는 전체 인구의 60~70% 범위에 해당한다.
③ 보건교육의 효과가 빨리 나타나고 보건지식의 생활화가 용이하다.
④ 학령기는 감염에 취약하여 학교보건을 통해 감염병 발생률을 낮출 수 있다.

정답 ②

요점
② 모자보건의 대상층은 전체 인구의 60~70% 차지한다.

학교보건의 중요성(효과)
- 학생의 교육에 대한 수용성이 높아 교육의 효과가 큼
- 광범위한 대상 인구 : 전체인구의 1/3~1/4정도 차지
- 고정된 장소에 밀집되어 집단교육 실시 용이, 체계화된 보건교육 가능
- 학생은 보건교육의 대상으로 가장 능률적이고, 가족·지역사회까지 파급효과 일어남 : 학생은 건강습관의 형성기, 학습의 효과가 높은 시기
- 학교는 지역사회의 중심, 교직원은 지역사회내 지도자 위치에 있기에 지역사회에 미치는 영향이 큼
- 질병을 조기 발견하여 장애를 예방하고 적은 경비로 큰 성과를 거둘 수 있음

10 [2021 경기]
많은 수의 참가자가 있는 경우 전체를 몇 개의 소집단으로 나누어 토의하고 다시 전체회의에서 종합하는 방법의 교육기법은 무엇인가?

① 분단토의(buzz session)
② 심포지엄(symposium)
③ 역할극연기(role playing)
④ 패널토의(panel discussion)

정답 ①

요점 분단토의(Buzz session)
전체를 소그룹으로 나누어서 토의를 하게 하고, 다시 전체 회의에서 종합하는 방법. 와글와글학습법 또는 6-6법(연사 6명이 6분의 제한된 시간 안에 발표=적은 인원이 짧은 시간안에 발표)
- 장점 : 참석 인원이 많아도 분단으로 나누어 진행이 가능하며 전체의 의견 교환가능
- 단점 : 소란스러운 분위기 형성으로 진행이 어려울 가능성

11 [2021 경북]

보건교육 사업을 기획할 때 가장 우선적으로 해야 하는 것은?

① 목표 설정
② 요구도 사정
③ 교육방법 선정
④ 자료 및 매체 선정

정답 ②
요점 보건교육과정
보건교육 요구사정 → 우선순위 설정 → 보건교육 계획(학습주제 선정) → 학습목표 설정 → 학습내용 선정 → 보건교육 방법 선정 → 학습시간 배정 → 교육보조자료 및 매체 선정 → 평가계획 → 수행 → 평가

12 [2022 지방]

노인 및 저소득층에 적합한 보건교육은?

① 집단 접촉방법
② 일방적 접촉방법
③ 대중 접촉방법
④ 개인 접촉방법

정답 ④
요점
개인별 특성과 능력에 맞는 교육이 필요한 노인과 저소득층에는 개별교육이 적합하다.
① 집단 접촉방법 : 강의, 집단토론, 간담회(좌담회)형식의 모임, 견학 등
② 일방적 접촉방법 : 강의, 다중매체(TV, 라디오), 신문논설이나 신문광고, 영화 등
③ 대중 접촉방법 : TV, 라디오, 인터넷, 신문, 전시회, 포스터 등

개별교육
- 보건사업 현장에서 가장 많이 사용되어지는 방법
- 개인별 특성과 능력에 맞는 교육이 가능, 노인층·저소득층에 적합
- 교육의 효과가 높은 방법이지만, 많은 인원과 시간이 소요되어 비경제적임

PART 10

학습 포인트

- 근로자 건강진단의 종류
- 유해물질 노출 기준
- 산업재해 지표
- 작업환경 관리
- 산업재해보상보험
- 고온에 의한 건강 장애
- 압력에 의한 건강 장애
- 중금속에 의한 건강 장애

산업보건

CHAPTER 01   산업보건의 이해

CHAPTER 02   산업재해와 직업병

CHAPTER 01 산업보건의 이해

1 산업보건의 개념

1 산업보건의 정의와 목표

(1) 산업보건의 정의 : 모든 사업장 근로자들의 건강을 보호, 유지, 증진하기 위하여 근로자를 작업환경으로부터 보호하고, 동시에 작업환경을 건전하게 관리하는 과학적 분야

(2) 세계보건기구(WHO)와 국제노동기구(ILO)에서 제시한 산업보건의 목표
① 모든 직업에 종사하는 근로자들의 신체적·정신적·사회적 안녕 상태를 최고로 증진시키기 위해
② 작업조건으로 인해 발생하는 질병을 예방하기 위해
③ 근로자의 건강에 해를 끼치는 유해인자에 폭로되는 일이 없도록 보호하기 위해
④ 생리적·심리적 적성에 맞는 작업에 배치하고, 작업능률 및 생산성을 향상시키기 위해

(3) 일반적 목표
① 근로자의 건강관리
② 근로자의 안녕상태 유지·증진
③ 직업병 예방 및 생산성 향상
④ 위험으로부터 근로자 보호, 안전한 작업환경 마련

2 산업보건의 역사

(1) 산업혁명 이전의 외국의 역사
① 히포크라테스(Hippocrates, B.C. 460~377)
직업과 질병의 관련성 제시, 광부의 호흡곤란과 기침, 연중독에 관한 기록
② 마이어(Maior, 23~79)
광산 근로자의 분진 흡입을 예방하기 위해 사용된 호흡마스크에 대한 기록
③ 라마치니(B.Ramazzini, 1633~1714)
산업보건학의 시조, 직업병 연구와 노동자 보호의 선구자, 작업환경과 질병의 관련성에 관한 기록인 『일하는 사람들의 질병』 저술(1700)

(2) 산업혁명 이후의 역사

산업혁명(1760~1830) → ·공업의 비약적 발전, 사용 물질과 작업 형태의 다양화
·노동형태의 변혁(장시간·야간 노동, 연소자·부녀 노동, 불량한 작업환경)
·공업도시 형성, 인구밀집, 비위생적 생활환경
→ 전염병과 직업병 증가

OX로 확인

01 ◯|✕
작업환경과 질병의 관련성에 관한 기록인 『일하는 사람들의 질병』을 저술한 사람은 라마치니이다.

OX로 확인 해설&정답

정답
01 ◯

① 포트(Percival pott, 1714~1788) : 작업장의 유해물질과 특정 부위 암의 인과관계를 밝힘(10세 미만 굴뚝청소부의 음낭암 규명)
② 로체(Roscher, 1761) : 17~18세기 영국 인구의 20%가 20세 이전에 사망하는 원인이 직업병에 의한 것이라는 평가자료를 보고함
③ 영국정부(1819) : 공장법(factory act)을 제정하여 근로자 건강을 보호하기 위한 세부내용 마련, 근로시간 제한(12시간 이하) 및 근로자 건강보호 마련, 어린이(9세 이하)의 고용금지, 근로감독관 임명 등
④ 비스마르크(Bismarck) : 근로자 질병보호법(1883), 공장재해보험법 제정(1884)
⑤ 해밀턴(Alice Hamilton, 1869~1970) : 미국의 직업보건 및 산업의학의 선구자, 이황화탄소 직업병 연구
⑥ 국제노동기구(ILO ; International Labour Organization, 1919) : 직업보건에 관한 국제기구 창설

(3) 우리나라 산업재해보상보험의 역사
① 1953년 : 「근로기준법」 제정
② 1963년 : 「산업재해보상보험법」 제정(500인 이상 사업장에 적용)
③ 1977년 : 「환경보전법」 제정
④ 1981년 : 「산업안전보건법」 제정
⑤ 1983년 : 「환경영향평가법」 제정
⑥ 1984년 : 「진폐의 예방과 진폐근로자의 보호등에 관한 법률」 제정
⑦ 1990년 : 「산업안전보건법」 개정
⑧ 1995년 : 근로복지공단 설립(산재보험은 노동청, 노동부에서 직접 운영하여 오다가 1995년 근로복지공단의 발족과 동시에 업무가 이관됨)
⑨ 2000년 : 상시근로자 1인 이상으로 확대 시행
⑩ 2011년 : 산업안전보건기준에 관한 규칙 제정, 국민안전처 발족

> **참고**
>
> **세계 최초로 사회보험제도가 시행된 나라 : 독일**
> ① 1883년 : 근로자질병보호법 제정
> ② 1884년 : 산재보험법
> ③ 1889년 : 폐질·노령보험법 제정
>
> **「산업안전보건법」**
> 제4조(정부의 책무)
> 1. 산업 안전 및 보건 정책의 수립 및 집행
> 2. 산업재해 예방 지원 및 지도
> 3. 직장 내 괴롭힘 예방을 위한 조치기준 마련, 지도 및 지원
> 4. 사업주의 자율적인 산업 안전 및 보건 경영체제 확립을 위한 지원
> 5. 산업 안전 및 보건에 대한 의식을 북돋우기 위한 홍보교육 등 안전 문화 확산 추진
> 6. 산업 안전 및 보건에 관한 기술의 연구·개발 및 시설의 설치·운영
> 7. 산업재해에 관한 조사 및 통계의 유지·관리

> 8. 산업 안전 및 보건 관련 단체 등에 대한 지원 및 지도·감독
> 9. 그 밖에 노무를 제공하는 사람의 안전 및 건강의 보호·증진
>
> 제5조(사업주 등의 의무)
> ① 사업주는 다음 각 호의 사항을 이행함으로써 근로자의 안전 및 건강을 유지·증진시키고 국가의 산업재해 예방정책을 따라야 한다.
>   1. 이 법과 이 법에 따른 명령으로 정하는 <u>산업재해 예방을 위한 기준</u>
>   2. 근로자의 신체적 피로와 정신적 스트레스 등을 줄일 수 있는 <u>쾌적한 작업환경의 조성 및 근로조건 개선</u>
>   3. 해당 사업장의 안전 및 보건에 관한 정보를 근로자에게 제공
> ② 다음 각 호의 어느 하나에 해당하는 자는 발주·설계·제조·수입 또는 건설을 할 때 이 법과 이 법에 따른 명령으로 정하는 기준을 지켜야 하고, 발주·설계·제조·수입 또는 건설에 사용되는 물건으로 인하여 발생하는 산업재해를 방지하기 위하여 필요한 조치를 하여야 한다.
>   1. 기계·기구와 그 밖의 설비를 설계·제조 또는 수입하는 자
>   2. 원재료 등을 제조·수입하는 자
>   3. 건설물을 발주·설계·건설하는 자

2 근로자 건강관리

1 건강진단의 목적

(1) 근로자의 일에 대한 적합성 확인
(2) 일이 근로자의 건강에 불리한 영향을 미치는지 여부 발견
(3) 직업성 질환과 일반질환의 조기발견과 사후 조치
(4) 위생관리 업무의 적정성평가

2 건강진단의 종류

(1) 일반건강진단
  ① 일정한 주기로 모든 근로자에게 사업주의 비용부담으로 실시하는 건강진단
  ② 사무직 근로자 : 2년 1회 이상, 기타 근로자 1년 1회 이상
  ③ 목적 : 질병 조기발견, 적절한 치료와 사후관리를 통한 근로자 건강의 유지·보호

(2) 배치 전 건강진단
  ① 특수건강진단을 받아야 하는 업무의 대상이거나 법정 유해인자에 노출될 수 있는 부서로 신규 근로자를 배치하기 전 사업주가 실시
  ② 목적 : 직업성 질환 예방을 위해 유해인자에 노출되는 근로자의 기초건강자료 확보, 배치 예정 업무에 대한 근로자의 적합성 평가

(3) 특수건강진단
① 유해인자에 노출되는 업무에 종사하는 근로자 대상으로 사업주가 비용 부담하여 실시
② 시기 : 유해인자에 따라 6개월(화학물질 취급자), 1년(석면·면분진 등 그 외), 2년(소음 및 분진) 주기로 실시
③ 목적 : 유해한 작업환경에서 종사하는 근로자에 대한 직업병 조기발견, 질병의 악화와 재발 방지, 건강유지·보호, 노동력 보호

(4) 수시건강진단
① 특수건강진단 대상 업무로 인해 해당 유해인자에 의한 직업성 천식, 직업성 피부염, 기타 건강장해를 의심할 수 있는 증상을 보이거나 의학적 소견이 있는 근로자에 실시
② 시기 : 특수건강진단의 실시 여부와 관계없이 필요시(보건관리자의 건의 또는 근로자의 요청) 실시

(5) 임시건강진단
① 지방고용노동관서장의 명령으로 사업주가 비용부담하여 실시
② 목적 : 유해인자에 의한 중독, 질병의 이환 여부, 질병의 발생원인 등 확인으로 긴급한 건강보호 조치를 강구하기 위함
③ 시기
 a. 동일부서, 동일 유해인자에 노출되는 근로자에게 유사한 질병의 자각 및 타각 증상 발생시
 b. 직업병 유소견자가 발생하거나 여러 명이 발생할 우려가 있는 경우

> **참고**
>
> **특수건강진단 대상 유해인자(산업안전보건법 시행규칙 별표22)**
> ① 화학적 인자 : 유기화합물(109종), 금속류(20종), 산 및 알카리류(8종), 가스 상태 물질류(14종), 허가 대상 유해물질(12종)
> ② 분진(7종) : 곡물 분진(Grain dusts), 광물성 분진(Mineral dusts), 면 분진(Cotton dusts), 목재 분진(Wood dusts), 용접 흄(Welding fume), 유리 섬유(Glass fiber dusts), 석면 분진(Asbestos dusts)
> ③ 물리적 인자(8종) : 소음, 진동, 방사선, 고기압, 저기압, 유해광선(자외선, 적외선, 마이크로파 및 라디오파)
> ④ 야간작업(2종)
> 가. 6개월간 밤 12시부터 오전 5시까지의 시간을 포함하여 계속되는 8시간 작업을 월 평균 4회 이상 수행하는 경우
> 나. 6개월간 오후 10시부터 다음날 오전 6시 사이의 시간 중 작업을 월 평균 60시간 이상 수행하는 경우

O X 로 확인

02 O X

법정 유해인자에 노출될 수 있는 부서로 신규 근로자를 배치하기 전 사업주가 실시하는 건강진단은 특수건강진단이다.

O X 로 확인 해설&정답

해설
02 특수건강진단 → 배치 전 건강진단

정답
02 ×

구분	시기	대상
일반 건강진단	사무직 2년 1회, 비사무직 1년 1회	모든 근로자
배치 전 건강진단	유해인자노출업무 신규 배치 전	신규가입자, 작업전환자
특수 건강진단	각 유해인자종류에 따른 시기 (유해 인자별로 다름)	유해 작업장 종사자
수시 건강진단	증상, 소견이 있어 건강진단의 필요성 건의 시	직업성 천식, 직업성 피부염, 기타 건강장해를 의심할 수 있는 증상을 보이거나 의학적 소견이 있는 근로자
임시 건강진단	지방노동관서장의 명령에 따라	동일부서, 동일 유해인자에 노출되는 근로자(유사한 질병의 자각 및 타각 증상 발생한 근로자)

3 건강진단 결과관리

(1) 건강관리 구분: 건강진단 실시결과에 대해 근로자 본인의 건강을 유지하고 보호하기 위한 사후관리 조치결정에 참고하기 위해 결과 구분 필요

건강관리 구분				사후관리 조치판정	
A 건강자			건강관리상 사후관리가 필요 없는 자	0	필요 없음
C 요관찰자	C1	직업병	직업성 질병으로 진전될 우려가 있어 추적 관찰이 필요한 자	1	건강상담
				2	보호구지급, 착용지도
	C2	일반질병	일반 질병으로 진전될 우려가 있어 추적 관찰이 필요한 자	3	추적검사
				4	근무중 치료
	CN	야간작업	질병으로 진전될 우려가 있어 야간작업 시 추적 관찰이 필요한 자	5	근로시간 단축
				6	작업전환
D 유소견자	D1	직업병	직업성 질병의 소견을 보여 사후관리가 필요한 자	7	근로제한 및 금지
	D2	일반질병	일반 질병의 소견을 보여 사후관리가 필요한 자	8	산재요양 신청서 작성 등 해당근로자에 대한 직업병 확진 의뢰안내
	DN	야간작업	질병의 소견을 보여 야간작업 시 사후관리가 필요한 자	9	기타
R 제2차 건강진단 대상자			건강진단 1차검사에서 건강수준의 평가가 곤란하거나 질환이 의심되는 자		

OX로 확인

03 OIX

건강진단 결과 직업성 질병의 소견을 보여 사후관리가 필요한 자는 C1 판정을 받는다.

OX로 확인 해설&정답

해설
03 C1 → D1

정답
03 ✗

(2) 건강진단 사후관리
   ① 근로자 건강의 보호·유지를 위해 사업주 및 해당 근로자가 반드시 수행해야 하는 의학적·진단적인 조치
   ② 사후관리조치 내용 : 건강상담, 보호구 지급 및 착용, 추적검사, 치료, 근로시간 단축, 작업전환, 근로제한, 산재요양신청서작성 등

(3) 건강진단 결과 보고 및 서류 보존

건강관리 구분		의미
C1	직업병 요관찰자	직업병 예방을 위해 적절한 의학적 및 직업적 사후관리조치가 필요함 → 지금은 문제가 없지만, 예방을 위해 의사의 의학적 소견에 따라, 보호구 지급, 착용, 추적관찰 등의 조치를 필요로 한다.
D1	직업병 유소견자	직업병의 소견이 있어 적절한 의학적 및 직업적 사후관리조치가 필요함 → 의사의 의학적 소견에 따라, 요양신청·작업전환·취업장소변경·치료·기타 의학적 조치를 한다.
R	질환의심자	1차 건강진단 실시결과에서 이상 소견이 있어 제2차 건강진단 실시가 필요함

   ① 건강진단기관이 건강진단을 실시하였을 때에는 그 결과를 건강진단개인표에 기록하고, 건강진단을 실시한 날부터 30일 이내에 근로자와 사업주에게 송부해야 함
   ② 사업주는 송부 받은 건강진단 결과표 및 근로자가 제출한 건강진단 결과를 증명하는 서류를 5년간 보존해야 함
   ③ 고용노동부장관이 정하여 고시하는 물질을 취급하는 근로자에 대한 건강진단 결과의 서류 또는 전산입력 자료는 30년간 보존해야 함

(4) 건강관리 구분 중 D1 또는 D2로 판정받은 근로자는 반드시 업무수행 적합 여부를 판정하도록 함

구분	업무수행 적합성 여부 내용
가	현재의 조건 하에서 현재의 업무가 가능한 경우
나	일정한 조건(작업방법 또는 작업환경 개선, 건강상담 또는 지도, 건강진단 주기단축 등) 하에서 현재의 업무가 가능
다	건강장해가 우려되어 한시적으로 현재의 업무를 할 수 없음, 작업환경 또는 근로조건 개선 후 업무복귀 가능
라	건강장해의 악화 또는 영구적인 건강손상이 우려되어 현재의 업무를 할 수 없음

4 근로시간과 강도

(1) 우리나라 근로기준법 기준 근로시간 : 1일 근로시간 8시간, 1주 40시간
(2) ILO 기준 근로시간 : 1일 8시간씩 주 40시간 채택

(3) 근로강도 : 일정시간내의 지출노동량의 크기

① 육체적 근로 강도의 지표 = 에너지 대사율(RMR ; Relative Metabolic Rate)

$$RMR = \frac{근로대사량(작업 시 소비에너지 - 같은 시간 동안의 안정 시 소비에너지)}{기초대사량}$$

② RMR에 따른 노동 분류

    a. 경노동(RMR 0~1) : 앉아서 손으로 하는 작업
    b. 중등노동(RMR 1~2) : 지적 작업, 6시간 이상 쉬지 않고 하는 작업
    c. 강노동(RMR 2~4) : 지속적인 작업
    d. 중노동(RMR 4~7) : 휴식이 필요한 작업, 노동 시간 단축을 해야 하는 작업
    e. 격노동(RMR 7 이상) : 중도적 작업(중량물 작업을 과격하게 하는 정도의 작업)

5 여성 및 연소 근로자의 보호

(1) 여성 근로자의 근로 조건

① 주 작업 근로강도 : RMR 2.0 이하
② 중량물 취급에 있어서의 중량 제한 : 16세 이하(5kg), 16~18세(8kg), 18세 이상(20kg)
③ 공업독물 취급 작업 시 유산·사산의 우려가 있으므로 고려

(2) 여성과 소년에 대한 보호(근로기준법)

① 제64조(최저 연령과 취직인허증)

    a. 15세 미만인 사람은 근로자로 사용하지 못한다.
    b. 다만, 대통령령으로 정하는 기준에 따라 고용노동부장관이 발급한 취직인허증을 지닌 사람은 근로자로 사용할 수 있다.

② 제65조(사용 금지)

    a. 사용자는 임신 중이거나 산후 1년이 지나지 아니한 여성과 18세 미만자를 도덕상 또는 보건상 유해·위험한 사업에 사용하지 못한다.
    b. 사용자는 임산부가 아닌 18세 이상의 여성을 보건상 유해·위험한 사업 중 임신 또는 출산에 관한 기능에 유해·위험한 사업에 사용하지 못한다.

③ 제69조(근로시간)

    a. 15세 이상 18세 미만인 사람의 근로시간은 1일에 7시간, 1주에 35시간을 초과하지 못한다.
    b. 다만, 당사자 사이의 합의에 따라 1일에 1시간, 1주에 5시간을 한도로 연장할 수 있다.

④ 제70조(야간근로와 휴일근로의 제한)

    a. 사용자는 18세 이상의 여성을 오후 10시부터 오전 6시까지의 시간 및 휴일에 근로시키려면 그 근로자의 동의를 받아야 한다.

b. 사용자는 임산부와 18세 미만자를 오후 10시부터 오전 6시까지의 시간 및 휴일에 근로시키지 못한다.
　　c. 다만, 다음 각 호의 어느 하나에 해당하는 경우로서 고용노동부장관의 인가를 받으면 그러하지 아니하다.
　　　- 18세 미만자의 동의가 있는 경우
　　　- 산후 1년이 지나지 아니한 여성의 동의가 있는 경우
　　　- 임신 중의 여성이 명시적으로 청구하는 경우
⑤ 제71조(시간외근로)
　사용자는 산후 1년이 지나지 아니한 여성에 대하여는 단체협약이 있는 경우라도 1일에 2시간, 1주에 6시간, 1년에 150시간을 초과하는 시간외근로를 시키지 못한다.
⑥ 제72조(갱내근로의 금지)
　사용자는 여성과 18세 미만인 사람을 갱내에서 근로시키지 못한다.
⑦ 제73조(생리휴가)
　사용자는 여성 근로자가 청구하면 월 1일의 생리휴가를 주어야 한다.
⑧ 제74조(임산부의 보호)
　　a. 사용자는 임신 중의 여성에게 출산 전과 출산 후를 통하여 90일(한 번에 둘 이상 자녀를 임신한 경우에는 120일)의 출산전후휴가를 주어야 한다. 이 경우 휴가 기간의 배정은 출산 후에 45일(한 번에 둘 이상 자녀를 임신한 경우에는 60일) 이상이 되어야 한다.
　　b. 사용자는 임신 중인 여성이 유산 또는 사산한 경우로서 그 근로자가 청구하면 대통령령으로 정하는 바에 따라 유산·사산 휴가를 주어야 한다. 다만, 인공 임신중절 수술에 따른 유산의 경우는 그러하지 아니하다.
　　c. 규정에 따른 휴가 중 최초 60일(한 번에 둘 이상 자녀를 임신한 경우에는 75일)은 유급으로 한다.
⑨ 제74조의2(태아검진 시간의 허용 등)
　사용자는 임신한 여성근로자가 임산부 정기건강진단을 받는데 필요한 시간을 청구하는 경우 이를 허용하여 주어야 한다.
⑩ 제75조(육아 시간)
　생후 1년 미만의 유아를 가진 여성 근로자가 청구하면 1일 2회 각각 30분 이상의 유급 수유 시간을 주어야 한다.

> **참고**
>
> **근로기준법**
> 제50조(근로시간)
> ① 1주간의 근로시간은 휴게시간을 제외하고 40시간을 초과할 수 없다.
> ② 1일의 근로시간은 휴게시간을 제외하고 8시간을 초과할 수 없다.

O X 로 확인

04 O | X
근로기준법에 의해 15세 이상 18세 미만인 사람의 근로시간은 1일에 8시간, 1주에 40시간을 초과하지 못한다.

O X 로 확인 해설&정답

해설
04 1일에 8시간, 1주에 40시간
→ 1일에 7시간, 1주에 35시간

정답
04 ×

3 작업환경관리

1 작업환경관리의 기본원리

(1) 대치
① 의미
  a. 작업환경 대책의 근본적, 기본적, 효과적인 방법
  b. 덜 유해하거나 덜 위험한 물질을 대신 사용하는 것
② 대치의 분류
  a. 물질의 변경 : 유사한 화학구조를 갖고 있는 다른 물질로 변경하는 것으로 가장 흔히 사용하는 방법
   예) 벤젠 → 톨루엔, 석면 → 유리섬유, 야광시계 자판을 라듐 → 인
  b. 시설의 변경 : 사용하고 있는 위험시설이나 기구를 바꾸는 것
   예) 가연성 물질 보관을 플라스틱 → 철제통, Neoprene 장갑(염화탄화수소가 묻으면 사용 못함) → 폴리비닐알코올 장갑으로 대체
  c. 공정의 변경 : 유해한 과정을 안전하고 효율적인 공정과정으로 변경
   예) 페인트 작업시 분무식 → 전기흡착식, 금속 접합시 용접 → 볼트·너트사용

(2) 격리
① 물체, 거리, 시간과 같은 장벽(barrier)을 통해 작업자와 유해인자를 분리하는 것
② 개인보호구 착용도 넓은 의미의 격리에 포함되기도 함
  예) 오염물질이 있는 내부의 상태를 확인하기 위한 CCTV 설치, 소음원에 대한 방음 처리, 원격조정 방식, 안전통로 확보, 방사성 동위원소를 취급할 때의 격리와 밀폐

(3) 환기
① 오염된 공기를 외부로 배출하고, 신선한 공기를 공급하여 유해물질을 희석하는 방식
② 전체환기 : 작업장의 유해물질 희석을 위해 사용
③ 국소배기 : 오염물질이 근로자에게 영향을 주기 전에 포착하여 외부로 배출

(4) 개인보호구 착용
① 작업방법과 환경의 개선 등 근본적인 안전대책을 강구해야 하지만, 이들 대책이 불충분할 경우를 대비해 보조수단(가장 최후의 수단)으로 개인보호구를 착용
② 동일한 근무여건과 시간에 노출된 경우 개인보호구의 착용 여부가 직업병 발생에 영향을 줌
③ 근로자의 보호구 착용률을 높이기 위해 가장 먼저 할 일 : 보호구 미착용의 이유 파악
④ 호흡용 보호구, 차음 보호구, 피부 보호구, 안면 보호구 등

> **참고**
> **유해인자로부터 보호 순서**
> 대치 → 환기 또는 격리 → 개인보호구
>
> **작업환경관리의 3대 기본 원리**
> 대치, 격리, 환기
>
> **4대 원칙**
> 대치, 격리, 환기, 교육

OX로 확인

05 작업환경 대책의 근본적, 기본적, 효과적인 방법은 환기이다.

06 작업환경관리의 방법 중 유해성이 높은 물질을 대신해 덜 유해하거나 덜 위험한 물질을 사용하는 것은 대치의 방법이다.

해설 & 정답

해설
05 환기 → 대치

정답
05 ✕ 06 ○

2 화학물질 및 물리적 인자의 노출기준

(1) 시간 가중 평균노출기준(TWA ; TLV – Time Weighted Average)
   ① 1일 8시간 작업을 기준으로 하여 유해인자의 측정치에 발생시간을 곱하여 8시간으로 나눈 값
   ② 주당 40시간 하루 8시간 작업 동안에 폭로된 평균농도의 상한치
   ③ 이 수준에는 대부분의 작업자가 매일 노출되어도 건강상 영향이 없을 것으로 여겨지는 수치

(2) 단시간노출기준(STEL ; TLV – Short Term Exposure Limit)
   ① 15분간의 시간가중평균노출값
   ② 1회 노출 지속시간이 15분 미만이어야 하고, 이러한 상태가 1일 4회 이하로 발생하여야 하며, 각 노출의 간격은 60분 이상이어야 함
   ③ 15분간 폭로되어도 건강 장해가 없는 평균 농도

(3) 최고노출기준(TLV – Ceiling)
   ① 근로자가 1일 작업시간동안 잠시라도 노출되어서는 아니 되는 기준(최고수준의 농도, 천정치)
   ② 8시간 작업 후 16시간의 휴식을 취하는 작업조건과 자극성 가스나 독작용이 빠른 물질에 적용

OX로 확인

07 O|X

유해물질 노출 수준이 TWA를 초과하고 STEL 이하인 경우 1회 노출시간은 15분을 초과할 수 있다.

OX로 확인 해설&정답

해설
07 1회 노출시간은 15분을 초과할 수 있다 → 1회에 15분 미만으로 노출되어야 한다

정답
07 ×

CHAPTER 02 산업재해와 직업병

1 산업재해

1 산업재해 정의
노동과정 중 작업환경 또는 작업행동 등에서 발생하는 근로자의 신체적·정신적 피해, 원하지도 않고 계획하지도 않은 사건으로 인한 인명손상

2 산업재해 발생원인
(1) 직접원인(1차적 원인) : 재해를 일으키는 물질 또는 행위 그 자체
(2) 간접원인(2차적 원인)
  ① 환경적 요인 : 불안전 시설물, 부적절한 장비, 불량한 작업 환경, 과도한 노동시간, 작업장 정리·정돈 태만 등
  ② 인적 요인 : 작업에 관한 지식 부족, 체력과 정신상의 결함, 피로, 부주의, 작업 미숙, 부적절한 행동이나 동작 등

3 산업재해 발생의 일반적 현황
(1) 여름철(7~8월)에 가장 높다.
(2) 월요일이 높다.
(3) 오전 10~12시가 가장 높다.
(4) 입사 6개월 미만의 미숙련자 또는 고령일수록 재해율이 높다.
(5) 손이나 손가락의 손상발생이 높다.
(6) 사업장의 규모가 작을수록 많이 발생한다.

4 산업재해 이론
(1) 하인리히 법칙 : 사고의 확산 과정을 양적으로 보여줌
  ① 하인리히(Heinrich, 1886~1962) : 산업재해에 의한 피해 정도를 분석, 큰 재해·작은 재해·사소한 재해의 발생 비율을 발표
  ② 법칙의 의미 : 산업재해는 우연에 의한 발생이 아닌 충분한 개연성이 있었던 경미한 재해가 반복되는 과정 속에서 발생한다는 것을 보여 줌

> 큰 재해(현성 재해) : 작은 재해(불현성 재해) : 사소한 재해(잠재성 재해)
> = 1 : 29 : 300

O X 로 확인

08 O X
사고의 확산 과정을 양적으로 보여주는 하인리히 법칙의 비율은 1 : 30 : 300이다.

O X 로 확인 해설&정답

해설
08 1 : 30 : 300 → 1 : 29 : 300

정답
08 ×

(2) 도미노 이론 : 사고확산의 연쇄성을 설명
   ① 재해발생의 과정을 5개의 요인으로 분류
   ② 사고 발생 이전의 보다 근원적인 요인을 강조
   ③ 제3요소인 불안전한 행동 및 불안전한 상태를 제거하면 재해를 예방할 수 있다고 봄

   - 1요인 : 인간의 유전적 내력, 사회적으로 바람직하지 못한 현상
   - 2요인 : 1요인에 의해 생기는 인간의 결함
   - 3요인 : 2요인에 따른 불안전한 행동 및 기계적·물리적 위험
   - 4요인 : 사고
   - 5요인 : 재해

(3) 다수요인 이론(Multiple factor theory)
   ① 사람, 기계, 매체 및 관리 4M을 사용하여 사고의 원인을 설명하고자 하는 이론
   ② 작업장 사고의 원인이 될 수 있는 잠재적이고 숨겨진 요인을 다양하게 밝혀내는데 유용함

   - 사람(Man) : 사람의 심리적 상태, 성별, 나이, 생리적 차이, 인지요인 등
   - 기계(Machine) : 기계의 형태, 유형, 크기, 안전장치, 기계 운전, 사용된 에너지의 유형 등
   - 매체(Media) : 기상 조건, 건물의 온도, 바닥의 물기 등
   - 관리(Management) : 나머지 3가지 요인(사람, 기계, 매체)을 관리하는 것

09 OX로 확인
산업재해 이론 중 다수요인 이론에서 말하는 4M은 사람, 기계, 매체, 관리이다.

(4) 인간요인 이론(Human factor theory)
   ① 사고는 인간의 실수로 나타난다는 개념
   ② 실수 유발 요인 : 과부하(업무와 책임의 과중), 부적절한 행동(근로자의 실수), 부적절한 반응(인지한 위험 상황에 대한 적절하지 못한 대처, 생산성 향상을 위한 안전장치 제거 등)

5 산업재해 지표

(1) 도수율(빈도율, Frequency rate)
   ① 연 100만 작업시간당 재해발생건수
   ② 재해발생상황의 파악을 위한 표준적 지표

$$도수율 = \frac{재해건수}{연근로 시간 수} \times 1,000,000$$

(2) 건수율(천인률, 발생률, Incidence rate)
   ① 근로자 1,000명당 재해발생건수

10 OX로 확인
연 1,000 작업시간당 작업손실일수로 계산하여 재해로 인한 실질적 손해를 알 수 있는 지표는 도수율이다.

OX로 확인 해설&정답

해설
10 도수율 → 강도율

정답
09 ○   10 ×

② 발생상황의 총괄적 파악에 적합
③ 근로시간과 재해의 강도가 고려되지 않은 단점이 있음

$$건수율 = \frac{재해건수}{평균\ 실근로자\ 수} \times 1,000$$

(3) 강도율 (Intensity or severity rate)
① 연 1,000 작업시간당 작업손실일수
② 재해의 강도와 손상의 정도를 나타냄(재해로인한 실질적 손해를 나타냄)

$$강도율 = \frac{손실작업일\ 수}{연근로시간\ 수} \times 1,000$$

(4) 평균작업손실일수(중독률) : 재해건수당 평균작업손실 규모를 나타내는 지표

$$평균작업손실일수 = \frac{손실작업일수}{재해건수}$$

(5) 사망만인율
① 사망자 수의 10,000배를 전체 근로자 수로 나눈 값
② 전 사업에 종사하는 근로자 중 산재로 사망한 근로자가 어느 정도인지 파악할 때 사용

$$사망만인율 = \frac{연간\ 사망자\ 수}{상시\ 근로자\ 수} \times 10,000$$

(6) 재해율 : 전체 근로자 중 재해근로자의 비중을 나타내는 지표

$$재해율 = \frac{재해자\ 수}{평균\ 근로자\ 수} \times 100$$

6 산업재해보상보험법(1963년 제정)

(1) 목적
① 산업재해보상보험 사업을 시행하여 근로자의 업무상의 재해를 신속하고 공정하게 보상
② 재해근로자의 재활 및 사회 복귀를 촉진하기 위함
③ 필요한 보험시설을 설치·운영하고, 재해 예방과 그 밖에 근로자의 복지 증진을 위한 사업을 시행
④ 근로자 보호에 이바지하는 것

(2) 관리운영 및 관리자
    ① 관리운영 : 근로복지공단
    ② 관장자 : 고용노동부장관
(3) 특징과 원리
    ① 강제보험 : 사업주 가입여부와 관계없이 모든 근로자는 수혜의 대상이 됨
    ② 사업주의 보험료 전액 부담(가입자-사업주, 수혜자-근로자)
    ③ 소득보장+의료보장
    ④ 무과실 책임주의 : 사용자의 과실유무에 상관없이 사용자에게 책임을 부과
    ⑤ 정률보상 : 당해 근로자의 평균 임금을 기초로 하여 법령에서 정하는 기준에 따른 획일적인 산정 보상 방식(근무기간, 나이, 직종 등을 고려하지 않음)
    ⑥ 장해·유족연금제도 및 재요양 등 다양한 재활서비스를 지원
    ⑦ 현실우선주의 : 업무상 재해로 인하여 보험급여를 지급하는 경우에 현실의 부양 상태를 고려하는 특징이 있음. 사실혼 관계에 의해 유족보상금을 지급하는 경우에 그 수급권자의 순위에 있어서 사망 당시 부양하고 있던 배우자를 우선순위로 하여 지급을 함

(4) 보험급여의 종류

요양급여	·근로자가 업무상의 사유로 부상을 당하거나 질병에 걸린 경우에 그 근로자에게 지급하는 급여
	·업무상 부상 또는 질병이 3일 이내의 요양으로 치유될 수 있으면 요양급여를 지급하지 않음
	·요양급여의 범위
	  1. 진찰 및 검사
	  2. 약제 또는 진료재료와 의지나 그 밖의 보조기의 지급
	  3. 처치, 수술, 그 밖의 치료
	  4. 재활치료
	  5. 입원
	  6. 간호 및 간병
	  7. 이송

휴업급여	·업무상 사유로 부상을 당하거나 질병에 걸린 근로자에게 요양으로 취업하지 못한 기간에 대하여 지급 ·1일당 지급액은 평균임금의 100분의 70에 상당하는 금액 ·다만, 취업하지 못한 기간이 3일 이내이면 지급하지 않음
장해급여	·근로자가 업무상의 사유로 부상을 당하거나 질병에 걸려 치유된 후 신체 등에 장해가 있는 경우에 그 근로자에게 지급 ·수급권자의 선택에 따라 장해보상연금 또는 장해보상일시금으로 지급
간병급여	요양급여를 받은 사람 중 치유 후 의학적으로 상시 또는 수시로 간병이 필요하여 실제로 간병을 받는 사람에게 지급
유족급여	·근로자가 업무상의 사유로 사망한 경우에 유족에게 지급 ·유족보상연금이나 유족보상일시금으로 하되, 유족보상일시금은 근로자가 사망할 당시 유족보상연금을 받을 수 있는 자격이 있는 사람이 없는 경우에 지급

상병보상연금	· 요양급여를 받는 근로자가 요양을 시작한 지 2년이 지난 날 이후에 다음 각 호의 요건 모두에 해당하는 상태가 계속되면 휴업급여 대신 상병보상연금을 그 근로자에게 지급 – 그 부상이나 질병이 치유되지 아니한 상태일 것 – 그 부상이나 질병에 따른 중증요양상태의 정도가 대통령령으로 정하는 중증요양상태등급 기준에 해당할 것 – 요양으로 인하여 취업하지 못하였을 것
장례비	근로자가 업무상의 사유로 사망한 경우에 지급하되, 평균임금의 120일분에 상당하는 금액을 그 장례를 지낸 유족에게 지급
직업재활급여	· 장해급여자 중 취업을 위하여 직업훈련이 필요한 사람에 대하여 실시하는 직업훈련에 드는 비용 및 직업훈련수당 · 직장복귀지원금, 직장적응훈련비 및 재활운동비

(5) 업무상의 재해의 인정 기준(「산업재해보상보험법」 제37조)

업무상 사고	가. 근로자가 근로계약에 따른 업무나 그에 따르는 행위를 하던 중 발생한 사고 나. 사업주가 제공한 시설물 등을 이용하던 중 그 시설물 등의 결함이나 관리소홀로 발생한 사고 다. 삭제 라. 사업주가 주관하거나 사업주의 지시에 따라 참여한 행사나 행사준비 중에 발생한 사고 마. 휴게시간 중 사업주의 지배관리하에 있다고 볼 수 있는 행위로 발생한 사고 바. 그 밖에 업무와 관련하여 발생한 사고
업무상 질병	가. 업무수행 과정에서 물리적 인자(因子), 화학물질, 분진, 병원체, 신체에 부담을 주는 업무 등 근로자의 건강에 장해를 일으킬 수 있는 요인을 취급하거나 그에 노출되어 발생한 질병 나. 업무상 부상이 원인이 되어 발생한 질병 다. 「근로기준법」 제76조의2에 따른 직장 내 괴롭힘, 고객의 폭언 등으로 인한 업무상 정신적 스트레스가 원인이 되어 발생한 질병 라. 그 밖에 업무와 관련하여 발생한 질병
출퇴근 재해	가. 사업주가 제공한 교통수단이나 그에 준하는 교통수단을 이용하는 등 사업주의 지배관리하에서 출퇴근하는 중 발생한 사고 나. 그 밖에 통상적인 경로와 방법으로 출퇴근하는 중 발생한 사고

(6) 중대재해의 범위(「산업안전보건법」 시행규칙 제3조)

중대재해 : 산업재해 중 사망 등 재해 정도가 심하거나 다수의 재해자가 발생한 경우

- 사망자가 1명 이상 발생한 재해
- 3개월 이상의 요양이 필요한 부상자가 동시에 2명 이상 발생한 재해
- 부상자 또는 직업성 질병자가 동시에 10명 이상 발생한 재해

2 직업병

1 직업병의 정의 및 특징

(1) 정의 : 어떤 특정한 직업에 종사함으로써 근로조건이 원인이 되어 일어나는 질환

(2) 특징
① 열악한 작업환경에 장기간 노출 후 발생
② 폭로시작과 첫 증상이 나타나기까지의 긴 시간적 차이
③ 일반질병과의 구분 어려움
④ 인체에 영향이 확인되지 않은 신물질이 있음
⑤ 조기발견이 어려우나 예방은 가능

(3) 직업성질환의 원인
① 물리적 원인 : 이상기압, 이상기온, 소음, 진동, 조명, 방사선, 분진 등
② 화학적 원인 : 유기용제(벤젠, 톨루엔, 사염화탄소, 노르말헥산, 메탄올, 이황화탄소), 중금속(납, 수은, 카드뮴, 크롬, 베릴륨) 등
③ 생물학적 원인 : 동식물의 취급과 병원체 감염 등
④ 인간공학적 원인 : 중량물 취급, 반복 작업 등
⑤ 사회심리적 원인 : 직무스트레스 등

> **OX로 확인**
> **11** OX
> 직업병의 경우 폭로시작과 첫 증상이 나타나기까지의 시간적 차이는 짧다.

2 물리적 요인에 의한 직업병

이상기압, 이상기온, 소음, 진동, 방사선, 분진

(1) 이상기압에 의한 직업병
① 잠함병 : 고압에 의한 장애
 a. 원인 : 고압에서 급격히 감압하는 과정에서 질소가 체외로 배출되지 못하고 기포 상태로 혈관이나 조직에 남아 혈액순환을 저해하거나 조직손상을 일으킴
 b. 증상 : 피부 소양감, 사지 관절통, 척추마비, 내이장애, 혈액순환·호흡기 장애
 c. 위험 작업 : 잠수작업, 터널공사
 d. 예방 : 서서히 감압, 감압 후 산소 공급, 감압 후 가벼운 운동으로 순환 촉진
② 고산병 : 저압에 의한 장애
 a. 원인 : 등반시 기온과 기압 하강, 공기 중 산소분압 감소
 b. 증상 : 두통, 구토, 맥박·호흡·심박출량 증가, 혈색소량 증가

> **OX로 확인**
> **12** OX
> 고압에서 급격히 감압하는 과정에서 질소가 체외로 배출되지 못하여 발생하는 직업병은 잠함병이다.

> **OX로 확인** 해설&정답
> 해설
> 11 짧다 → 길다
> 정답
> 11 X 12 O

(2) 이상기온에 의한 직업병

① 열중증(Heat disorder)

구분	원인 및 증상	응급처치
열경련 (Heat Cramps)	지나친 발한으로 인한 체내 수분 및 염분의 손실	· 서늘한 곳 옮기기 · 생리식염수 IV · 소금물 제공
	맥박상승, 현기증, 이명, 두통, 구토, 수의근에 유통성 경련, 정상체온 또는 약간의 체온 상승	
열피로 (Heat Exhaustion)	· 발한에 의한 탈수+말초혈관의 과도한 확장 → 순환 부족과 저혈압이 주원인 · 비교>열실신(heat syncope) : 피부혈관의 확장으로 인한 대뇌의 허혈(저혈압)로 갑작스런 의식의 소실이 나타남	· 포도당 및 생리식염수 IV · 필요시 강심제 사용 · 필요시 따듯한 차·커피 제공
	전신권태, 두통, 현기증, 빠르고 약한 맥박, 차고 습한 피부, 현저한 최저혈압의 하강, 정상체온 또는 중등도의 체온 상승(38℃ 정도)	
열쇠약 (Heat Prostration)	고온작업 시 비타민 B1의 결핍으로 발생하는 만성적인 열 소모	· 비타민 B_1 투여 · 충분한 휴식과 영양 공급
	전신권태, 식욕부진, 위장장애, 불면, 빈혈, 정상체온	
열사병 (Heat Stroke)	고온 다습한 환경에서 체열의 축적으로 뇌 혈류의 온도가 올라가면서 뇌세포 손상(체온조절중추 기능장애)	· 체온의 급격한 냉각(39℃까지)을 위해 옷을 벗기고 찬물로 몸 닦기 · 생리식염수 IV · 의식이 있다면 찬 음료 제공
	두통, 이명, 의식혼미, 구토, 동공반응 손실, 40℃ 이상의 고열, 땀 분비 없음	

② 저온에 의한 장애
  a. 전신 저체온증 : 장시간 한랭한 장소에 노출로 몸의 심부온도가 35℃ 이하인 상태, 급격한 혈관확장과 체열상실로 인해 중증전신냉각상태가 됨
  b. 동상 : 빙점 이하의 온도에서 실제로 표재성 조직이 동결하여 세포구조에 기계적 손상이 일어난 상태
  c. 동창 : 고습도와 빙점 이상의 저기온의 환경에 반복적인 노출에 의해 조직의 동결없이 발생하는 강한 동상
  d. 동사 : 한랭에 대한 자기 방어기전의 한계점을 넘어 각 기관의 기능 상실 → 체온 하강 → 생체기능의 저하 → 사망
  e. 참호족
    • 지속적인 국소의 산소결핍으로 모세혈관이 손상되는 것
    • 원인 : 직접 동결되지는 않더라도 저온에 장기간 폭로, 지속적으로 습기나 물에 잠겨 발생
    • 증상 : 부종, 작열감, 소양감, 심한 동통, 수포, 표피괴사 등
  f. 급성 일과성 염증 : 한랭환경에서 나타나는 일시적인 염증 반응으로 한랭환경의 폭로 중지 시 2~3시간 내로 호전

OX로 확인

13　　　　　O|X
열사병은 40℃ 이상의 고열을 증상으로 피부는 땀으로 인해 차갑고 축축하다.

OX로 확인 해설&정답

해설
13 땀으로 인해 차갑고 축축하다.
 → 건조하다.

정답
13 ×

(3) 소음에 의한 직업성 난청
① 소음성 난청의 정의 : 장기간 소음에 노출되어 내이의 감각신경이 피로해지고 퇴화하는 현상(감각신경성 난청)
② 소음의 요소 : 크기(dB), 주파수(Hz), 시간적 변동, 폭로 시간
③ 소음의 허용 기준
　a. 소음작업 : 1일 8시간 작업을 기준으로 85데시벨 이상의 소음이 발생하는 작업
　b. 소음은 115dB을 초과해서는 안됨

소음강도	90dB	95dB	100dB	105dB	110dB	115dB
1일 노출시간	8시간	4시간	2시간	1시간	$\frac{1}{2}$시간	$\frac{1}{4}$시간

참고

산업안전보건기준에 관한 규칙 제512조(정의)

충격소음작업 : 소음이 1초 이상의 간격으로 발생하는 작업
① 120데시벨을 초과하는 소음이 1일 1만회 이상 발생하는 작업
② 130데시벨을 초과하는 소음이 1일 1천회 이상 발생하는 작업
③ 140데시벨을 초과하는 소음이 1일 1백회 이상 발생하는 작업

화학물질 및 물리적 인자의 노출기준에 의한 충격소음의 노출기준

1일 노출회수	충격소음의 강도 dB(A)
100	140
1,000	130
10,000	120

1. 최대 음압수준이 140dB(A)를 초과하는 충격소음에 노출되어서는 안 됨
2. 충격소음이라 함은 최대음압수준에 120dB(A) 이상인 소음이 1초 이상의 간격으로 발생하는 것을 말함

④ 소음의 영향
　a. 소음성 난청의 첫 증상 : 이명
　b. 지속적인 소음보다 연속적 반복되는 소음에 의한 영향이 더 큼
　c. 일시적 난청 : 내이 코르티기관 유모 세포 피로, 노출중지 후 1~2시간 내에 회복
　d. 영구적 난청 : 내이 코르티기관 유모 세포 파괴, 4,000Hz(C5-dip 현상)에서 가장 심한 현상 발생, 노출 중단시 진행되지 않으나 회복되지 않음
⑤ 관련 직종 : 굴착기 사용자, 음악가, 군인, 공장노동자, 광업소 노동자 등
⑥ 대책
　a. 소음의 사정 후 소음 발생원에 대한 위생공학적인 관리
　b. 방음벽의 설치 및 작업자의 귀마개 착용, 120dB일 때 귀덮개와 귀마개 동시 사용
　c. 소음원의 거리적 격리

O X 로 확인

14 O X
소음성 난청은 전도성 난청으로 대부분 양측성으로 진행된다.

O X 로 확인 해설&정답

해설
14 전도성 난청 → 감각신경성 난청

정답
14 ×

(4) 진동에 의한 직업병

① 국소적 진동 : 레이노 현상(Raynaud's phenomenon)

    a. 원인 : 기계·기구의 사용으로 강한 흔들림과 추위 노출로 말초혈관의 국소적 경련, 폐색, 순환장애 발생

    b. 증상 : 손가락의 감각마비, 간헐적인 창백, 청색증, 통증, 저림, 냉감 등

    c. 직종 : 타이피스트, 건반악기연주자, 착암공, 드릴작업자, 진동공구 사용자 등

    d. 대책 : 원인 제거, 진동과 추위에 노출 자제, 충격 방지 장갑 착용, 작업시간 단축, 금연

② 전신진동 : 시력저하, 피부를 통한 열발산 촉진, 혈액순환 억제, 위장장애 발생, 불안, 요통 등

(5) 방사선에 의한 직업병

① 전리방사선

    a. 정의 : 원자의 궤도에서 전자를 제거하여 이온을 형성하기에 충분한 에너지를 가진 방사선으로 X선, 감마선, 알파선, 베타선, 중성자 등이 있음

    b. 관련 직종 : 비행기 조종사 및 승무원, 전자현미경제조, 화재경보기 제조, 살균작업자, 방사선기사 등

    c. 전리방사선에 의한 건강영향 : 전리방사선 노출에 의해 세포의 사멸과 조직의 파괴 초래

- 피부 : 피부발적, 괴사 등
- 골수와 림프계(고도 감수성 조직, 6Gy 이하의 조사로 파괴되는 조직) : 림프구감소증, 과립구감소증, 혈소판감소증, 적혈구감소증 등
- 생식기계 : 정자수의 감소, 불임 등
- 눈 : 수정체혼탁 등
- 호흡기 : 폐렴, 폐섬유증 등
- 돌연변이 세포 발생하여 암세포로 발전 : 백혈병 등 암 발생 위험이 증가

    d. 대책

- 성인의 안전 허용기준 준수
- 배치전 및 주기적 건강진단 실시
- 눈, 피부, 조혈장해와 관련된 증상 및 징후 관찰
- 원격조작이나 차폐물의 설치
- 조사시간의 단축, 피부의 직접노출 피함

> **참고**
> - 방사선 투과력 : 중성자선 > 감마선 > 엑스선 > 베타선 > 알파선
> - 에너지 크기 : 알파선 > 베타선 > 감마선
> - 신체조직의 감수성 크기

고도 감수성 조직	골수와 림프계 (림프구감소증, 과립구감소증, 혈소판감소증, 적혈구감소증 등), 생식기관, 가슴샘
중등도 감수성 조직	침샘, 모낭, 기름샘, 땀샘, 수정체, 소화기(위, 소장, 대장)
저감수성 조직	신경세포, 지방조직, 갑상선, 뇌하수체, 뼈, 근육

+ PLUS 심화

◯ **전리방사선의 단위**

① 비크렐(Bq, Becquerel)
  a. 1초당 방출되는 방사능의 양
  b. 방사성 물질이 1초 동안 1개의 원자핵이 붕괴하는 경우 그 물질의 방사능은 1베크렐(Bq)
② 뢴트겐(R, Roentgen)
  a. 방사선 강도의 세기를 나타내는 양
  b. 조사선량(Exposure, X)을 나타내는 단위
③ 그레이(Gy, Gray)
  a. 물질의 방사선 흡수선량(Absorbed Dose, D) 단위
  b. 노출된 물질의 단위질량(1Kg) 당 흡수된 방사선 에너지량
  c. 1kg당 1줄(j)의 흡수력을 필요로 하는 단위
  d. 방사선 방호 측면에서 중요한 의미를 가짐
④ 시버트(Sv, Sievert)
  a. 방사선의 영향을 평가할 때 사용하는 선량당량(등가선량, Equivalent Dose, H) 단위
  b. 생물체가 방사선에 쪼였을 때 흡수선량(에너지)이 같다고 하더라도 방사선의 종류와 에너지에 따라 받는(생물학적) 영향은 다름
  c. 방사선의 종류가 달라도 등가선량이 같으면 그 영향은 같음

◯ **등가선량** (단위 : 시버트)

흡수선량에 방사선의 종류에 따른 영향을 받기 때문에 '방사선 가중계수'를 곱한 것

$$Ht(조직\ t에서의\ 등가선량) = D(흡수선량) \times Wr(방사선\ 가중계수)$$

◯ **유효선량** (단위 : 시버트)

인체 조직별 상대적인 위험도의 차이인 '조직가중치'를 반영한 것

$$E(유효선량) = Ht(조직\ t에서의\ 등가선량) \times Wt(조직가중계수)$$

구분		국제표준단위	관용단위
방사능		베크렐(Bq)	큐리(Ci)
방사선량	조사선량(X)	쿨롱/킬로그램(C/kg)	뢴트겐(R)
	흡수선량(D)	그레이(Gy)	라드(rad)
	유효선량(E)	시버트(Sv)	렘(rem)
	등가선량(H)	시버트(Sv)	렘(rem)

◯X 로 확인

15 ◯ X

전리방사선에 의한 신체 조직의 감수성의 크기는 골수와 림프계가 가장 크다.

◯X 로 확인 해설&정답

정답
15 ◯

② 비전리방사선 : 전자기 스펙트럼의 저에너지 영역에서 방출되는 에너지로 라디오, 마이크로파, 가시광선, 적외선, 자외선 등이 있음

구분	가시광선	적외선	자외선
파장 범위	4000~700Å	7800~30000Å	2000~4000Å
기능	눈의 망막을 자극하여 명암과 색을 구별하게 함	야간 관측, 온도측정, 기상분석, 온열치료 등의 물리치료 등	피부를 통해 비타민D 합성, 살균작용, 성장과 신진대사 촉진, 적혈구 생성 촉진 등
건강에 미치는 영향	• 조도불량 : 안구진탕, 정신적인 불쾌감, 눈의 피로, 시력감퇴 등 • 조명과잉 : 광선공포증, 두통 등	피부화상, 망막화상, 후극성 백내장, 열중증 등	피부암, 결막충혈, 결막염증, 각막궤양, 안검경련, 백내장 등
대책	균등하고 적절한 조명 유지	보호안경, 방열판, 방열장치의 설치, 방열복 착용 등	선글라스등의 차광안경 착용, 썬크림 바르기, 자외선의 노출 시간 줄이기

(6) 분진에 의한 직업병(진폐증)
① 정의 : 분진을 흡입함으로써 발생되는 폐조직의 병리적 변화(폐 세포의 염증과 섬유화)
② 종류
   a. 규폐증 : 규사·규산이 포함된 분진 흡입, 폐결핵 가능성 증가, 채석장 인부나 석공들에게 많이 발생
   b. 석면폐증 : 석면섬유의 흡입, 폐암 발생 증가, 내화성·절연성·방부성을 가지는 석면 사용 작업(시멘트 공장, 건설업, 보일러제조공장, 자동차 수리업 등)에서 발생
   c. 유기먼지에 의한 진폐증 : 면 가루, 담뱃잎 가루, 곡물 가루, 사탕수수 등
③ 증상
   a. 결절 형성이 심하지 않으면 자각증상이 없는 것이 일반적
   b. 호흡곤란, 기침, 흉통, 다량의 객담과 배출 곤란, 고혈압
④ 예방 : 금연, 방진마스크 착용, 분진에의 노출 중단, 정기적 건강검진, 배기장치 설치, 습식작업

> **참고**
>
> **호흡보호구**
> • 송기마스크 : 마스크 안으로 신선한 공기를 주입, 마스크 안을 양압으로 만들어 외부로 공기를 내보냄으로써 유해물질의 유입을 차단, 주로 가스나 증기흡입 방지
> • 방진마스크 : 유해물질을 흡착하여 인체에 대한 침입을 막기 위한 마스크

「석면피해구제법」 제2조(정의)
- 석면 : 자연적으로 생성되며 섬유상 형태를 갖는 규산염 광물류로서 환경부령으로 정하는 물질
- 석면질병 : 석면을 흡입함으로써 발생하는 것으로 원발성 악성중피종, 원발성 폐암, 석면폐증 및 그 밖에 대통령령으로 정하는 질병(미만성 흉막비후)

3 화학적 요인에 의한 직업병

(1) 중금속에 의한 직업병

① 중금속의 특성

   a. 생체 내 흡수시 분해 어려움

   b. 배출이 느리고 장기 또는 뼈에 축적

   c. 비필수 중금속인 납, 수은, 카드뮴, 크롬, 베릴륨 등은 낮은 농도에서도 건강장애 유발

② 중독의 종류

중금속 종류	특징 및 증상
납 (Lead, Pb)	· 5대 중독 증상 : 창백, 호염기성 과립적혈구 증가, 치은연(암자색) 착색, 소변에 코프로포피린 검출, 신근마비(Wrist Drop) · 증상 : 치은연에 암자색 착색, 골수형성에 문제, 정상 적혈구의 수치 감소로 인한 빈혈, 미성숙 적혈구인 호염기성 과립적혈구 수 증가, 소변에 코드로포피린 검출 · 위험직종 : 축전지, 용접, 페인트공, 유리 제조업자, 도료공, 화학약품취급자 등 ※ 암자색 착색 : 황화수소와 납이온이 반응해 황화납이 치은에 침착된 것
수은 (Mercury, Hg)	· 3대 중독 증상 : 구내염(잇몸 붓고 압통), 근육경련, 정신 신경증상(불면, 우울, 불안, 흥분) · 급성 중독 : 호흡기 장애, 불안, 신경과민, 신장기능장애, 홍독성 흥분, 단백뇨 등 · 만성 중독 : 뇌조직 침범(시야협착, 청력, 언어장애, 보행장애) · 메틸수은중독 : 미나마타병 · 위험직종 : 농약 제조, 수은 온도계 제조, 형광등 제조, 건전지 제조, 화력발전소, 쓰레기 소각장 등 ※ 홍독성 흥분 : 중추신경계 장애로 인한 공포, 격노한 상태, 흥분, 걱정, 두려움
카드뮴 (Cadmium, Cd)	· 3대 만성중독 증상 : 폐기종, 단백뇨, 신장기능 장애 · 만성 중독 : 뼈의 통증, 골연화증, 골다공증 등 골격계 장애 · 카드뮴 중독 : 이타이이타이병 · 위험직종 : 아연 광석 채광, 전기도금, 판금, 용접, 형광등, 반도체, 축전지, 광전지 등 취급장
크롬 (Chromium, Cr)	· 급성 중독 : 심한 신장장애(요독증으로 사망 가능) · 만성 중독 : 코, 폐, 위 점각 병변(비중격 천공) · 노출되는 피부에 보호용 크림, 바셀린 도포 · 위험직종 : 크롬도금 작업장, 크롬산염을 취급하는 작업장 ※ 비중격 천공 : 비중격에 크롬의 침착으로 인한 궤양이 심해져 천공이 생김

O×로 확인

16 O | X

수은의 3대 중독 증상은 창백, 호염기성 과립적혈구 증가, 치은염이다.

O×로 확인 해설&정답

해설
16 창백, 호염기성 과립적혈구 증가, 치은염 → 구내염, 근육경련, 정신 신경증상

정답
16 ×

(2) 유기용제에 의한 직업병

① 유기용재 : 탄소와 수소를 함유하고 있는 화학물 중 다른 물질을 녹이는 데 사용되는 용매

② 유기용제 특성

    a. 실온에서 액체, 휘발성

    b. 호흡기와 피부로 흡수, 흡수 후 중추신경 침범, 간독성, 신장독성, 발암성

    c. 한번에 대량 흡입시 마취작용, 소량 장기간 흡입시 만성중독 유발

③ 건강에 미치는 영향

    a. 급성중독 : 두통, 어지러움, 중추신경계 억제, 운동실조, 부정맥, 호흡곤란, 경련발작, 의식소실, 사망

    b. 만성중독 : 피부염, 결막염, 각막염, 감염증가, 조혈기능장애, 백혈병, 발암, 만성독성 뇌병증 유발(피로, 집중력 저하, 우울, 불안, 이상감각, 수면장애, 현기증 등의 증상)

④ 유기용제에 따른 증상

    a. 벤젠 : 조혈장애, 백혈병

    b. 톨루엔 : 조혈기능에 영향 없이 일반 독성 유발

    c. 사염화탄소 : 간독성, 중추신경장애

    d. 노르말헥산 : 말초신경장애

    e. 메탄올 : 시신경장애

    f. 이황화탄소 : 중추신경장애, 말초신경장애, 심장혈관계장애, 눈 장애, 생식기능장애 등

기출문제로 요점정리

PART 10 산업보건

01 [2022 지방]

산업재해를 나타내는 재해지표 중 강도율 4가 의미하는 것은?

① 근로자 1,000명당 4명의 재해자
② 1,000 근로시간당 4명의 재해자
③ 근로자 1,000명당 연 4일의 근로손실
④ 1,000 근로시간당 연 4일의 근로손실

정답 ④
요점 강도율 (Intensy or severy rate)
- 연 1,000 작업시간당 작업손실일 수
- 재해의 강도와 손상의 정도를 나타냄(재해로 인한 실질적 손해를 나타냄)
- 강도율 4는 1,000 근로시간당 연 4일의 근로손실을 의미함

02 [2021 서울]

〈보기〉에서 설명하는 물질로 가장 옳은 것은?

〈보기〉
은백색 중금속으로 합금제조, 합성수지, 도금작업, 도료, 비료제조 등의 작업장에서 발생되어 체내로 들어가면 혈액을 거쳐 간과 신장에 축적된 후 만성중독 시 신장기능장애, 폐기종, 단백뇨 증상을 일으킨다.

① 비소
② 수은
③ 크롬
④ 카드뮴

정답 ④
요점 카드뮴 중독
- 3대 중독 증상 : 폐기종, 단백뇨, 신장기능 장애
- 만성 중독 : 뼈의 통증, 골연화증 골다공증 등 골격계 장애
- 위험직종 : 아연 광석 제광, 전기 도금, 판금, 용접, 형광등, 반도체, 축전지, 광전지 등 취급증

 기출문제로 요점정리

03
[2020 서울]

근로자의 건강을 보호하기 위한 조치로 가장 옳지 않은 것은?

① 「근로기준법」 및 동법 시행령에 따라 취직인허증을 지니지 않은 15세 미만인 자는 근로자 사용하지 못한다.
② 「근로기준법」 및 동법 시행령에는 임산부를 위한 사용금지 직종을 규정하고 있다.
③ 근로 의욕과 생산성을 위하여 근로자를 적재적소에 배치한다.
④ 「근로기준법」상 수유시간은 보장되지 않는다.

정답 ④
요점 「근로기준법」 제75조(육아 시간)
생후 1년 미만의 유아를 가진 여성 근로자가 청구하면 1일 2회 각각 30분 이상의 유급 수유 시간을 주어야 한다.

04
[2019 서울]

산업재해 보상보험의 원리가 아닌 것은?

① 사회보험방식
② 무과실책임주의
③ 현실우선주의
④ 정액보상방식

정답 ④
요점 산업재해 보상보험의 특징과 원리
① 사회보험방식 : 사업주의 보험료 전액 부담(가입자-사업주, 수혜자-근로자)
② 무과실 책임주의 : 사용자의 과실유무에 상관없이 사용자에게 책임을 부과
③ 현실우선주의 : 업무상 재해로 인하여 보험급여를 지급하는 경우에 현실의 부양 상태를 고려하는 특징이 있음, 사실혼 관계에 의해 유족보상금을 지급하는 경우에 그 수급권자의 순위에 있어서 사망 당시 부양하고 있던 배우자를 우선순위로 하여 지급을 함
④ 정률보상 : 당해 근로자의 평균 임금을 기초로 하여 법령에서 정하는 기준에 따른 획일적인 산정 보상 방식(근무기간, 나이, 직종 등을 고려하지 않음)

05　　　2022 지방

「산업안전보건법 시행규칙」상 중대재해에 해당하지 않는 것은?

① 사망자가 1명 발생한 재해
② 3개월 이상의 요양이 필요한 부상자가 동시에 2명 발생한 재해
③ 부상자가 동시에 10명 발생한 재해
④ 직업성 질병자가 동시에 5명 발생한 재해

정답 ④

요점 산업안전보건법 시행규칙 제3조(중대재해의 범위)

중대재해 : 산업재해 중 사망 등 재해 정도가 심하거나 다수의 재해자가 발생한 경우
- 사망자가 1명 이상 발생한 재해
- 3개월 이상의 요양이 필요한 부상자가 동시에 2명 이상 발생한 재해
- 부상자 또는 직업성 질병자가 동시에 10명 이상 발생한 재해

06　　　2016 서울

근로자에 대한 건강진단 결과의 건강관리구분 판정기준에 대한 설명으로 옳지 않은 것은?

① A : 정상자
② R : 질환의심자
③ D1 : 직업병 유소견자
④ C2 : 직업병 요관찰자

정답 ④

요점 요관찰자 구분

C 요관찰자	C1	직업병	직업성 질병으로 진전될 우려가 있어 추적 관찰이 필요한 자
	C2	일반질병	일반 질병으로 진전될 우려가 있어 추적 관찰이 필요한 자
	CN	야간작업	질병으로 진전될 우려가 있어 야간작업 시 추적 관찰이 필요한 자

기출문제로 요점정리

07　[2022 서울]
산업장의 작업환경관리 중 격리에 해당하는 것은?
① 개인용 위생보호구를 착용한다.
② 위험한 시설을 안전한 시설로 변경한다.
③ 유해 물질을 독성이 적은 안전한 물질로 교체한다.
④ 분진이 많을 때 국소배기장치를 통해 배출한다.

정답 ①
요점
②, ③ : 대치에 해당, ④ : 환기에 해당

작업환경관리 – 격리
- 물체, 거리, 시간과 같은 장벽(barrier)을 통해 작업자와 유해인자를 분리하는 것
- 개인보호구 착용도 넓은 의미의 격리에 포함

08　[2021 보건복지부]
다음 중 C5-dip 현상과 관련이 있는 환경요인은 무엇인가?
① 진동
② 먼지
③ 소음
④ 고온
⑤ 매연

정답 ③
요점 C5-dip 현상 : 소음에 의한 직업성 난청
- 내이 코르티기관 유모 세포의 파괴로 인한 현상
- 주로 4,000Hz를 중심으로 청력 손실이 크게 나타난다.

PART 10 산업보건

09 [2023 지방]

산업재해 지표 중 연 근로시간 100만 시간당 재해의 발생 건수를 나타내는 지표는?

① 건수율
② 사망만인율
③ 강도율
④ 도수율

정답 ④

요점

① 건수율 : 근로자 1,000명당 재해발생건수
② 사망만인율
　• 사망자 수의 10,000배를 전체 근로자 수로 나눈 값
　• 전 사업에 종사하는 근로자 중 산재로 사망한 근로자가 어느 정도인지 파악할 때 사용

$$사망만인율 = \frac{연간\ 사망자\ 수}{상시\ 근로자\ 수} \times 10,000$$

③ 강도율
　• 연 1,000 작업시간당 작업손실일수
　• 재해의 강도와 손상의 정도를 나타냄(재해로 인한 실질적 손해를 나타냄)

$$강도율 = \frac{손실작업일\ 수}{연근로시간\ 수} \times 1,000$$

④ 도수율(빈도율, Frequency rate)
　• 연 100만 작업시간당 재해발생건수
　• 재해발생상황의 파악을 위한 표준적 지표

10 [2023 서울 보건연구사]

산업재해보상보험에 대한 설명으로 가장 옳지 않은 것은?

① 산업재해보상보험법은 1963년 제정되었으며, 시행초년도인 1964년 당시 500인 이상 사업장에만 적용되었다.
② 산업재해보상보험법은 2000년도부터 상시근로자 1인 이상으로 확대 시행되었다.
③ 산업재해보상보험의 보험료는 근로자가 50% 부담한다.
④ 산업재해보상보험은 1884년 독일에서 처음 도입되었다.

정답 ③

요점 산업재해보상보험

① 1963년 : 「산업재해보상보험법」 제정(500인 이상 사업장에 적용)
② 2000년 : 상시근로자 1인 이상으로 확대 시행
③ 근로복지공단은 보험사업에 드는 비용에 충당하기 위해 보험가입자(사업주)로부터 산업재해보상보험료를 징수(사용자가 전액 부담, 근로자는 수혜자)하며, 사업주가 부담하야 하는 산재보험료는 사업주가 경영하는 사업의 보수총액에 산재보험료율을 곱한 금액을 합한 금액으로 한다.
④ 세계 최초로 사회보험제도가 시행된 나라 : 독일
　• 1883년 : 근로자질병보호법 제정
　• 1884년 : 산재보험법
　• 1889년 : 폐질·노령보험법 제정

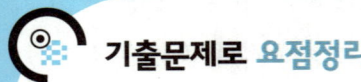

11
2020 인천

다음 글에 해당하는 근로자 건강진단은?

> 사업주는 상시 사용하는 근로자 중 사무직에 종사하는 근로자에 대해서는 2년에 1회 이상, 그 밖의 근로자에 대해서는 1년에 1회 이상 실시

① 채용시 건강진단
② 일반건강진단
③ 특수건강진단
④ 임시건강진단

■정답 ②

●요점 **근로자 건강진단의 종류**

구분	시기	대상
일반 건강진단	사무직 2년 1회, 비사무직 1년 1회	모든 근로자
배치전 건강진단	유해인자노출업무 신규 배치 전	신규가입자, 작업전환자
특수 건강진단	각 유해인자종류에 따른 시기 (유해 인자별로 다름)	유해 작업장 종사자
수시 건강진단	증상, 소견이 있어 건강진단의 필요성 건의 시	직업성 천식, 직업성 피부염, 기타 건강장해를 의심할 수 있는 증상을 보이거나 의학적 소견이 있는 근로자
임시 건강진단	지방노동관서장의 명령에 따라	동일 부서, 동일 유해인자에 노출되는 근로자(유사한 질병의 자각 및 타각 증상 발생한 근로자)

12
2020 강원

화학물질의 길항작용에 대한 설명으로 옳은 것은?

① 혼합물질이 각각 독립적인 독성의 영향의 합보다 더 큰 경우
② 혼합물질이 서로 영향을 주지 않고 각각 독립적인 독성을 나타내는 경우
③ 혼합물질이 각각 독립적인 독성의 영향의 합과 같은 경우
④ 혼합물질이 서로 영향을 주어 독성을 약화시키는 경우

■정답 ④

●요점
① 상승작용
② 독립작용
③ 상가작용

혼합물 노출기준의 종류
• 상승작용 : 각각 독립적인 물질이 혼합되었을 때 각 독립물질의 합보다 더 큰 경우(1+1>2)
• 상가작용 : 각각 독립적인 물질이 혼합되었을 때 각 독립물질의 합과 같은 경우(1+1=2)
• 길항작용 : 각각 독립적인 물질이 혼합되었을 때 각 작용의 독성이 약화되는 경우(1+1<2)
• 독립작용 : 각각 독립적인 물질이 혼합되었을 때 서로 영향을 주지 않고 각 독립적인 독성을 나타내는 경우(2|3=2|3)

13

[2021 부산.경남]

산업재해에 대한 설명으로 옳지 않은 것은?

① 강도율은 근로손실일수를 1,000 연 근로시간수로 나누어 구한다.
② 도수율은 재해자수를 100만 연 근로시간수로 나누어 구한다.
③ 산업재해의 요인은 환경적 요인과 인적 요인으로 구분할 수 있다.
④ 하인리히(Heinrich)는 재해의 발생비율을 '1:29:300'의 법칙으로 설명하였다.

정답 ②

요점

① 강도율 : 연 1,000 작업시간당 작업손실일수
② 도수율(빈도율) : 연 100만 작업시간당 재해발생건수(재해건수를 100만 연 근로시간수로 나누어 구한다.)
③ 산업재해 발생원인

직접원인 (1차적 원인)	재해를 일으키는 물질 또는 행위 그 자체
간접원인 (2차적 원인)	· 환경적 요인 : 불안전 시설물, 부적절한 장비, 불량한 작업 환경, 과도한 노동시간, 작업장 정리·정돈 태만 등 · 인적 요인 : 작업에 관한 지식 부족, 체력과 정신상의 결함, 피로 부주의, 작업 미숙, 부적절한 행동이나 동작 등

④ 산업재해 이론 : 하인리히 법칙
산업재해는 우연에 의한 발생이 아닌 충분한 개연성이 있었던 경미한 재해가 반복되는 과정 속에서 발생한다는 것을 보여 줌

> 큰 재해(현성 재해) : 작은 재해(불현성 재해) : 사소한 재해(잠재성 재해)
> =1 : 29 : 300

14

[2021 대전]

다음 글에 해당하는 고온노출에 의한 장애는?

> 고온에 적응하지 못한 미숙련 작업자가 고온작업장에서 중노동에 종사할 경우, 땀을 많이 흘리고도 염분과 수분을 적절하게 보충하지 못하였을 때 발생하기 쉽다. 심한 갈증, 쇠약, 구역, 피로, 두통, 어지러움, 혼돈 상태가 나타나며 체온은 정상이거나 중등도로 상승하는데, 38.9℃를 넘는 경우는 드물다.

① 열사병(heat stroke)
② 열경련(heat cramps)
③ 열탈진(heat exhaustion)
④ 열쇠약(heat prostration)

정답 ③

요점

'땀을 많이 흘리고도 염분과 수분을 적절하게 보충하지 못하였을 때' 만 읽으면 열경련을 답으로 하겠지만, 열경련의 특징적 증상인 '수의근에 유통성 경련'이라는 설명이 없으므로 답으로 하기에 적절하지 않다. 열사병은 체온이 40℃ 이상 상승하기에 답이 될 수 없고, 열쇠약은 고온작업 시 비타민 B_1의 결핍으로 발생하는 만성적인 열 소모이므로 답이 될 수 없다.

열피로, 열허탈 (Heat Exhaustion)	· 발한에 의한 탈수 + 말초혈관의 과도한 확장 ⇒ 순환 부족과 저혈압이 주 원인 · 비교 > 열실신(heat syncope) 피부혈관의 확장으로 인한 대뇌의 허혈(저혈압)로 갑작스런 의식의 소실이 나타남	· 포도당 및 생리식염수 IV · 필요시 강심제 사용 · 필요시 따듯한 차·커피 제공
	전신권태, 두통, 현기증, 빠르고 약한 맥박, 차고 습한 피부, 현저한 최저혈압의 하강, 정상체온 또는 중등도의 체온 상승(38℃ 정도)	

15 [2021 경기]

직업병과 그 원인을 연결한 것으로 옳지 않은 것은?

① 열사병 — 이상기온
② 잠함병 — 이상기압
③ VDT증후군 — 진동
④ 초자공백내장 — 적외선

정답 ③

요점

③ VDT 증후군 : 컴퓨터, 계기판 등 각종 영상표시단말기를 취급하는 작업이나 활동으로 발생, 증상에는 경견완 증후군, 안정피로, 정신신경 장애(피로, 두통 등), 피부증상(발진) 등이 있다.

레이노드증후군
- 진동과 관련된 직업병(악화요인 : 스트레스, 추위)
- 증상 : 손가락의 감각마비, 간헐적인 창백, 청색증, 통증, 저림, 냉감 등
- 위험직종 : 타이피스트, 건반악기연주자, 착암공, 드릴작업자, 진동공구 사용자 등

16 [2019 부산]

다음 중 전리방사선의 인체 감수성이 가장 높은 것은?

① 갑상선
② 수정체
③ 지방조직
④ 신경세포

정답 ②

요점

② 골수와 림프계가 고도 감수성 조직이지만 주어진 보기에서는 수정체의 감수성이 가장 높다.

신체조직의 감수성 크기

고도 감수성 조직	골수와 림프계(림프구감소증, 과립구감소증, 혈소판감소증, 적혈구감소증 등), 생식기관, 가슴샘
중등도 감수성 조직	침샘, 모낭, 기름샘, 땀샘, 수정체, 소화기(위, 소장, 대장)
저감수성 조직	신경세포, 지방조직, 갑상선, 뇌하수체, 뼈, 근육

PART 11

학습 포인트

- 식품위생관리 HACCP
- 식품 변질
- 세균성 식중독
- 독소형 식중독
- 세균성 식중독과 소화기계 감염병의 차이
- 자연독 식중독
- 비타민 결핍
- 영양상태 판정

식품위생과 보건영양

CHAPTER 01   식품위생
CHAPTER 02   보건영양

CHAPTER 01 식품위생

1 식품위생의 개념

1 식품과 식품위생의 정의

(1) 식품의 정의(식품위생법 제2조) : "식품"이란 모든 음식물(의약으로 섭취하는 것은 제외)을 말함

(2) 식품위생의 정의
  ① WHO 환경위생전문위원회의 정의(1955년) : 식품의 생육, 생산, 제조로부터 최종적으로 사람에게 섭취될 때까지의 모든 단계에 있어서 식품의 안전성, 건전성, 완전무결성을 확보하기 위한 모든 수단
  ② 식품위생법 제2조의 정의 : 식품, 식품첨가물, 기구 또는 용기·포장을 대상으로 하는 음식에 관한 위생을 의미

> **참고**
>
> **식품첨가물**
> 식품을 제조·가공·조리 또는 보존하는 과정에서 감미, 착색, 표백 또는 산화방지 등을 목적으로 식품에 사용되는 물질, 이 경우 기구·용기·포장을 살균·소독하는 데에 사용되어 간접적으로 식품으로 옮아갈 수 있는 물질을 포함
>
> **위해**
> 식품, 식품첨가물, 기구 또는 용기·포장에 존재하는 위험요소로서 인체의 건강을 해치거나 해칠 우려가 있는 것
>
> **집단급식소**
> 영리를 목적으로 하지 아니하면서 특정 다수인에게 계속하여 음식물을 공급하는 급식시설(집단급식소 : 1회 50명 이상에게 식사를 제공하는 급식소)

2 식품안전관리인증기준(Hazard Analysis and Critical Control Point, HACCP)

(1) 정의
  ① HACCP : 식품의 원료 관리, 제조·가공·조리·소분·유통의 모든 과정에서 위해한 물질이 식품에 섞이거나 식품이 오염되는 것을 방지하기 위하여 각 과정의 위해요소를 확인·평가하여 중점적으로 관리하는 기준

② 위해요소분석(Hazard Analysis) : 식품 안전에 영향을 줄 수 있는 위해요소와 이를 유발할 수 있는 조건이 존재하는지 여부를 판별하기 위하여 필요한 정보를 수집하고 평가하는 일련의 과정
③ 중요관리점(Critical Control Point, CCP) : 식품안전관리인증기준을 적용하여 식품의 위해요소를 예방·제거하거나 허용 수준 이하로 감소시켜 당해 식품의 안전성을 확보할 수 있는 중요한 단계·과정 또는 공정

(2) HACCP의 선행 요건(전제조건)
① 식품제조·가공공장 및 집단급식소에서는 제조·조리 공정 및 환경 등에서 발생 가능한 위해로부터 식품이 오염되거나 변질되는 것을 방지하기 위하여 기본적인 위생관리 방법, 절차 등을 규정한 선행요건 프로그램을 개발하여야 함
② 표준위생운영절차(SSOP, Sanitation Standard Operation Procedure) : 일반적인 위생관리 운영기준, 영업장관리, 용수관리, 보관 및 운송관리, 검사관리 등의 운영 절차
③ 우수 제조 기준(GMP, Good Manufacturing Practice) : 위생적인 식품 생산을 위한 시설, 설비요건 및 기준, 건물 위치, 설비 구조, 재질 요건 등에 관한 우수하고 안전한 제품 생산을 보장하기 위한 최소한의 기준

(3) HACCP 시스템의 적용 7원칙
① 위해요소분석(Hazard Analysis)
 a. 위해요소를 분석하고 예방책을 식별하는 단계
 b. 원/부재료, 공정/단계별로 발생 가능한 생물학적·화학적·물리적 위해요소와 발생원인을 모두 파악하여 목록화하는 단계
② 중요관리점(CCP) 결정
 a. 해당 제품의 원료나 공정에 존재하는 잠재적인 위해요소를 관리하기 위한 중요관리점을 결정
 b. 즉, 어디를 관리해야 할지 설정
③ CCP 한계기준 설정(CL, Critical Limit)
 a. 각 CCP에서 취해져야 할 예방조치에 대한 한계기준을 설정
 b. 위해요소를 예방, 제거 또는 허용 가능한 안전한 수준까지 감소시킬 수 있는 최대치 또는 최소치를 의미
 c. 안전성을 보장할 수 있는 과학적 근거에 기초하여 설정되어야 하며 현장에서 쉽게 확인 가능한 육안관찰이나 간단한 측정으로 확인할 수 있는 수치 또는 특정 지표로 나타내야 함
④ 각 중요관리점(CCP)에 대한 모니터링(Monitoring) 체계 수립 : 허용 한계 기준이 CCP에 얼마나 잘 적용되고 있는지 모니터링(관찰측정 수단) 체계를 수립하는 단계
⑤ 개선조치(Corrective Action) 수립 : 모니터링 결과 한계기준을 벗어날 경우 취해야 할 개선조치방법을 사전에 수립하는 단계(즉시적 조치 또는 예방적 조치)

⑥ 검증절차(Verification) 수립 : HACCP 시스템이 적절하게 운영되고 있는지를 확인하기 위한 검증절차를 수립
  a. HACCP 계획에 대한 유효성 평가(Validation)
  b. HACCP 계획의 실행성 검증
⑦ 문서화 및 기록유지 : HACCP 체계를 문서화하는 효율적인 기록유지 방법을 설정

(4) HACCP의 12절차와 7원칙

추진 단계	12절차 / 7원칙	내용
준비 단계	절차 1	해썹(HACCP)팀 구성(HA)
	절차 2	제품설명서 작성
	절차 3	제품 용도 확인
	절차 4	공정흐름도 작성(제조공정도 등)
	절차 5	공장흐름도 현장 확인
실행 단계	절차 6, 원칙 1	위해요소분석(HA)
	절차 7, 원칙 2	중요관리점(CCP) 결정
	절차 8, 원칙 3	CCP 한계기준 설정
	절차 9, 원칙 4	각 중요관리점(CCP)에 대한 모니터링 체계 확립
	절차 10, 원칙 5	개선조치 확립
	절차 11, 원칙 6	검증절차 확립
	절차 12, 원칙 7	문서화 및 기록유지

(5) HACCP의 장점
① 소비자에게 안전한 식품 제공 가능
② 식품의 안전사고 최소화
③ 식품산업의 국제적 경쟁력 향상
④ 식품산업의 과학화와 질적 향상 도모

「식품위생법」 제2조 (정의)
"식품이력추적관리"란 식품을 제조·가공단계부터 판매단계까지 각 단계별로 정보를 기록·관리하여 그 식품의 안전성 등에 문제가 발생할 경우 그 식품을 추적하여 원인을 규명하고 필요한 조치를 할 수 있도록 관리하는 것을 말한다.
→ 식품을 제조·가공단계부터 판매단계까지 각 단계별로 이력추적정보를 기록·관리하여 소비자에게 제공함으로써 안전한 식품선택을 위한 '소비자의 알권리'를 보장하고, 해당 식품의 안전성 등에 문제가 발생할 경우, 신속한 유통차단과 회수조치를 할 수 있도록 관리하는 제도

2 식품의 변질

1 식품 변질의 의미
식품이 미생물, 햇볕, 산소 수분, 효소 등의 작용에 의해 분해되고 맛, 냄새, 색깔 및 외관 등이 나빠져서 식품으로서의 가치를 잃게 되는 것

2 식품 변질의 종류
(1) 부패 : 미생물의 번식에 의해 단백질이 분해되어 아미노산, 아민, 암모니아, 악취가 발생하고 식용이 불가능해지는 현상
(2) 발효 : 단백질, 지방, 탄수화물이 분해되어 유기산, 알코올 등 그 생산물이 일상생활에 유용하게 이용되는 경우
(3) 변패 : 질소를 함유하지 않은 당질, 지방질이 미생물의 증식으로 분해되어 맛을 해치고 변질을 일으키는 것
(4) 산패 : 지질이 산소, 햇빛, 금속 등에 의하여 산화하여 변질된 것
(5) 숙성 : 사후강직이 끝난 식육을 저온에 보관해 근육 연화, 향미 증진, 식용에 적합해지는 상태

3 식품 부패 판정 기준
(1) 관능검사 : 부패판정의 기본, 냄새, 맛, 외관, 색깔, 조직의 변화상태
(2) 생물학적 검사 : 생균수 측정(안전한계 : 10^5마리/g 이하, 초기부패 $10^7 \sim 10^8$마리/g이상) 병원성 미생물(감염병원균, 세균성 식중독균 등), 세균수(일반세균, 곰팡이, 효모균 등), 대장균군, 기생충 등
(3) 화학적 검사 : 트리메틸아민(trimethylamine), 휘발성 염기질소(휘발성 아민류, 암모니아 등), 휘발성 유기산, 질소가스, 히스타민, pH, K값 측정, 항생물질 등
(4) 물리적 검사 : 경도, 점성, 탄성, 색도, 탁도, 전기 저항 등의 변화
(5) 독성검사

> **+PLUS 심화**
>
> ◯ **기간에 따른 독성검사의 분류**
> ① 급성 독성검사(Acute) : 유해물질을 1회 투여 후 반치사량 값(LD50)이나 중독증상을 관찰하는 시험
> ② 아급성 독성검사(Subacute) : 반치사량 값(LD50) 이하의 용량을 14일 동안(28일까지 가능) 반복 투여하는 시험
> ③ 만성 독성검사(Chronic) : 비교적 소량의 검체를 6개월 이상 반복 투여하는 시험, 누적 독성과 발암성을 평가
> ※ 반치사량(Lethal Dose 50, LD50) : 실험동물에 실험대상물질을 투여할 때 실험동물의 절반이 죽게 되는 양으로, 체중 kg당 mg으로 나타냄

◯✕로 확인

01 ◯|✕
당질, 지방질의 식품에 미생물이 증식하여 분해되고 맛을 해치고 변질을 일으키는 현상을 부패라 한다.

◯✕로 확인 해설&정답

해설
01 부패 → 변패

정답
01 ✕

※ 최대무영향용량(NOEL, No observed effect level) : 독성이 유발되지 않는 최대용량
※ 1일 섭취 허용량(ADI, Acceptable Daily Intake) : 평생 동안 매일 먹어도 부작용을 일으키지 않는 하루 섭취 한도량

3 식품의 보존

1 물리적 보존방법

(1) 가열법
  ① 온도별 살균법 : 80℃에서 30분 이상 가열하면 아포를 제외한 대부분의 균 사멸(아포균은 120℃ 20분)
  ② 저온 단시간 살균법 : 60~65℃ 30분 간 가열(영양손실 적음)
  ③ 고온 단시간 살균법 : 70~75℃ 15초 간 살균
  ④ 초고온 순간 살균법 : 130~150℃ 2~3초 간 살균

(2) 냉장법 : 0~10℃에서 식품의 단기 보존, 미생물 증식 억제, 자기 소화 지연 및 억제, 신선도 유지
(3) 냉동법 : 0℃ 이하에 식품을 저장
(4) 건조법 : 식품의 수분 함량을 낮춤(15% 이하)으로써 미생물의 발육과 성분변화를 억제하는 방법(탈수법)
(5) 밀봉법 : 산소를 차단하여 호기성 세균 억제
(6) 움저장법 : 농작물을 땅속 1~2m에 저장, 움의 온도는 10℃ 내외, 습도는 85%가 적당
(7) 자외선 및 방사선이용법 : 감마선·전자선을 이용하여 감자·양파 등의 발아 억제, 곡류·과일의 살충, 육가공품·건조향신료의 살균을 목적으로 사용

2 물리·화학적 보존방법

(1) 훈연법 : 목재를 불완전 연소시켜 발생한 연기를 식품에 침투시키는 것, 주로 어육류 보관에 사용, 연기 중의 페놀성 화합물, 포름알데히드 및 유기산의 항균성이 살균과 균의 번식을 억제
(2) 가스저장법 : 주로 이산화탄소(CO_2), 질소(N_2) 이용, 호기성 부패세균 억제
(3) 훈증법 : 훈증가스를 이용해 기생충, 해충의 알, 미생물을 사멸시키는 방법으로 주로 곡류 등을 저장할 때 사용

3 화학적 보존방법

(1) 염장법 : 10%의 소금을 뿌려 미생물의 발육 억제
(2) 당장법 : 40~50% 농도의 설탕에 저장하여 미생물의 발육 억제
(3) 산저장법 : pH가 낮은 초산을 이용하여 미생물의 발육 억제 예 피클
(4) 방부제 : 합성보존료, 산화방지제를 사용하여 미생물의 증식 억제

OX로 확인

02 O | X
건조법은 식품의 수분 함량을 15% 이하로 낮춤으로써 미생물의 발육과 성분변화를 억제하는 식품의 물리적 보관방법에 해당한다.

OX로 확인 해설&정답
정답
02 O

4 식중독

식품이나 물을 매개로 하여 발생하는 급성위장염 및 신경장애 등의 중독 증상을 총칭

식중독의 종류		원인균 및 물질
세균성 식중독	감염형	살모넬라, 장염비브리오균, 병원성대장균, 장구균, 여시니아, 아리조나 식중독, 캠필러박터 식중독, 리스테리아 식중독, 바실러스 세레우스
	독소형	황색포도상구균 보툴리눔, 웰치균
바이러스성 식중독		노로바이러스, 로타바이러스
자연독 식중독	동물성	복어, 조개
	식물성	감자, 버섯
	곰팡이	아플라톡신
화학적 식중독		식품첨가물, 잔류농약, 유해성 금속화합물

1 세균성 식중독

(1) 감염형 식중독 : 식품과 함께 섭취한 미생물 자체로 인하여 증상을 일으킴

① 살모넬라 식중독
  a. 원인균 : Salmonella typhimurium, Sal.enteritidis, Sal.cholerasuis
  b. 감염경로(원인 식품) : 육류, 유제품, 알, 어패류, 가공품
  c. 잠복기 : 평균 20시간
  d. 증상 : 복통, 설사, 구토, 급격한 고열
  e. 특징 : 고열, 낮은 치명률(0.3~1%), 높은 발병률(75%)
  f. 예방 : 60℃에서 20분 가열하여 균 사멸(예방 최소온도 : 75℃), 도축장 위생관리

② 장구균 식중독
  a. 원인균 : Streptococal fecalis
  b. 감염경로(원인식품) : 치즈, 소시지, 햄, 두부
  c. 잠복기 : 4~5시간
  d. 증상 : 설사, 복통, 구토, 발열
  e. 특징 : 대체로 경증
  f. 예방 : 분변 오염 주의

③ 비브리오 식중독
  a. 원인균 : Vibrio parahemolyticus
  b. 감염경로(원인식품) : 해산물, 회, 소금절임식품
  c. 잠복기 : 평균 12시간
  d. 증상 : 설사, 복통, 구토, 발열
  e. 특징 : 3~5%의 식염 농도에서 발육(10% 이상의 식염농도에서 발육 정지), 바닷물 온도가 19℃ 이상되는 시기에 활발하게 증식
  f. 예방 : 60℃에서 2분 가열, 담수에 의해 사멸

O×로 확인

03 O | X

살모넬라 식중독은 여름철 해산물, 회, 소금에 절인 식품을 섭취한 후 설사, 복통, 구토의 증상을 나타낸다.

O×로 확인 해설&정답

해설
03 살모넬라 → 장염비브리오

정답
03 ×

> **참고**
>
> **비브리오 패혈증(Vibrio Vulnificus Sepsis)**
> - 원인균 : 비브리오패혈균(Vibrio Vulnificus)
> - 감염경로 : 굴, 조개, 낙지, 새우 등 오염된 어패류의 생식에 의해 발생, 피부의 상처를 통해 발생
> - 잠복기 : 20~48시간
> - 증상 : 오한, 발열, 근육통, 혈압저하, 피부병변(부종, 수포, 괴사), 쇼크 또는 파종성 혈관 내 응고 (DIC, Disseminated Intravascular Coagulation)으로 사망, 치명률 40~50%

④ 병원성대장균 식중독
  a. 원인균 : Bacteria, E.coli 등
  b. 감염경로(원인식품) : 대변에 의한 1차적 감염, 2차적으로 오염된 식품 감염
  c. 잠복기 : 1~3일
  d. 증상 : 무증상 또는 심한 설사(장액성, 농성, 혈성), 발열, 두통, 복통
  e. 특징 : 2차 감염이 있음
  f. 예방 : 분변오염 방지, 육류는 중심부까지 74℃, 1분 이상 가열

(2) 독소형 식중독 : 식품에 침입한 세균이 음식물에서 증식하며 분비한 독소에 기인

구분	포도상구균 식중독 (Staphyococca intoxication)	보툴리누스 식중독 (Botulism, botulinus intoxication)
잠복기	평균 3시간(0.5~6시간)	평균 24시간(18~98시간)
증상	복통, 구토, 설사, 열은 없거나 높지 않음	위장염 증상으로 시작, 2차적인 신경마비 증상(복시, 동공확대, 반사작용 둔화, 연하곤란, 타액분비 저하, 언어장애, 시력저하, 호흡곤란)
원인식품	가공식품(아이스크림, 케이크 등), 유제품, 김밥, 도시락	소시지, 통조림, 밀봉식품
특징 및 예방	• 세균성 식중독 중 잠복기 가장 짧음 • 세균은 열에 약하지만, 독소는 열에 강함 • 독소 : 장독소(enterotoxin) • 예방 : 화농성 질환자의 음식 취급 금지, 5℃ 이하로 식품보관	• 혐기균. 높은 치명률 • 독소 : 신경독소(neurotoxin)

웰치균 식중독	• 웰치균 : 열에 강함(아포는 100℃에서 4시간 가열해도 사멸 X) • 웰치균의 장독소 : 열에 약함(78~80℃에서 1분 안에 불활성화)
보툴리누스 식중독	• 보툴리누스균 : 열에 강함(100℃에서 6시간, 120℃에서 4분 이상의 가열 필요) • 보툴리누스균의 신경독소 : 열에 약함(80℃에서 30분 가열시 사멸)
황색포도상구균 식중독	• 황색포도상구균 : 열에 약함 • 황색포도상구균의 장독소 : 열에 강함(120℃ 20분 가열에도 파괴 안 됨, 210℃ 이상에서 30분간 가열시 완전 파괴)

○× 로 확인

04 ○×
신경독소를 유발하는 보툴리누스 식중독은 호기균으로 밀봉식품, 소시지, 통조림이 원인식품이 된다.

○× 로 확인 해설&정답

해설
04 호기균 → 혐기균

정답
04 ×

참고

세균성 식중독과 소화기계 감염병의 차이

항목	세균성 식중독	소화기계 감염병
관련 법규	식품위생법	감염병에 예방 및 관리에 관한 법률
감염 균량	다량의 균수 또는 독소량이 많을 때 발병 (대부분 음식 중에서 증식)	극히 미량의 병원체도 생체 내에 침입하면 급격히 증식
잠복기	다량의 미생물 유입으로 증식할 시간이 필요 없어 짧음(12~24시간)	증식을 위해 일반적으로 김(2~7일)
2차 감염	없음	있음
면역형성	없음	어느 정도 면역형성이 됨
예방접종	없음	있음
격리	없음	있음

감염형 식중독과 독소형 식중독의 차이

항목	감염형	독소형
정의	다량의 균에 의해 발생	세균 증식시 발생한 체외독소에 의한 식중독
독소	균체 내 독소	균체 외 독소
잠복기	길다	짧다
균의 생사와 발병	균 사멸 시 식중독 발생 없음	균 사멸 후에도 식중독 발생 가능
가열에 의한 예방 가능성	효과 있음	효과 없음

- 독소형 식중독은 세균 자체가 증상을 일으키기보다는 세균에서 나오는 독소가 원인이 되어 증상이 나타난다.
- 포도상구균의 독소인 장독소는 가열해도 사멸하지 않으므로 포도상구균 식중독은 음식의 가열로 예방할 수 없다.

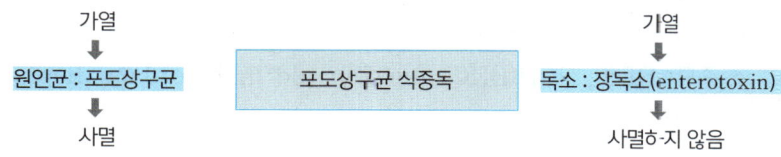

참고

바이러스성 식중독

- 노로 바이러스(Norovirus infection)
  - 전파 경로 : 감염자의 분변 또는 구토물에 의해서 음식이나 물에 의한 감염, 사람 간 전파 가능
  - 잠복기 : 평균 12~48시간
  - 증상 : 두통, 발열, 오한 및 근육통과 같은 전반적인 신체증상, 오심, 구토, 설사, 대개 48시간 이상 지속되지 않고 빠르게 회복
  - 저온에 강해 겨울철에 산발적·집단적 감염을 일으킴
  - 살아있는 조직세포 내에서만 증식

- 로타 바이러스(rotaviral infection)
  - 전파 경로 : 분변-구강 경로, 오염된 손에 의한 전파
  - 잠복기 : 약 24~72시간
  - 증상 : 구토, 미열, 피가 섞이지 않은 물설사, 탈수
  - 주로 6~24개월 된 영·유아에게 호발

2 화학적 식중독

(1) 유해금속에 의한 식중독

금속명	중독 경로	주된 급성 중독증상
비소	농약의 과용	위통, 구토, 설사, 출혈
납	조악한 식기, 농약의 오용	복통, 구토, 설사
구리	식기, 용기	구토
수은	승홍의 오용	구토, 복통, 설사
카드뮴	식품기구	오심, 구토, 설사, 경련
아연	식기, 용기	구갈, 복통, 설사

(2) 농약에 의한 식중독
  ① 유기인제
   a. 특성 : 독성이 강함, 빨리 분해되어 무독화 됨(급성)
   b. 신경중독 증상(choline esterase의 작용 억제로 acetyl choline의 축적으로 부교감 신경 자극)
   c. 종류 : malathion, diazinon, fenthion, parathion, naled
  ② 유기염소제
   a. 특성 : 분해 안 됨(만성중독)
   b. 환경오염 초래, 생물체내 축적, 식욕부진, 구토, 강직성 및 간헐적 경련
   c. 종류 : DDT, HCH(BHC), dieldrin, aldrin, chlordane, heptachlor
  ③ 유기수은제
   a. 종자 소독, 토양 살균에 사용
   b. 중독 증상 : 피부염, 위장장해, 신경증상, 경련, 시야축소, 언어장애, 정신착란 등

3 자연독 식중독

(1) 동물성 자연독
  ① 복어
   a. 원인독소 : 테트로도톡신(tetrodotoxin), 100℃에 4시간 가열해도 파괴되지 않음(내열성), 복어의 생식기(난소)와 내장에 많은 독소, 5~6월의 산란기에 최고의 독력

---

05 ⓞⓧ
복어에 있는 독소는 테트로도톡신이다.

정답
05 ⓞ

      b. 잠복기 : 독소의 양에 따라 30분~3시간 내에 나타남

      c. 증상 : 입술과 혀의 지각마비, 사지의 운동장애, 구토, 혈압강하, 호흡중추 마비로 8~9시간 만에 사망

② 굴(바지락)

      a. 원인독소 : 베네루핀(venerupin), 100℃에 1시간 가열해도 파괴되지 않음

      b. 잠복기 : 8~24시간

      c. 증상 : 불쾌, 권태, 오심, 구토, 두통. 피하에 출혈성 반점

      d. 중증 : 뇌증세(의식혼탁), 토혈, 출혈, 치사률 44~50%

③ 조개

      a. 원인독소 : 미틸로톡신(mytilotoxin, saxitoxin), 플랑크톤이 생성한 독소를 조개가 섭취하여 체내에 축적된 것(먹이연쇄 현상), 내열성

      b. 증상 : 섭취 30분 후부터 입술 부분 마비 증상 나타남, 중증시 호흡 마비로 사망

(2) 식물성 자연독

① 독버섯 — 무스카린(muscarine), 콜린(choline), 뉴린(neurine), 아마니타톡신(amaitatoxin)

② 감자 — 솔라닌(solanine)

③ 청매 — 아미그달린(amygdaline)

④ 독미나리 — 시쿠톡신(cicutoxin)

⑤ 목화씨 — 고시폴(gossypol)

⑥ 피마자씨 — 리시닌(ricinine)

⑦ 독보리 — 테무린(temuline)

⑧ 곰팡이 독소

      a. 땅콩, 옥수수, 콩, 보리, 간장, 된장 — 아플라톡신(aflatoxin)

      b. 맥각, 보리 — 에르고톡신(ergotoxin)

      c. 황변미독 — 스트리닌(citrinin), 루테오스키린(luteoskyrin), 아일란티톡신

      d. 쌀, 보리, 밀, 옥수수, 커피콩, 콩 — 오크라톡신(ochratoxin)

OX로 확인

06 ⓞⓧ

저온에 강해 겨울철에 산발적·집단적 감염 유행을 일으키는 식중독은 노로 바이러스 식중독이다.

OX로 확인 해설&정답

정답

06 ○

5 식품첨가물

1 정의
식품을 조리, 가공 또는 제조할 때 식품의 품질을 개량하고, 그 보존성이나 기호성을 향상시키며, 또 영양적 가치를 증진시키기 위하여 식품에 첨가되는 물질

2 식품첨가물의 구비조건
(1) 인체에 무해하거나 유독성이 없을 것
(2) 효과는 소량으로도 충분할 것
(3) 사용하기 간편하고 품질특성이 양호할 것
(4) 식품의 제조·가공에 꼭 필요할 것
(5) 체내에 축적되지 않으며 잔류하지 않을 것
(6) 식품의 영양을 유지하고 외관상 좋을 것
(7) 식품성분분석에 의해서 그 첨가물을 확인할 수 있을 것

3 식품첨가물의 종류
(1) 착색료
   ① 식품 본래의 색을 유지하거나 향상시키는 첨가물
   ② 대표적인 인공색소 : 식용색소 황색 제4호, 황색 제5호, 녹색 제3호, 청색 제1호, 청색 제2호, 청색 제3호, 적색 제3호, 적색 제40호 등

(2) 감미료
   ① 식품에 단맛을 내기 위해 사용하는 첨가물
   ② 대표적인 감미료 : D-소르비톨, 삭카린나트륨, 아세설팜칼륨, 자일리톨, 아스파탐, 수크랄로스, 효소처리스테비아 등

(3) 보존료
   ① 식품을 오랫동안 보존하기 위해 미생물의 생성을 억제하는 첨가물
   ② 대표적인 보존료 : 아황산나트륨, 무수아황산, 소르빈산, 소르빈산칼륨, 데히드로초산나트륨 등

(4) 산화방지제
   ① 식품에 함유된 기름의 산화를 막는 첨가물
   ② 대표적인 산화방지제 : 아황산나트륨, 차아황산나트륨, L-아스코르빈산나트륨, 이산화황 등

(5) 팽창제
   ① 탄산가스를 발생시켜 케이크, 빵 등을 부풀게 하는 첨가물
   ② 대표적인 팽창제 : 탄산염류, 중탄산염류, 암모니아염류 등

(6) 표백제

　① 식품의 색소 성분을 표백하는 첨가물

　② 대표적인 표백제 : 아황산나트륨, 차아황산나트륨, 무수아황산 등

(7) 발색제

　① 식품 중의 색소 성분과 반응해 식품의 색을 보존하게 하는 첨가물

　② 대표적인 발색제 : 아질산나트륨 등

(8) 향미증진제

　① 식품에 감칠맛을 부여하는 첨가물

　② 대표적인 향미증진제 : L-글루타민산나트륨(MSG), 핵산류(IMP, GMP) 등

> **참고**
>
> **식중독 지수와 행동요령**
>
> | 단계 | 지수범위 | 행동요령 |
> | --- | --- | --- |
> | 위험 | 86 이상 | 식중독 발생가능성이 매우 높으므로 식중독 예방에 각별한 경계가 요망됨 |
> | 경고 | 71 이상 86 미만 | 식중독 발생가능성이 높으므로 식중독 예방에 경계가 요망됨 |
> | 주의 | 55 이상 71 미만 | 식중독 발생가능성이 중간 단계이므로 식중독 예방에 주의가 요망됨 |
> | 관심 | 55 미만 | 식중독 발생가능성은 낮으나 식중독 예방에 지속적인 관심이 요망됨 |
>
> **불량첨가물의 종류**
>
> - 유해보존료 : 붕산, 포름알데히드, 승홍
> - 유해감미료 : 에틸렌글리콜, 시클라메이트, 파라 - 니트로 - 오르토 - 톨루이딘, 둘신
> - 유해착색료 : 아우라민, 파라 - 니트로아닐린, 로다민 B, 실크스칼렛
> - 유해착향료 : 디아세틸
> - 유해표백제 : 형광염료, 삼염화질소, 롱갈릿
> - 기타 유해물질 : 메탄올, 에틸납 등

CHAPTER 02 보건영양

1 보건영양의 개념

1 정의
식생활의 결함을 제거하고 개선하여 영양이 부족되지 않도록 하는 것

2 영양소의 종류
(1) 3대 영양소 : 단백질, 탄수화물, 지방
(2) 5대 영양소 : 단백질, 탄수화물, 지방, 비타민, 무기질
(3) 6대 영양소 : 단백질, 탄수화물, 지방, 비타민, 무기질, 물

3 영양소의 3대 작용
(1) 열량소(에너지 공급) : 단백질(1g당 4kcal), 탄수화물(1g당 4kcal), 지방(1g당 9kcal)
(2) 구성소(조직구성, 소모된 물질 보충) : 물(65%), 단백질(16%), 지방(14%), 무기질(5%), 탄수화물(1%)
(3) 조절소(생리기능과 대사조절, 항상성 유지) : 비타민, 무기질, 물

OX로 확인
07 비타민과 무기질은 구성소로 작용한다.

2 영양소의 종류와 기능

1 단백질
(1) 구성 : C, H, N
(2) 인체 구성 물질, 효소와 호르몬의 성분, 세포의 핵과 원형질의 필수구성 성분, 피부·모발·손·발톱의 원료
(3) 부족 : 발육정지, 신체소모증, 부종, 빈혈, 면역력 감소
  ① 콰시오커(Kwashiorkor) : 전형적인 단백질 결핍증(발육부진, 부종, 복수, 빈혈, 지방간 등)
  ② 마라스무스(Marasmus) : 에너지와 단백질 결핍(저체중, 신체소모증, 근육위축 등)

OX로 확인
08 발육부진, 부종, 복수, 빈혈, 지방간 등 증상이 나타나는 전형적인 단백질 결핍증 질환은 마라스무스이다.

OX로 확인 해설&정답
해설
07 구성소 → 조절소
08 마라스무스 → 콰시오커
정답
07 ×　08 ×

2 탄수화물

(1) 구성 : C, H, O
(2) 경제적인 에너지 공급원, 체내에서 포도당으로 분해되어 열량 공급, 남은 탄수화물은 글리코겐(glycogen) 형태로 근육과 간, 지방으로 저장
(3) 부족 : 탈수, 허약, 피로, 영양 장애 등

3 지방

(1) 구성 : C, H, O, N, P
(2) 체온 유지, 피부 보호, 포만감, 에너지 제공, 비타민 흡수에 도움
(3) 영양 권장량 : 총열량 섭취의 20%
(4) 지방산의 유형
　① 포화지방 : 다량 섭취시 혈중 콜레스테롤 증가로 심혈관 질환 발생을 증가시킴
　② 불포화지방 : 혈중 콜레스테롤을 감소시켜 심혈관 질환의 발생 위험을 낮춤

4 무기질

(1) 중요 역할
　① 신체구성 재료(뼈, 치아, 모발, 혈액, 손톱, 신경조직 등 형성)
　② 신경전도 및 근육 수축
　③ 체액의 성분으로서 pH, 삼투압 조절작용
　④ 산-염기 균형
　⑤ 혈액 응고 작용
　⑥ 체내 세포 수분함량 조절

(2) 대량 무기질(하루 100mg 이상 필요)
　① 칼슘(Ca)
　　a. 기능 : 뼈와 치아의 주성분, 근육 수축과 정상적인 심장박동, 신경흥분에 필수적 혈액 응고에 관여
　　b. 결핍 : 저칼슘혈증, 구루병, 골다공증, 골연화증
　② 인(P)
　　a. 기능 : 뼈, 치아의 주성분이며 지방, 탄수화물 및 에너지 대사에 관여, 산염기 균형 조절
　　b. 결핍 : 골다공증, 근육약화, 식욕부진
　③ 나트륨(Na)
　　a. 기능 : 산염기 균형, 근육-신경 자극 반응, 타액의 소화효소 활성화
　　b. 결핍 : 소화불량, 근육 경련, 두통, 실신

> **O X 로 확인**
>
> **09** O X
> 무기질 중 칼슘은 삼투압과 수분의 평형 조절, 신경전달, 근육 수축의 기능을 한다.

> **O X 로 확인 해설&정답**
>
> 해설
> **09** 칼슘 → 칼륨
>
> 정답
> **09** ×

④ 칼륨(K)

 a. 기능 : 삼투압과 수분의 평형 조절, 신경전달, 근육 수축

 b. 결핍 : 근육경련, 불규칙한 심장박동, 심근과 내장근육의 약화

(3) 미량 무기질(하루 100mg 미만 필요)

① 철분(Fe)

 a. 기능 : 혈색소의 구성 성분, 근육 에너지 생성

 b. 결핍 : 빈혈, 피로, 면역력 감소

② 요오드(I)

 a. 기능 : 갑상선 호르몬 티록신의 주 성분

 b. 결핍 : 갑상선 기능 저하

③ 셀레늄(Se)

 a. 기능 : 심장과 혈관 등 신체기관 필수 구성 성분, 항산화 효소의 구성 성분

 b. 결핍 : 근육소모, 심근증

5 비타민

수용성비타민	· 비타민 B, 비타민 C, 비타민 M(폴릭산, Folic Acid) · 물에 용해 · 혈류로 직접 흡수 · 필요한 만큼 흡수되고 나머지 과잉섭취된 것은 신장에서 소변으로 배설 · 하루 필요량을 절대적으로 공급해야 함 · 하루 필요량 부족 시 빠른 결핍증상 나타남 · 식품 조리과정에서 손실이 큼
지용성비타민	· 비타민 A, D, E, K, F · 기름과 유지용매에 용해 · 림프로 들어가고 나서 혈류로 흡수 · 과잉섭취 시 몸에 잔류되어 독성수준에 도달, 쉽게 배설이 되지 않고 간 또는 지방조직에 저장 · 필요량을 매일 공급하지 않아도 됨 · 결핍증상 서서히 나타남 · 조리 시 산화에 의해 약간의 손실이 일어남

	종류	기능	결핍증
수용성 비타민	비타민 B_1 (티아민)	신경계통의 원활, 당질 대사 촉진, 소화기능 자극	피로, 식욕부진, 각기병, 신경염
	비타민 B_2 (리보플라빈)	세포 내의 에너지 대사에 관여, 성장 촉진	구각염, 구순염, 설염, 소아의 발육 정지

	비타민 B₆ (피리독신)	단백질, 지방, 탄수화물의 대사과정에서 중요한 역할	피부염, 빈혈, 신경장애
	비타민 B₁₂ (코발라민)	조혈작용에 관여, 성장 촉진	악성빈혈, 손발 지각이상
	비타민 B₃ (니아신)	단백질·지방·탄수화물로부터 에너지 생산 과정에서 필요	펠라그라(설사·치매·피부염 등 증상) 발생
	비타민 C (아스코르빈산)	모세관 벽 수축, 세포간물질 형성, 혈액 형성을 도움, 빠른 상처 치유 효과, 철 흡수 촉진	괴혈병
	엽산 (비타민 M, B₉)	핵산, 아미노산 합성, 적혈구 성숙	빈혈, 태아의 조산, 기형아 출산
지 용 성 비 타 민	비타민 A (레티놀)	상피세포를 보호, 시력 유지, 신경계·생식기계 기능 유지	야맹증, 안구건조증, 피부각화증
	비타민 D (칼시페롤)	칼슘, 인의 대사에 관여	구루병, 골다공증, 골연화증
	비타민 E (토코페롤)	비타민 A의 흡수를 도움, 항산화제	빈혈과 적혈구 용혈, 불임증
	비타민 K(프로트롬빈)	프로트롬빈을 합성하여 혈액응고에 관여	출혈, 혈액응고지연
	비타민 F (리놀렌산)	성장, 지방분해 촉진, 모발과 피부의 정상 유지	성장 정지, 피부건조증, 탈모, 습진

6 수분

(1) 인체 내 수분 함량 : 60~70%

(2) 수분의 기능
① 체액 조성, 삼투압 유지
② 노폐물 배설
③ 영양분의 흡수·운반 및 체온 조절
④ 체내 화학적 변화의 매개체 역할

(3) 성인 1일 필요량 : 2~2.5L
① 갈증 : 체내 수분의 5% 상실
② 신체 이상 : 체내 수분의 10% 이상 상실
③ 생명 위험 : 체내 수분의 15% 이상 상실

OX로 확인

10 OX
지용성 비타민 E의 결핍으로 야맹증, 안구건조증, 피부각화증이 나타난다.

OX로 확인 해설&정답

해설
10 비타민 E → 비타민 A

정답
10 ×

3 에너지 대사와 영양상태 판정

1 에너지 대사

(1) 칼로리(Calory) : 열량의 단위, 1cal는 물 1cc를 1℃ 올리는 데 필요한 열량

(2) 기초대사량(BMR, Basal Metabolic Rate)
    ① 정의 : 생명유지(호흡, 혈액순환, 체온 유지)에 소요되는 최소한의 열량
    ② 영향인자 : 체표면적, 연령, 성별, 영양섭취상태, 기온, 임신, 정신상태, 인종, 호르몬 분비량 등
    ③ 측정 : 아침 식사 전 공복 시(식품의 섭취에 의한 대사량의 증가를 피하기 위해) 안정된 상태에서 18~20℃에서 30분간 측정
    ④ 특성
        a. 수면시 4~10% 감소, 작업시 4% 증가
        b. 체온 1℃ 상승 시 기초대사량 10~15% 증가
        c. 큰 체표면적(기초대사량과 정비례하는 요인) → 기초대사량 증가
        d. 기온이 낮을수록 체온유지를 위한 에너지 필요량 증가 → 기초대사량 증가
        e. 연령에 따른 기초대사율 감소
        f. 일반 성인의 1일 기초대사량 : 1,200~1,800kcal
        g. 기초대사의 항일성 : 일정기간 중에 기초 대사율의 변동은 5% 전후로서 항상 일정

(3) 특이동적 대사(SDA, Specific Dynamic Action)
    ① 정의 : 음식물의 소화·흡수·대사의 과정에서 소비되는 에너지
    ② 단백질은 20~30%, 탄수화물 4~9%, 지방질은 4% 정도의 에너지 소비가 증가됨
    ③ 음식물 섭취 후 2~3시간 최고, 점차 감소하여 12~18시간 지속

(4) 노동대사(=활동대사)량 : 육체적 활동, 즉 근육 수축이 일어나는 과정에 필요한 에너지

(5) 1일 소요 에너지량 : 활동에 필요한 에너지량은 기초대사량과 총 활동대사량 및 특이동적 작용에 의해 소모되는 양에 의해 결정

2 신체계측에 의한 영양상태 판정

(1) 카우프(Kaup) 지수 : 영유아(특히 2세 미만)에게 적용

- Kaup 지수 $= \dfrac{\text{체중(kg)}}{[\text{신장(cm)}]^2} \times 10^4$
- 판정 기준 : 20 이상은 비만, 15 미만은 영양불량

O×로 확인

11 O|X
특이동적 대사는 음식물의 소화·흡수·대사과정에서 소비되는 에너지로 음식물 섭취 후 12~18시간에 최고치에 도달한다.

O×로 확인 해설&정답

해설
11 12~18시간 → 2~3시간

정답
11 ×

(2) 로러(Rohrer) 지수 : 학동기 소아에게 적용

- Rohrer 지수 = $\dfrac{체중(kg)}{[신장(cm)]^3} \times 10^7$
- 판정 기준 : 신장 110~129cm인 경우 180 이상이면 비만
  신장 130~149cm인 경우 170 이상이면 비만
  신장 150cm 이상인 경우 160 이상이면 비만

(3) 베르백(Vervaek) 지수

- Vervaek 지수 = $\dfrac{체중(kg) + 흉위(cm)}{신장(cm)} \times 10^2$
- 판정 기준 : 92 이상은 비만, 82 이하는 마른 상태

(4) 브로카(Broca) 지수 : 표준체중 대비 비만도 지수, 주로 160cm 이상의 성인에서 사용

- 표준 체중 = [신장(cm) − 100] × 0.9
- 비만도 = $\dfrac{실제\ 체중 - 표준\ 체중}{표준\ 체중} \times 100$
- 판정 기준 : 10% 미만은 정상, 20% 이상은 비만

(5) 체질량 지수(BMI, Body Mass Index) : 신장과 체중을 이용하여 체지방을 추정하는 방법, 성인의 비만 판정에 유용하게 사용 됨

- BMI = $\dfrac{체중(kg)}{신장(m)^2}$ (신장의 단위 : 미터, m)

대한 비만학회 판정 기준	BMI	
	한국인	서양인
저체중	18.5 미만	18.5 미만
정상체중	18.5 ~ 22.9	18.5 ~ 24.9
비만 전단계(위험체중)	23.0 ~ 24.9	25 ~ 29.9
1단계 비만	25.0 ~ 29.9	30 ~ 34.9
2단계 비만	30 ~ 34.9	35 ~ 39.9
3단계 비만	35 이상	40 이상

국민영양조사 체질량 지수 판정 기준	BMI
저체중	18.5 미만
정상체중	18.5 ~ 24.9
비만	25 이상

OX로 확인

12 OIX

카우프(Kaup) 지수는 영유아에게 적용되며 20 이상은 비만, 15 미만은 영양불량으로 판정한다.

(6) 복부비만 측정(WHR, Waist Hip Ratio) : 허리와 엉덩이 둘레의 비율

- 복부비만 = $\dfrac{\text{허리 둘레(cm)}}{\text{엉덩이 둘레(cm)}}$
- 판정 기준 : 남자는 0.91 이상, 여자는 0.83 이상인 경우 비만

3 영양소 섭취에 대한 기준(DRIs, Dietary Reference Intakes)

(1) 평균 필요량(EAR, Estimated Average Requirements)
   a. 건강한 사람들의 절반에 해당하는 사람의 일일 필요량을 충족시키는 영양소 섭취 수준
   b. '건강한 사람들의 일일 영양소 필요량의 중앙값'

(2) 권장 섭취량(RI, Recommended Intake)
   a. '대다수의 사람의 필요량을 충족시키는 영양소 섭취 수준'
   b. 권장 섭취량(RI) = 평균 필요량(EAR) + 표준편차의 2배(2SD)

(3) 충분 섭취량(AI, Adequate Intake)
   a. 자료 부족으로 평균 필요량(EAR), 권장 섭취량(RI)을 정할 수 없는 경우
   b. 기존 연구에서 확인된 '건강한 사람들의 영양소 섭취량의 중앙값'을 기준으로 정함

(4) 상한 섭취량(UL, Tolerable Upper Intake Level)
   a. 건강에 유해한 결과를 초래하지 않는 최대 영양소 섭취수준
   b. 과다 섭취로 인한 건강상 문제를 예방하기 위해 설정

OX로 확인

13 O|X
대다수의 사람의 필요량을 충족시키는 영양소 섭취 수준을 충분 섭취량이라 한다.

해설&정답

해설
13 충분 섭취량 → 권장 섭취량

정답
13 ×

기출문제로 요점정리

PART 11 식품위생과 보건영양

01
2022 지방

자연독에 의한 식중독의 원인식품과 독소의 연결이 옳지 않은 것은?

① 바지락 - venerupin
② 감자 - solanine
③ 홍합 - tetrodotoxin
④ 버섯 - muscarine

정답 ③
요점
테트로도톡신(tetrodotoxin) - 복어 독소

02
2021 서울

식중독에 대한 설명으로 가장 옳지 않은 것은?

① 세균성 식중독은 크게 감염형과 독소형으로 분류된다.
② 대부분의 세균성 식중독은 2차 감염이 거의 없다.
③ 노로바이러스는 온도, 습도, 영양성분 등이 적정하면 음식물에서 자체 증식이 가능하다.
④ 살모넬라, 장염비브리오는 감염형 식중독 원인균에 해당한다.

정답 ③
요점 노로바이러스
- 노로바이러스는 살아있는 조직세포 내에서만 증식한다.
- 저온에 강해 겨울철에 산발적·집단적 감염을 일으킨다.

기출문제로 요점정리

03
[2020 서울]

자연독에 의한 식중독의 원인이 되는 독성분이 아닌 것은?

① 테트로도톡신(tetrodotoxin)
② 엔테로톡신(enterotoxin)
③ 베네루핀(venerupin)
④ 무스카린(muscarine)

■정답 ②

◎요점
① 테트로도톡신 : 복어독, ③ 베네루핀 : 바지락·굴,
④ 무스카린 : 독버섯

엔테로톡신(enterotoxin)
• 포도상구균(세균성 식중독)에 의한 독소(장독소)
• 열에 강함(120℃ 20분 가열에도 파괴 안 됨, 210℃ 이상에서 30분간 가열시 완전 파괴)

04
[2019 서울]

학령기 이후의 소아에 대한 영양상태 판정 기준으로 신장이 150cm 이상인 경우 160 이상이면 비만으로 판정하는 지수는?

① 로렐지수(Rohrer index)
② 카우프지수(Kaup index)
③ 베르벡지수(Vervaek index)
④ 체질량지수(Body mass index)

■정답 ①

◎요점 로렐(Rohrer)지수
• 학동기 소아에게 적용

$$\text{Rohrer지수} = \frac{\text{체중(kg)}}{[\text{신장(cm)}]^3} \times 10^7$$

• 판정 기준
신장 110~129cm인 경우 : 180 이상이면 비만
신장 130~149cm인 경우 : 170 이상이면 비만
신장 150cm 이상인 경우 : 160 이상이면 비만

05 [2019 서울]

식품 변질에 대한 설명으로 가장 옳은 것은?

① 부패 : 탄수화물이나 지질이 산화에 의하여 변성되어 맛이나 냄새가 변하는 것
② 산패 : 단백질 성분이 미생물의 작용으로 분해되어 아민류와 같은 유해물질이 생성되는 것
③ 발효 : 탄수화물이 미생물의 작용을 받아 유기산이나 알코올 등을 생성하는 것
④ 변패 : 유지의 산화현상으로 불쾌한 냄새나 맛을 형성하는 것

정답 ③
요점 부패, 산패, 변패
- 부패 : 미생물의 번식에 의해 단백질이 분해되어 아미노산, 아민, 암모니아, 악취가 발생하고 식용이 불가능해지는 현상
- 산패 : 지질이 산소, 햇빛, 금속 등에 의하여 산화하여 변질된 것
- 변패 : 질소를 함유하지 않은 당질, 지방질이 미생물의 증식으로 분해되어 맛을 해치고 변질을 일으키는 것

06 [2018 서울]

<보기>에서 설명하는 대표적인 식중독 원인 바이러스는?

— 보기 —
- 우리나라 질병관리본부에서 1999년부터 검사를 시작하였다.
- 저온에 강하여 겨울철에도 발생한다.

① 장출혈성 대장균
② 살모넬라
③ 비브리오
④ 노로바이러스

정답 ④
요점 노로바이러스
- 전파 경로 : 감염자의 분변 또는 구토물에 의해서 음식이나 물에 의한 감염, 사람 간 전파 가능
- 잠복기 : 평균 24~48시간
- 증상 : 두통, 발열, 오한 및 근육통과 같은 전반적인 신체증상, 오심, 구토, 설사, 대개 48시간 이상 지속되지 않고 빠르게 회복
- 저온에 강해 겨울철에 산발적·집단적 감염을 일으킴

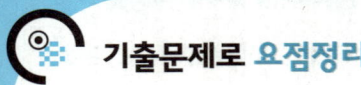

기출문제로 요점정리

07
[2018 서울]

우리나라에서 가장 많이 발생하는 포도상구균식중독에 대한 설명으로 가장 옳은 것은?

① 신경계 주 증상을 일으키며 사망률이 높다.
② 다른 식중독에 비해 발열증상이 거의 없는 것이 특징이다.
③ 원인물질은 장독소로 120℃에 20분간 처리하면 파괴된다.
④ 원인식품은 밀봉된 식품, 즉 통조림, 소시지 등이다.

■정답 ②
◎요점
① 신경계 주 증상을 일으키며 사망률이 높다. → 신경계 주 증상을 일으키는 독소형 식중독은 보툴리누스 식중독이다.
③ 원인물질은 장독소로 120℃에 20분간 처리하면 파괴된다. → 독소는 열에 강해 120℃ 20분 가열에도 파괴 안 됨, 210℃ 이상에서 30분간 가열시 완전 파괴
④ 원인식품은 밀봉된 식품, 즉 통조림, 소시지 등이다. → 가공식품(아이스크림, 케이크 등), 유제품, 김밥, 도시락 등이 원인 식품이다.

08
[2015 경북]

다음 중 니아신 결핍에 의한 질병은 무엇인가?

① Kwashiorkor병
② 항구루병
③ 펠라그라
④ 생식선 이상

■정답 ③
◎요점 비타민 B3(니아신)
• 기능 : 단백질·지방·탄수화물로부터 에너지 생산 과정에서 필요
• 부족 : 펠라그라(설사·치매·피부염 등 증상) 발생

09 [2018 경북 의료기술]

영양소의 3대 작용에 해당하지 않는 것은?

① 열량공급
② 면역력
③ 신체조직 구성
④ 신체기능 조절

🔒 정답 ②
◎ 요점 **영양소의 3대 작용**
- 열량소(에너지 공급) : 단백질(1g당 4kcal), 탄수화물(1g당 4kcal), 지방(1g당 9kcal)
- 구성소(조직구성, 소모된 물질 보충) : 물(65%), 단백질(16%), 지방(14%), 무기질(5%), 탄수화물(1%)
- 조절소(생리기능과 대사조절, 항상성 유지) : 비타민, 무기질, 물

10 [2021 서울]

영양섭취 기준 등 일일 평균필요량에 표준편차를 2배 더하여 구하는 것은?

① 충분섭취량
② 상한섭취량
③ 권장섭취량
④ 평균섭취량

🔒 정답 ③
◎ 요점 **영양소 섭취에 대한 기준**

평균 필요량	• 건강한 사람들의 절반에 해당하는 사람의 일일 필요량을 충족시키는 영양소 섭취수준 • '건강한 사람들의 일일 영양소 필요량의 중앙값'
권장 섭취량	• '대다수의 사람의 필요량을 충족시키는 영양소 섭취수준' • 권장 섭취량(RI) = 평균 필요량(EAR) + 표준편차의 2배(2SD)
충분 섭취량	• 자료 부족으로 평균 필요량(EAR), 권장 섭취량(RI)을 정할 수 없는 경우 • 기존 연구에서 확인된 '건강한 사람들의 영양소 섭취량의 중앙값'을 기준으로 정함
상한 섭취량	• 건강에 유해한 결과를 초래하지 않는 최대 영양소 섭취수준 • 과다 섭취로 인한 건강상 문제를 예방하기 위해 설정

11
[2022 전북 의료기술]

다음 중 특이동적대사에 대한 설명으로 옳지 않은 것은?

① 안정적 상태에서 소비되는 에너지인 기초대사량의 1.1~1.2배 정도이다.
② 특이동적대사에서 지방은 3~4%를 차지한다.
③ 단백질은 에너지원으로 효율이 낮다.
④ 식품섭취에 따른 대사항진을 의미한다.

정답 ③

요점 특이동적 대사(SDA, Specific Dynamic Action)
- 음식물의 소화·흡수·대사의 과정에서 소비되는 에너지(대사항진)
- 특이동적 작용은 혼합식의 경우 10% 정도의 대사항진이 있음
- 단백질은 20~30%, 당류 4~9%, 지방질은 4% 정도의 에너지 소비가 증가됨
- 단백질은 당류나 지방질에 비교하여 SDA에 소요되는 열량이 높지만, 소화·흡수 등에 이용되어 기초대사량의 항진에 사용됨
- 음식물 섭취 후 2~3시간 최고, 점차 감소하여 12~18시간 지속됨

12
[2022 서울 보건연구사]

급격한 발열증상을 주된 특징으로 하는 식중독은?

① 웰치균 식중독
② 살모넬라균 식중독
③ 포도상구균 식중독
④ 보툴리누스균 식중독

정답 ②

요점 살모넬라균 식중독
- 원인균 : Salmonella typhimurium, Sal.enteritidis, Sal. cholerasuis
- 감염경로(원인 식품) : 육류, 유제품, 알, 어패류, 가공품, 오염된 물(지하수 및 음용수 등)
- 잠복기 : 평균 20시간
- 증상 : 복통, 설사, 구토, 급격한 고열
- 특징 : 고열, 낮은 치명률(0.3~1%), 높은 발병률(75%)
- 예방 : 60°C에서 20분 가열하여 균 사멸(예방 최소온도:75°C), 도축장 위생관리

13
[2023 지방]

식품의 화학적 보존법은?

① 냉장법
② 절임법
③ 밀봉법
④ 가열법

14
[2021 부산]

세균성 식중독에 대한 설명으로 옳지 않은 것은?

① 살모넬라 식중독은 심한 고열 증상이 특징이다.
② 황색포도상구균 식중독은 식품을 100℃에서 30분 이상 가열하면 예방할 수 있다.
③ 장염비브리오 식중독은 여름철에 오염된 해수가 감염원이 되어 어패류를 생식할 경우 발병하기 쉽다.
④ 웰치균 식중독은 복통, 수양성 설사를 주 증상으로 하며, 집단조리 식중독으로 불린다.

정답 ②

요점 식품의 보존

물리적 보존법	가열법, 냉장법, 냉동법, 건조법, 밀봉법, 움저장법, 자외선 조사, 방사선 등
물리, 화학적 보존법	훈연법, 가스저장법, 훈증법 등
화학적 보존법	염장법, 당장법, 산저장법, 보존료 첨가 등

절임법
- 염장법 : 10%의 소금을 뿌려 미생물의 발육 억제
- 당장법 : 40~50% 농도의 설탕에 저장하여 미생물의 발육 억제
- 산저장법 : pH가 낮은 초산을 이용하여 미생물의 발육 억제

정답 ②

요점
① 살모넬라 식중독은 고열을 동반한 급성위장염 증상을 보인다.
② 포도상구균 식중독의 독소는 가열해도 쉽게 죽지 않아 가열에 의한 식중독 예방효과가 없다.(황색포도상구균의 장독소는 열에 강해 120℃에서 20분간 가열해도 파괴가 안 되고 210℃ 이상에서 30분간 가열 시 완전 파괴된다.)
③ 비브리오균은 호염균이다.
④ 웰치균 식중독은 다량의 식품을 조리하여 저장하는 집단급식에서 잘 발생한다.

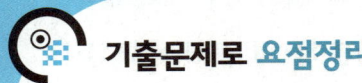

15　[2021 경북]

다음 불량첨가물 중 유해감미료에 해당하지 않는 것은?

① 시클라메이트
② 에틸렌글리콜
③ 파라 – 니트로아닐린
④ 파라 – 니트로 – 오르토 – 톨루이딘

정답 ③

◎요점 **불량첨가물의 종류**
- 유해보존료: 붕산, 포름알데히드, 승홍
- 유해감미료: 에틸렌글리콜, 시클라메이트, 파라 – 니트로 – 오르토 – 톨루이딘, 둘신
- 유해착색료: 아우라민, 파라 – 니트로아닐린, 로다민B, 실크스 칼렛
- 유해착향료: 디아세틸
- 유해표백제: 형광염료, 삼염화질소, 롱갈릿
- 기타 유해물질: 메탄올, 에틸납 등

16　[2021 경북 의료기술]

다음에 해당하는 식중독에 대한 설명으로 옳은 것은?

> 소시지, 오래된 통조림을 먹고 24시간 후에 연하곤란, 복시, 언어장애 등의 신경계 증상이 나타났다.

① 치명률이 낮다.
② 120℃에서 20분간 가열해도 독소가 파괴되지 않는다.
③ 식중독 명칭은 발견자의 이름을 따서 명명되었다.
④ 뉴로톡신(neurotoxin)이 원인이다.

정답 ④

◎요점
② 120℃에서 20분간 가열해도 사멸되지 않는 것은 포도상구균의 독소이다.
③ 보툴리누스는 라틴어로 소세지를 의미한다.

	보툴리누스 식중독 (Botulism, botulinus intoxication)
잠복기	평균 24시간(18~98시간)
증상	위장염 증상으로 시작, 2차적인 신경마비증상 (복시, 동공확대, 반사작용 둔화, 연하곤란, 타액 분비 저하, 언어장애, 시력저하, 호흡곤란)
원인식품	소시지, 통조림, 밀봉식품
특징 및 예방	• 혐기균, 높은 치명률 • 독소는 80℃에서 30분 가열 시 사멸 • 독소: 신경독소(neurotoxin)

17 [2019 광주·전남·전북]

식품의 저장방법에 대한 설명으로 옳지 않은 것은?

① 냉장법은 자기소화작용을 억제시킨다.
② 훈증법은 클로로피크린(Chloropicrin), 클로로포름($CHCl_3$), 이산화질소(NO_2) 등으로 곤충의 충란이나 미생물을 사멸시키는 방법으로 곡류의 저장 등에 사용된다.
③ 포자균을 완전 멸균하는 방법은 120도에서 20분 동안 가열할 필요가 있다.
④ 보존료에는 비타민 C, 비타민 E, 부틸히드록시아니솔(BHA), 디부틸히드록시톨루엔(BHT) 등이 있다.

■ 정답 ④

◎ 요점
① 냉장·냉동법은 자기소화의 지연 또는 중지, 미생물 번식을 지연 또는 억제하는 방법으로 변질을 지연시킴
② 훈증법 : 훈증가스를 이용해 기생충, 해충의 알, 미생물을 사멸시키는 방법으로 주로 곡류 등을 저장할 때 사용, 훈증제로 클로로피크린(Chloropicrin), 클로로포름($CHCl_3$), 이산화질소(NO_2) 등을 사용
③ 포자균은 120℃에서 20분간 가열, 포자를 형성하지 않는 미생물은 80℃에서 30분간 가열하면 사멸
④ 산화방지제 : 비타민 C, 비타민 E, 부틸히드록시아니솔(BHA), 디부틸히드록시톨루엔(BHT)

◎ 참고 보존료 : 데히드로초산나트륨, 소브산, 안식향산, 프로피온산 등

훈연법
- 목재를 불완전 연소시켜 발생한 연기를 식품에 침투시키는 것
- 주로 어육류 보관에 사용
- 연기 중의 페놀성 화합물, 포름알데히드 및 유기산의 항균성이 살균과 균의 번식을 억제
- 훈연제로 알데히드(Aldehyde), 알코올(Alcohol), 페놀(Phenol), 아세톤(Acetone) 등을 사용

18 [2021 대구]

무기질과 결핍 시 증상을 연결한 것으로 옳지 않은 것은?

① 칼륨(K) — 산 및 알칼리의 평형 유지, 인슐린 공급에 관여
② 칼슘(Ca) — 골격 및 치아의 구성성분, 혈액응고에 관여
③ 인(P) — 골격 및 치아의 구성성분, DNA와 RNA의 구성성분
④ 나트륨(Na) — 비타민 B_{12}의 구성성분, 적혈구 형성과 효소작용 촉진

■ 정답 ④

◎ 요점
④ 코발트(Co) : 비타민 B_{12}의 구성성분, 적혈구 생성에 관여

대량 무기질(하루 100mg 이상 필요)
① 칼륨(K)
　㉠ 기능 : 삼투압과 수분의 평형 조절, 신경전달, 근육수축
　㉡ 결핍 : 근육경련, 불규칙한 심장박동, 심근과 내장근육의 약화
② 칼슘(Ca)
　㉠ 기능 : 뼈와 치아의 주성분, 근육수축과 정상적인 심장박동, 신경흥분에 필수적, 혈액응고에 관여
　㉡ 결핍 : 저칼슘혈증, 구루병, 골다공증, 골연화증
③ 인(P)
　㉠ 기능 : 뼈, 치아의 주성분이며 지방, 탄수화물 및 에너지 대사에 관여, 산염기 균형 조절
　㉡ 결핍 : 골다공증, 근육약화, 식욕부진
④ 나트륨(Na)
　㉠ 기능 : 산염기 균형, 근육-신경 자극 반응, 타액의 소화효소 활성화
　㉡ 결핍 : 소화불량, 근육경련, 두통, 실신

MEMO

MEMO

MEMO